계란껍질 두개골 원칙

계란껍질 두개골 원칙

브리 리 ∘ 송예슬 옮김

EGGSHELL
SKULL

말하고 싸우고 연대하기 위해 법정에 선
성폭력 생존자의 사법 투쟁기

계란껍질 두개골 원칙
The Eggshell Skull Rule

계란껍질 두개골 원칙은 관습법이 통용되는 다수의 지역에서 민법과 형법 모두에 걸쳐 적용되는 법리다. 이 원칙의 전제는 다음과 같다. A라는 사람의 두개골은 계란껍질만큼 얇다. 그런데 B라는 사람이 A의 머리를 그저 한 대 때릴 의도로 가격하였고, A는 맞은 부위의 두개골이 부서져 결국 사망하였다. 이때 B는 A에게 초래한 피해, 즉 사망에 책임에 있다는 것이다. 계란껍질 두개골 원칙은 1970년대 영국 항소법원 판사였던 프레드릭 로튼Frederick Lawton 이 처음 언급한 형법상 법언으로, 간단히 말해 '피고인은 피해자에게 일어난 모든 결과에 책임을 진다'는 의미다.

은둔형 외톨이 여성이 나오는 시사 프로그램을 본 적이 있다. 온종일 집에서 혼자 지내던 그는 폭식으로 자신을 학대했다. 어린 시절 부모와 친했던 이웃 아저씨의 성폭력으로 인한 트라우마 때문이었다. 피해 사실을 정확히 인지하지 못하고 아무에게도 말하지 못한 채 시간이 흘렀고, 가족이 이사하면서 그는 가해자로부터 벗어났다. 그러나 해소되지 않은 분노와 고통은 여전히 그의 삶을 지배하고 있었다. 그 영상을 본 것은 한 여성 단체에서 진행한 성폭력 피해자 상담원 교육 과정에서였다. 내가 그 자리에 있었던 것은 여성주의에 관한 관심 때문이기도 했지만, 어떤 남자로부터 성폭력을 당하고 그를 고소한 뒤 마주했던 사법 시스템과 그 과정에서 내가 느꼈던 감정을 조금 더 '이해'하고 싶다는 바람에서였다.

어떤 여성에게 일어난 일이 도대체 어찌하여 그렇게 된 것인지, 많은 설명을 듣지 않아도 직관적으로 이해할 수 있다는 것은 슬픈 일이다. 《계란껍질 두개골 원칙》의 저자 브리 리가 어린 시절 오빠의 친구로부터 겪은 성폭력도 그렇다. 지구상 어디에 살고 있든, 많은 여성이 그런 일을 겪었거나 보았거나 들었거나 겪을 뻔했기에…… 그것이 어떤 것인지 잘 안다. 타인이 경험한 고통이 자신에게도 너무 익숙한 나머지 차마 그것을 직면하기 힘든 경우 또한 마찬가지다. 브리 리는 재판연구원으로 일하는 동안 성범죄 재판의 배심원단에서 자신을 빼달라고 요청하는 여성을 수차례 목격한다. 그들 역시 성범죄 피해자였기 때문이다.

이른바 '중립'을 지켜야 하는 재판연구원인 동시에 성적 학대의 피해자인 브리 리는 끔찍한 성범죄 재판을 거듭 지켜보며 정신적으로 무너진다. 피해자의 경험과 기억을 난도질하듯 재단하는 사법 시스템 안에서 늘 소수이거나 유일한 여성으로 일한다는 것은 끊임없이 펀치를 맞는 경험과도 같다. 놀랍게도, 아니 실은 별로 놀랍지 않게도 브리 리가 지목한 호주 사법 시스템의 문제들은 한국과 지독하게 닮아 있고, 《믿을 수 없는 강간 이야기》(T. 크리스천 밀러·켄 암스트롱, 반비)에 고발된 미국 사법 시스템을 떠올리게도 한다. 성 인지 감수성의 절대적 결핍이다.

"사람들이 여자의 말을 믿지 못한다는 것은, 곧 내 말을 믿어줄 이유도 없다는 뜻이었다." 브리 리가 느낀 두려움은 공기와도 같다. 타인을 성적으로 학대한 자가 그에 따른 처벌을 받을 거라는 믿음을 갖기 어려운 사회에서, 여성이 짊어져야 하는 일상의 무게에는 자신 혹은 다른 여성들이 '순결한 피해자'로 인정받을 수 있을지 끊임없이 의심하며 단속하는 일이 추가된다. 그 무게는 여성의 삶을 더욱 축소시키고, 피해자는 계속 고립되어 고통받는다. 사건 이후 십수 년이 지났지만 브리 리는 폭식, 폭토, 폭음, 자해를 멈추지 못하며 자기혐오에 시달린다. 트라우마는 그의 삶 여기저기서 불쑥 튀어나와 다리를 붙잡아 넘어뜨리고 앞으로 나아가는

데 훼방을 놓는다. 《계란껍질 두개골 원칙》은 그런 그가 고통을 딛고 상처에 직면하며 정의를 찾아가는 과정을, 차분하면서도 숨 막힐 듯한 긴장감을 유지하며 따라간다. 어두운 터널 속을 힘겹게 헤매던 브리 리가 드디어 '빛'을 발견하는 순간과 만나게 된다면, 누구든 그를 끌어안고 함께 울며 웃고 싶어질 것이다.

사실, 여성으로서 성폭력 피해 생존자의 글을 읽는 데는 용기가 필요하다. 울지 않고 읽을 수 있을까. 가슴이 터져버릴 것 같은 분노에 휩싸이지 않을 수 있을까. 애써 가둬두었던 기억에 다시 잠식당하는 건 아닐까. 하지만 브리 리의 말대로, 용기는 두려움이 있기에 가능하다. 그리고 한 사람의 용기는 다른 사람들에게 전이되며 세상을 바꾼다. 우리가 지금 여기서 그의 용기와 만날 수 있는 것처럼.

"이번에 내가 그에게 맞선다면, 어쩌면 다음번에 다른 여자가 그에게 맞섰을 때는 그가 죄를 인정하게 될지도 몰랐다. 그녀가 누구든, 언제 어디서 그에게 맞서든 상관없었다. 나는 나뿐만이 아니라 어딘가에 있을 '그녀'를 위해 그와 맞서 싸울 생각이었다."

성폭력을 고발하는 여성에게는 늘 의심의 눈초리가 따라다닌다. 돈을 목적으로 허위 고발을 한 것은 아닌지, 혹은 파탄이 난 애정 관계 때문에 남성에게 보복하기 위해 허위 고발을 한 것은 아닌지 등등. 그러므로 성폭력 사건을 고발하는 일은, 법정 안에서든 밖에서든 자신의 피해 경험이 진실이라는 점을 사람들이 받아들이도록 하는 가시밭길이 될 수밖에 없다. 피해 여성은 자신이 거짓말하지 않는 정숙하고 순결한 여자이면서도, 남성에게 어필할 성적 매력이 있다는 점 또한 동시에 보여줘야 하는 억압적 굴레를 경험한다. 이러한 '피해자다움'에 관한 편향적 판단은 한국 사회뿐아니라 숱한 국가들에서 아주 오래전부터 승인되어왔다.

저자는 재판연구원으로 법정에서 일하는 동안, 성폭력을 고발한 여성들이 자신의 피해를 인정받지 못하고 고통받는 것을 끊임없이 목격해야만 했다. 그럼에도 불구하고 그 역시 자신의 성폭력 피해 경험을 스스로 고발했다. 억압 속에서 '침묵하는 다수'에 머무르는 것이 결코 안정과 해방을 가져다주지 못한다는 사실을 깨달았기 때문이다. 목소리를 낸다는 것, 그것은 가해자에 맞서는 일일 뿐 아니라 성폭력에 대한 사회적 편견에도 맞서는 일이다. 이러한 용기는 다른 피해자들에게도 자신의 경험을 말하고 싸우도록 힘을 불어넣을 것이다. 그리하여 피해자들이 말하기 시작할 때, 이들을 둘러싼 억압적 굴레는 도전받을 것이고 끝내 해체될 수 있을 것이다. 그 날이 올 때까지, 피해자들 곁에서 그들의 진실을 변호하고 연대하며 싸우는 험난한 길을 더 많은 우리가 함께 걸어나갈 수 있기를 희망한다.

차례

프롤로그

열 살 때쯤 일이다. 어느 날 오후, 아빠는 점심으로 파이를 사 주겠다며 나를 차에 태웠다. 아빠의 빨간 트럭이 제과점 주차장에 들어섰을 때, 한 남성과 여성이 서로 고함을 치며 싸우고 있었다.

"잠깐 여기 있으렴." 아빠는 핸드 브레이크를 급하게 잡아당기고선 차에서 내렸다. 녹슨 문이 끼익 소리와 함께 쾅 닫혔다. 나는 조수석에 가만히 앉아 소리를 낮춘 텔레비전을 시청하듯 먼지 쌓인 유리창 너머의 광경을 지켜보았다. 언성은 점점 더 높아졌고, 여자의 몸짓이 격해지자 맞은편 남자도 흥분해 그녀를 세차게 밀쳤다.

아빠는 성큼성큼 그들 쪽으로 걸어갔다. 그 순간 내 눈엔 아빠가 무언가 다른 존재로 변신하는 것처럼 보였다. 발목을 드러낸 추레한 카고바지와 헐렁한 가죽 샌들 차림의 아빠는 겉모습보다 훨씬 더 크고 강한 사람이 되어 있었다. 그사이 여자는 조금 전보다 더 위축되고 겁에 질려 있었다. 손으로 얼굴을 감싸고 있었던 것도 같다.

아빠는 한 손으로 주머니에서 경찰 배지를 꺼내 보였고, 다른 손을 들어 남자에게 뒤로 물러나라는 손짓을 하며 천천히 다가갔다. 상황은 금세 진정되었다. 아빠는 다리를 넓게 벌려 똑바로 선 채 수첩에 무언가를 적기 시작했고, 그러는 동안 두 사람은 비딱하게 서서 기다렸다. 용무가 끝나자 둘은 바로 자리를 떴다. 나중에 듣기로 그 여성은 어떠한 법적 절차도 밟지 않았으며 경찰의 추가적인 도움도 거절했다고 한다.

아빠는 그들이 길 건너 기차역까지 걸어가는 모습을 한참 지켜보고 나서야 내 쪽으로 고개를 돌려 차에서 내리라고 손짓했다. 나는 당장 아빠에게 달려가 질문을 쏟아내고 싶었지만 꾹 참았다. 어른들 일을 궁금해하는 건 착한 아이가 할 짓이 아니라는 생각이 들었기 때문이다.

우리는 제과점으로 들어갔다. 아빠는 각종 파이로 가득한 온장고 앞에서 내 어깨에 손을 얹으며 말했다. "자, 먹고 싶은 파이를 여기 직원분께 말씀드려보자."

°°

많은 사람이 경찰을 싫어한다는 걸 잘 알고 있다. 나는 젊은 세대이고, 운 좋게도 친구들 중엔 창의적인 일을 하는 사람들뿐 아니라 소위 좌파 활동가들도 많다. 노동조합이 시민들의 생계와 삶을 모두 책임지던 시절, 퀸즐랜드 주지사였던 조 비엘케 피터슨°이 어떻게 경찰 공권력을 휘둘렀는지 생생히 기억하는 높은 연배의 지인들도 주변에 적지 않다.

나 또한 권력을 남용하는 나쁜 경찰을 만나봤고, 업무에 태만

해 사람들을 위험에 처하게 하는 경찰이 많다는 사실도 알고 있다. 과연 그들의 잘못은 누가 감시하는 것인지 의문이 들 때도 있다. 하지만 경찰에 대해 이야기할 때 내가 가장 먼저 떠올리게 되는 사람은 결국 우리 아빠다. 내 인생은 아빠의 전폭적인 사랑과 희생을 보여주는 일화적 증거들로 충만하다. 내가 이 세상에서 가장 잘 안다고 말할 수 있는 그 경찰은, 차분하고 온화한 태도로 주변인들에게 존경을 받아온 사람이다.

또한 내가 세상에서 가장 잘 아는 그 경찰은, 내 생일마다 나를 본인 어깨 위에 태우고서 와아 소리를 지르며 수영장으로 첨벙 뛰어들던 사람이다. 그 사람은 내게 텃밭 가꾸는 법을 가르쳐주었고, 얼마 못 가 내가 그 일에 흥미를 잃은 뒤에도 매일 아침 나를 대신해 밭에 물 주는 것을 잊지 않았다.

아빠는 옳고 그름을 명확히 분별할 수 있도록 날 키웠다. 늘 주름 없이 빳빳한 제복을 입었고, 알람 없이도 아침 일찍 일어났다. 동네 사람들은 아빠를 찾아와 이런저런 조언을 구했다.

아빠는 순찰직에서 검찰직°°으로 자리를 옮기면서 월급이 20퍼센트나 삭감되었다. 업무상 지속적이고 일상적인 위험이 더 이상 존재하지 않는다는 이유에서였다. 하지만 나는 아빠가 하굣길에

° Joh Bjelke-Petersen(1911-2005). 1968년부터 1987년까지 19년간 퀸즐랜드 주지사를 지낸 호주의 우파 정치인. '법과 질서'를 강조하며 경찰 공권력을 동원해 거리 시위를 강경하게 진압하고 노조를 파괴한 행위로 유명하다. 국민당의 주요 인물로서, 말년에는 호주의 총리가 되고자 노력했으나 결국 실패했다.
°° 우리나라는 기소독점주의에 따라 검찰청의 검사만이 모든 형사 사건의 심판을 법원에 청구하도록 되어 있지만, 호주에서는 중범죄가 아닌 일반 형사 사건의 경우 경찰청 소속의 경찰 검사police prosecutor가 기소 업무를 맡아 진행하기도 한다.

나를 태워 집으로 갈 때 일부러 막다른 골목까지 갔다가 돌아 나오곤 하던 일을 기억한다. 아빠는 그런 식으로 우리를 따라오는 차를 자연스레 따돌리고는 했다. 낯선 위험은 늘 아빠 주위에 도사리고 있었다.

한번은 잘나가는 로펌이 아빠에게 경찰 임금의 두 배를 제시하며 스카우트를 제안한 적이 있었다. 경찰 검사로 일한 지 몇 년이 지났을 때였다. 엄마와 아빠는 고민 끝에 그 제안을 거절했다. 제안받은 액수만 놓고 보자면 집안에 큰 도움이 될 게 분명했다. 하지만 아빠는 물론이고 엄마 역시 남편이 변호사들과 일하기를 원치 않았다. 오빠와 나도 아빠가 '다크 사이드'°로 걸어 들어갈 리 없다고 믿었다. 아빠는 우리에게 영웅이었으니까.

때로 아빠는 일하면서 목격한 '인간의 선하고 추악한 면'에 대해 이야기를 들려주었다. 우리는 왜 사람들이 나쁜 짓을 저지르는지 토론하곤 했는데, 그러면서 나는 인생이라는 게 선택과 행동 그리고 그에 따른 결과의 연속이라는 사실을 조금씩 깨달아갔다.

후에 친구들과 직장 동료들은 내가 아빠의 영향으로 법조계에 발을 디딘 것인지 물었지만, 꼭 그렇지는 않았다. 오히려 아빠는 내가 이쪽 일과 거리를 두기를 바랐다.

"정의라는 게 있기나 한 걸까?" 홀랜드파크 치안법원에서 열린 가정폭력 사건의 예비 심문°°에 며칠간 참석하고 돌아온 아빠는 엄마에게 갑갑한 속마음을 털어놓았다. 평소 엄마와 아빠는 내가 옆에서 대화를 듣고 있어도 크게 신경 쓰지 않았지만, 가끔은 다른 방에 가 있으라고 말했다. 그럴 때마다 나는 방을 나간 뒤 방문에 귀를 대고 조용히 두 분의 대화를 엿들었다.

"강간이 뭐예요?" 방에서 신발을 벗고 있는 아빠에게 이렇게 질문했던 기억이 지금도 선하다. 당시 초등학생이었던 나는 모르는 단어를 들으면 엄마나 아빠에게 수시로 물어보곤 했다. "캐머런." 엄마는 난색을 보이며 아빠의 이름을 한 번 부르더니 한숨을 쉬며 방을 나갔다.

"강간이란, 상대가 원하지 않는데 강제로 성관계를 가지는 것을 말한단다." 아빠는 이렇게 설명해주었다. 나는 '참 이상한 단어네.'라고 생각했지만, 곧 잊어버렸다. 나와는 전혀 상관없게 느껴졌기 때문이다.

하루는 아빠가 이웃집을 방문하고 와서는 내게 말했다. 만일 누군가와 결혼할 생각이라면 그 전에 반드시 '그 사람이 술에 취한 모습'을 봐야 한다고 말이다. 어떤 남자들은 아주 '못되게' 변하곤 하는데, 그 모습은 술에 취하기 전까진 절대 알 수 없다고 했다.

고등학교를 막 졸업했을 때, 아직 어리숙하고 뭘 잘 몰랐던 나는 오로지 특별한 직업을 통해서만 인류에 이바지하는 의미 있는 삶을 살 수 있다고 생각했다. 그래서 처음에는 '국경없는의사회' 같은 NGO에서 의사로 근무하며 헌신적으로 환자를 돌보다가 젊은 나이에 요절하는 인생을 꿈꿨지만, 의대에 갈 성적이 되지 못

° 영화 〈스타워즈〉 시리즈에서 악당 다스베이더가 속한 진영. '라이트 사이드'와 대비된다.
°° 영미법을 따르는 대부분의 국가에서는 형사 사건의 피의자가 범인이라 믿을 만한 상당한 이유가 있는지 판사가 심사 후 공소 여부를 결정한다. 이 같은 사전 심리를 통해 해당 사건이 공판에 오를 만한 충분한 근거가 있다고 판단되거나 피의자 측이 자기주장을 포기할 경우, 판사는 검사와 협의하여 정식 재판 일정을 잡는다. 만약 검사가 적정한 증거를 제시하지 못하는 등 범죄성이 일정 부분 증명되지 않으면 피의자가 석방될 수도 있다.

했다. 순교자 로망을 이루기엔 머리가 따라주지 않았던 것이다. 한편 애거사 크리스티의 소설에 나오는 '여성 탐정'이란 직업은 알아보니 아예 존재하지도 않았다. 결국 나는 대학교 전공으로 저널리즘을 택했다. 뭘 공부하든 내적 방향성이 '진실과 정의'를 향해 있다면 그걸로 충분하다고 생각했다.

하지만 점차 그런 걸 좇기에는 내 능력이 수준 미달이라고 스스로 여기기 시작했다. 툭하면 마음속 분쇄기 같은 것이 작동해 자존감을 갈아버렸고 그런 나는 온갖 자학적 기행을 일삼았다. 크로스컨트리 경기에 무리하게 참여해 토할 때까지 몸을 혹사했고, 신체 콤플렉스를 하나부터 열까지 세세하게 기록한 리스트를 작성하기도 했다. 나 따위에게 어울리지 않는 행복감 같은 걸 조금이라도 느끼게 될까 싶어 모임에 초대를 받아도 지레 거절하곤 했다.

"법학으로 전공을 바꿔볼까 해요." 어느 날 저녁을 먹다가 가족들 앞에서 이렇게 말했다. 열여덟 살 생일이 막 지난 뒤였다.

엄마는 그 애길 듣자마자 내 마음을 돌리려고 했다. 법학도가 되면 내가 행복하지 못할 거라 생각했던 것 같다. "엄마는 늘 네가 관광업 방면으로 소질이 있지 않을까 생각했어. 관광학이나 호텔 경영학 같은 분야를 공부해보는 건 어때? 세계 여행도 하고 모험 정신도 발휘하고 말이야!"

나는 동의할 수 없다는 얼굴로 허공을 바라보며 고개를 절레절레 흔들었다. 엄마는 그림을 그리는 분이었고 작은 화방을 운영하고 있었다. 나는 그런 엄마에게 내가 갖고 있던 높은 도덕적 잣대를 들이밀었다. 왜 엄마는 세계 곳곳에서 일어나는 일들에 관심을 갖지 않는지, 예컨대 왜 나처럼 네슬레 불매운동°에 동참하지 않는지 도통 이해할 수가 없었다.

당시 나는 그런 열혈 청년이었다. 제2의 사춘기를 겪으며 자기 자신에게 도취된, '무역을 공정하게'라고 쓰인 헐렁한 티셔츠를 입고 다니며 6개월에 한 번씩은 클라리넷 시험을 치르는, 그런 깡마른 백인 여자아이였다. 영화 〈탑건Top Gun〉이 1986년이 아니라 내가 열여덟 살이던 그해에 개봉했다면, 아마도 나는 극장을 나오자마자 미 공군 채용 부스를 찾아가 입대 원서를 넣은 바보 중 하나가 되었을지도 모른다. 그렇게 나는 딱히 특별할 것 없는 영웅주의에 빠져 있었고, 대의를 위해 나 자신을 기꺼이 희생할 수 있기를 진심으로 바랐다.

지금이야 씁쓸한 웃음과 함께 돌아볼 수 있는 시절이지만, 돌이켜보면 그때만큼 치열하게 살았던 적도 없었다. 나는 항상 싸우고 싶어 했다. 갑작스레 펀치를 얻어맞고 쓰러져 좀처럼 일어나지 못하는 날들의 연속이긴 했지만.

"정의 같은 걸 찾으려 하지 마." 아빠는 내 미래에 관해 이야기를 나눈 그날 밤, 이렇게 말했다. 그리고 이후에도 몇 번이나 같은 말을 했다.

나는 아빠의 그 말만큼은 귀담아듣지 않았다.

° 1960년대와 1970년대에 걸쳐 다국적 기업 네슬레Nestlé는 개발도상국들을 상대로 모유 대신 분유를 먹도록 유도하는 마케팅을 대대적으로 펼쳤다. 그 결과, 깨끗한 물이 부족한 개발도상국들에서 오염수에 탄 분유를 먹고 자란 유아들이 질병으로 수없이 죽어갔다. 그 외에도 노동 착취 등 비윤리적인 운영 행태가 드러나면서 전 세계에 걸쳐 네슬레 제품 불매 운동은 수십 년간 이어져오고 있다.

1부

1

푹푹 찌는 브리즈번의 1월이었다. 이날은 생애 첫 직장에 출근하는 첫날이었다. 나름 신경 써서 차려입은 펜슬 스커트의 허리 클립이 고장 났다는 사실을 집을 나선 지 한참 후에야 알았다. 버스 정류장에서 법원 건물까지는 덥더라도 재킷을 걸친 채 걸어가야 했다.

나는 2014년 말 로스쿨을 졸업하고 곧장 미국으로 두 달간 여행을 떠났다가 돌아온 터였다. 여행하는 동안 핫도그와 버드와이저로 끼니를 때우다 보니 체중이 급격히 불어나 엉덩이 쪽을 중심으로 튼살이 생겨나 있었다. 살찐 부위는 가렵기까지 했다.

아침에 다림질한 셔츠의 겨드랑이 부분은 이미 땀에 젖어 있었다. 벌써부터 일이 꼬이는 기분이 들었다. 게다가 지각까지 할 것 같았다. 전날 밤에 좀 더 철저히 준비해두지 않은 것이 후회스러웠다. 지금 이 상황은 생리가 끝났다고 여분의 탐폰을 미리 사두지 않는 평소 내 습관의 연장선에 있었다. 일어나지 않길 바라는 일들을 근거 없는 낙관론에 기대어 머릿속에서 지워버리고는 제대로 대비하지 않는 고약한 습관이었다.

빠른 걸음으로 조지 스트리트를 지나칠 때쯤, 한 제과점에서 후끈한 열기가 훅 뿜어져 나왔다. 그 순간 문득 그날의 사건이 떠올랐다. 파이를 먹으러 제과점에 간 날 목격한 사건 말이다. 그로부터 13년이 흘러 아빠는 은퇴를 앞두고 현직에서 물러나 있었다. 그리고 아빠가 법과 관련된 일을 그만두려는 바로 그 시점에, 나는 막 그 분야로 뛰어든 참이었다.

매끈한 콘크리트와 반짝거리는 크롬 도금이 인상적인 퀸즐랜드 지방법원과 고등법원 건물 옆으로는 세계적인 일본 미술가 쿠사마 야요이의 작품 〈노래하는 눈〉이 설치되어 있었다. 검은색과 흰색 눈들로 이루어진 이 작품은 경사진 벽면을 따라 비스듬히 놓여 있어 지나가는 사람들이 쉽게 감상할 수 있었다. 그 눈들은 마치 법원을 감시하듯 올려다보고 있다는 인상을 주었다.

건물 로비에는 3층 높이의 큼지막한 통유리창을 통해 햇살이 쏟아졌다. 아주 탁 트인 공간이었다. 대리석 바닥 위로 내 구두 소리가 또각또각 울려 퍼졌다. 잠시나마 혼자만의 시간을 가질 수 있겠다고 기대하면서 열린 엘리베이터 문 사이로 발을 디뎠지만, 뒤이어 사람들이 줄줄이 타는 바람에 결국 나는 맨 구석으로 밀려났다. 타이트한 옷깃 때문에 목이 갑갑했고, 스타킹은 허리를 조여 왔으며, 하이힐 때문에 아래로 쏠린 발가락은 잔뜩 구겨져 있었다. 숨조차 제대로 쉬기 어려웠다. 땀을 삘삘 쏟으며 이런 게 폐소 공포증일까 생각했다. 빨래건조기 안에서 뜨거운 바람을 맞으며 정신없이 굴려지는 듯한 기분이었다.

그렇게 나는 마음을 가다듬을 여유도 없이 곧바로 낯선 환경 속으로 던져졌다. 커다랗고 둥그런 내 몸과 달리, 내가 들어선 공간은 모든 것이 가지런하고 각이 져 있었다. 앞으로 1년간 나의 모난 데를 매끈하게 깎아낼 곳에서의 첫날이 이렇게 시작되었다.

°°

고등법원 도서관 내 교육장 앞에서 서성이고 있는 다른 재판연구원°들을 둘러보았다. 나는 애써 태연한 척했지만, 실은 이리저리 눈을 굴려 아는 사람이 있는지 살폈다. 아마 많은 이들이 나와 같은 퀸즐랜드 대학교 출신일 테지만, 대학 시절 나는 이 자리에 올 법한 애들과는 거의 어울리지 못했다. 학과 공부에 전념했던 것도 아니고 교내 행사에 열심히 참여했던 것도 아니었기에, 역시나 낯익은 사람은 좀처럼 눈에 띄지 않았다.

그때 누군가가 날 향해 손을 흔들었다. 에블린이었다. 순간 안도감이 느껴졌다. 에블린과는 고등학교 때 연극 수업을 같이 들은 이후로 쭉 알고 지낸 사이였다. 나는 내가 일평생 에블린의 날

° 영미권에서는 통상 로클럭law clerk 혹은 주디셜 클럭judicial clerk이라 부르며, 원문의 'judge's associate'는 주로 호주에서 사용하는 명칭이다. 우리나라에서는 2012년부터 재판연구원 제도가 시행되었다. 호주 퀸즐랜드 통합 법원 사이트에는 재판연구원 제도가 '재판을 둘러싼 모든 과정을 가까이에서 경험할 수 있는 극히 드문 기회'라고 언급돼 있으며, 실제로도 재판연구원의 가치는 매우 높게 평가받는다. 재판연구원은 우선 법학 학위를 소지해야 지원이 가능하며, 호주 역시 다른 나라와 마찬가지로 기본 1년 직으로 임명된다. 위의 사이트에서 밝히고 있는 재판연구원의 업무는 대략 다음과 같다. 판사에게 필요한 법적 자료 구비, 심리 및 재판에 관한 연구·조사, 법원 내 직원을 비롯한 법조인·정부 기관·언론·일반 대중과의 소통, 판결과 관련한 판사 업무 보조, 배심원 명부 관리 및 재판 기록 등의 법정 업무, 판사의 순회재판 및 기타 출장 시 배행 등이 그것이다.

씬한 그림자를 뒤따르면서 그녀가 하는 모든 것을 조금씩 구리게 따라 해왔다고 농담하곤 했었는데, 그 흐름은 이번에도 변함이 없었다. 에블린은 고등법원 소속 재판연구원, 나는 지방법원 소속 재판연구원이었다. 이 차이는 보기보다 꽤 컸다. 이 새로운 세계에서는 모든 것이 평가 대상이었으며 모두가 위계질서 안에 놓여 있었으니까.

사실 재판연구원이 된다는 것은, 고등법원 소속이든 지방법원 소속이든 그 자체로 매우 뜻깊고 뛰어난 성취라고 말할 수 있다. 공부를 마친 법학도 대부분이 이 자리를 꿈꾸지만 그 누구도 쉽게 이 자리가 자신의 목표라고 말하고 다니지는 않는다. 그냥 조용히 지원서를 제출할 뿐이다. 나는 50군데나 지원서를 넣었다.

재판연구원이 된다는 것은 판사의 조수이자, 직원이자, 제자이자, 출장 비서이자, 때로는 보병 역할을 도맡아야 한다는 뜻이다. 판사 한 명에게 배정되는 재판연구원은 단 한 명이고, 이러한 전통 때문에 법원에 들어가는 것은 경쟁이 아주 치열했으며 심지어 강력한 족벌주의를 부추겼다. 실제로 몇몇 재판연구원은 판사 또는 '왕실고문 변호사'°°와 성姓이 같았다. 그것은 굉장한 경쟁력이었다. 나는 그 애들이 부러웠다.

에블린이 속한 무리에 끼어들면서 나는 그녀의 머리를 슬쩍 훔쳐보았다. 윤기 나는 어두운색의 단발이었는데, 적당히 길면서도 커리어우먼의 분위기가 물씬 풍겼다. 내 상상 속 에블린의 완벽

°° Queen's Counsel. 영연방 국가의 법정 변호사 가운데 가장 뛰어난 변호사들에게 주어지는 직위.

한 인생을 그대로 표현하고 있었다. 몇 년 전, 에블린이 부모님 돈으로 오스카 오스카°에서 정기적으로 스타일링을 받는다는 이야기를 들었을 때 나는 '그럼 그렇지'라는 생각과 함께 심한 열등감을 느꼈다. 내 머리는 늘 엄마가 잘라주었으니까.

에블린은 동료들에게 자신의 진로 계획을 한창 이야기하고 있었다. 에블린은 이듬해에 국내에서 최고로 평가받는 로펌에 지원할 예정이라고 했다. 에블린과 눈이 마주친 나는 살짝 웃으며 고개를 끄덕여 보였다. 그러다 문득 누군가 내 입술 위에 난 뾰루지를 발견하지 않을까 하는 생각이 들었고, 가능한 한 주위의 시선을 끌지 않으려고 자세를 움츠렸다. 나는 재판연구원 생활이 끝난 뒤에 무엇을 할지 딱히 준비해둔 게 없었으므로 그와 관련한 질문은 받지 않길 바랐다. 그냥 지금 이 순간만큼은 재판연구원이 되었다는 사실을 축하하며 즐기면 안 되는 걸까? 나는 누가 나에게 말을 거는 순간 영화 〈킬빌Kill Bill〉에서처럼 팔이 잘려 나가고 피가 뿜어져 나온다면 어떨지 홀로 상상에 빠져들었다.

모두가 대화에 열중하는 동안 나는 하이힐을 신은 발이 아파 벽에 등을 살짝 기댄 채 교육장 안을 둘러보았다. 로즈 & 베킷°°을 입은 멋진 여자들과 R.M. 윌리엄스 부츠°°°를 신은 말쑥한 남자들이 꽤 많이 눈에 띄었다.

"미국 여행에서 근사한 옷들은 많이 건져 왔겠지?" 에블린이 내게 말을 걸었다. "말도 마. 미국에도 라이프라인°°°° 같은 중고 가게가 되게 많더라고." 순간 너무 멍청하게 말한 것 같아 후회가 들었다. 나는 처음 보는 내 앞의 멋진 동료들에게 좋은 인상을 남기고자 재빨리 워싱턴 D.C.의 저널리즘 박물관 이야기를 꺼냈다. 그때 판사 한 분이 교육장 안으로 들어왔다. 우리는 일순간 입을 다물고 각자 자리로 가 앉았다.

세 시간 동안 우리는 판사의 조수이자 동료로서 지켜야 할 신중한 책무에 대해 교육을 받았다. 이전 기수들이 형편없는 짓을 얼마나 많이 저질렀는지에 대해서도 들었다. 교육을 맡은 판사님은 우리가 판사의 얼굴이라고 했다. 그러므로 법정에서 사람들에게 선입견을 줄 만한 언행이나 행동은 물론이고 그러한 '생각'조차 해서는 안 된다고 강조했다. 충격적인 증언이 나오거나 예상치 못하게 판결이 뒤집히더라도 내색해서는 안 되었고, 언론과 접촉해서도 안 되었으며, 페이스북 프로필도 최대한 점잖게 관리해야 했다.

분위기가 순식간에 가라앉았다. 왠지 대학교 때 입고 놀던 핼러윈 의상과 이제껏 퍼마신 맥주 통 개수를 일일이 작성해 제출하는 자리처럼 느껴졌다. 물론 어느 정도는 각오하고 있었다. 세상의 이목을 끄는 중요한 재판이 열린다고 치자. 〈커리어 메일〉°°°°° 같은 매체는 판결을 맡은 재판장뿐 아니라 재판연구원의 일거수일투족까지 샅샅이 조사하려 들 것이 분명하다. 그러니 우리의 행실이 〈커리어 메일〉에 어떻게 보도될까를 고려해 자중하는 일은 우

° Oscar Oscar. 호주의 고급 프랜차이즈 미용실. 커트 가격이 약 100호주달러(약 8만 원)다.
°° Rhodes & Beckett. 호주의 고급 의류 브랜드였지만 2017년 이후 경제적 부침을 겪으며 쇠락하여 전국에 걸쳐 30개 이상이던 매장이 근래에는 두세 개로 크게 줄었다.
°°° R.M. Williams. 호주의 대표적인 신발 브랜드. 가죽을 조각내지 않고 한 장 전체를 사용해 만드는 홀컷 제작 방식으로 유명하다.
°°°° Lifeline. 호주의 비영리 단체가 운영하는 중고 물품 매장.
°°°°° 〈The Courier-Mail〉. 호주 브리즈번에 본사를 둔 보수 성향의 타블로이드판 일간지. 거대 미디어 그룹 '뉴스 코프 오스트레일리아'가 소유하고 있다.

리에게 주어진 또 하나의 의무라고 할 수 있었다.

재판연구원이 정치적 입장을 드러내는 일도 부적절한 행위였다. 교육을 맡은 판사님은 우리에게 유명한 일화를 들려주었다. 어느 연방법원 재판연구원이 딱 한 번 〈오스트레일리안〉[*]에 자신의 정치 성향을 담은 글을 실은 적이 있는데, 그로 인해 유력가 출신임에도 불구하고 이쪽 업계에서 쌓아온 커리어가 순식간에 날아갔다는 이야기였다. 이 일화는 우리에게 절대 자만해선 안 된다는 경고를 주었다. 우리 중 누구도 이 사건이 주는 교훈을 묵과한 채 이카로스처럼 나락으로 떨어지길 원하지 않았다.

사실 우리 같은 재판연구원은 이 거대한 법원 속에서 힘없는 피라미에 불과했다. 하지만 이곳에 있는 사람들처럼 하나같이 똑똑하고 잘난 사람들 사이에 있다 보면 그 사실을 망각하기 쉬웠다. 실제로 이후 몇 달에 걸쳐 나는 동료였던 이들이 어떻게 망가지고 좌절해가는지 생생히 목격할 수 있었다. 어떤 판사들은 자신의 조수이자 제자인 재판연구원을 너그럽게 잘 가르쳤지만, 몇몇 판사들은 우리의 희망과 기대를 유유히 깨부쉈다. 번쩍이는 유리로 마감된 법원 건물의 상층부는 완전히 딴 세상이었다. 상아처럼 단단하고 불투명한.

교육 과정을 모두 마친 날, 내 담당 판사님에게 문자 메시지를 보냈다. 6개월 전쯤 전임인 레베카와 함께 판사님을 뵌 적은 있지만 혼자 인사드리는 건 처음이라 조금 떨렸다. '안녕하세요, 판

사님. 오늘 아침부로 모든 연수 과정을 마치게 되었습니다. 시간이 허락한다면 잠시 집무실로 찾아뵐까 하는데 괜찮으실까요? 만약 어려우면 동료들과 점심 식사를 하고 오후 3시경에 찾아뵙겠습니다.' 문자를 보내고 화장실에 가려는데 등 뒤에서 나를 부르는 소리가 들렸다. 조금 전 아침 인사를 나눈 알렉산드라였다.

"커피 마시러 갈래? 연수 끝난 기념으로 우리끼리 다음 주에 저녁이나 할까 하는데 그 얘기도 좀 할 겸." 알렉산드라와는 작년 여름 유명 로펌인 코스 체임버스 웨스트가스에서 함께 변호사 실습을 한 사이였다. 그녀가 그 로펌에서 입사 제안을 받았는지는 모르지만, 어쨌든 나는 그런 제안을 받지 못했다. 아침에 알렉산드라를 만났을 땐 괜히 그 일이 떠올라 조금 씁쓸했던 참이었다. 알렉산드라는 꾸준히 마라톤 대회에 나갔고, 여러 언어를 구사할 줄 알았으며, 환경 보호와 관련한 법률 봉사에 참여하고 있었다.

그때 휴대폰 알림이 울렸다. '좋은 아침이에요. 사무실로 와주면 고맙겠어요.' 판사님이었다.

"고맙지만 어렵겠어. 지금 바로 판사님 방에 올라가봐야 하거든. 그리고 다음 주에는 글래드스톤°°에 가게 될 것 같아."

"아, 벌써 순회재판을 가는 거야?" 알렉산드라는 이렇게 물으며 고등법원 소속 재판연구원들이 탄 엘리베이터에 올라탔다. 그러고는 작별 인사로 손을 흔들었다.

° 〈The Australian〉. 호주의 대표적인 보수 일간지. 이 또한 뉴스 코프 오스트레일리아 소유다.
°° Gladstone. 퀸즐랜드 주 동부에 위치한 항구 도시이자 관광 도시. 브리즈번에서 차로 약 6시간 거리에 있다.

"그러게." 나 역시 손을 흔들며 말했다.

"으, 글래드스톤이라니." 문이 닫히는 엘리베이터 안에서 질색하는 누군가의 목소리가 들려왔다.

°°

새로 발급받은 출입증을 엘리베이터 보안 스캐너에 갖다 대고 13층 버튼을 눌렀다. 서서히 올라가는 엘리베이터 안에서 영혼이 빠져나가는 것 같은 기분이 들었다. 이곳은 에블린과 알렉산드라 같은 애들에게 어울리는 세상이었다. 나보다는 내 남자친구인 빈센트 같은 이에게 더 적합해 보였다. 멋지고, 외국어를 완벽하게 구사하고, 대학을 나온 부모님 밑에서 자란 그런 영재들.

판사실 앞에 서서, 숨을 깊이 한번 들이마신 뒤 노크했다. 방으로 들어서니 판사님이 환히 웃으며 자리에 앉기를 권했다. 1년 전 면접을 보러 처음 이 의자에 앉았을 당시 엄청 떨었던 기억이 났다. 예상보다 편안했던 면접 시간 동안 판사님과 이런저런 이야기를 주고받으며 많이 웃었던 기억과, 허례허식이나 잘난 체 같은 게 전혀 보이지 않는 판사님의 모습에 감명받았던 기억이 문득 떠올랐다.

"브리 씨가 미국 여행에서 겪었던 일들을 레베카 씨를 통해 조금 건너 들었어요. 아주 즐거운 시간이었겠지요?"

"아, 네. 좋았습니다. 주마다 특색이 있는 것도 신기했고, 특히 뉴욕은 정말 매력적이었어요. 참, 판사님이 추천해주신 프릭 컬렉션 미술관에도 다녀왔는데, 정말 멋있더라고요."

"멋진 곳이죠." 판사님은 웃으며 말했다. 지난번 방문 때 판사님이 미술품 수집에 관심이 있다는 걸 알게 된 터였다.

"그런데 브리 씨, 좀 더 이야길 나누면 좋겠지만 안타깝게도 우리가 해야 할 일이 있다는 건 알고 있겠죠? 당장 돌아오는 일요일에 잡힌 글래드스톤 출장부터 말이에요."

"네, 판사님. 레베카 씨에게서 출장과 관련해 준비할 것들에 대해 듣긴 했습니다."

"그 전에 해야 할 일이 있어요. 지난주 공판준비기일이 끝난 사건의 판결을 앞두고 있는 상황이라서."

"아, 네." 긴장감이 확 밀려왔다.

판사님은 소파에서 일어나 책상 쪽으로 가서는 스테이플러로 고정된 서류 한 뭉치를 들고 왔다.

"우선 이 문서의 교정을 부탁하고, 내일 있을 판결 시간을 잡아주면 고맙겠어요. 그러려면 모든 당사자에게 내용을 전달하고 법정도 예약해두어야 할 거예요."

"알겠습니다." 나는 서류를 건네받고 판사님이 자리에 앉기를 기다리며 어정쩡한 자세로 서 있었다.

"다 처리할 수 있겠어요?"

"물론입니다." 거짓말이었다.

"좋아요." 판사님은 책상으로 돌아가며 말했다. "그럼 차후 진행 상황을 내게 알려주도록 해요."

판사실을 나와 내게 배정된 개인 사무실로 들어가 의자에 앉았다. 내 방은 판사실 바로 옆이었다. 내부는 깨끗했고 구조는 단순했다. 컴퓨터 옆에는 레베카가 준비해둔 커다란 달력이 걸려 있었다. 달력에는 판사님과 순회재판을 하러 방문할 여덟 개 도시가 색깔별로 적혀 있었다. 앞으로 우리가 매주 맡을 재판 중 민사 사건은 단 두 건이었고 나머지는 모두 형사 사건이었다. 우선 일요일부터 글래드스톤에서 2주간의 일정이 있었고, 돌아와서 2주 후에는 번다버그°로 떠나야 했다. 그리고 다시 돌아온 뒤 3주 후에는 워릭°°으로 갈 계획이었다. 이런 식의 일정은 앞으로 계속될 예정이었다.

1년간의 일정을 가만히 바라보고 있자니 걱정이 커졌다. 하지만 이러고 있을 때가 아니었다. 당장 해야 할 일부터 집중해야 했다. 일단 판사님이 요청한 문서 교정 작업이 있었다. 서류를 훑어보았다. 형법 590AA 섹션에 해당하는 소송 건이었는데, 다음과 같은 문구가 눈에 들어왔다. '유사 사실의 증거 능력 인정: 아동 성폭력 행위(강간). 유사 성적 행위 전력을 증거로 사용하도록 함.'

갑자기 뱃속을 쥐어짜는 듯한 통증이 느껴져 잠시 책상에서 물러났다. 이 문구만으로도 어떤 사건인지 짐작이 갔다. 학부 시절 이와 비슷한 사건에 대해 배운 적이 있었다. 이 사건의 경우엔 검사가 피해자가 아닌 제삼자로부터 중요한 증언을 확보했는데, 내용인즉슨 피고인이 성관계 도중 특정한 행위를 즐긴다는 사실이었다. 이 증언은 피해자가 일관된 진실을 말하고 있다고 배심원단을 설득할 핵심 증거가 될 수 있었다. 이 증언의 증거적 가치가 편견을 조성할 위험보다 클지는 판사가 판단할 문제였다. 이렇게 공

° Bundaberg. 퀸즐랜드 주 동부에 있는 소도시. 브리즈번에서 차로 4시간 정도 걸린다.
°° Warwick. 브리즈번에서 차로 2시간 거리에 있는 내륙의 소도시.

판준비절차 때 정해지는 것들은 공판 시작도 전에 판결에 결정적으로 작용할 수 있는 만큼 매우 중요했다. 나는 책상을 뒤져 찾은 빨간 펜을 들고서 크게 심호흡한 다음, 의자를 당겨 앉아 서류를 자세히 들여다보았다.

한 남성이 여자친구의 어린 딸을 강간한 혐의로 기소된 사건이었다. 범행이 처음 일어났을 때 피해자는 초등학교 저학년이었고, 지금은 10대가 되어 있었다. 피해자는 피고인이 성폭행 직전에 자신을 꼼짝 못 하게 묶어두었으며, 횟수를 거듭할수록 그 수위가 점점 더 높아졌다고 경찰에 진술했다. 이 끔찍한 범행은 피해자가 자기 엄마에게 진실을 털어놓은 후에야 중단되었다.

이 사건에서 쟁점이 된 부분은, 피고인이 성폭행을 저지를 때마다 자기 집 뒷마당에 있는 힐스 호이스트°°° 건조대에 아이를 묶어두었다는 점이었다. 이와 관련해 검사는 피고인과 한때 사귄 적이 있는 다른 여성에게서 그가 성관계 시 상대방 몸을 묶는 소위 본디지 섹스를 즐겼다는 증언과, 바로 그 점 때문에 그와 헤어졌다는 증언을 확보하여 제출한 상태였다.

나는 철자나 인용문을 손봐야 하는 본연의 임무는 잊은 채 어느새 강렬한 호기심에 사로잡혀 글을 읽어 내려가고 있었다. "그는 저를 야외 건조대에 묶어둔 채 성관계를 하곤 했어요." 피고인의 전 여자친구는 이렇게 증언했다.

<hr>

°°° Hills Hoist. 쇠기둥을 땅에 박아 고정한 빨래 건조대의 상품명. 정비공이던 랜스 힐 Lance Hill이 1940년대에 제작·판매해 큰 인기를 얻었고, 이후 호주의 대표적인 건조대 브랜드가 되었다.

문서를 끝까지 읽고 나니 빨래 건조대에 관한 진술이 재판에 결정적으로 작용하겠다는 생각이 들었다. 판사님은 본디지 행위에 관한 부분은 제외하고 힐스 호이스트에 관한 내용을 증거로 인정해둔 상태였다. 힐스 호이스트에 대한 진술은 흔치 않으며 아주 구체적이므로 그것의 증거적 가치를 반박하기란 어려울 것이 분명했다.

나는 시계를 슬쩍 본 뒤 잠시 머리를 식힐 겸 계단으로 여자 화장실까지 걸어 내려갔다. 언젠가 재판연구원이 된다면 〈로 앤 오더: 성범죄 전담반〉°에서 보았던 것과 같은 사건들을 다루게 될지 모른다고 생각한 적은 있지만, 이렇게 출근 첫날부터 마주하게 될 줄은 꿈에도 몰랐다.

법원 계단을 내려가면서는 뭔가 이상하다는 생각이 들었다. 판사 집무실이 모여 있는 건물 맨 위층은 유독 조용했다. 불투명한 창문과 쥐색 소파가 배치된, 널찍하고 천장이 낮은 방들로 이루어진 평범한 공간이었지만 왠지 현실과 동떨어진 세상처럼 느껴졌다. 왜 아무도 분노하지 않는 걸까? 그러고 보면 판사님 또한 아무 일 없다는 듯 행동하고 있었다. 이런 게 새로운 시대정신에 어울리는 행동 기준일까? 정말 세상은 그런 쪽을 향해 가고 있는 걸까?

문득 외할머니와 외할아버지의 집이 떠올랐다. 그 집 뒷마당에도 커다란 힐스 호이스트 건조대가 있었다. 뒤뜰에 풍기던 기분 좋은 세제 향과 할머니가 피우던 담배 냄새가 생생하게 기억났다.

° 〈Law & Order: Special Victims Unit〉. 미국 NBC에서 제작한 성범죄 드라마.

그런데 어느새 내 기억 속 풍경은 바뀌어 있었다. 울고 있는 어린 여자아이가 빨래 건조대에 손발이 묶인 채로 강간당하고 있었다. 그 장면은 엄연한 현실이었다. 그 모습 뒤로 잘 관리된 잔디밭과 물이 찰랑이는 수영장이 보였다. 퀸즐랜드의 강렬한 여름 햇살에 빨래집게의 색이 바래가고 있었다.

내가 가까이서 본 힐스 호이스트 건조대는 외할머니 댁 뒷마당에 있는 그것이 유일했다. 그래서 내가 상상할 수 있는 그 끔찍한 장면의 배경은 이후로도 늘 그 집이었다. 외할머니 댁은 우리 집과도 가까웠다. 그 불쾌한 장면은 유령처럼 슬그머니 내 삶의 틈새로 기어들어 왔다. 그리고 그와 함께 또 다른 풍경 하나도 불쑥 떠올랐다. 그것은 우리 집의 푸른 잔디와 파란 하늘이 배경인 장면이었다.

나는 불현듯 떠오른 그 기억을 떨쳐내려 고개를 저었다. 세면대 수도꼭지를 틀어 손바닥 위로 떨어지는 물줄기를 내려다보며, 물소리와 손에 느껴지는 차가운 감촉에 잠시 집중했다. 그런 뒤 거울엔 눈길을 주지 않은 채 화장실을 나와 사무실로 향했다. 내 눈을 똑바로 마주할 용기가 나지 않았다.

°
°

이날 오후에는 신입 재판연구원들이 법원 지하에 있는 임시 구치소를 함께 견학했다. 지하층이어서인지 매우 서늘했고 위층보다 단연 어두웠다. 모든 것이 큼지막해 보였다. 바닥은 대리석이 아닌 콘크리트였고, 크롬 소재의 곡선 기둥 대신에 회색 창살이 눈에 띄었다.

견학이 끝날 때쯤 담당 경비원에게 질의하는 시간이 있었다. 누군가 손을 들어 얼마 전 벌어진 G20 반대 시위 직후 이곳이 꽉 찼었는지 물었다. 호주 연방 정부는 그 시위에 큰 당혹감을 드러낸 바 있었다.

"전혀 그렇지 않았습니다." 경비원은 웃으며 잘라 말했다. 이어서 내가 손을 들었다.

"어제 언론에서는 와콜 지역 교도소들에 더 이상 수감자를 수용할 공간이 없어서 추가 시설이 필요한 상황이라고 하던데, 사실인가요?"

경비원은 고개를 가로저었다. "교화 시설이 부족한 건 문제가 아닙니다. 너무 많은 사람을 너무 오래 가두는 것이 문제이지요. 교도소에 오래 있을수록 재사회화는 어려워집니다. 수감자 관리에 비용도 많이 들뿐더러, 교도소에 오래 머문다는 것 자체가 수감자들에겐 안 좋은 일이죠."

그의 말에 우리는 모두 고개를 끄덕였다. 최상층에서 최하층을 잠깐 구경하러 내려온 풋내기들이 지하 감옥의 세계를 어느 정도는 이해했다는 듯이.

○○

13층으로 돌아온 나는 창밖으로 뜨거운 햇볕이 내리쬐고 있는 브리즈번 시가지를 내다보며 생각에 잠겼다. 이곳에서 일하는 상위 계층 사람들은 어쩌다 대학 교육까지 받아 평균 이상의 화이트칼라 직업을 갖는 데 성공한 것일까? 이 건물에서 우리와 가장 멀리 떨어진 15층 아래, 주차장과 인접한 지하에는 미결수라 불리는 이들이 갇혀 있었다. 범죄를 저질렀을 수도 아닐 수도 있는 그들을 우리는 빛으로부터 완전히 격리해놓고 있었다. 내 커리어는 저 아래에 있는 사람들의 불법 행위와 불행이 있기에 쌓아 올릴 수 있는 것이기도 했다. 칙칙한 콘크리트 구조물이 있어야 그 위에 화려한 크롬 도금을 입힐 수 있듯이 말이다. 내가 여기서 받고 있는 월급 또한, 따지고 보면 사람들이 서로에게 나쁜 짓을 하기 때문에 필요해진 시스템에서 나온 것이었다.

창문 한쪽으로 로마 스트리트 파크랜드가 한눈에 들어왔다. 공원 한구석에선 호주 원주민들이 화기애애한 분위기 속에 음식을 나눠 먹으며 모임을 즐기고 있었다. 오랜 시간에 걸친 침략과 학살 끝에 이 땅의 원주민들은 전체 인구의 고작 3퍼센트 정도를 이루는 소수자가 되었다. 하지만 이 나라의 전체 교도소 수감자 중 3분의 1은 내륙 또는 토레스 해협의 원주민이었다. 퀸즐랜드 변호사협회장의 말에 따르면, 퀸즐랜드 지방법원과 고등법원 판사 중 원주민 출신은 단 한 명도 없다고 한다.

창문에서 눈을 돌리니 작품 소개란과 함께 벽면을 가득 메운 그림 액자들이 보였다. 대부분 원주민 작가들의 작품이었다. 문득 이 법원 건물이 다양한 물리적 형상을 통해 이 사회의 양분된 모습을 기이하게 보여주고 있다는 생각이 들었다.

이 높은 곳에 있는 우리는, 원주민을 사회의 일원으로 기꺼이 받아들인 것처럼 보이기를 좋아했다. 각종 연설의 초반부에는 늘 화합과 평화에 관한 그럴듯한 문장들이 빠지지 않았고, 우리 사회가 진작부터 원주민 문제에 관심을 갖고 있었다는 이야기도 빠트리는 법이 없었다. 원주민을 우리 사회의 구성원으로 인정했음을 보여주고자 원주민 화가의 작품들과 그에 어울릴 법한 비싼 꽃들을 주문했고, 언제든지 지켜볼 수 있는 자리에 백합꽃과 함께 그 작품들을 얌전히 걸어놓았다. 이는 법원 건물의 잘 알려지지 않은 단면이었다.

∘
∘ ∘

출근하고 처음 며칠은 13층에서 내려다보는 경치가 꽤 아름답다고 생각했다. 판사실 쪽에서는 창밖으로 낮은 산과 강이 보였고, 엘리베이터가 있는 반대쪽 창문으로는 온갖 화려한 현대식 건물이 즐비했다. 하지만 창밖 풍경을 편안한 마음으로만 감상할 수 없게 되기까지는 그리 오랜 시간이 걸리지 않았다.

재판 과정에 여러 차례 참여하면서, 내가 내려다보는 풍경이 범죄가 수놓인 성좌라는 사실을 차츰 깨달았다. 위에서 보면 점처럼 작은 것들이, 실은 특정한 의도 혹은 우연으로 선택된 강간과 폭력 범죄의 현장들이었다. 개미처럼 분주하게 움직이는 사람들 중 누가 가해자이고 피해자인지, 누가 가해자가 되고 피해자가 될지를 생각하느라 더는 그들을 무심히 내려다보기가 힘들어졌다. 어쩌면 가해자와 피해자 중 어느 쪽에도 속하지 않으면서 도심과 강변을 돌아다니기란 불가능에 가까워 보였다.

나는 어찌하여 이런 생각에 잠기게 되었을까. 빽빽한 퇴근 행렬에 섞여 집으로 돌아가던 어느 날, 그 이유를 깨달았다. 나는 그 어느 쪽에도 속하지 않은 행운아가 결코 아니었다. 나 역시 가해자와 피해자, 둘 중 하나에 속하는 사람이었다.

2

브리즈번으로 출퇴근을 시작한 첫 주에는 빈센트와 주로 저녁 시간을 보냈다. 여행 중이었던 두 달여간은 스카이프로 꾸준히 연락했지만 나는 내심 불안했다. 그는 나에게 선뜻 다가와준 거의 유일한 사람이었고, 내가 마음을 연 유일한 남자였다. 그러나 홀로 여행을 떠난 지 2주 만에 빈센트를 향한 그리움이 내 행복을 방해하고 있음을 깨달았다. 나는 그를 사랑하는 방법도 잘 몰랐지만, 그 사람 없이 잘 지내는 방법 또한 몰랐다. 그래서 여행하는 동안에는 과거 혼자였을 때의 행동과 감정을 되살려 빈센트를 최대한 떠올리지 않기로 마음먹었고, 그 결과 여행 막바지에는 멋진 걸 보았을 때도 그에게 연락하고 싶다는 충동을 누를 수 있었다.

빈센트를 다시 봤을 때는 당연히 좋았다. 그가 얼마나 멋진 사람인지 새삼 느껴졌다. 나는 빈센트에게 내가 돌아오길 많이 기다렸는지, 그리고 여전히 나와 함께하고 싶은지 물어보지 않았다. 우리는 내가 로스쿨 때 만난 이후로 3년째 사귀는 중이었는데, 간혹 내 삶이 그의 삶에 맞춰지고 있음을 느낄 때면 덜컥 겁이 났다. 누군가와 연결된다는 것은 필연적으로 자기만의 영역을 내주어야

44

한다는 걸 뜻했고, 그것은 곧 내가 가까스로 얻어낸 것들을 놓고 타협해야 한다는 의미이기도 했다. 물론 나름의 노력 끝에 나만의 고독 속에서 편안함을 느끼기도 했지만, 그 편안함은 어느새 빈센트를 그리워하는 마음으로 변하곤 했다. 그는 언제나 나를 편하게 대했지만, 나는 식당에서 음식을 시켜놓고 후회하거나 언제 하이힐을 신고 나가야 할지 자주 고민했다. 그렇게 그의 애정을 얻고 싶어서 내 자유를 내주었다. 게다가 나는 빈센트가 진심으로 날 사랑할 리 없다는 의심과, 정말로 그렇다면 어떡하나 하는 두려움 사이에서 종종 동요했다. 나는 정말로 사랑하는 방법을 몰랐던 것이다.

글래드스톤으로 떠나기 며칠 전, 빈센트와 저녁을 먹고 함께 누워 있을 때 그에게 내 생각을 정확히 전하기로 했다. "널 못 보게 될 때마다 우리 관계에 대해 마음을 닫아두고 싶어져. 그러다가 돌아오면 다시 마음을 주고 싶어지고." 말은 이렇게 했지만 내 마음이 제대로 전달된 것 같지는 않았다. "그리고 지금은 다시 떠나야 할 시간이야." 내 말을 잠자코 듣던 그는 내 이마에 입을 맞추며 말했다. "네가 언제 돌아오든 늘 같은 자리에 있을게."

그러나 빈센트는 내 진심을 이해하지 못한 것 같았다. 아마도 말이 되지 않는다고 생각했거나, 내가 스트레스 때문에 그런 말을 했다고 생각하는 듯했다. 어쩌면 그의 생각이 맞을지도 몰랐다.

°°

다음 날 아침, 글래드스톤으로 떠나기 전에 판사님과 나는 예

비 심문을 진행했다. 보통 이 자리에서 판사는 진행 중인 사건의 목록을 모두 검토한다. 이때까지 검사는 각 사안을 면밀히 파악해 우선순위를 정하고, 변호인들은 피고인의 입장을 법원 측에 알려야 한다.

내가 맡은 수많은 업무 중 가장 중요한 일은, 나중에 혹 필요하게 될지도 모르는 모든 정보를 놓치지 않고 기록해두는 것이었다. 만약 다음 주에 판사님이 왜 어떤 사건의 재판 일정이 잡히지 않았는지 묻는다면, 즉시 그 자리에서 피고인이 병원에 있다거나 증인이 참석하지 못해 재판이 미뤄졌다는 식으로 답변할 수 있어야 했다.

이 일을 시작하면서 나는 한 가지를 새롭게 깨달았다. 우리 사회의 사법 시스템이 생각했던 것보다 훨씬 더 '인간적으로' 굴러간다는 사실이었다. 퀸즐랜드 지방법원 산하 글래드스톤 지원에는 몇 년 동안이나 처리되지 않고 계류된 사건이 많았다. 담당 변호사가 장기 휴가라도 가게 되면 6개월을 추가로 기다려야 하는 상황도 빈번히 발생했다. 감정인°들은 법원에서 증언을 하기 위해 따로 시간을 빼서 참석해야 했다. 후일에 경험한 일이지만, 2주 동안 일정표에 적힌 재판들을 모두 끝마칠 수 없는 상황도 더러 생겼다.

순회재판이 필요한 도시나 마을은 대부분 규모가 작아 판사가 상주할 수 있는 형편이 아니었다. 하지만 그들에게도 해결할 사건은 있기 마련이므로 판사들은 한 번에 보통 2주씩 시간을 내

° 법정 심리 때 전문가의 입장에서 감정·증언을 하는 사람을 말한다. '전문가 증인'이라고도 한다. 대개 특정 분야에 관한 전문 지식이 요구될 때 해당 분야 전문가의 자문을 구하는 목적으로 법정에 서게 된다.

어 북서쪽으로 재판을 돌곤 했다. 내 판사님은 퀸즐랜드 지방법원 판사들 중 순회재판 일정을 가장 많이 소화해온 분이었다.

"아까 그 변호사 소매에 붙어 있던 커프스단추 보셨어요?" 휴정 시간에 엘리베이터에 함께 오른 판사님에게 물었다.

"아니, 못 봤는데."

"엄청나게 큰 달러 모양이었어요. 50센트 동전 크기쯤 되는데 빛을 받을 때마다 어마무시하게 번쩍거리더라고요."

"허, 그래요?" 판사님은 머리를 절레절레 흔들며 환하게 웃으셨다. 어쨌거나 우리는 기분 좋게 새 출발선에 서 있었다.

잠깐 사무실에 들른 나는 글래드스톤에서 있을 재판 목록을 훑어보았다. 유독 아동 성범죄 사건이 많았다. 이 점을 판사님에게 전하자 씁쓸한 답변이 돌아왔다.

"유감스럽게도 지방법원이 맡게 되는 주요 사건들이 대개 그래요. 물론 단순 폭행 사건도 있죠. 서로 치고받고 싸우거나 전기톱 같은 걸로 난동을 피운 경우인데, 가끔은 아동 성범죄가 아닌 그런 단순 폭행 사건을 맡게 돼서 내심 기쁠 때도 있어요."

판사님은 이렇게 말하며 웃어 보였다. 나는 그 웃음이 현실의 추악한 일면을 알고 있는 자이기에 지을 수 있는 표정이라는 걸 나중에야 깨달았다.

○
○

그날 저녁 식사 때 엄마는 순회재판에 대해 물었다.

"그럼 한 번 갈 때마다 무조건 2주씩 머물다 오는 거니?"

"네, 조금 일찍 주말에 올 수도 있고, 아니면 2주를 꽉 채우고 올 수도 있고요."

"장소에 따라 출장 기간이 달라지는 거구나." 아빠가 음식을 입 안에 가득 문 채로 말했다.

"아뇨." 나는 포크를 아빠 쪽으로 가리키며 말했다. "판사님에 따라 달라지는 거죠."

"아하." 아빠는 고개를 끄덕였다.

"모든 건 판사에게 달렸어요."

"그럼 그동안 잠은 어디서 자니?" 엄마가 물었다.

"글쎄요. 호텔이나 모텔, 아니면 아파트 같은 데서? 내가 예약을 잡아야 하는데, 그러고 보니 아는 데가 하나도 없네요. 숙소도 미리 찾아두고 공항에서 숙소까지 가는 길도 인쇄를 해놔야 하는데. 사실 좀 걱정이 되긴 해요."

"넌 잘할 거야. 원래 그런 건 네 전문이잖아." 엄마는 웃으며 나를 다독였다.

"그리고 이제는 직업도 갖게 됐지." 아빠가 화제를 바꾸려는 듯 말했다. "곧 나가서 살 집을 구하려면 목돈도 모아야 할 테고."

서른 살이 다 된 오빠 애런은 도니브룩이라는 작은 도시에 막 집을 한 채 장만한 터였다. 오빠는 전기기사로 일하면서 꽤 높은 임금을 받고 있었지만, 브리즈번 시내에 집을 구하려면 가장 원치 않는 동네의 가장 안 좋은 집밖에는 선택지가 없다는 걸 알고선 브리즈번에서 차로 두 시간 거리의 도니브룩에 집을 구했다.

어찌 됐든 아빠는 한시름 놓은 듯 보였다. 두 자식이 모두 대학을 졸업했고, 그중 하나는 소박하게나마 집까지 갖게 되었으니 말이다. 나 역시 주택자금대출을 조금씩 알아보는 중이었다. 아빠는 어쩌면 베이비붐 세대가 바라는 가장 큰 목표를 이룬 것인지도 몰랐다. 이제는 아빠에게도 자식 일에 손을 떼고 가볍게 맥주 한 잔을 마실 여유 정도는 생긴 것이었다.

⚬⚬

저녁 식사를 마치고 방으로 들어와 문을 닫았다. 발밑에서 느껴지는 흰색 카펫의 촉감과 옆방에서 엄마가 보고 있는 요리 프로그램의 웅웅거리는 소리가 왠지 소중하게 느껴졌다. 미국 여행에 가져갔던 가방에서 물건 몇 개를 꺼냈다. 가방에는 아직 풀지 않은 짐이 남아 있었다. 물건을 꺼낸 자리에는 다른 것들을 채워 넣었다.

예전에 사두었던 바지를 몇 벌 입어보았지만 맞지 않았다. 결국 옷장을 뒤져 몇 년 전 엄마가 중고 옷가게에서 사 온 옷들을 꺼냈다. 날 어떻게 생각하길래 이렇게 큰 사이즈를 골라 왔을까 당시에는 질색했던 것들이었다. 거울 앞에 서서 회색 원피스와 검은 슬랙스를 번갈아 입어보았다. 지금 내 몸에 딱 맞았다. 나는 속으로 잘 해내겠다고 다짐하며 마음속에 차오르는 불안을 애써 잠재웠다.

조금 전 엄마가 차려준 볼로네제 스파게티를 떠올렸다. 엄마는 내가 가장 좋아하는 음식이 볼로네제라는 걸 알았고, 내가 긴장해서 스트레스를 받고 있다는 것 또한 알고 있었다. 스파게티가 식탁 위에 올려졌을 때는 살짝 눈물이 나올 뻔했다.

욕실 배수구에 머리카락이 엉켜 물이 고여 있었다. 나는 손가락으로 머리카락을 휘저어 물을 내려보냈다. 뜨거운 물줄기를 맞고 서 있으니 기분이 한결 나아졌다. 마음속으로 되뇌었다. 나는 잘할 거야. 더 나아질 거야.

브리즈번 공항에서 만나기로 한 판사님은 콴타스 항공 카운터 쪽으로 걸어오고 있었다. 나는 손을 흔들어 인사했고, 판사님도 편한 옷차림이라는 사실에 조금 안도했다. 재판연구원에게 항상 말끔한 정장을 입으라고 요구하는 판사들도 있다고 들었고, 심지어 어떤 판사는 일요일에 비행기를 타러 갈 때도 그런 요구를 한다고 했다. 나는 지금의 판사님과 함께 일하게 된 것이 얼마나 행운인지 다시 한번 곱씹었다.

우리는 콴타스 항공 라운지로 올라갔다. 라운지 한쪽에는 VIP 고객을 위한 무료 바와 뷔페가 마련돼 있었다. 나와는 처지가 꽤 달라 보이는 이들이 여유롭게 시간을 보내고 있었다.

비행기에 올라 자리에 앉자 판사님이 갑자기 내 토트백을 가리키며 물었다. "혹시 이 책들은 아까 라운지에서 가져온 건가요?" 가방 사이로 얇은 잡지 두 권이 삐져나와 있었다. 나는 순간 얼어붙어 판사님을 살짝 올려다봤다. 다행히도 판사님은 미소를 살짝 머금은 얼굴이었다. "네, 그런 것 같아요⋯⋯." 나는 어색하게 웃었다.

곧 비행기가 이륙했고, 판사님과 이런저런 이야기를 나누다가 순회재판에 대해 그간 궁금했던 것들을 물어보았다. 판사님은 먼저 재판 양상이 지역마다 차이가 있다고 설명했다. 똑같은 사안에 대해 어떤 동네에서는 배심원단이 매우 열띤 반응을 보이는 반면, 다른 동네에서는 아주 냉담하다고 했다. 기소가 거의 무조건 유죄 평결로 이어지는 곳이 있는가 하면, 어느 지역에서는 유죄 평결을 받아내기가 극도로 어렵다고도 했다. 또 어떤 지역 사회는 상호 존중과 협동 의식으로 가득하지만, 어느 곳은 주민들이 그 지역 경찰과 유독 치열하게 신경전을 벌이는 경우도 있었다.

나는 미리 신청해둔 창가 자리에 앉아 있었다. 얼마가 지나자 글래드스톤 시의 전경이 내려다보였다. 주택가 옆으로 허름한 알루미늄 정제 공장이 크게 자리하고 있었다. 마치 거대하게 부풀어 오른 뾰루지 같았다. 문득 이런 농담을 판사님께 건네면 어떨지 생각해보았다. 6년간의 대학 생활과 몇 달간의 여행을 막 끝낸 나는 판사님 앞에서 나도 모르게 철없는 말을 내뱉지 않으려고 늘 신경 쓰고 있었다. 아침 신문에서 읽은 정치 뉴스에 관해 질문하거나 주말은 어떻게 보내셨는지 물어보는 것조차 조심스러웠다. 판사님은 내 상사인 동시에 매우 유능하고 영향력 있는 분이셨다. 게다가 나는 판사님과 함께 일한 지도 얼마 안 된 상태였다.

피곤함에 눈꺼풀이 자꾸 감겼지만 졸지 않으려고 애썼다. 판사님 옆에서 꾸벅꾸벅 졸게 된다면 정말로 부끄러울 것 같았다. 나는 잠을 쫓으려 글래드스톤에 대해 조사했던 내용을 떠올렸다. 이 지역은 원래 호주 원주민인 구렝구렝 부족과 바얄리 부족이 오래 전부터 살던 곳이었다. 그러던 이곳이 점진적으로 '발견되고 명명되면서' 이제는 인구 5만 명의 소도시로 자리매김하게 되었다. 퀸즐랜드 '화강암 벨트'에 속한 도시 중 하나로, 채굴 산업이 호황이었을 시절에는 상당한 경제적 이득을 보기도 했지만 지금은 그때의 황금기와는 완전히 멀어진 상황이었다.

비행기 창문 아래로 길게 뻗은 선적항이 선명하게 보였다. 화물선 출항을 목적으로 만든 이 항구가 없었더라면 아마도 아름다운 해안가가 눈앞에 펼쳐져 있었을 것이다.

공항에 내려 예약해둔 렌터카를 인게받으며 피뜩 한 생각이 스쳤다. '참, 내가 운전을 해야 하지?' 긴장한 탓에 운전대를 꽉 잡은 손가락이 하얘졌다. 판사님을 옆에 태우고 앞차를 들이박는 일은 상상도 할 수 없었다. 숙소로 가는 길에 일주일 분량의 식료품과 기타 물품을 사러 슈퍼마켓에 들렀다. 이것저것 바구니에 넣은 뒤 잡지 매대 앞을 기웃거리던 나를 보며 판사님이 말했다. "이 잡지들은 돈 주고 살 생각이겠죠?" 우리는 동시에 웃음을 터뜨렸다.

°°

첫날은 엉망이었다. 모든 것에 압도당하는 기분이었다. 비록 나는 제대로 교육받지 못해 이렇게 헤매고 있지만, 나중에 내 후임에게는 기필코 제대로 인수인계를 하리라 다짐했다. 내 전임자였던 레베카는 판사님과 일을 시작할 때부터 이미 이 업무에 능숙한 상태였다. 당시 판사님은 지방법원 법관으로 막 부임한 터였다. 그 말인즉슨, 판사님은 나처럼 아무것도 모르는 직원과는 여태껏 한 번도 일해본 적이 없다는 얘기였다.

게다가 나는 우리 법원에서 첫 주부터 순회재판에 투입된 유일한 재판연구원이었다. 동료의 사무실을 찾아가 도움을 청할 수도 없었다. 재판연구원들 간에는 보이지 않는 경쟁과 가식이 존재했지만, 그래도 나는 우리가 어느 정도 동지애 비슷한 것을 공유하고 있다고 믿었다. 정작 문제는 내가 지금 그들과 아예 동떨어진 곳에 와 있다는 것이었다. 이곳에서 만난 검사 에릭이 나를 안타까운 눈으로 바라보았지만, 그렇다고 그에게 계속 말을 걸거나 도와달라고 부탁할 수도 없는 노릇이었다.

아침에 열린 예비 심문에서는 실수로 지나치게 큰 소리를 냈다. 나중에 판사님은 나를 따로 불러 재판연구원으로서 미리 알고 있어야 할 것들에 대해 조언해주었다. 나는 배심원 후보 명부를 깜빡하고 가져오지 않거나, 법정 녹취록을 판사님에게 전달하는 걸 빼먹기도 했다. 똑똑한 사람이라면 금방 끝낼 수 있는 일을 퇴근하고 몇 시간이나 붙잡고 있기도 했다. 혹여나 내가 자료를 정리하다 작은 실수라도 저지른다면 재판을 받는 이들에겐 끔찍한 결과로 이어질 수도 있었다. 새로운 재판이 시작될 때마다 나는 스스로 '정신 차리자'고 뇌까렸다.

100건에 가까운 사건이 목록에 올라 있었다. 나는 운 좋게도 (누군가는 운이 나쁘다고 말하겠지만) 맡은 일을 책임감 있게 해내는 판사님을 모시고 있었던 것이다.

한번은 휴회를 요청하는 변호인에게 판사님이 말했다. "우리가 오늘 이 자리에서 이 문제를 결론 내지 않으면, 여기 이분들은 또다시 3개월을 기다려야 할 것입니다."

법정의 시간은 바깥의 시간과는 다르게 흘러간다. 재판을 받는 사람들의 앞날은 법정에서의 하루하루에 달려 있고, 배심원단이 평의하는 몇 시간은 몇 년처럼 길게 느껴진다. 수많은 사건이 몇 달간 기약 없이 정체되는 경우도 잦다. 일 처리에 서툴렀던 내게 첫 출장지인 글래드스톤은 특히나 지옥처럼 느껴졌다. 판사님과 나는 매일 해가 지고도 한참 뒤에야 숙소로 돌아갔다.

글래드스톤의 법정은 확실히 브리즈번보다 낡아 있었다. 그렇다고 고풍스러운 인상을 풍기지도 않았다. 천장은 낮았고, 벽돌은 얼룩덜룩했으며, 바닥에 깔린 카펫은 검누렇게 때가 타 있었다.

판사님은 여느 때처럼 법정 한쪽에 위치한 법대에 앉아 참석자들을 바라보았다. 법정에서 재판연구원은 판사석 바로 앞에 놓인 작은 책상에 앉게 되는데, 대개는 내 정수리가 법대와 비슷한 높이였다. 판사님은 재판 중에 딱히 나를 신경 쓰진 않았다. 간혹 필요한 경우에만 작은 목소리로 용건을 전달했다. 판사님과 나는 재판 참석자들을 향해 앉았고, 방청인들이 앉는 긴 의자는 뒤쪽으로 길게 이어졌다. 검사와 변호인의 테이블은 법대와 마주 보았고, 배심원들은 한쪽 벽 가까이에 여섯 명씩 두 줄로 자리했다. 피고인은 방청석과 테이블 사이에 별도로 마련된 피고인석에 앉았다. 이 같은 구조는 퀸즐랜드뿐 아니라 호주 전역에 거의 동일하게 적용되고 있었다.

다만 지역에 따라서 피고인석이 법정 한가운데의 나무 울타리 안에 위치한 경우도 있었고, 글래드스톤 법정과 같이 한쪽 구석에 위치해 사방이 유리로 둘러싸인 곳도 있었다. 나는 피고인석의 배치 환경이 배심원들에게 일련의 선입견을 갖게 할 수 있다는 글을 어디선가 읽은 적이 있는데, 재판연구원으로 지내는 동안 그 점을 지적한 사람은 보지 못했다. 하지만 내가 여러 지역의 법정에서 본 피고인석의 종류만 해도 열 가지가 넘었고, 때로는 그 광경이 풍기는 인상만으로도 배심원단이 잘못된 판단을 내릴 수 있겠다는 생각이 들었다.

첫날 아침, 최종 점검을 마친 판사님은 배심원 후보들이 들어올 수 있도록 잠시 휴정을 선언했다. 그사이 나는 다소 지나칠 정도로 열심히 공판을 준비했다. 배심원 후보들의 이름이 적힌 카드를 뽑게 될 낡은 나무통과, 재판 기록으로 남을 공판 양식들도 미리 세팅해두었다. 법원 집행관인 셰럴은 상당히 친화력이 좋은 사람이어서 주말에 무슨 일을 했는지 내게 낱낱이 털어놓으려 했지만, 마음의 여유가 없는 나는 마치 태풍이 오기 전 집 주변에 담을 쌓는 사람처럼, 혹은 여호와의 증인 신도가 초인종을 눌렀을 때 방어 태세에 돌입하는 사람처럼 지극히 사무적으로만 응대했다. 셰럴은 엄숙한 법정 분위기와는 그다지 어울리지 않는 우렁찬 목소리와 알록달록한 머리색을 갖고 있었다. 이날 공판이 다 끝날 즈음 나는 결국 그녀의 사생활에 대해 빠삭하게 알게 되었고, 동시에 사적인 질문을 피하느라 진땀을 빼야 했다.

나는 화제를 돌리고자 50여 개쯤 되는 서류철 중 하나를 집어들며 셰럴에게 물었다. "이 성추행 사건이 오늘 첫 번째 공판으로 다뤄진다는 말씀이시죠? 여기 적힌 피고인 제임스 윌리엄스는 어떤 사람인가요?"

"음, 아마도 새아버지일 거예요."

"네……?" 나는 잘못 들었나 싶어 되물었다.

"이따가 보면 알 거예요. 화장실 좀 다녀올게요!" 셰럴은 손가락으로 법정 열쇠 꾸러미를 돌리며 활기차게 웃어 보였다.

모든 준비를 마치고, 법정에서 몇 걸음 되지 않는 판사실을 찾았다. "준비 다 됐습니다, 판사님." 판사님은 책상에서 일어나 나와 함께 방을 나섰다.

"좋은 아침입니다, 판사님!" 셰럴이 복도에서 쾌활하게 인사했다.

"좋은 아침이에요. 자, 일하러 가봅시다." 판사님은 이렇게 말하며 법정용 가발°을 매만졌다. 옆에서 보니 흰색 가발의 말린 끝부분 중 한 군데가 옷깃에 걸려 있었다. 똑바로 만져드리고 싶었지만 꾹 참았다. 스스럼없이 이런 걸 바로잡아드려도 괜찮을 날이 언제쯤 올까 잠시 생각에 잠겼다가, 셰럴이 법정 문을 힘차게 열어젖히는 소리에 정신이 번쩍 들었다. "모두 정숙해주시고, 자리에서 일어나주십시오." 셰럴의 쩌렁쩌렁한 목소리와 함께 공판이 시작되었다.

°
°

재판연구원은 공판이 시작되면 자리에서 일어나 기소인부절차를 진행한다. 나는 피고인이 어떤 죄목으로 기소되었으며 언제 누구에게 가해 행위를 했다는 혐의를 받고 있는지 등의 내용을 읽어 내려갔다. 앞서 사무적으로 정숙을 요청한 집행관과 형식적인 인사말을 꺼낸 판사님과는 달리, 내 목소리에는 우리를 이곳에 모이게 한 피고인의 악랄한 혐의에 대한 감정이 고스란히 묻어났다.

° 영연방 국가들에는 법조인의 권위와 지혜를 상징하는 법정용 흰색 가발을 착용하는 관습이 아직도 남아 있다.

손가락에서 배어 나온 땀방울이 공소장을 넘길 때마다 종이에 스며들었다. 제임스 윌리엄스가 자리에서 일어섰다. 나는 그가 16세 미만의 여자아이에게 저지른 성추행에 관한 세 건의 기소 항목에 대해 각각 유죄 혹은 무죄를 주장할 것인지 물었다. 세 사건 모두 그가 아이의 보호자로 있을 때 벌어진 일이었다.

"저는 죄를 짓지 않았습니다." 윌리엄스는 세 번 모두 떳떳하다는 표정으로 대답했다. 그는 머리숱이 거의 없는, 평범해 보이는 40대 내지 50대의 남성이었다. 이어서 나는 배심원을 선정하기 위해 후보 이름이 적힌 카드를 하나씩 총 열두 번에 걸쳐 뽑았다. 호명된 이들은 다소 상기된 얼굴로 배심원석으로 걸어가 한 명씩 착석했다. 그러자 검사와 피고인 측이 내가 호명한 몇몇 배심원에 대해 이의를 제기했다. 피고인 측이 특정 배심원을 문제 삼는 가장 큰 이유는, 고등교육을 많이 받은 사람이 배심원석에 앉는 걸 피하려고 하기 때문이었다. 또 피고인 측과 검찰 측 모두 법조계나 종교계와 조금이라도 관련이 있는 사람이 배심원단에 뽑힐 경우에는 편향성이 작용할 수 있다는 점에서 반대하는 경향이 있었다.

이어 검사가 증인 명단을 읽어 내려갔다. 배심원들은 증인들 중에서 자신이 아는 사람, 즉 이해관계가 있을 법한 인물이 있을 경우 판사에게 손을 들어 고지하도록 되어 있다. "세 번째 증인은……." 내가 기록부를 바쁘게 작성하는 동안 검사는 호명을 이어갔다. "브린 리 스토워스입니다." 그 순간 정신이 번쩍 들었다. 내 이름과 너무 비슷한 나머지 마치 내가 증인석에 불려 나온 것 같은 기분이 들었다. 나는 이튿날 오후에도 법정에서 그 이름을 들어야 했다.

그때 배심원석에 앉아 있던 한 여성이 손을 들었다. 판사님은 그 여성을 자기 자리로 불렀고, 둘은 다른 사람이 들리지 않도록 작은 목소리로 얘기를 나눴다.

"본인을 배심원단에서 제외해달라는 이유가 뭐죠?" 판사님이 물었다.

"아, 그게…… 실은 저도 이런 일을 당한 적이 있거든요. 그러니까 제 말은…… 이 자리에 있기가 좀 불편해서요."

"음, 그렇군요." 판사님은 고개를 살짝 끄덕이며 물었다. "그 말인즉슨, 개인적인 경험 때문에 이 공판에서 공정하고 객관적인 배심원의 역할을 수행하기가 어렵겠다는 말씀이겠지요?"

여성은 잠시 머뭇거리더니 "네, 아마도요."라고 대답했다.

"잘 알겠습니다. 배심원단에서 빠지셔도 됩니다." 판사님은 이렇게 말한 뒤 내게 배심원을 한 명 더 뽑도록 지시했다.

이날 이후 나는 성범죄 재판에서 자신을 배심원단에서 빼달라고 요청하는 여성을 여러 번 목격했다. 이유는 늘 같았다. 본인 또한 성범죄의 피해자라는 것이었다.

○
○

배심원들이 커피를 한 잔씩 하거나 잠깐 휴식을 취할 수 있도록 휴정이 선언되었고, 판사님은 검사와 변호인에게 일이 차질 없이 진행되고 있는지 물은 뒤 나와 함께 밖으로 나왔다. 판사님과 나는 사무실에서 커피를 마시며 글래드스톤에 관한 잡담을 조금 나누다가 다시 법정으로 들어갔다.

먼저 고소인, 즉 피해자의 증언을 녹화한 영상이 재생되었다. 셰럴이 예상한 대로 윌리엄스는 피해자 어머니의 전 남자친구였고, 피해자는 자신에게 가혹한 짓을 저지른 그자와 같은 공간에 있길 원하지 않았다. 피해자의 진술에 따르면, 피고인 윌리엄스는 열세 살 된 의붓딸의 몸을 만지고 부적절한 언행을 일삼았으며 그녀가 열네 살이 되면서부터는 더 수위 높은 행동을 벌이기 시작했다.

"그 사람은 저한테 이상한 말을 자주 했어요." 영상 속의 피해자는 말했다. "그는 그 짓을 하면서 '누가 알려줬길래 이렇게 능숙한 거야?'라거나 '왜 이렇게 잘하는 거지?'라고 말했어요."

그 말을 듣고 있자니 흉부와 복부 쪽에 생전 처음 느껴보는 긴장감이 전해졌다. 나는 자세를 고쳐 앉았다. 윌리엄스는 얇은 입술을 오므린 채 여유로운 표정으로 화면을 응시하고 있었다. 그의 말이나 표정은 내게 낯설었지만, 피해자가 흉내 낸 그의 말투에는 결코 지워버릴 수 없는 진실이 묻어났고 그것은 내게 익숙한 무언가를 떠올리게 했다. 겁먹은 약자에게 말을 건네는, 능글맞고 역겨운 누군가의 말투.

검사의 주신문이 끝난 뒤 피고인 측의 반대신문이 이어졌다. 반대신문은 세 시간가량 진행됐다. 도무지 믿기지 않았다. 세 시간이나 눈물을 흘리며 카메라 앞에서 자신의 트라우마를 끄집어내야 한다니. 점심을 먹으러 가는 길에 나는 판사님 앞에서 이렇게 투덜댔다. "어린 친구들에게는 세 시간짜리 자연 다큐멘터리를 가만히 보는 것만으로도 아주 고역이라고요!"

피고인 측 변호인의 임무 중 하나는 고소인의 말에 의문을 갖게 함으로써 전반적인 신뢰도를 떨어트리는 것인데, 윌리엄스의 변호사는 이것을 유능하게 해냈다. 그는 피해자가 진술한 이야기에 여기저기 구멍부터 내기 시작했다. 사건이 일어난 날의 오후와 밤에 있었던 일에 대한 피해자의 기억에 모순이 있음을 지적하면서, 두 모녀가 윌리엄스를 '악마'로 몰아가기 위해 공모한 것은 아닌지 추궁했다. 또 고소인이 섹스에 대해 얼마나 알고 있었는지, 특정 행위를 뜻하는 용어나 비속어는 어디서 배웠는지 궁금하다며 의문을 제기했으며, 그녀가 남자의 발기된 성기와 그렇지 않은 성기에 대해서는 어째서 그토록 잘 알고 있었는지 유독 강조하며 묻기도 했다. 범행이 시작된 시점은 그녀가 열세 살 때였지만, 열여섯 살이 된 지금은 상황이 달랐다. 영상 속의 상기된 피해자는 혼란스러운 듯 보였다. 그녀는 윌리엄스를 혐오한다고 말했다. 모든 게 끔찍했다.

°°

다음 날, 나와 이름이 비슷한 증인이 법정에 나왔다. 브린 리라는 이름의 그 여성은 고소인의 가까운 친구였다. 그녀는 자신의 친구가 살았던 윌리엄스의 집에 방문했을 때를 회상하며, 그가 저지른 짓에 대해 알고 있는 모든 것과 당시 그에게서 느낀 점들에 관해 진술했다.

한편 공판이 끝날 때까지 복통은 가시지 않았다. 나는 이 복통이 새 직장에 들어와 생긴 초조함 때문이라고 생각했다. 어쨌거나 나는 연거푸 실수를 저지르고 있었고, 무슨 일이든 익숙해지기까지는 고통이 따르기 마련이었다. 하루빨리 업무에 능숙해지고 싶었다.

그날 밤, 저녁 식사 후 숙소로 돌아온 나는 미지근한 맥주를 들고 방 안을 서성거리며 빈센트에게 전화를 걸까 말까 고민했다. 무슨 말을 어떻게 하지? 법정에서 내 이름이 들리는 듯한 경험을 한 것만으로도 머릿속은 이미 엉망이 되어버렸다. 한없이 땅으로 꺼지는 기분이었다. 나는 평상시처럼 말하기를 연습해보았다. 빈센트는 무슨 말을 할까? 내가 그에게 듣고 싶은 말은 무엇일까? 어쩌면 나는 내게 일어나고 있는 일들을 그저 누군가에게 털어놓고 싶은 건지도 몰랐다. 내 몸에 일어나는 변화와 불편함에 대해. 내 마음에 생채기를 내고 내 삶 속으로 조금씩 침투해오는 그 암흑에 대해.

발코니로 나가 글래드스톤 시가지의 불빛을 내려다보았다. 건너편 거리에서 술에 취한 듯 비틀거리며 걸어가는 한 남자가 보였다. 순간 정신이 번쩍 들었다. 나는 왜 이곳에 있는 걸까? 어쩌다 그 많은 사연과 범죄의 물결 속에 이토록 외롭게 남겨지게 된 걸까? 이제 막 일을 시작했는데 앞으로 더 힘들어지면, 그때는? 아무래도 빈센트에게 뭐라도 말하는 게 나을 것 같았다.

발코니의 미닫이문을 대충 닫고 들어와 침대 발치에 앉아 남은 맥주를 들이켰다. 그러곤 휴대폰에서 빈센트의 이름을 찾았다. 맥박이 뛰는 소리가 귀 언저리에서 느껴졌다. 머리를 뒤로 젖힌 채 눈을 감고 수화기에 귀를 갖다 댔다. "삐이- 삐이- 삐이- 삐이- 삐이- 삐이. 지금 거신 번호는 통화가 불가능하니 메시지를 남겨주십시오." 녹음이 시작되기 전에 황급히 전화를 끊었다. 맥주를 나시 손에 들었다.

늦은 저녁, 나는 초콜릿을 입힌 스카치 핑거 비스킷 한 봉지를 순식간에 밀어 치우고는 곧바로 모두 토했다. 숙소는 아주 깔끔한 레지던스 아파트였다. 샤워를 하고 이를 닦은 뒤 반듯하게 정돈된 침대 위로 몸을 눕혔다. 몹시 피곤했지만, 개운한 기분이 들었다.

°。

다음 날, 재판 막바지에 윌리엄스는 직접 증언대에 올랐다. 변호인은 성추행 혐의를 받고 있는 그날에 그가 무엇을 했는지 물었고 페인트칠을 하는 본업 때문에 대부분 밖에 있었다는 진술을 이끌어냈다. 변호인은 윌리엄스가 격무에 시달리고 있었다고 주장했다. 가족을 먹여 살리느라 노력했고, 보트를 사려고 열심히 돈을 모았다고도 했다. 일부 배심원들이 고개를 끄덕였다.

쉬는 시간에 판사님은 오늘처럼 피고인이 직접 증언하는 경우는 매우 드물다고 알려주었다.

"저 피고인, 굉장히 차분하고 평범한 사람 같죠?"

"항상 괴물 같은 모습을 하고 있진 않을 테니, 저렇게 보일 때도 있는 거겠죠?" 나는 판사님께 되물었다.

"하지만 저 피고인은 실제로 우리와 크게 다를 바 없는 평범한 사람이에요." 판사님은 나를 조금 놀리듯 웃어 보였다.

"주말에는 낚시를 가기도 하죠. 그래서 보트를 사려고 했던 거고요. 배심원들과도 비슷한 보통 사람이에요."

이후 검사는 그럭저럭 무난하게 반대신문을 이어갔다. 하지만 2주 동안 준비한 것치고는 뭔가 부족해 보였다. 아마도 검사는 피고인이 직접 증언대에 오를 줄은 미처 몰랐을 것이다. 검찰은 피고인 측에 공판에 대비할 기회를 주어야 하지만, 피고인은 자신의 계획이나 의도를 검사에게 알려야 할 의무가 없다.

윌리엄스는 질문에 답하는 와중에도 배심원단 쪽을 한 치의 두려움 없이 바라보았다. 어깨를 자주 으쓱했고, 법정에 이렇게 앉아 있다는 사실이 본인에겐 무척 슬프고 놀라운 일임을 내비치기도 했다. 전 여자친구가 다소 감정적이고 '비정상적인' 상태였기에 자신이 더 젊고 예쁜 여자를 만났다는 사실에 앙심을 품고 고소한 건지도 모른다는 식으로 말하기도 했다.

°°

배심원단은 평의를 위해 법정을 나갔다가 한 시간도 되지 않아 돌아왔다. 나는 판사님을 찾아가 평결이 완료됐음을 알렸다. 내 말을 들은 판사님의 얼굴에 놀라움이 스쳤다.

"얼마나 걸린 거죠?" 판사님은 곁에 놓아둔 법복을 챙겨 일어나면서 물었다.

"40분 가까이 걸렸습니다."

"최단 기록이지 싶군요." 판사님은 법정용 가발을 매만지며 말했다.

"네? 40분이면 특별한 경우인가요?" 내가 물었다.

"그렇지요." 판사님은 내 얼굴을 잠시 바라보다 말했다. "누군 가를 감옥에 가둘지 말지를 결정하는 문제니까요. 대개는 더 오랜 시간이 걸리는 편이죠."

몇몇 배심원은 웃으며 법정에 들어섰고, 나는 그런 그들을 노려보았다. 하지만 그 배심원들은 내 쪽을 쳐다보지 않았고, 판사님이 들어와 자리에 앉자 그제야 주변을 살피며 조용히 착석했다.

"배심원단 대표는 자리에서 일어나주시기 바랍니다." 판사님의 말에 한 남자가 일어섰다. "평결에 도달하였습니까?"

"네, 그렇습니다." 그는 플란넬 셔츠와 청바지 차림에 부츠를 신고 있었다.

"좋습니다." 판사님은 고개를 끄덕인 뒤 나를 보며 "그럼 평결을 들어보기로 하죠."라고 말했다.

나는 이틀 전 땀나는 손으로 쥐었던 그 공소장을 들고 자리에서 일어났다. 문득 이런 추잡한 사건을 앞에 두고 이렇게 모두가 얌전히 앉아서 무엇이 진실인지 결정짓는다는 것 자체가 우스꽝스럽고 어리석게 느껴졌다.

판사님은 배심원단이 평의를 시작하기 전, 사건을 요약하는 자리에서 배심원들에게 재차 강조했었다. 판사는 법리에 의거해 결정을 내리고, 배심원단은 사실에 의거해 판단하는 거라고.

나는 그 말이 어딘가 불편했다. 이들이 무슨 자격으로 그런 것을 결정한단 말인가? 어째서 이들은 좀 더 신중하게 선별되지 않는 걸까? 이들은 얼마나 자주 잘못된 판단을 내릴까?

그리고 나는? 부모님 집에서 엄마가 해준 스파게티를 먹으며 지내는 여드름 난 아이가 바로 나였다. 그런 나는 지금 이 자리에서 무슨 자격으로 배심원단의 평결을 받아내고 있는 걸까?

"당신은 피고인이 1번 항목, 즉 보호하고 있던 16세 미만 아동에 대한 성추행 혐의에 있어 유죄라고 보십니까, 무죄라고 보십니까?" 나는 서 있는 배심원단 대표에게 물었다.

"무죄입니다." 그가 답했다.

이어지는 항목에 대해서도 묻고, 또 물었다. 이후의 답변도 같았다. "무죄입니다." "무죄입니다."

결국 판사님은 윌리엄스가 모든 기소 항목에서 무죄를 선고받았음을 선언했다. 공판이 끝나고, 윌리엄스는 피고인석을 빠져나왔다. 그는 기쁨을 감추지 못하는 표정으로 사람들과 악수를 나눴다.

그 시각 고소인은 법정으로부터의 소식을 기다리고 있었을 것이다. 나는 피해자에게 연락해야 하는 검사 에릭을 안타까운 눈으로 바라보았다. 판결 내용을 전해 들은 그녀가 눈물을 흘리는 모습을 상상해보았다. 그것은 이미 익숙한 장면이었다. 피해자의 진술이 녹화된 영상에서 몇 시간 동안이나 반복해 보았던 광경이었으니까.

ㅇ
ㅇ

평결이 빨리 끝난 데다 형량 선고를 내릴 필요도 없어 오후 몇 시간 동안 시간이 비게 되었다. 밀린 서류 작업이 한가득 쌓여 있었지만 일이 손에 잡히지 않았다. 피부가 화끈거렸고 몸속에선 열이 났다. 혈관에 가시풀이 흐르는 것 같은, 어릴 적 지붕을 수리하는 아빠를 돕다가 유리섬유 조각이 피부에 박혔을 때와 같은 따끔한 느낌이었다. 밖으로 나가 잔디와 아스팔트 길을 걸었지만, 좀 처럼 진정할 수 없었다.

빈센트에게 전화를 걸었다. 그에게 배심원들이 얼마나 이 사건에 부심했는지, 그리고 고소인이 열여섯 살이나 됐으며 남성의 발기가 무엇인지 알고 있다는 사실만으로 그녀의 말을 믿지 않은 것에 분노를 토해냈다.

"어떻게 30분 만에 그런 결정을 내릴 수 있는 거지? 중간에 비스킷이 떨어져서 대화를 멈추고 결론을 내버린 걸까?"

빈센트는 내 얘기를 가만히 들어주었다.

"참, 배심원들이 써브웨이에 대해 불평하고 있었다는 얘기 내가 했었나?"

"써브웨이?"

"그 배심원들, 점심시간에 제공되는 샌드위치를 다시는 먹고 싶지 않다며 투덜대기까지 했다니까!"

잠시 후 조금 진정을 되찾은 나는 빈센트에게 요즘 어떻게 지내는지 물었고 몇 마디를 더 나눴으나, 이내 할 말이 없어졌다. 정말 하고 싶었던 이야기는 좀처럼 입 밖으로 나오지 않았다. 밖은 너무나 환했고 사실 그에게서 뭘 듣고 싶은지도 알 수 없었다. 우리는 서로에게 사랑한다고 말한 다음 전화를 끊었다. 나는 한동안 손톱을 뜯으며 벤치에 앉아 있었다. 그에게 전화를 걸기 전보다 더 외로웠다.

사무실로 돌아온 나는 판사님에게 이 혼란스러운 감정을 조금이라도 쏟아내고 싶었다. 하지만 판사님은 다음 날 선고해야 할 판결 준비에 여념이 없었다. 나는 새 업무를 시작하기엔 아직도 격분한 상태였다. 그래서 비어 있는 법정에 들어가 컴퓨터를 켜고 아동 성범죄에 관한 내용을 찾기 시작했다. 변호인 입장에서 윌리엄스를 변호하기 위한 비공식적인 방어책은, 그가 아동 성범죄자가 아닌 평범한 사람임을 증명하는 것이었다. 그가 보통의 남성이고, 성실히 일하는 가장이며, 보트를 마련하기 위해 열심히 저축하는 사람이라는 점을 말이다. 물론 그는 실제로 평범한 남자였고, 평범한 남자들이 으레 그러하다고 여겨지는 방식으로 여자를 좋아했다. 소아성애자는 확실히 아니었다.

인터넷에서 내가 찾던 것을 발견하기까지는 그리 오래 걸리지 않았다. 호주범죄학연구소가 2011년에 발표한 보고서는 성범죄자들에 대한 잘못된 통념을 지적하고 있었다. 그 문건에 따르면, 모든 아동 성범죄자가 소아성애자일 것이라는 통념과는 달리 대다수의 아동 성범죄 사건은 성인에게 성적 매력을 느끼는 '특별할 것 없는' 자들에 의해 우발적으로 자행된다. 또한 가해자는 대부분 가정 내에서 특별한 흉기 없이 범죄를 저지르며, 피해자와 안면이 있는 연상의 남성인 경우가 많았다.

이어서 나는 한 웹사이트에서 여성 수천 명이 참여한 놀라운 설문조사 기록을 발견했다. 그 여성들은 남성이 자신을 성적 대상으로 바라보는 것을 처음 느낀 나이에 대해 답변했는데, 지역마다 차이는 있었지만 평균 11세에서 13세 사이였다. 이 사실은 우리 사회가 대부분 의식하지 못하고 있는 의미심장한 현상이었다. 이 설문 결과에 따르면, 여성들은 11~13세라는, 이들을 성적으로 대상화하는 것이 명백히 불법인 연령일 때부터 스스로 의식할 수 있을 만큼 충분히 성적 대상화 되고 있었다. 그런데도 우리 사회는 열두 살짜리 여자아이에게 성적 매력을 느끼는 남자에게 소아성애자라는 '특별한' 딱지를 붙이고 있었던 것이다.

소아성애자란 사춘기 이전의 아동에게 지속적으로 성적 매력을 느끼는 사람을 지칭한다. 그런데 만약 성인 여자에게 성적 매력을 느끼는 남자가 열세 살 의붓딸에게도 성적 매력을 느껴 그 아이를 성추행하거나 강간한다면 그는 소아성애자일까, 아닐까? 그리고 전 세계에 존재하는 처녀성과 순결에 대한 오랜 집착은 이와 무슨 관련이 있을까? 호주에서는 여성 10명 중 1명 이상이 15세가 되기 전에 성추행을 경험한다고 한다. 이 통계대로라면 지금보다 훨씬 더 많은 남성이 소아성애자였다.

그렇다면, 아동에 대한 성적 환상 같은 건 없다고 주장하는 '억울한' 혹은 '운 나쁜' 영혼들, 즉 어쩌다 아동 성범죄를 저지른 '안타까운' 남성들은 어디에 해당할까? 호주범죄학연구소는 소위 '진정한 의미에서의 소아성애자'는 극소수라고 말하고 있었다. 그러나 내게는 이 말이 '진짜' 사이코패스 살인마가 '보통' 살인마보다는 훨씬 적으니 안심하라는 소리와 다를 바 없게 들렸다. 오히려 나는 윌리엄스 같은 '평범한' 남자들에게 더 관심이 갔다. 그는 열두 명의 배심원에게 자신이 그런 '특이한 남자'가 아님을 설득시키는 데 성공했고, 나는 배심원단이 고소인의 말을 믿지 않았다는 사실에 충격을 받았다. 그들에게 피해 여성의 고통은, 점심으로 똑같은 샌드위치를 다시 먹지 않기 위해 한 시간도 채 되지 않는 시간 동안만 고민해도 될 정도의 값어치였다.

월리엄스 사건은 내 안 깊숙이 두려움이라는 씨앗을 심었고, 이후 그 씨앗은 성범죄 재판에 참여할 때마다 안에서 곪아 터지듯 조금씩 자라났다. 사람들이 여자의 말을 믿지 못한다는 것은, 곧 내 말을 믿어줄 이유도 없다는 뜻이었다.

°⸰°

불편한 재판 결과들이 쌓여가는 동안 나는 거의 매일 밤 샤워를 하다 울음을 터뜨렸고, 몇 번은 저녁 식사 후 먹은 걸 죄다 게워냈다. 마약, 폭행, 강도 사건을 몇 건 다루기도 했지만 대부분은 성범죄 사건이었다. 하루는 밤에 산책을 하다가 무섭다는 생각이 들려는 순간, 강간과 같은 성범죄는 대부분 집 안에서 일어난다는 사실이 떠오르자 두려움이 조금 사그라들었다. 밤 10시 반에 거리를 혼자 걷고 있는 나보다, 엄마가 데려온 낯선 아저씨와 한집에 있어야 하는 여자아이가 훨씬 더 위험했다.

순회재판 일정이 끝나고 브리즈번으로 돌아가는 비행기에 올랐을 때, 판사님은 정신없이 바빴던 첫 출장을 끝낸 소회가 어떠냐고 물었다.

"모든 것에 화가 나네요." 나는 나도 모르게 솔직한 심정을 털어놓았다. "세상엔 범죄도 많고 나쁜 사람도 많은 것 같아요. 다들 어디서 와서 어디로 가는 것인지도 모르겠고요."

3

재판연구원들 사이에서 메건과 내가 특별히 가까워진 것은 우연이 아니었다. 우리가 모시는 판사님은 두 분 다 점잖고 유머러스하다는 공통점이 있었다. 주로 성범죄 재판과 판결 선고를 떠맡는다는 점도 비슷했다. 메건과 나는 퀸즐랜드 주 여기저기를 다니며 순회재판에 참여했다.

또 우리는 인생 처음으로 진지한 연애를 각자 서투르게 이어가면서, 이제껏 찔끔찔끔 전개되어온 우리의 연애사가 독립심과 공존할 수 있도록 노력하고 있었다. 둘 다 여행을 좋아했고, 입이 거친 편이었으며, 심지어 비슷한 시기에 성인 여드름으로 고생하기도 했다. 아담한 키에 금발인 메건과 꺽다리에 빨강 머리인 나는 견디기 힘든 슬픔이 찾아올 때마다 서로 웃을 수 있게, 하다못해 조금의 미소라도 지을 수 있도록 도우며 그 시절을 함께했다. 퇴근 후 메건과 마주 앉아 맥주와 피자를 먹을 때면 에블린과 있을 때와는 달리 다른 사람이 되고 싶다는 마음이 싹 사라졌다. 메건 덕분에 내게도 스스로를 좋아할 만한 구석이 있다는 사실을 알게 되었다.

우리는 다른 법정에 있을 때도 종종 연락했다. 변호사가 심하게 멍청한 소리를 한다거나, 배심원들이 말도 안 되는 질문을 한다거나, 다른 재판연구원들이 황금알이라도 낳은 것처럼 거들먹거리더라는 이야기를 주고받았다.

브리즈번으로 돌아온 어느 월요일 아침, 법정 컴퓨터로 메건에게 이메일을 썼다.

'대박. 선고 공판을 준비하러 법정에 지금 막 들어왔는데, 견학 온 남자애들 스무 명 정도가 뒷줄에 앉아 있었어. 근데 방금 법정 변호사가 들어와서는 테이블에다 서류를 탁 내려놓더니 검사랑 서기한테 이렇게 말하더라. "자, 친구들. 내가 이따가 점심에 끝내주는 데이트를 할 거란 말이지. 그러니까 허튼짓하지 말자고."'

1분 만에 답장이 왔다. '헐, 뭐라고?'

나는 이어서 자판을 두드렸다.

'검사도 남자, 서기도 남자, 법정 변호사랑 일하는 사무 변호사°도 남자, 판사도 남자, 저기 뒷줄에 있는 애들도 모조리 남자. 이런 곳에서 강간 사건 선고를 내려야 한다니. 법정에 고소인 말고 여자가 우리뿐인 게 지긋지긋하지 않니? 내가 너무 예민한 걸까? 지금은 〈콜 오브 듀티〉°° 얘기까지 나왔어.'

° 영국 전통의 변호업계에서는 실무 변호사가 법정 변호사barrister와 사무 변호사solicitor로 나뉜다. 법정 변호사는 주로 직접 변론과 같은 재판 업무를 맡고, 사무 변호사는 소송 준비 작업 등의 법률 사무를 수행한다.
°° 〈Call of Duty〉. 전쟁을 소재로 한 1인칭 슈팅FPS 게임.

다음 날, 새로운 재판이 시작되었다. 베이커라는 이름의 피고 인은 키와 몸집이 컸고 허얀 턱수염이 도드라졌다. 어리둥절하고 시무룩한 안색 때문인지 크리스마스가 지나 할 일이 없어진 산타 클로스 같기도 했다. 하지만 그는 아동 성범죄 혐의로 기소된 자 였다. 그 생각을 하니 동정심이 싹 가셨다.

법원에서 일을 시작한 지 불과 몇 주 만에 이런 자들을 곧이 곧대로 믿을 수 없게 된 터였다. 하기야 내가 이들을 좋게 본 적이 있기는 했던가? 객관적으로 판단하기에는 아는 게 너무 많았다. 나는 공판 전에 오간 주장들을 문서로 검토하거나 직접 들으면서, 유죄를 거의 확정할 수 있을 만한 증거가 채택되지 못한 경우들을 다수 알게 되었다. 다시 말해, 확실히 범인을 가리키는데도 증거 능력을 잃은 증거들을 기억하고 있었다. 여자아이들에게 가해지 는 성폭력이 얼마나 빈번히 발생하는지도 조사해 알고 있었다.

로스쿨에 입학하면 가장 먼저 영국 법학자 윌리엄 블랙스톤 William Blackstone의 명언, '무고한 사람 한 명이 갇히는 것보다 범죄 자 열 명을 풀어주는 것이 더 낫다'는 말을 신성불가침한 원칙으 로 배운다. 벤저민 프랭클린Benjamin Franklin은 한술 더 떠 '무고한 한 명을 지킬 수 있다면 범죄자 백 명을 놓쳐도 괜찮다'고도 말했 다. 만일 프랭클린이 여자아이 백 명이 강간당한 사건을 마주했더 라면 뭐라고 말했을지 궁금할 따름이다. 나는 그런 사건을 거듭 마주하고 있었다.

한편으론 남자들이 법정 밖에서도 얼마나 우대받는지가 차츰 눈에 들어오기 시작했다. 언론은 직원 고용과 이사 임명에 있어 여성 쿼터제를 두는 논제로 들끓었고, 몇몇 논객은 성별 임금 격차가 아예 존재하지 않는다고까지 잘라 말했다. 이 모든 것이 과거에는 보이지 않던 거대하고 끈적거리는 그물망에 엉켜 있었다.

모든 사건이 다윗과 골리앗의 싸움 같았다. '고소인의 진술 외에는 증거가 없다.' 사람들은 매번 이 말을 되풀이했다. 도대체 그녀는 어떤 증거를 내밀어야 했던 걸까? 겁에 질린 피해자들은 두들겨 맞거나 흉기에 찔리지 않으려고 어쩔 수 없이 성관계에 응했다. 역설적이게도 차라리 두들겨 맞거나 흉기에 찔렸더라면 한결 수월하게 유죄 판결을 이끌어낼 수 있었을 것이다. 몇 달 혹은 몇 년이 지나 피해 사실을 세상에 드러낸 피해자들은 신고한 것만으로도 엄청난 용기를 낸 셈이었지만, '이해할 수 없는' 신고 지연의 이유를 해명하라며 반대신문을 당했다.

피고인의 유무죄에 대한 내 의견은 판결에 아무 효력을 미치지 않았으므로 나는 입을 꾹 다문 채 재판을 참관하고 기록하면서도, 마음만큼은 그날그날 꼬리를 물고 이어지는 생각들을 따라 자유롭게 유영했다. 이날도 배심원단을 호명하고 그 열두 명을 물끄러미 바라보며 나는 생각에 잠겼다. 베이커의 성범죄 사건 재판에 참여하게 되어 법정에 자리한 배심원들은 판사님의 모두발언을 듣고 있었다. 그들의 눈과 귀는 과연 공정할까? 피해자의 증언을 어디까지 귀담아들을까? 확증 편향°은 얼마나 될까?

° confirmation bias. 기존 생각과 신념을 더욱 확실하게 해주는 정보만을 받아들이려는 경향.

성범죄 재판에서 유죄 판결이 내려질 확률은 피고인이 흉기를 소지했거나 유색인종일 경우 높아진다. 거구인 베이커가 여자아이 한 명을 제압하는 데에는 작은 버터나이프조차 필요하지 않았을 것이다. 게다가 그는 백인이었다. 제비뽑기 나무통에서 이름이 뽑혀 배심원으로 선정되었다고 해서, 두려움과 선입관을 가진 평범한 시민이 기적처럼 공평무사한 진리의 심판자로 변신하리라고 기대할 수도 없었다.

이런저런 생각을 하다 보니 법복과 흰색 가발이 천박해 보이기 시작했다. 온갖 허례허식과 복잡한 절차도 우스꽝스러운 무언극처럼 느껴졌다. 거대하고 맹목적인 사법 제도의 민낯을 알게 될수록, 그것을 만들고 그 위에 군림했던 모든 존재만큼이나 사법 제도라는 것도 지극히 인간적이고 불완전한 체계라는 것을 깨달았다. 속으로 곪아 있는 사법 제도의 민낯은 어렸을 적 아빠가 보여줬던 정의로운 모습들과도 딴판이었다. 환멸이라는 말만으론 표현할 수 없는 감정이 밀려왔다.

검사가 일어나 한쪽 팔을 테이블에 올려놓은 채, 베이커 사건이 조성한 공포감을 누그러뜨리려는 듯 친근하고 침착한 태도로 배심원단을 맞이했다. 이제 배심원단은 고소인인 매기와 그녀의 엄마가 두 차례 기차를 타고 베이커를 만나러 갔을 때 일어난 일을 듣게 될 터였다. 베이커의 집에 도착한 모녀는 그와 함께 차를 마시며 이야기를 나눴다. 방문 때마다 매기의 엄마는 차를 마시다가 갑자기 잠이 쏟아져 길게 낮잠을 잤다. 베이커의 집에는 모형 비행기가 가득 전시된 방이 있었는데, 한번은 그가 매기를 그 방으로 데려갔고 그다음 번에는 뒷마당에 주차된 하얀 밴으로 데려갔다.

매기가 증인석에 앉아 주신문을 받기 시작했다. 그러다 베이커의 집이 예롱가 기차역 근처였다는 말을 듣는 순간, 심장이 덜컥 내려앉았다. 예롱가는 내가 태어나고 자랐으며 지금도 살고 있는 동네였다. 이날 오후에도 예롱가로 가는 기차를 타고 귀가할 예정이었다. 나 또한 지금껏 오가며 그의 집을 지나쳤던 건 아닐까? 제과점에서 내 뒤에 그가 서 있지는 않았을까? 범죄가 수놓인 성좌에 또 하나의 불빛이 반짝였다.

하얀 밴에서 두 번째 사건이 벌어졌을 때 매기는 저항했다. 첫 번째 사건 때와 마찬가지로 두려웠고 몸이 "얼어붙었지만", 마구 소리치고 발버둥 치며 그의 크고 끔찍한 몸을 밀어낸 끝에 매기는 겨우 도망칠 수 있었다. 그제야 나는 증인석에 앉은 매기의 모습을 똑바로 바라보았다. 매기는 하얀 블라우스를 입고 있었고 아침에 감고 나왔을 긴 갈색 머리는 아직도 살짝 젖어 있었다. 가르마를 따라 얼굴 왼편으로 앞머리가 가지런히 정돈되어 있었다. 목에는 금목걸이가 반짝였다.

매기는 불가능한 일을 해낸 것이었다. 그녀는 무시무시한 '경직 반응'을 이겨내고 법정에 앉아 있었다. 그것도 가해자와 불과 몇 미터 떨어진 곳에! 그녀는 내 영웅이었다.

°°

점심시간에 날 만나러 온 아빠와 커피를 마셨다. 아마도 아빠는 내가 어떻게 일하고 있는지 살피고 오라는 엄마의 지령을 받았던 것 같다. 격주로 한 번씩은 날 찾아왔으니 말이다.

"고소인의 엄마가 잠들었다고 진술한 부분은 뭘까요?" 나는 아빠에게 조금 전 있었던 재판 이야기를 들려주었다. "그게 바로 증거잖아요. 그 엄마는 자신이 수면제가 섞인 차를 마셨다고 확신했어요. 그런데 그토록 상황이 뻔한데도 그걸 어영부영 넘어가더라고요."

"그걸로 기소할 수 없다고 판단한 이유가 있었을 게다. 그래서 뒷받침할 증거가 없는 범죄 행위를 재판 중에 쉽게 문제 삼지 못하는 걸 테고." 아빠가 말했다.

"어차피 다들 무슨 상황인지 알고 있는걸요. 적어도 그 진술이 뭘 암시하는지 모두가 알고 있어요. 그러니 뭐가 문젠지 대놓고 말한다고 해서 달라질 게 있을까요?"

"그런 건 일종의 원칙 같은 거니까." 아빠는 웃음을 지으며 플랫 화이트를 한 모금 마셨다.

"그런 게 원칙이라면, 정말 구려요."

"그래, 가끔 그렇기도 하지." 아빠와 나는 레몬 타르트를 나눠 먹으며 부활절 연휴에 대해 잠시 이야기를 나누었다. 그러다 대뜸 아빠가 "요즘 어떠니?" 하고 안부를 물었다.

웃음이 나왔다. "방금 그 말, 꼭 내가 아빠한테 문자 했을 때 엄마가 아빠인 척 답장 보내는 거랑 비슷하네요. 입술 이모티콘 때문에 다 티가 난다니까요."

나는 아빠에게 그냥 조금 피곤한 정도라고 둘러댔다. 거짓말쟁이가 된 기분이었다.

사무실로 돌아가는 길에는 슬픔과 죄책감이 밀려오며 울음이 치밀었다. 실은 내 안의 곪아 터진 그것이 날 천천히 좀먹고 있다고 어떻게 설명해야 좋을까? 엄마 아빠한테 그런 상처를 주는 게 괜찮을까? 말 못 할 비밀을 계속해서 나 혼자 안고 간다면 적어도 힘든 건 단 한 명, 나뿐일 것이다. 나는 법원 입구에 카메라를 들고 모인 취재진을 피해 고개를 숙인 채 건물 안으로 들어갔다. 이 건물에서는 끔찍한 일들이 매일 벌어지고 있었다. 그중 무엇이 뉴스거리가 될지는 짐작조차 할 수 없었다.

°°

판사님 또한 매기 엄마의 진술에 일말의 의문을 품고 있었다. 점심시간이 끝나고 검사와 변호인만 입회한 상태에서 회의가 열렸다.

"고소인 모친이 차를 마시고 잠이 쏟아졌다고 한 진술은 뭔가요?" 판사님이 물었다.

검사가 자리에서 일어났다. "존경하는 재판장님, 저희는 그 부분을 다룰 입장이 아니라고 판단하여 증인에게 그 점에 대한 혐의는 제기하지 말라고 조언해두었습니다."

"초점이 흐려질 수 있으니 조심할 필요가 있겠어요. 미결정 심리°로 끝내고 싶지 않습니다."

"알겠습니다, 재판장님."

"좋습니다. 그럼 배심원단을 들입시다."

° mistrial. 배심원단이 합의를 이루지 못해 무효로 끝난 심리. 검찰이 재심을 청구할 경우엔 다시 진행된다.

늘 그렇듯 이번에도 '새로운 증거'랄 건 없었다. CCTV 화면이나 〈CSI 과학수사대〉에서 볼 법한 DNA 검사 결과가 나오지 않아 실망하는 배심원들의 표정을 지켜보는 건 매우 난감한 일이다. 사람들은 자신이 확신을 가지고 유죄 평결을 내릴 수 있도록 명확한 증거를 보고 싶어 한다. 하지만 여성과 아동을 노린 범죄는 대부분 집 안에서 그들을 잘 아는 사람에 의해 일어나기 때문에 증거를 쉽게 남기지 않는다. 피해 현장이자 베이커의 재산인 그 집과 자동차에는 그의 지문만이 온통 묻어 있었을 것이다. 집 안에 CCTV 같은 게 있을 리도 없다. 법정에서 DNA 검사 결과를 공개한다는 건 베이커가 사정을 했을 때 매기가 지체 없이 응급 키트를 구해 그의 정액을 증거로 채취했어야 가능한 얘기였다. 물론 매기의 증언이 증거가 될 순 있지만, 이미 변호인은 그 증언이 얼마나 신빙성 없는지를 몇 시간에 걸쳐 배심원단 앞에서 변론한 터였다. 변호인이 펼치는 주장은 전형적이었다. 매기의 엄마에게 숨은 동기가 있으며, 상황을 너무 과민하게 해석한 고소인이 엄마의 악의적인 꾐에 쉽게 동조했다는 것이었다.

피해자가 발생한 범죄 사건에는 보통 멍든 눈이나 깨진 유리창과 같이 배심원단이 쉽게 받아들일 만한 증거가 존재한다. 그러나 구시대에 만들어진 우리의 사법 제도상 그 범죄가 성관계와 관련된 경우에는 조금 복잡해진다. 예를 들어 퀸즐랜드 주법州法은 고소인이 무력으로 저항하지 않은 사실이 성관계에 동의한 증거가 될 수 없다고 명시하고는 있지만, 고소인의 갈비뼈가 부러지거나 입술이 터지지 않은 이상 피고인 측 변호인이 '범죄로 판단할 근거가 없다'고 주장하면 이 또한 대개는 받아들여지는 것이 현실이다.

그리고 무엇보다 배심원단 대부분은 고소인이 '아주 정숙한 여성'이라는 판단이 들 때에만 유죄를 평결한다. 만약 그런 판단이 들지 않는다면 배심원단은 '그 여자의 진술'만으론 합리적 의심을 해소할 수 없다고 말할 것이다. 하지만 이러한 의심은 생각해보면 조금 섬뜩하다. 예컨대 여성 다섯 명 중 한 명이 폭력을 당했는데 남성 다섯 명 중 한 명은 폭력을 저지른 가해자일 수도 아닐 수도 있다는 의심 말이다.

평의를 위해 법정을 나갔던 배심원단 측에서 한 시간도 되지 않아 쪽지를 하나 보내왔다. 글래드스톤에서 있었던 일이 떠올라 심장이 내려앉았다. 다행히 쪽지에는 질문이 적혀 있었다. '합리적 의심이 정확히 뭔가요?'

배심원단을 다시 소집한 판사님은 퀸즐랜드 법관용 지침서를 펼쳐 합리적 의심에 관한 단락을 읽어 내려갔다. 이 지침서는 판사가 배심원단의 질문에 답할 수 있도록 특정 주제에 대한 내용을 정리해놓은 개요서인데, 궁금증을 풀어주기는커녕 혼동을 가중시키기로 악명이 높았다.

"뉴질랜드에서는 어떻게 하는지 아나요?" 판사실로 돌아가는 길에 지금껏 합리적 의심에 관해 질문받은 적이 얼마나 되는지 세어가며 농담을 하던 나에게 판사님이 물었다.

"네?"

"배심원단이 '합리적 의심이 뭔가요?' 하고 물으면 뉴질랜드 판사들은 '여러분이 확신할 수 있어야 합니다'라고만 답한답니다."

"와아, 그거 정말……."

"간단하죠?"

"그러니까요!"

"효과도 있다고 하더군요." 판사님은 대뜸 열변을 쏟기 시작했다. "그런데 여기서는 유식하게 들리려고 거창한 단어들만 쓰고 있어요. 사실 배심원들은 법률 용어를 알고 싶은 게 아니라 자신들이 뭘 해야 하는지 알고 싶은 걸 텐데 말이죠. '확신할 수 있어야 한다'는 말을 들으면, 정말로 자신들이 확신하는 대로 판단을 내릴 겁니다."

나는 왜 이분이 지방법원에만 있어야 하는지 새삼 의아해졌다. 판사님이 권력의 최상층까지 올라갔더라면 지금 이곳도 꽤 많이 달라지지 않았을까 하는 생각도 들었다. 판사님은 1980년대에 퀸즐랜드 주에서 경찰의 부패를 조사하기 위해 설립한 '피츠제럴드 조사위원회' 소속이었다. 당시 이 위원회의 활약으로 총리가 사퇴했고 거물급 유력 인사들이 줄줄이 잡혀 들어갔다. 판사님은 검찰과 변호사 업계도 두루 경험한 바 있었다. 또한 아동발달 이론을 직접 연구해 법정 변호사가 아동을 반대신문할 때 지킬 원칙들을 고안하기도 했다. 무엇보다 판사님은 진심으로 사법 제도에 대한 고민을 놓지 않는 분이었다. 하지만 이제 곧 몇 년 후면 이대로 은퇴하셔야 했다. 무엇이 문제길래 이렇게 된 걸까?

판사 임명이 얼마나 정치적으로 돌아가는지 자세히 설명해주던 아빠가 생각났다. 그리고 아빠의 충고도 떠올랐다. "정의 같은 걸 찾으려 하지 마." 적어도 재판부 안에서는 정의라는 걸 찾기 어려운 게 분명했다. 법정에서 자신의 종교와 '도덕적' 신념에 따라 판결을 내리는 판사들도 혐오스러웠다. 다들 일요일 예배를 마치고 한자리에 모여 작당 회의를 하는 건 아닌가 싶을 정도였다. 정말 그런다고 해도 이상할 것 하나 없었다.

°°

다음 날 아침, 출근할 때의 기분은 최악이었다. 전날 밤 술을
진창 퍼마시다 속을 게워낸 나의 몰골은 당연히 볼썽사나웠다. 배
심원단이 평의를 위해 자리를 비운 것이 다행이었다. 나는 잠시나
마 인간답게 여유 있는 시간을 보내기로 했다.

커피를 들고 13층 창가로 가 앉았다. 곧 비가 쏟아지려는 듯
이 근방으로 먹구름이 몰려오고 있었다. 저 멀리 먹구름이 닿지 않
은 하늘에서는 비행기가 천천히 날아가고 있었다. 매기가 평생 비
행기 모형을 볼 때마다 트라우마를 느끼게 될까 봐 걱정이 되었다.
지극히 무해하고 흥미로운 비행기 모형이 그녀의 마음속에 묻혀 있
다가 어느 날 갑자기 예상치 못한 순간에 폭발할지도 몰랐다. 그
렇게 된다면 몸부림치던 그때의 기억과 트라우마가 폭탄 파편처
럼 흩뿌려져 그녀의 삶 속에 촘촘히 박힐 것이다.

인간의 몸은 살 속에 박힌 파편을 아주 천천히 피부 밖으로
뱉어낸다고 한다. 몸속에 있던 금속 조각이 밖으로 나와 완전히
제거되기까진 수년이 걸릴 수도 있다. 참전 군인 중에는 전쟁이 끝
나고 수십 년이 지나서야 몸에서 폭탄 파편을 제거한 사람들도 있
었다. 기억이란 것도 그럴까? 내가 느끼기로는 그랬다. 간질거리
고 성가신, 내 것이 아닌 낯선 무언가가 내 안에서 아주 조금씩 움
직이며 바깥으로 터져 나올 때까지 내 속을 지긋이 헤집어놓았다.

"아저씨가 나더러 예쁘댔어요." 매기는 이렇게 말했다.

나는 매기에게 가서 그녀를 안아주며 괜찮을 거라고 다독여주고 싶었다. 하지만 나 역시 아직은 트램펄린 앞을 무심히 지나치지 못했고 그곳에서 벌어진 어떤 사건에 대한 기억에 사로잡혀 있었다. 그러니 무작정 괜찮을 거라고 말한다면 그건 거짓말이었다. 그럼 나는 뭐라고 말해주어야 좋을까? 일단 그녀가 나보다 더 용감하다고 말해줄 것이다. 그리고 그녀가 자랑스럽다고, 존경스럽다고도 말해줄 것이다. 하지만 결국 그날의 기억이 평생 자신을 따라다닐 것이라고도 말해줘야 할 것이다. 그 기억은 다른 사람의 눈에 띄지 않아도 커다란 거미 떼처럼 그녀를 계속해서 소리 없이 따라다닐 것이다. 그 존재를 설명하려고 하면 어떤 사람들은 겁에 질릴 것이다. 스스로가 생각하기에도 그로테스크하다고 느낄 것이다.

그때 메건이 다가와 옆에 앉았다. "오늘은 어때?"

"뭐, 똑같지. 엄마 친구가 피고인인 그 사건. 지금 배심원단이 평의 중인데 하룻밤을 넘겼으니까 긍정적이라고 봐."

"잘됐네."

"넌 어때?"

"아동 성 착취물 재판." 메건이 한숨을 내쉬며 말했다.

"아니, 또? 역겨운 놈들이 그렇게나 많단 말이야?"

"너무 많아. 볼 자료가 너무 많아서 점심 먹고 또 봐야 돼." 우리는 잠시 아무 말 없이 창밖의 도시 풍경을 내다보았다. "아까 아침에 리지가 내 사무실에서 울고 갔어." 메건이 입을 뗐다.

"상태가 그 정도로 심각한 줄은 몰랐네." 내가 대답했다.

"리지가 모시는 판사님이 리지를 1순위로 뽑을 생각이 없었다고 개 앞에서 말했대." 메건이 작게 속삭였다.

"뭐? 그런 걸 왜 대놓고 말한대?" 내 목소리가 커졌다.

"내 말이. 너무 잔인해." 메건이 머리를 내저었다.

그때 판사실에서 호출이 왔다. 나는 일어나 메건과 인사한 뒤 판사실로 달려갔다.

"참고 자료를 법정에 놓고 왔나 봅니다." 판사님은 펜을 쥐고서 책상에 앉아 있었다.

"제가 다녀오겠습니다!" 내가 웃으며 말했다. "수면제 탄 차를 마셨다는 증언을 검토하고 계신 거죠?"

"미결정 심리로 끝날까 봐 걱정이 되네요. 배심원단에게 지침을 주어야 할지, 아니면 이대로 두어야 할지 고민 중이에요."

나는 고개를 끄덕였다. 아직 미결정 심리를 경험한 적은 없지만, 메건 말로는 마음이 아주 불편하다고 했다. 검사나 변호인이 오류를 범하거나, 증인이 피고인의 범죄 경력에 관해 진술하거나, 배심원 중 누군가가 인터넷 검색창에 피고인의 이름을 검색한 후 명청한 질문을 할 경우에는 재판이 몽땅 허사가 되어버릴 수도 있었다. 모든 게 그대로 중단돼버리는 것이다. 재심이 열리려면 빨라도 반년을 기다려야 한다. 고소인은 이 끔찍한 과정을 처음부터 다시 시작해야 하고, 피고인은 재심이 열리기까지 보석을 신청하거나 구류 상태로 있어야 한다. 누구에게도 득이 되지 않는다.

그리고 유죄 판결을 받은 피고인 중에는 고소인이 재판을 두 번 견디진 못하리라는 점을 노리고 재심을 요청하는 경우도 더러 있다고 들었다.

재심 제도는 심각한 골칫거리였다. 나는 어떻게든 재심을 피하고 싶었다. 특히 매기에게 그런 일이 없기를 바랐다.

법정과 바로 연결된 판사 전용 엘리베이터를 타고 10층으로 내려가 자료를 빠짐없이 챙긴 다음 사무실로 돌아가기 위해 일반 문으로 나섰다. 그러다 당황해 우뚝 걸음을 멈췄다.

로비 창가에 베이커가 앉아 있었다. 법정 밖의 휑한 로비는 고요했지만, 어쩌면 그는 홀로 비명을 지르고 있는지도 몰랐다. 아니, 그의 영혼은 분명 비명을 지르고 있었다. 나 또한 그가 사는 끔찍한 세계와 무관하지 않았기에, 그 소리를 들을 수 있었다. 가만히 앉아 커다란 통유리창 바깥을 내다보고 있는 그에게서 지독한 슬픔이 뿜어져 나와 눈을 뗄 수가 없었다. 그는 이미 감옥에 갇힌 사람 같았다. 그렇게 나는 내 앞의 빈 엘리베이터가 열렸다가 닫히는 동안 로비 끄트머리에 서서 비대하고 구부정한 그를 지켜보았다. 그가 정말로 감옥에 갈지는 이틀을 더 기다려야 알 수 있었다. 무릎 위에 깍지를 낀 그의 손은 푸석했고 검버섯이 피어 있었다. 저 늙은 손이 어린 여자아이의 엉덩이를 만졌다고 생각하니 몸서리가 쳐졌다.

비가 거세게 쏟아지고 있어 창밖으로 보이는 거라고는 우중충한 하늘에서 후드득 떨어지는 빗방울뿐이었다. 나 역시 어떤 날에는 한기가 도는 통유리창 앞에 서서 폭우가 쏟아지는 광경을 한참 동안 바라보았고, 또 다른 날에는 어른거리는 햇살의 아름다움에 감탄했으며, 때로는 인간의 위대한 발명품인 고층 빌딩 덕분에 변화무쌍한 자연으로부터 보호받고 있음을 느끼기도 했다. 다만 한 가지 분명한 건, 지금 이 순간 저기 앉아 있는 남자가 맞은편 고층 빌딩들의 모습을 보며 환상적이라는 생각을 하고 있지는 않을 거라는 사실이었다.

어쩌면 그는 지금이라도 밖으로 나가 조금 걷고, 플랫 화이트를 마시고, 비가 몸에 닿는 촉각을 느끼는 편이 나을지도 몰랐다. 앞으로 8년 정도는 회색빛 벽만 보며 살아야 할 수도 있으니까.

평결을 기다리는 시간은 피고인에게 고역과 같을 것이다. 그리고 내가 조금만 더 이타적이고 성숙한 사람이었다면 나는 '내 적일지라도 법정에 서는 일은 없길 바란다'고 말할 수 있을 것이다. 하지만 나는 언제부턴가 내가 아는 단 한 사람에게만큼은 꼭 그런 일이 일어나기를 바라고 있었다. 서류를 한 아름 안고 판사실로 돌아가는 엘리베이터 안에서 벽에 이마를 댄 채 생각했다. 내 기억 속에서 아직도 생생한 그 사건을 세상 사람들에게 말해야 할까? 과연 그럴 수 있을까?

매기는 그랬다. 그리고 매기의 엄마도 그녀를 믿어주었다. 물론 내 가족도 날 믿어줄 것이다. 조금 다른 점이 있다면, 어린 매기와 달리 내게는 소중하게 생각하는 연인이 있다는 것이었다.

벽에 남은 내 이마의 기름 자국을 물끄러미 보다가, 13층에 도착하자 서둘러 엘리베이터에서 내렸다. 나는 내 몸의 역겨움에 대해 생각했다. 내게 벌어진 일을 알게 된다면 빈센트가 과연 날 계속 좋아할지 불안했다. 내가 겪은 일을 자세히 들려주거나 문제를 해결하기 위해 그 일을 여러 번 말하고 다니기 시작한다면, 그가 날 어떻게 대하게 될지에 대해서도 걱정이 되었다. 어쩌면 우리 사이가 조금 달라질 수도, 관계의 지형이 바뀔 수도 있었다. 그와 나 사이에 좁힐 수 없는 거리가 생겨버릴지도 몰랐다. 그냥 아무에게도 말하지 않는 편이 가장 좋은 방법일 수도 있었다. 어쨌거나 지금 난 잘 살고 있으니까. 로스쿨을 졸업했고, 당장은 직장에도 다니고 있으며, 친구들과 남자친구도 있으니까. 굳이 이 모든 것에 불을 지필 필요가 있을까?

"고마워요." 자료를 건네받은 판사님이 말했다. "이 문서의 교정도 부탁해요." 판사님은 두툼한 서류 뭉치를 건넸다. 내가 이곳에 오기 전 증거 능력 인정 여부를 놓고 열린 공판준비기일과 관련한 자료였다. 피고인은 지인의 집 수영장에서 서로 사촌 관계인 세 여자아이를 성추행한 혐의를 받고 있었다. 피고인은 비싼 변호사를 선임해 모든 혐의를 부인했다. 나는 몸을 뒤로 젖혀 의자에 깊숙이 기댄 채, 예롱가의 우리 집 뒤뜰에 있는 수영장을 떠올렸다. 그 바로 옆에는 문제의 트램펄린이 놓여 있었다. 내 안의 불길이 서서히 타오르기 시작한 건 아마도 이쯤부터였을 것이다.

4

번다버그는 아름다웠다. 판사님과 나는 바가라라는 지역에 머물렀다. 바가라는 기둥 위에 지어진 집들과 세련된 아파트들이 모여 있고 부두를 따라 단층 가게들이 드문드문 들어선 해변 마을이었다. 판사님과 나는 아침마다 주차장에서 만나 내가 운전하는 차로 20분간 사탕수수밭을 달려 시내에 있는 법원으로 출근했다. 하늘은 푸르렀고 도로 양쪽을 에워싼 초록빛 사탕수수는 키가 3미터는 족히 되어 보였다. 판사님의 고급차는 일직선으로 뻗은 길을 조용히 미끄러지듯 달렸다. 전방에는 지평선 너머로 어렴풋이 보이는 완만한 오르막뿐이었다. 눈앞에 펼쳐진 그때의 아름다운 광경, 푸른 하늘과 사탕수수밭 그리고 시원한 가죽 시트의 그 느낌을 나는 여전히 기억하고 있다. 재판연구원으로 일했던 1년 동안 판사님의 차를 몰며 즐거움을 느낀 유일한 순간이었다. 눈앞의 아름다움이 운전대를 잡았다는 긴장감을 이긴 유일한 순간.

그곳에서의 첫날, 치안법원에 도착해 철조망이 둘린 주차장에 차를 댄 뒤 건물 입구에 모인 사람들과 허리춤에 총을 차고 배회하는 경찰관들을 보면서 나는 다시 현실로 돌아왔다. 차에서 내리자 열대 지역의 가을다운 습기가 확 전해졌다. 낡은 벽돌 건물로 들어서니 한쪽으로는 진행 중인 공판 일람표가 보였고, 다른 한쪽으론 천장부터 바닥까지 종료 사건의 문건이 책장을 가득 메운 문서 보관실이 나왔다. 나는 그걸 보며 이 동네의 사탕수수가 한 그루씩 자랄 때마다 범죄가 하나씩 벌어지기라도 했나 싶었다. 얼마나 많은 여성과 아동이 이곳을 들락날락했을까?

번다버그 법원 건물은 이렇다 할 개성이 없었으나 딱 하나, 냄새가 유달랐다. 노후한 건물이라 곰팡이가 심했는데, 그걸 없애느라 염소계 표백제를 얼마나 많이 썼는지 공립 수영장에 온 것처럼 눈자위가 시큰했다. 언제부터 깔려 있었는지 알 수 없는 바닥 카펫 냄새도 코를 찔렀다. 법정 내부는 새로 바뀐 게 분명한 피고인석 말고는 눈에 띄는 게 거의 없었다. 그래선지 목재와 리놀륨이 대부분인 이 법정에서, 번쩍이는 금속 잠금장치와 유리판으로 이루어진 피고인석은 인공 보형물처럼 돋보였다. 방청석은 예배당 좌석을 연상시켰다.

나는 판사실에 딸린 작은 사무실에 법복을 걸고 책상 앞에 앉아 서류를 훑어보기 시작했다. 기소인부절차 시에 피고인 이름을 소리 내어 호명해야 했으므로 미리 발음을 연습했다.

기소인부절차를 뜻하는 '어레인먼트arraignment'는 옛 프랑스어로 '해명을 요구하다araisnier'라는 단어에서 왔다. 처음에 나는 이 절차가 정말 중요하다고 생각했다. 그러나 번다버그를 방문했을 무렵에는 생각이 달라져 있었다. 내가 이 절차를 의미 있게 생각했던 건 사실 재판 과정에서 내가 직접 관여하는 부분이었기 때문이기도 했다. 하지만 판사님과 검사, 변호인은 모두 다 피고인이 무어라 답변하든 눈 하나 꿈쩍하지 않았고, 기소 사유에 대해서도 무덤덤했다. 사람들의 죄목과 책임 회피 방식은 대부분이 거기서 거기였던 것이다.

문득 아빠가 들려줬던 한 일화가 떠올랐다. 가택 침입을 저지른 강도들이 페이스북에 훔친 물건과 셀카 사진을 올리고선 자신들의 위치를 맥도날드 주차장으로 태그한 적이 있었다. CCTV를 확인한 경찰은 위치를 추적해 주차장 인근에서 그들이 사는 건물을 발견했고 24시간도 지나지 않아 그들을 체포했다. "보통의 범죄자답지 않게 지나치게 똑똑했던 거지!" 아빠의 농담에 우리 가족은 웃음을 터뜨렸지만, 지금 와서 생각해보면 그리 웃기기만 한 얘기는 아니었다. 피고인의 형량을 낮추려고 애쓰는 변호인 상당수는 자신의 의뢰인이 '평균 이하의 지능'을 가졌다고 주장하곤 한다. 술집에서 주먹다짐해 법정에 불려 나온 사람은 어쩌면 정말로 지능이 낮을지도 모른다. 그러나 '지능적인' 성범죄자들은 오히려 평균 이상으로 교육받았으며 상대적으로 부유하기 때문에 이곳에 불려 나올 가능성이 적었다.

한번은 판사님이 내 앞에서 그러한 변호인들의 전략에 의문을 표한 적이 있다. "엄밀히 말하면 인구의 절반 정도가 평균 이하의 지능을 가졌습니다. 하지만 거기에 속한 이들은 그런 일률적인 기준에 동의하지 않겠지요. 그렇지 않겠습니까? 한데 변호인들이 굳이 그렇게 변론하는 의도가 뭘까요? 어차피 지능이란 게 그리 단순하지 않은, 아주 다양하고 복잡한 것들의 총체일 텐데 말이죠. 정식 교육을 못 받았다고 주장하고 싶은 거라면 그냥 그렇다고 얘기하면 됩니다. 그러면 내가 그에 맞춰 판결을 내릴 텐데요."

판사님은 불만이 담긴 표정으로 한 손에 든 가발을 이리저리 흔들었다. "그냥 피고인이 멍청해서 그런 짓을 저질렀다고는 말하지 말라 이겁니다."

°°

이날 아침에 열릴 공판에 관한 서류철이 눈에 들어왔다. 케빈 도니 리스터에 대한 기소 건이었다. 리스터라는 이 남자에게 적용된 기소 항목은 지금껏 내가 본 것 중 가장 많았다. 장장 다섯 쪽에 걸쳐 그가 10여 년간 저지른 범죄의 내막이 적혀 있었다. 아동 성추행 혐의가 여러 건 명시되어 있었고, 강간 혐의도 수십 건에 달했다. 끔찍한 마지막을 장식한 죄목은, 두 건으로 명시된 '아동과의 지속적인 성관계 유지' 혐의였다. 모든 기소 항목은 범죄 횟수가 늘어날수록 더욱 악화되어간 정황을 담고 있었다. 그렇다. 갈수록 죄질이 나빠진 것이다. 고소인들은 사건 당시 열두 살 또는 그 미만이었고 리스터의 '보호 아래' 있었다. 공소장을 다 읽은 후에야 나는 고소인이 총 세 명이라는 사실을 알았다. 처음에 알아차리지 못한 것은 성이 다 똑같았기 때문이다. 세 자매가 피해자들이었던 것이다.

법대 앞에 내 자리를 마련해두기 위해 먼저 법정을 찾았다. 아무도 없는 법정은 고요했다. 모든 준비를 마쳤지만 불안한 마음이 가시지 않았다. 고소인이 여러 명인 사건은 이번이 처음이었다. '그래, 이런 걸 사건 병합이라고 했지.' 나는 학교에서 배운 내용을 떠올렸다.

사건 병합을 통해 고소인이 여러 명인 상태로 피고인을 법정에 세우려면 절차가 아주 까다롭다. 선례를 볼 때 이러한 재판은 피고인에게 극도로 불리해지기 때문이다. 이 경우 배심원들은 피고인이 유죄라는 느낌을 웬만해선 떨쳐내지 못한다. 인간은 사회적 동물이며 다수의 주장에 혹하기 마련이니까.

그런데 걸리는 구석이 있었다. 보통은 검찰이 법원 측에 먼저 사건 병합을 신청해야 하는데, 조금 전 검토한 공소장에선 그러한 내용을 발견하지 못했기 때문이다. 리스터 사건은 공소장만 보더라도 피고인에게 무조건 불리했다. 세 자매가 모두 법정에 모습을 드러낸다면 그는 유죄를 받을 것이 틀림없었다.

법정의 반대편 문이 열리고 두 남성이 들어왔다. 나는 바쁜 척 움직이며 힐끔 그들을 보았다. 한 명은 보나 마나 보안 요원이었고, 다른 한 명은 피고인이었다. 조용하던 법정에 긴장감이 감돌았다. 곳곳에서 수군대는 소리가 들렸다. 리스터는 피고인석에, 보안 요원은 그 앞에 자리를 잡고 앉았다. 머리가 벗겨진 리스터는 왜소한 편이었다. 나는 그에게서 시선을 거두고 테이블 위에 놓인 서류철을 보았다. 이 기록의 실제 인물이 지금 나와 한 공간에 있었다. 수업 때 글로 배우던 사례가 추잡한 실체가 되어 나타났다고 생각하자 서류철을 만지고 싶지도 않아졌다. 슬슬 배가 아파오기 시작했다.

변호인은 병합 신청 불가를 주장할 게 분명했다. 그로서는 그 점을 문제 삼지 않는 것이야말로 바보 같은 짓이었다. 한편 검사 입장에선 세 자매의 사건들을 병합해 기소할 수 없다면 셋 모두 증언할 수 없는 상황이 생길 수도 있었다. 10여 년 전에 일어난 사건이기에 세 자매의 공통된 기억만이 거의 유일한 증거였다. 게다가 세 자매는 이제 성인이었다. 대개 배심원들은 '확실한 피해자'임을 입증할 수 없는 일반 성인 여성에게는 그리 우호적이지 않았다.

나는 사무실로 돌아와 잠시 창밖을 보았다. 푸른 하늘을 배경으로 야자수들이 늘어서 있었다. 나는 법복에 덧입는 칼라를 목에 두르기 시작했다. 빳빳한 꼬리가 두 줄로 내려오는 모양의 하얀 타이는 정말 우스꽝스러웠다. 그 순간 숨이 턱 막혀 급하게 칼라를 벗고 가쁘게 숨을 쉬었다. 손을 더듬거려 창문을 열려고 했으나 열리지 않았다. 나는 시원한 유리창에 이마를 대고 창밖의 야자수 잎을 살랑이게 하는 바깥공기를 상상했다. 손으로 목을 감싼 채 천천히 숨을 들이마셨다가 길게 내쉬었다. 그렇게 깊은 심호흡을 좀 더 하고 싶었지만, 누군가가 사무실 문을 두드렸다.

° °

한 시간에 걸쳐 최종 점검을 마쳤다. 판사님은 이제 리스터에 대한 공판을 시작하겠다고 선언했다.

그때 검사가 법정용 가발을 고쳐 쓰며 일어났다. "존경하는 재판장님. 재판을 지연시켜 송구합니다만, 상의할 부분이 남아 있습니다."

'이럴 줄 알았어.' 나는 종이 귀퉁이에 이렇게 끄적거렸다.

"얼마나 걸릴 것 같습니까?" 판사님이 이 질문을 하는 것을 수도 없이 들었지만, 이번에는 평소와 달리 다소 실망한 기색이 묻어났다. 누구보다 상황 판단이 빨랐던 판사님은 검사가 분리 기소를 하려 한다는 것을 눈치챈 것이었다. 아마도 지난주 브리즈번에서 예비 심문이 있었을 때, 기록하느라 정신없었던 나와 달리 판사님은 이러한 문제가 생기리라는 것을 이미 예상했을 것이다.

"글쎄요. 그건 변호인에게 달려 있습니다." 검사는 살짝 도발적인 말투로 변호인을 힐끔 쳐다보았다.

그러자 변호인도 자리에서 일어났다. "재판장님, 이건 제게 달린 문제가 전혀 아닙니다. 이 문제는……."

"지금 남은 문제가 뭔가요?" 판사님이 말을 끊고 물었다.

"현 공소장이 사건 병합 신청에 적합한지, 다시 말해 고소인들이 재판을 같이 받을지 아니면 따로 받을지와 관련해 상의할 부분이 남았습니다." 검사는 이렇게 답하고는 입을 꽉 깨물었다. 검사의 이름은 마리 구드였다. 매력적인 여성이었지만, 나는 더 영악한 사람이 세 자매를 위해 싸워주기를 바랐다. 흠잡을 데 없이 똑똑한 여자들이 자주 그러하듯, 그녀가 내뱉는 말에는 자신에 대한 의심이 깔려 있었다.

"알겠습니다. 그럼 휴정하도록 하지요. 하지만 배심원 후보들이 기다리고 있다는 걸 유념하세요."

"알겠습니다, 재판장님." 구드 검사가 고개를 끄덕였다.

나는 리스터 쪽으로 고개를 돌렸다. 그는 잘 다린 회색 셔츠 차림으로 꼿꼿하게 앉아 있었다. 창백한 파란색의 눈동자는 거의 하얗게 보였다. 그는 한 마리의 악어처럼 고요하고 차분하게 재판을 기다렸다.

휴정한 지 한 시간이 지났을 무렵, 판사님이 상황을 보고 오라며 날 검사실로 보냈다. 내가 문 사이로 빼꼼 고개를 내밀어 어떻게 되어가느냐고 묻는 것 또한 이 이상한 시스템의 일부였다. 재판연구원이 판사님의 심부름을 받아 움직인다는 사실은 다들 알고 있었다. 판사님이 직접 그렇게 행동한다는 것은 말도 안 되는 일이었다. 나는 심부름꾼 쥐가 된 심정으로 낡아 빠진 법원 복도를 부지런히 오가며 메시지를 전달했다. 재판연구원이 정확히 뭘하는 사람인지는 나조차도 아직 잘 몰랐지만, 모든 걸 차질 없이 굴러가게 만들면서 아무도 그 존재를 알아채지 못한다면 그야말로 꽤 성공한 재판연구원이라고 할 수 있었다.

검사실 문을 두드리자 서기가 나왔다. 뒤편으로 얼핏 울고 있는 여자가 보였다. 어깨를 움츠린 채 고개를 푹 숙이고 있어 검은 머리가 얼굴을 다 가리고 있었다.

나는 공손하게 인사했다. "안녕하세요. 다름이 아니라 판사님이 언제쯤 공판을 시작할 수 있는지 물으셔서요."

울고 있는 여자가 휴지를 한 장 더 뽑았다. 세 자매 중 한 명인 게 분명했다. 그 순간 나는 사건 병합이 가능하겠다는 최후의 희망이 사라지는 것을 느꼈다.

"10분만 더 기다려주시면 새 공소장이 나올 거예요." 서기가 난색을 보이며 말했다.

"알겠습니다. 그런데 저분은 첫째 분인가 봐요?"

"네, 클레어 씨예요." 가볍게 목례 후 문을 닫는 서기 뒤편으로 머리를 귀 뒤로 넘긴 클레어의 얼굴이 보였다. 그녀는 누군가의 말을 들으며 연신 고개를 끄덕이고 있었는데, 코는 벌겋고 눈은 퉁퉁 부어 있었다.

나는 어두운 통로에 잠시 가만히 서서 방금 본 장면과 그것의 의미를 정리해보았다. 이제 리스터는 죄를 시인하지 않을 것이다. 말도 안 되는 일이었다.

클레어와 나 같은 부류의 여자들에 대해 생각했다. 어쩌면 우리는 똑같은 악몽 혹은 똑같은 파동의 죄책감에 시달려왔던 것인지도 몰랐다. 똑같은 방식으로 침묵해왔다면, 맞서 싸우는 방식도 똑같아질까? 케빈 리스터, 그리고 새뮤얼 같은 부류의 남자들에 대해서도 생각했다. 새뮤얼 역시 당연히 자신의 죄를 시인하지 않을 것이다. 새뮤얼은 내 오빠를 꾀어 다단계 사기에 넘어가게 한 적도 있었다. 리스터와 새뮤얼은 우열을 가릴 수 없는 최고의 개차반들이었다. 클레어는 과연 마음을 굳게 먹고 홀로 증언하게 될까? 나는 그녀가 걱정되었다.

지금까지 나는 고소인들을 볼 때면 내게 주는 어떤 신호를, 피고인들을 볼 때는 어떠한 경고음 같은 것을 내심 기다려왔었다. 이번 공판이 바로 그 징조인 걸까?

○○

나무통에서 배심원 열두 명의 이름을 뽑았다. 배심원들이 모두 착석하고 드디어 공판이 시작되었다. 내가 공소장을 소리 내어 읽으며 기소 항목을 하나하나 언급할 때마다 리스터는 꼿꼿이 서

서 모든 혐의에 차분하게 무죄를 주장했다. 나는 그의 운명을 결정할 배심원들의 표정을 살폈다. 혐의 내용은 너무나 끔찍하고도 장황해 이딴 자에게까지 무죄 추정의 원칙을 적용해야 한다는 사실에 화가 치밀어 올랐다. 강간 혐의 부분을 소리 내어 읽을 때엔 한 여성 배심원이 불편한 듯 몸을 뒤척였다. '이토록 쓰레기 같은 일은 들어본 적이 없겠지. 마음 단단히 먹으세요.' 나는 잔뜩 성이 나 속으로 이를 갈았다. 하지만 자리에 앉아 다시 바라본 그 여성은 슬픈 표정을 하고 있었다. 내 분노도 슬픔으로 바뀌었다.

검사가 천천히 일어나 배심원들을 바라보고 섰다. 그리고 앞으로 사흘에 걸쳐 듣게 될 피고인의 범죄 혐의가 정확히 어떤 성격을 갖는지 설명하기 시작했다.

리스터는 치밀하게 범죄 계획을 세운 것으로 드러났다. 그는 클레어의 엄마에게 딸들까지 모두 먹여 살릴 테니 자기 집에 들어와 살라고 권유했다. 물론 그가 클레어 자매와 엄마를 부양한 것은 사실이었다.

모두가 잠들면 그는 지하실로 내려가 좋아하는 컨트리 음악을 들으며 술을 마시곤 했다. 그리고 어느 특별한 날에는 슬림 더스티°의 곡을 틀었다. 그 노래가 흘러나오는 동안 그는 계단을 천천히 올라갔고, 그러면 클레어는 침대에서 숨죽여 울기 시작했다. 잭대니얼 위스키 냄새가 훅 풍겨 오면, 작고 여린 자신의 몸이 곧 범해질 거라는 것을 어린 클레어는 잘 알고 있었다.

° Slim Dusty(1927-2003). 호주 컨트리 음악계의 전설로 인정받는 가수 겸 기타리스트. 아웃백outback이라 불리는 호주 내륙의 정서를 잘 표현했다는 평가를 받는다.

슬림 더스티와 잭대니얼, 그리고 발자국 소리. 이것들은 몇 년 동안이나 반복되었다. 처음에 리스터는 조심스럽게 행동했다. 자는 척하는 클레어의 방 앞을 서성이다 몰래 다가가 그녀의 몸에 손을 댔다. 이후 수위는 점점 높아졌다. 결국 클레어는 찢기고 피가 나는 고통 속에 울음을 터뜨렸다. 클레어 방에서 벌어진 리스터의 범죄는 클레어가 그의 정액을 뒤집어쓰는 것으로 정점을 찍었다. 당시 클레어는 자기 몸에 묻은 물컹하고 냄새나는 덩어리의 정체를 알기엔 너무 어렸다.

배심원단은 그날 이후로 리스터가 밤에 클레어의 방을 찾지 않았다는 설명을 들었다. 그러나 당시 열세 살이던 클레어가 세 자매 중 첫째이며, 리스터가 더 이상 그 방에 가지 않은 것은 범행 대상이 클레어에게서 어린 두 동생의 작은 몸으로 넘어갔기 때문이라는 설명은 전달되지 못했다. 사건 병합 신청이 이루어져 받아들여졌다면 배심원단은 그러한 혐의에 대해서도 인지할 수 있었을 것이다.

검사가 모두발언을 마칠 즈음 법정 안에는 더러운 기운이 가득했다. 천천히 사람을 죽이는 독가스 같은 것이 리스터에게서 스며 나오고 있다는 생각이 들었다.

변호인이 배심원단 앞에서 모두발언을 할 차례가 왔다. 아무리 생각해도 나는 손쉽게 유죄를 받아낼 기회가 날아간 것 같아 너무나 안타까웠다. 검사 쪽에서 조금만 더 강하게 나갔더라면 어땠을까 하는 생각도 들었다. 그랬다면 리스터가 혐의를 시인할 수도 있었을 거라고 생각했다. 하지만 내 자리에서 불과 몇 미터 떨어진 피고인석에 앉은 그의 얼굴을 다시 본 순간, 그럴 가능성은 어차피 없다는 것을 깨달았다. 그는 조금도 긴장한 기색이 아니었다. 오히려 나보다도 태평해 보였다. 왜소하고 턱이 각진 그의 태도는 '불만에 찬' 것에 가까웠다. 어떤 혐의에는 동의할 수 없다는 듯 고개를 저었고, 클레어의 증언을 인용한 검사의 진술에는 눈을 굴리며 어이없어했다. 그런가 하면 변호인은 클레어가 증언한 내용을 조목조목 따져가며 그녀의 주장에 일관성이 없음을 내세웠다.

나는 리스터의 코를 바라보며 저 사람도 나와 같은 방식으로 냄새를 맡을지 궁금해졌다. 서로의 뇌 구조를 전혀 이해하지 못하는데 어떻게 같은 인간일 수 있을까? 저 사람의 두개골을 갈라보면 구더기와 바퀴벌레가 우글우글 쏟아져 나올 것이 틀림없었다. 그러면 그걸 본 나는 '아하! 그렇지. 그냥 썩은 존재였구나!' 하고 깨달을 게 분명했다.

그 순간 문득 새뮤얼의 얼굴이 떠올랐다. 그러자 그의 머리가 갈라지고, 그 안에 있던 커다란 갈색 메뚜기 떼가 내 얼굴을 덮쳤다. 순간 얼굴에 열이 오르고, 식은땀이 나고, 눈앞이 흐려졌다. 혹시 누가 내 상태를 알아챌까 봐 괜히 펜을 쥐고 종이에 별 의미 없는 말을 끄적거렸다. '주말에는 거북이를 구경하러 가야지…….' 소용없었다. 숨이 가빠오고 눈물이 차올랐다. 플라스틱 자로 허벅지를 꾹 눌렀다. 그리고 그 통증에 집중했다. 숨을 천천히 들이마셨다 내쉬었다.

변호인의 모두발언이 끝나고 잠시 휴정을 했다. 배심원단은 공판에 대한 함구령을 당부받은 후 식당으로 향했다. 하지만 이곳은 워낙 작은 동네였기에 그런 당부는 별로 소용없을지도 몰랐다. 게다가 배심원들은 리스터가 유죄인지 아닌지 아직 확정하진 않았지만 마음속으론 이미 유무죄를 결정했을 수도 있었다.

°°

번다버그에 오기 일주일 전, 운동용 스마트워치와 식습관 플래너를 산 뒤 이 지역의 개인 트레이너와 연락을 했다. 나는 조만간 다이어트에 성공할 것 같다는 기대에 부풀어 미래의 내가 얼마나 괜찮은 모습일지 그려보았다. 요즘의 나는 스스로 도저히 봐줄 수 없을 만큼 엉망이었다.

화요일 아침, 이 지역에서 유일하다는 개인 트레이너를 해변에서 만났다. 나는 그녀에게 최근 들어 내 몸무게의 최고치를 찍은 상태이며 '예전 모습'으로 돌아가고 싶다는 이야기를 구구절절 늘어놓았다. 내 딴에는 잘 보이고 싶어 이런 말을 한 것이었지만, 트레이너는 순순히 넘어오지 않았다.

다리를 넓게 벌린 런지 자세를 하고서 머리 위로 무거운 공을 들었다 났다 하는, 다소 보기 흉한 동작을 열심히 하고 있을 때였다. 한 남자가 우리 쪽을 향해 걸어오고 있었다. 그의 눈은 정확히 날 향해 있었다. 나는 계속 정면을 바라보았지만 그의 시선이 느껴져 여간 불편한 것이 아니었다. 그가 나와 가까워질수록 내가 하는 동작이 우스꽝스럽게 느껴졌다. 마침내 그가 바로 내 옆까지 다가왔다. 그는 거칠게 호흡하며 운동하고 있는 나를 빤히 바라보더니, 경쾌한 목소리로 "힘내요!"라고 인사했다.

"그쪽도요!" 나도 큰 목소리로 대꾸했다. '별 미친놈이 다 있네.' 나는 속으로 욕을 하며 동작을 이어나갔다. '빌어먹을,' 공을 들어 올리고, '남자들의,' 다시 런지 동작을 했다. '시선.' 운동을 한 덕에 이미 얼굴이 벌겋지 않았더라면 그 남자의 말에 얼굴이 시뻘게질 만큼 열이 받았다는 걸 트레이너에게 들키고 말았을 것이다. 그녀는 눈을 굴리며 어깨를 으쓱할 뿐이었다. 그건 어른들이 '남자아이들이 다 그렇지 뭐.'라고 말할 때의 몸짓이었다.

운동을 끝내고 주차장에서 판사님을 만났다. 아침 시간을 잘 보냈냐고 묻길래 별일 없었다고 답했다.

"트레이너하고 한 운동이 괜찮았나 보군요?"

'젠장, 보셨구나.' 그렇다. 이분은 평소 주변 사람들에게도 아침에 일찍 일어나기를 권하는 아침형 인간이었다. 나는 잠시 멍하게 있다가 우물쭈물 변명을 늘어놓았다. 판사님은 내 반응에 재밌어했다. 법원으로 가는 길에 판사님은 평소 어떤 운동을 주로 하느냐고 내게 물었다. 판사님처럼 성공한 사람들은 대개 상대방과의 공통점을 찾는 것을 좋아하는 것 같았다. 판사님은 내가 개인 트레이너와 운동을 한다는 사실에 안심한 듯 보였다. 그러니까 내가 '그런 부류의 사람'이라는 사실, 즉 아침 일찍 일어나 자기 몸을 관리하는 사람이라는 사실에 안도한 것이었다. 말하자면 내가 전형적인 A 유형°이라는 사실에 말이다. 그런 생활방식을 지킨다는 것은 다른 사람보다 더 똑똑하고, 성실하며, 몸과 마음이 건강하다는 의미였다. 판사님은 자신이 제대로 된 사람을 골랐다고 생각하는 듯했다.

° 심장병 전문의 메이어 프리드먼Meyer Friedman과 레이 로젠먼Ray Rosenman의 연구 결과에 따른 성격 유형. 여유로운 성격의 B 유형과는 달리, A 유형은 야망이 있고 경쟁적이며 성취 지향적인 성격으로 분류된다.

학생 시절 따분한 로펌으로 실습을 나갔을 때 만난 엘리자베스가 생각났다. 그 회사의 최고 모범 직원이던 그녀는 매일 밤 9시 전에 잠들어 다음 날 새벽 5시 전에 일어난다고 했다. 그리고 남편과 함께 마라톤인가 철인 3종 경기인가를 매일같이 연습한다고 했다. 주말에도 예외는 아니었다. 그때의 기억이 떠오르면서 문득 나도 그렇게 따분한 사람처럼 보일까 봐 괜히 신경이 쓰였다. 그래서 판사님에게 사실 내가 진짜로 좋아하는 운동은 피구가 유일하다고 농담을 던졌다.

"가끔 사람들한테 뭔가를 던지거나 하면 기분이 좋잖아요?"
판사님은 웃음을 터뜨렸다.

°°

클레어는 '특별 증인' 자격을 사전에 승인받아 법정 밖에서 화상 연결을 통해 증언하게 되었다. 그녀는 법정 밖 회의실에서 원격으로 법정 내부를 볼 수 있었고, 법정에 있는 사람들은 텔레비전 화면으로 그녀의 얼굴을 보았다. 클레어가 보는 화면에는 리스터의 모습이 가려졌다. 검사는 클레어가 리스터의 존재만으로도 고통스러워한다는 점을 피력했고, 이는 적절한 조치였다. 검사가 아무리 클레어를 배려해 질문한다 하더라도 주신문은 하루가 꼬박 걸리는 일이었다. 심지어 클레어는 구체적인 피해 내용을 진술하도록 압박받았을 때 두 차례나 실신할 뻔했다. 바로 옆에 마련된 양동이에 수차례 헛구역질을 하기도 했다. 그럴 때면 법정 내 중계 화면은 잠시 끊기고 짧게 휴정이 선언됐다. 판사님은 오늘 재판을 이쯤에서 마무리하자고 두어 번 제안했지만, 클레어는 계속하겠다는 뜻을 굽히지 않았다.

"다 끝내야 해요." 클레어의 말에 나도 속으로 동의했다.

그녀는 과거를 더듬어가며 언제 출혈이 있었는지, 언제 삽입이 있었는지, 정액의 냄새가 어땠는지, 슬림 더스티의 곡명이 정확히 무엇이었는지 등을 모조리 떠올려내야 했다. 나는 노트에 '고문'이라는 단어를 끄적였다.

"자, 피고인이 정확히 언제 마지막으로 당신 방에 들어왔는지 말해주세요." 검사가 화면 속 클레어에게 말했다. 클레어가 마음을 추스르는 동안 또 한번 휴정했던 법정에서 사람들이 이제 막 자리에 앉은 터였다. 어느새 배심원들은 다시 엄숙한 표정을 짓고 있었다. 그중 한 여성은 블라우스 소매 안으로 젖은 티슈를 숨겼고, 한 남성은 불룩 튀어나온 배에 과자 가루가 붙어 있는 걸 발견하고는 겸연쩍어했다.

"네." 클레어가 숨을 크게 들이마셨다. "알겠습니다."

"그날 밤에 대해 기억나는 걸 모두 말해보겠어요?"

'환장하겠네.' 법정 분위기가 팽팽해졌다. 화면 속 클레어는 마치 곧 다이빙을 하려는 사람처럼 또 한번 숨을 아주 크게 들이마셨다.

"그날도 같은 상황이 반복되었어요." '반복'이라는 단어를 말할 때 클레어는 손을 불안하게 꼼지락거렸다. "저는 침대에 누워 있었고 그 사람은 지하실에서 음악을 듣고 있었어요. 그러다 슬림 더스티의 곡이 시작되었어요. 그리고……." 목소리가 흔들렸다. 그녀는 다시 한번 크게 호흡했다. "그리고 예감했어요." 목소리가 갈라졌다. "그 사람이 오겠구나……." 클레어는 결국 참지 못하고 울음을 터뜨렸다. 하지만 어떻게든 증언을 이어가려고 애썼다. "그래서, 인형이랑 장난감을 다 가져와서 침대 가장자리에 세워놓고 이불 안에 들어가 이불 끝을 꼭 잡고 있었어요!" 클레어는 그때의 기억을 떨쳐내려는 듯 절규에 가까운 목소리로 말했다. "그런데 아무 소용이 없었어요!" 그녀의 흐느낌이 텔레비전과 연결된 스피커의 파열음과 함께 울려 퍼졌다.

법정은 쥐죽은 듯 고요했다. 모두의 시선이 화면 속 들썩이는 클레어의 모습에 고정되어 있었다. 그리고 다들 그녀의 울음소리를 묵묵히 들었다. 그녀는 정신을 붙들고 있는 것마저 힘겨워 보였다.

클레어는 테이블 가장자리를 붙잡으며 다시 힘주어 말했다. "아무 소용이 없었어요. 그 사람은 이불을 들쳐 제 발목을 붙들고 침대 모서리 쪽으로 절 질질 잡아당겼어요."

반대신문의 강도를 낮췄다는 점에서 변호인은 칭찬받을 만했다. 물론 클레어를 진심으로 위하는 마음에서라기보다 배심원단 앞에서 그녀를 더 울렸다가는 오히려 자기편이 곤란해질 거라는 계산 때문이었겠지만, 어찌 됐든 다행스러운 일이었다. 그는 몇몇 사소한 허점만을 지적해가며 법적 의무를 다하는 선에서 반대신문을 진행했다.

리스터는 혐의를 전면 부인하는 전략으로 일관했다. 클레어의 증언은 아주 또렷한 기억에 바탕을 두고 있었으나, 동생들의 추가 증언이 없다면 유죄에 대한 '합리적 의심'을 완전히 제거하긴 어려워 보였다. 침묵하며 진술을 거부하는 리스터의 태도는 고통스럽게 울부짖으며 증언했던 클레어의 태도와는 딴판이었다. 이토록 현격한 불균형 앞에서 법의 저울은 난처해졌다.

마침내 모든 증언이 끝났다. 판사는 클레어에게 수고했다는 인사를 전한 후 퇴정을 허락했다. 화면 속 그녀가 자리에서 일어나 회의실을 나섰다. 그렇게 그녀는 천천히, 싸움터를 떠났다. 기진맥진했지만 동시에 의연해 보였다. 다만 이 싸움의 결말을 확인하기까지는 이틀을 더 기다려야만 했다.

。。

클레어를 제외하고 검찰 측이 신청한 증인은 그녀의 모친이 유일했다. 피해자 모친의 증언은 언제나 그랬듯 실망스러웠다. 피해자의 엄마 또한 가정폭력과 감정 조종의 피해자였다는 서사가 이번에도 반복되었다. 이 엄마들에게 왜 일찍 알아차리지 못했느냐고, 왜 아이를 지켜주지 못했느냐고 묻는 것은 안일하고 단순한 접근일 뿐이었다.

클레어의 모친은 리스터가 자신과 딸들에게 안정적인 보금자리를 약속한 첫 남자였다고 말했다. 그가 가끔 "기분 나쁘게" 행동한 것은 사실이지만, 그렇다고 아이들을 데리고 다시 떠돌아다닐 자신은 없었다고 그녀는 덧붙였다.

"세상에 어느 남자가 저와 열 살도 안 된 어린애 셋을 받아주겠어요?" 그녀가 말했다. "막내가 태어나고 이미 거처를 세 번이나 옮긴 상황이었어요."

"딸이 피고인의 행동에 대해서 증인에게 털어놓은 적이 있습니까?"

"아뇨. 한 번도 없었어요."

○○

주말을 앞두고 엄마가 바가라에 왔다. 엄마는 '리스터'라는 어두운 터널 끝에서 날 기다리고 있는 한 줄기 빛이었다. 나는 지칠 대로 지쳐 있었기에 내 모습 그대로를 편하게 보여줄 수 있는 사람과 있고 싶다는 생각이 간절했다. 다만 엄마와 함께 있으면 저녁 식사 후 속을 게워낼 수 없다는 점이 마음에 걸렸다.

지난 몇 주 동안 저녁을 먹고 침대에 누우면 몸속 지방 덩어리에 대한 생각이 머릿속을 가득 메웠다. 결국 나는 울면서 온갖 나쁜 소리를 나 자신에게 퍼부었고, 화장실로 가 먹은 것을 토해냈다. 속을 비운 다음에는 푹 잘 수 있었다.

토해내는 행위는 내게 의미가 컸다. 우선 이렇게 하면 살이 찌지 않을 것이라는 안도였고, 내 힘과 의지를 확인할 수 있는 행동이었으며, 나 자신에게 가하는 약간의 처벌이기도 했다. 토할 때 복근에 힘이 들어간다는 점도 마음에 들었다. '다음엔 더 잘할 수 있을 거야.' 또한 토를 할 때마다 나는 속으로 생각했다. '한 번만 더 하면 편하게 잘 수 있어.' 그리고 마침내 그 짓을 끝내고 나면 새로 양치를 하며 스스로를 다독였다. '잘했어.'

"여기 정말 마음에 든다!" 목요일 오전에 내가 머무는 숙소에 도착한 엄마가 탄성을 질렀다. 나는 싸구려 모텔에 머물러도 좋으니 리스터 사건에서 손을 떼고 싶다며 징징거리고 싶었지만, 차마 그 말을 엄마에게 꺼내지는 못했다. 실제로 내가 머물던 숙소는 가족 여행 때나 예약할 법한 레지던스 아파트였다. 커다란 창문 밖으로 파도가 시원하게 부서지는 바다가 보였고, 해 질 녘 욕조에서 차가운 맥주를 마시며 아름다운 풍광을 감상할 수도 있었다. 나는 엄마와 함께 주변 상가로 가서 점심으로 피시앤칩스를 사 먹었다. 바람에 산발이 된 머리를 하고서 아빠에게 보낼 셀카를 찍었다. 나는 되도록 일 얘기를 하지 않으려고 노력했다. 그러나 그것 말고는 할 얘기가 마땅치 않았다. 이제 내게는 취미랄 것이 없었다. 한가로이 책을 읽은 것도 꽤 오래전 일이었다.

°°

리스터의 변호인이 범행 시점과 내용에 관한 클레어의 증언을 두고 일관되지 않다고 지적한 것이 떠올라 잠을 설쳤다. 그러나 다행스럽게도, 다음 날 아침 구드 검사의 최종 논고는 상상 이상으로 훌륭했다. 내가 1년간 재판연구원으로 있으면서 검사가 배심원단을 설득하기 위해 고소인의 슬픔과 고통을 그토록 적확하고 예의 바르게 전달하는 걸 목격한 적은 그때가 유일했다. 유죄 판결에 대한 기대가 다시금 살아나기 시작했다.

재판 내내 아무런 증거도 제시하지 않았던 피고인 측에게도 최후 변론의 기회가 주어졌다. 어쨌든 피고인 측도 배심원단이 평의하러 나가기 전에 자신들의 주장을 확실히 각인시킬 필요가 있었다. 배심원단 열두 명이 자리에서 일어나 법정을 나섰다. 나는 맡은 바대로 그들의 퇴정 시간을 꼼꼼히 기록했다. 이후 네 시간은 지옥과도 같았다. 그 시간이 클레어에게, 그리고 리스터에게도 얼마나 괴로웠을지는 말할 것도 없었다.

그러나, 사실 나는 이기적인 생각을 하고 있었다. 그 시간 동안 나는 여전히 '나를 위한' 신호를 기다리고 있었다. 나는 날 위한 정의가 구현되기를 그렇게 계속 기다렸다.

°°

금요일 오후, 판사님의 부인이 판사님과 주말을 함께 보내러 바가라에 왔다. 나는 우리 넷이 함께 저녁 식사를 할 수 있는 레스토랑을 예약했다. 엄마는 내게 여러 질문을 던졌다. 그 두 분은 어떤 분들이니? 어떤 레스토랑에 가는 거니? 판사님을 어떻게 호칭해야 하니? 나는 혹여나 엄마가 판사님 앞에서 이상한 말을 하진 않을까 불안했지만 애써 그렇지 않은 척했다.

"너 혹시 내가 이상한 말 할까 봐 걱정되는 거니?"

"네, 사실 그래요." 나는 실토하고 말았다. 엄마가 웃고 나도 웃었다.

다음 날, 엄마와 나는 아이스크림을 먹고, 해변에 나가고, 소파에 누워 텔레비전을 보며 주말을 보냈다. 중고 가게와 헌책방을 구경하기도 했다. 행복했던 과거의 내 모습이 다시 내 몸으로 돌아오는 것 같은 기분이 들었다.

엄마에게 새뮤얼 이야기를 꺼내려고 몇 번 생각해보았지만,

아빠와 통화하면서 엄마와 아빠에게 동시에 말할 수 있을 때까지 조금 더 기다려야겠다고 마음먹었다. 딱히 특별한 이유가 있다기보다 내가 그 이야기를 두 번이나 꺼낼 수 있을지 확신이 서지 않았기 때문이다.

°°

법원에서 만난 직원은 다정하고 수다스러웠다. 지원으로 순회재판 출장을 갈 때마다 상황은 비슷했다. 휴게실에는 늘 조각 케이크가 놓여 있었고, 부사무관쯤 되는 직원이 동네 건물과 스포츠팀에 대해 수다를 떨거나 어렸을 때부터 알고 지내온 사무 변호사들을 험담했다. 처음에는 나도 그런 이야기를 흥미롭게 귀담아들었지만 이내 참을 수 없게 되었다.

"이제부터 그런 걸 '순회 걸음'이라고 부르려고요." 판사님과 함께 회의실에서 배심원단의 쪽지를 기다리는 동안 내가 말했다. "말이 너무 길어진다 싶으면 최대한 공손하게 뒷걸음질 쳐서 자연스럽게 방을 빠져나가는 거죠."

출장을 오기 전, 평소 친분이 없던 동료 재판연구원이 날 찾아와 번다버그 지원에 가면 등기소에서 일하는 나이 많은 남자 직원이 "지나치게 가까이 접근할 수 있으니" 조심하라고 귀띔해주었다. 다른 동료도 비슷한 경고를 했다. "공식적으로 문제 삼을 건 없었어. 그래도 조심해."

평결을 기다리는 동안 나는 초조한 마음을 잠재우려고 일부러 바쁘게 움직였다. 처리할 서류를 아래층으로 옮기기도 했는데,

109

그러다 발을 삐끗해 넘어질 뻔했다. 바로 그때, 동료들이 말한 그 남자 직원이 옆에서 날 잡아주면서 엉덩이 바로 윗부분에 손을 갖다 댔다.

나는 깜짝 놀라 홱 돌아보며 매몰차게 그의 도움을 거절했다. "저, 괜찮거든요?" 내 말투에는 잔뜩 가시가 돋쳐 있었다. 그의 놀란 표정을 봤을 때는 선의를 비뚤어지게 받아들인 나 자신이 잠시나마 한심하게 느껴졌다. 그는 웃으며 알겠다는 몸짓을 했고 자기 자리로 돌아갔다. '아니, 그러게 내가 넘어지든 말든 왜 손을 거기다 갖다 대?' 그의 뒤통수를 노려보다가 문득 이런 생각이 스쳤다. '혹시 내가 미쳐가고 있는 건 아닐까?'

온갖 머저리들이 내 머릿속을 둥둥 떠다니며 에셔°의 그림처럼 증식했다. 리스터, 새뮤얼, 그리고 저 손버릇 나쁜 남자 직원까지. 모두가 원근법을 무시한 채 전경에 툭 튀어나와 있었다.

근처 책상에 서류를 내려놓았을 때 휴대폰 진동이 느껴졌다. 집행관의 전화였다.

"평결이 나왔어요."

가슴이 뛰었다. 운동용 스마트워치가 높아진 심박 수를 운동하는 신호로 감지해 잘하고 있다는 격려의 메시지를 화면에 띄웠다.

° 마우리츠 코르넬리스 에셔(Maurits Cornelis Escher, 1898-1972). 네덜란드 태생의 판화가로, 2차원 평면에 3차원의 공간을 표현해 시각적 착시를 구현해내는 작법으로 유명하다.

법정에 모두 모이기까지 15분간은 긴장되는 시간이었다. 나는 그 시간 동안 평결을 받아내는 절차를 연습했다. 기소 항목이 아주 많았으므로 절차에 각별히 유의해야 했다. 일어서서 평결을 받아낼 때면 스스로가 어른 옷을 입은 아이처럼 늘 어딘가 어색하게 느껴졌다.

"정숙. 모두 자리에서 일어나주십시오." 판사님이 입장하자 집행관이 말했다.

배심원단이 긴장한 모습으로 줄지어 입장했다.

판사님이 법대에서 날 내려다보며 엄숙한 표정으로 고개를 끄덕였다. "자, 평결을 들어보죠."

"배심원 대표, 평결에 도달했습니까?"

"네, 그렇습니다."

"피고인 케빈 도니 리스터가 1번 항목 강간 혐의에 대해 유죄라고 보십니까, 무죄라고 보십니까?"

"유죄입니다."

"대표를 포함해 배심원단 모두의 의견입니까?"

열두 명이 모두 '네'라고 말했다. 이들은 나머지 항목에 대해서도 모두 유죄 평결을 내렸다.

자리에 앉았을 때 눈물이 왈칵 쏟아질 것 같았지만 꾹 참았다. 여기서 내가 눈물을 흘리면 변호인이 재판의 공정성에 문제를 제기할 수도 있었다. 검찰 서기가 몸을 숙여 빠르게 법정을 빠져나갔다. 클레어에게 가서 '좋은 소식'을 알리려는 것이었다. 나는 그

111

녀가 동생들과 부둥켜안고 우는 모습을 상상했다. 동생들은 각자
가 치러야 할 재판이 두려울 테지만 맏언니의 강인한 모습에 용기
를 얻을 것이다. 세 자매의 엄마도 평결 소식을 듣고 그녀들을 안
아줄까 궁금했다. 그 엄마는 앞으로 딸들에게 미안하다는 말을 얼
마나 많이 하게 될까. 나는 펜을 줍는 척 테이블 밑으로 허리를 숙
여 황급히 눈물을 닦았다. 선고 전 짧게 휴정이 있었고, 리스터는
수갑을 차고 퇴정했다.

∘ ∘

선고를 진행하러 법정에 다시 돌아오니 피고인석과 가까운
방청석에 한 여자와 어린아이가 앉아 있었다. 나는 아이들 나이를
맞추는 것에는 영 소질이 없었지만, 저 남자아이는 학교에 갓 입학
해 자기만 한 책가방을 메고 다닐 나이쯤 되어 보였다. 법정에 있
는 어린아이는 마치 정육점을 활보하는 순진한 양처럼 모두의 시
선을 잡아끄는 존재다. 그 꼬마 아이는 빳빳하게 다려진 푸른색
티셔츠와 청바지를 입고 있었다. 나는 자기 자리에서 꼼지락거리
는 그 아이를 물끄러미 바라보았다. 티 없이 맑은 피부와 혼란스
러움을 숨기지 않는 표정이 부러웠다. 나는 당장 하얀 타이를 풀
고 아이를 데리고 나가 아이스크림을 사주고 싶었다. '나도 너처럼
여기에 어울리지 않는 사람이란다!' 문을 박차고 나가 바다를 보
러 가고 싶어졌다.

아이 옆에 앉은 여자는 많아봤자 마흔 정도로 보였다. 그녀의
검은 옷은 아이 옷과 마찬가지로 꼼꼼하게 다려져 있었다. 여자는

112

두 손을 무릎 위에 가지런히 포개놓고 있었는데, 굳게 맞잡은 손가락들 사이로 삐죽 튀어나온 손수건이 보였다. 법정 안은 아주 조용해 그녀가 훌쩍거리는 소리가 내 자리까지 들렸다.

"재판장님이 준비를 다 마치셨을까요?" 딴생각에 팔려 있던 나는 검사가 조용히 묻는 소리에 정신을 차렸다.

"네, 아마 그럴 거예요." 나는 서류를 제출하고 판결 내용을 받아쓰기 위한 작업을 서둘렀다. 리스터는 감옥에 가게 될 것이다. 시간은 벌써 오후 4시를 지나 있었다. 빨리 일을 처리하고 성질이 괴팍한 등기관을 상대해야 한다는 뜻이었다. 혹여나 실수라도 했다가는 오늘 안에 일을 마무리 짓지 못할 수도 있었다.

"아빠!" 그때 한 아이의 외침이 총성처럼 법정에 울려 퍼졌다. 아까 그 꼬마 아이가 리스터를 향해 달려가다가 엄마인 게 분명한 옆자리의 여자에게 붙들려 버둥대고 있었다. '아, 이건 아니지……' 나는 얼굴이 일그러지면서도 그들에게서 시선을 뗄 수 없었다. 검사와 변호인도 축 처진 어깨와 피곤한 얼굴로 그들을 바라보다가 이내 검토 중이던 서류로 눈을 돌렸다.

리스터가 피고인석으로 들어가자 아이는 방청석 의자 위로 올라가 자신과 아빠를 갈라놓은 피고인석 유리창에 손바닥을 갖다 댔다. 리스터가 온화한 미소를 지으며 아이를 내려다보았고 아이의 행동을 따라 했다. 그의 주름진 손이 아이의 작은 손바닥에 가만히 포개졌다. 강렬한 장면이었다. 안타까운 일들이 한꺼번에 너무 많이 벌어지는 오늘이었다. 새로 알게 된 이 사실을 어떻게 받아들여야 할지 조금 혼란스러웠다. 차라리 모르는 게 나을 뻔했다. 이 부분만큼은.

나는 차마 그 순간을 깨트릴 수 없었다. 나는 그와 아이의 손을 갈라놓지도, 오늘 학교에서 뭘 배웠는지 종알대는 아이의 말을 끊을 수도 없었다. 아이의 엄마는 울먹거리며 아들을 붙잡아 제자리에 앉히려 했으나 아이는 엄마 품을 계속해서 빠져나왔다. 나는 할 일이 더 남은 척 꾸물대면서 아이가 할 말을 마친 후 엄마 옆에 앉을 때까지 기다렸다. 나는 일어나 판사실로 향했다.

판사실 앞에서 판사님이 나오길 기다리며 말을 건넸다. "리스터 씨의 아내가 와 있는 것 같아요. 아들과 함께요."

"법정에요?" 판사님이 한쪽 눈썹을 치켜떴다.

"네." 우리는 둘 다 말이 없었다. 판사님은 내게서 어떤 말을 기다리는 것 같았지만 나는 어깨를 으쓱하고 말았다. 평소에도 나는 판사님이 내게 무슨 말을 기대하는지, 어떤 말을 바라는지 도통 감을 잡지 못하는 편이었다. 만약 내가 무슨 생각을 하고 있는지 물었다면 아마도 나는 '리스터 씨가 여자아이들만 강간하는 걸 즐기는지 궁금하긴 하네요.'라고 답했을 것이다.

"다들 판사님을 기다리고 있습니다." 나는 그저 이렇게 말했다.

°
°°

선고가 내려지면 피고인을 둘러싼 언어도 변한다. 법의 관점에서 보자면 리스터가 유죄로 선고받는 순간부터 그의 혐의는 진실이 된다. 그리고 그것은 증명할 수 있는 사실들로 압축된다. 판사님은 누군가 리스터를 강간범이라고 '말했으니' 그에게 유죄 선고를 내린다고 말하지 않았다. 그가 강간범'이기 때문에' 감옥에 가게 된 것이라고 말했다.

검찰이 입증한 사실에 근거해 피고인에게 유죄를 선고한다는 판결문 개요를 읽던 판사님은 도중에 말을 멈췄다. 리스터의 아들이 자기 엄마 옆에 앉아 판결 내용을 듣고 있었기 때문이다.

"민감한 내용이니 아이를 밖으로 보내는 게 낫지 않겠습니까?" 판사님이 검사와 변호인에게 물었다.

아이가 법정 밖으로 나간 후에도 아이 엄마는 자리를 지켰다. 그 모습을 보며 나는 여러 궁금증이 일었다. 리스터는 그녀에게 뭐라고 변명을 했을까? 세 자매가 모두 리스터에게 유사한 피해를 겪었으며, 사건 병합을 신청하려고 했었다는 걸 그녀는 알고 있을까? 혹시 클레어와 그 동생들을 정신 나간 거짓말쟁이들이라고 생각하고 있는 건 아닐까?

○○

토요일 저녁, 나와 엄마 그리고 판사님 부부는 거북이의 산란을 직접 볼 수 있는 몬 레포스 해변공원을 찾았다. 보름달은 올려다볼 때마다 감탄을 자아낼 정도로 휘영청 빛났다. 선명한 실구름은 빠르게 이동 중이었다. 우리는 실내에서 해변에 나갈 차례를 기다렸다.

"순회재판 다니는 건 좀 어때요?" 판사님의 부인이 내게 물었다. 친절하고 지적인 매력을 풍기는 분이었다.

"음……." 리스터 사건을 떠올리며 말끝을 흐렸다. "음식이 맛있달까요?" 내 말에는 자신감이 없었다.

이후 엄마가 내 팔을 살짝 꼬집으며 한마디 했다. "좀 밝게 행동하렴. 그래도 그 자리가 어떤 자리인데."

맞는 말이었다. 나는 내 처지에 감사할 줄을 몰랐다. 거북이가 산란하는 장면을 보다가 갑자기 눈물이 났다. 새끼 거북이들은 알을 깨고 나와 모래 둥지를 기어올라 더듬더듬 하얀 보름달이 비추는 바다로 향했다. 그렇게 긴 여정을 시작하지만 마지막까지 살아남는 건 1천 마리당 한 마리 정도였다. 주변 사람들은 거북이의 산란 장면에 몰입하며 감탄했다. 한 아이가 어딘가에서 "아빠!"라고 부르는 소리에 다시 눈물이 차올랐다.

주변이 어두워 엄마와 판사님 그리고 처음 보는 사람들에게 우는 모습을 들키지 않아 다행이었다. 내 삶의 추악한 부분들은 자꾸만 아름다운 부분들과 맞부딪혔다. 내 생애 가장 멋진 밤하늘 아래에서 새 생명이 태어나는 기적을 목격하는 순간이었음에도, 나는 지금 이 시간에도 어딘가에서 잔혹하게 학대당하고 있을 아이들이 얼마나 많을까 하는 생각을 떨쳐낼 수 없었다.

공원 관리자는 갓 부화한 거북이 한 마리를 내 손 위에 올려주었다. 새끼 거북이는 내 손바닥보다도 작았다. 이제 이 거북이는 바람에 사정없이 나부끼는 연약한 지느러미발로 모래와 물을 헤치며 앞으로 며칠간 깊은 바다를 향해 나아갈 것이다. 새끼 거북이의 빛나는 두 눈을 들여다보았다. 그 안에 담긴 달빛이 반짝이고 있었다.

"정말 예쁘죠?" 관리자가 조용히 말했다. 나는 들릴 듯 말 듯 정말 그렇다고 답했다. 하지만 속으로는 이렇게 말했다. '통계적으로 따지면 이 아이도 24시간 안에 죽겠지만요.'

다른 새끼 거북이들은 이미 부지런히 물가로 움직이고 있었다. 모래 언덕 주변에는 어린아이들이 모여 있었다. 나는 아무것도 하지 못한 채, 새끼 거북이를 올려놓은 내 두 손을 달빛 아래에 가지런히 모으고만 있었다.

5

어느새 날이 꽤 쌀쌀해져, 이른 아침 출근할 때 신을 두툼한 스타킹을 꺼냈다. 두꺼운 스타킹을 신으면 항상 뱃살이 조여왔고 그럴 때마다 다이어트를 생각하지 않을 수 없었다. 더 심각한 문제는 나일론 메시 재질의 스타킹이 허벅지에 반듯하게 그어진 상처를 자극하는 바람에 아물지 못한 상처가 자꾸만 덧난다는 것이었다. 반창고를 붙여보았지만 커다란 십자 모양의 상처를 다 가리기에는 부족했다.

하루는 퇴근하자마자 허겁지겁 가방과 신발을 내팽개치고 스타킹을 치마 아래로 내렸다. 상처 부위가 참을 수 없이 가려워서였다. 침대에 앉아 치마를 들어 올려 상처를 확인했다. 피로 물든 스타킹은 마치 일부러 레이스를 짜놓은 것처럼 무늬져 있었다. 미세한 실 가닥들이 하루 내내 딱지 가장자리를 건드려 상처가 벌어졌고, 그곳에서 흘러나오다 마른 피가 스타킹에 엉겨 붙어 있었다.

그리고 또다시 스타킹을 거칠게 잡아끌면서, 상처가 다시 한번 찢어지고 말았다. 모직 치마 안쪽까지 핏자국이 묻어났고, 굳은 핏덩어리가 달라붙은 스타킹은 바스락거렸다. 스타킹을 뒤집으니 말라붙은 피 부스러기가 하얀 시트 위에 떨어졌다. 나는 휴대폰으로 시간을 확인하고는 낮게 욕을 읊조렸다. 빈센트가 도착하기까지는 한 시간도 남지 않았다.

술김에 자해한 후 빈센트를 만난 적이 두어 번 있었다. 하지만 그때는 집 밖에서 데이트했으므로 자해로 인한 상처를 놓고 불편한 대화를 하지 않아도 됐었다. 이번에는 빠져나갈 방법이 없었다. 이제는 애써 숨기고 싶지도 않았다. 일단 상처를 보여주면 내가 힘들어하고 있다는 걸 그에게 자연스레 말할 수 있을지도 모르니까. 하지만 정말로 솔직해지자면, 도망치고 싶었다.

고등학생 시절, 케이티라는 친구가 있었다. 그 아이는 손목에 종종 자해를 했다. 나와 친구들은 그 상처를 보았지만 아무 말도 하지 않았다. 세로가 아닌 가로로 그어진 그 상처가 남들에게 '보여주기 위한' 것임을 알았기 때문이다. 그럼으로써 우리는 그 애가 '살려달라고' 요청하고 있다는 사실을 가뿐히 무시했다.

집에서 초콜릿 바를 까먹으며 엄마에게 케이티 얘기를 했을 때, 엄마는 날 나무랐다. "엄마는 걔가 참 안됐는걸. 주변에 고민을 털어놓을 사람이 없어서 그러는 거겠지." 그 당시 나는 11학년이었고, 1년 전부터 나 또한 가끔 면도칼로 허벅지를 긋곤 했었다.

일주일 후, 교내 방송이 흘러나왔다. "케이티 매킨타이어의 부모님은 행정실로 오셔서 방문 신청을 해주시기 바랍니다." 내색하지는 않았지만, 강렬한 질투심과 우월감을 동시에 느꼈다. 바로 그때 케이티의 부모님이 내 옆을 지나갔다. 몇 차례 만나 서로 얼굴을 아는 사이였다. 하지만 그분들은 주변을 둘러보지도 않고 황급히 걸음을 옮겼다. 나는 우리 엄마와 아빠도 한달음에 학교로 달려와 나더러 왜 매일 우울해하느냐고 물어봐주기를 바랐다.

나와 친구들은 케이티에 대해 이렇게 말했다.

"관심을 끌려고 그러는 거야."

"누가 봐주기를 원해서 손목을 그은 거라니까." 내 말에 모두가 고개를 끄덕였다.

그로부터 5년 뒤 나는 한 남자와 연애 비슷한 걸 시작했지만, 바다에 놀러 갈 때는 늘 무릎까지 내려오는 바지를 입었기에 쉽게 비밀을 감출 수 있었다. 그리고 이제 스물셋의 직장인이 된 나는, 퇴근 후 침대 끄트머리에 앉아 오래전 케이티가 짓곤 하던 그 표정을 하고 있었다.

나는 일단 화장실로 가 샤워를 한 뒤 면봉으로 상처를 소독했고, 손톱 가위로 다듬은 반창고로 가장 심각한 부위를 가렸다. 어쨌거나 이런 식으로라도 스스로를 돌보는 기분은 꽤 괜찮았다. 부상병이 된 나를 보살피는 야전 병원의 간호사가 된 것 같았다. 누워 있는 내 상처를 소독해주며 '노력하면 나아질 거예요'라고 말한 뒤 보람을 느끼는 간호사.

2년 전 함께 침대에 누워 영화를 보던 중에 빈센트가 옅어지고 있던 내 허벅지 흉터를 처음 발견한 적이 있었다.

"이건 어쩌다 생겼어?" 연한 흉터 자국을 만지며 그가 물었다. 나는 가만히 있었다. 그렇게 20분 동안이나 내 대답을 기다리던 그는 "그래, 됐어."라는 말과 함께 자리에서 일어났다. 그 순간 내 입에선 장난 섞인 투로 "거친 청소년기를 보냈었지."라는 말이 불쑥 나와버렸다.

빈센트는 내가 자해를 다시 시작할 줄은 전혀 몰랐을 것이다.

실은 나도 몰랐다. 몇 년 만의 일이었다. 언제가 마지막이었는지는 기억나지 않지만, 다시 허벅지에 칼을 댔을 때 느낀 쾌감은 예전과 비슷했다. 그 감정은 속을 게워낼 때와 같았다. 나는 나 자신에게 분노의 말을 쏟아내며 내 잘못을 모조리 늘어놓다가, 마조히즘적 행동을 일종의 의식처럼 수행하며 '노력하면 나아질 것'이라고 스스로 다독였다. 허벅지에 칼을 대는 시간은 속을 게워낼 때와 마찬가지로 언제나 잠들기 직전이었다. 내 모습의 '비포'와 '애프터'를 애써 구분하려는 절박한 시도였다. '비포'의 나는 더러운 진창 속에 묻어두고서, 다음 날 아침 '애프터'의 모습으로 새롭게 살아가고 싶었다.

자해를 할 때는 매번 상처 선을 가지런히 따라 칼을 그었다. 더 나은 사람이 되고 싶다는 황망한 욕망은 언제나 자기혐오에서 출발했다. 그러한 욕망에 휩싸인 날의 일기장에는 나 자신에게 쏟아내는 끔찍한 말들로 빼곡했다. 상태가 괜찮을 때 그 일기를 읽으면 숟가락 뒷면으로 내 얼굴을 보는 듯한 기분이 들었다. 분명나인데, 나 같지 않았다.

그날 함께 자게 되었을 때 내 허벅지의 반창고를 본 빈센트는 슬퍼했고 혼란스러워했다. 나는 요즘 하는 일이 힘들어 그랬다고 둘러댔다. 그 말은 나름대로 진실이었지만, 진실의 나머지 절반을 설명해주지는 못했다. 그래도 그는 날 이해해주었다. 새벽녘 악몽에 시달리며 낮은 비명을 지르는 나를 흔들어 깨워주기도 했다. 그가 내 '미친' 모습을 얼마나 더 오랫동안 받아줄지는 장담할 수 없었다. 과거와 마주하기 시작하면서 나는 망가지고 있었다. 내가 얼른 추스르지 못하고 괜찮은 여자친구가 되지 못하면, 더 이상 견딜 수 없게 된 그에게 모든 걸 털어놓아야 할지도 몰랐다. 그는 어떤 말을 꺼낼까. '내가 왜 이런 일을 겪어야 하는지 모르겠어.' '우린 아직 어려. 네 문제 때문에 내 인생을 허비하고 싶지 않아.' '더는 힘들 것 같아.'

때로는 내가 겪고 있는 문제와 잘못이 물리적 실체를 가진 존재처럼 아주 생생하고 강렬하게 느껴졌다. 내가 조금만 더 날씬하고 예쁘다면 성추행당한 과거를 고백하더라도 그가 날 받아들일 것이라고, 삶의 다른 부분들을 바로잡고 내 몸을 정상으로 되돌려놓는다면 지금과 같은 총체적 난국이지는 않을 거라고, 내가 충분히 매력적이라면 아무리 망가지더라도 그가 날 계속 원할 거라고, 그때의 나는 그렇게 생각했다.

다음 날 아침, 옷과 스타킹을 챙겨 입고 잠든 빈센트를 뒤로 한 채 평소보다 조금 일찍 집을 나섰다. 내 고민을 털어놓을 상대가 필요했다. 몇 달간 엉망으로 살았던 것은 맞지만, 아직 무엇이 필요한지 정도는 판단할 수 있었다. 구토는 쉽게 숨길 수 있다 하더라도 허벅지의 상처를 빈센트에게 계속 숨기기란 불가능했다. 재판연구원 연수 때 인사 담당자가 연방 법무부 직원이면 무료 상담을 받을 수 있다고 말한 것이 떠오른 참이었다. 사무실에 도착해 상담 센터 연락처를 찾았다. 시계를 보았다. 판사님이 출근하기까지는 30분 이상 남아 있었다. 나는 사무실 문을 닫고 센터로 전화를 걸었다.

여자 직원이 전화를 받았다. 나는 연방 법무부 소속임을 밝힌 뒤 '비밀 보장 무료 상담'이 가능한지 물었다. 그러자 직원은 기본적인 질문을 몇 가지 던졌다.

"현재 겪고 있는 문제가 업무에도 지장을 주고 있나요?"

"그게 무슨 뜻이죠?"

수화기 너머로 잠시 침묵이 흘렀다. 그녀는 질문의 뜻을 설명해야 했던 적이 한 번도 없었던 것 같았다.

"음……. 지금 하는 일 때문에 우울함을 느껴요." 내가 다시 말했다.

"네, 그렇군요."

"그런데 일은 계속 해야 해요."

"네."

"그래서 계속 우울하고요." 기다렸지만 그 직원은 말이 없었고, 나는 여전히 앞의 그 질문을 이해할 수 없었다. "그러니까, 앞서 물어보신 그 질문에는 제가 '아니오'라고 답하면 되는 건가요?"

"알겠습니다." 그제야 답변이 돌아왔다.

그녀는 상담 일정을 잡아주겠다며 어느 지역을 선호하느냐고 물었다. 시내에서 일하니 되도록 중심부에서 가까웠으면 좋겠다고 하자, 마침 그곳에 지부가 있다고 했다.

"상담사는 남자와 여자 중 어느 쪽을 더 선호하세요?"

"꼭 여자 선생님이었으면 좋겠어요."

"네, 그렇게 하죠. 상담은 언제 받고 싶으신가요?"

"최대한 빨리 가능할까요?"

"다음 주 금요일에 시간이 비는 여자 상담사가 있어요."

"아." 실망스러웠다. 혼자서 일주일을 버틸 자신은 없었다.
"그게 가장 빠른 거면, 네, 그때로 해주세요."

"그럼 시간은 언제로 정할까요?"

"퇴근 후면 아무 때나 괜찮아요. 센터가 시내에 있으면 5시 반까지 갈 수 있어요."

"그런데 그때면 센터가 문을 닫아요."

"네?"

"시내 지부에는 저녁 상담을 진행하는 상담사가 없거든요."

"하지만 저는 풀타임으로 일하는걸요. 그래서 이 번호로 연락드린 거고요. 법무부 소속이니까."

"상사에게 보고할 증명서를 이메일로 보내드릴 순 있어요."

"직장에는 비밀로 할 수 있는 것 아니었나요?"

"물론 그럴 수 있죠."

전화를 끊어버리고 싶은 마음이 굴뚝같았다. 판사님에게 상담을 받으러 가야 하니 휴정해달라고 말할 수는 없는 노릇이었다.

"아침 일찍 상담하는 분은 없나요? 출근 시간 전에는 안 될까요?" 내가 물었다.

"특별히 그래야 하는 상황이라면 아침 상담을 잡아드릴 순 있어요."

"그럼 아침 시간으로 부탁드립니다."

"네, 다음 주중에 오전 8시 반은 어떠신가요?"

"아, 글쎄요. 제가 9시까지 출근이라서요. 그 시간은 어려울 것 같아요." 눈을 질끈 감았다. 수화기를 들고 있는 손에 힘이 들어갔다.

"8시 15분에 시작하는 상담사가 한 분 있긴 한데 남자 선생님이에요. 저녁 상담은 몇 주 전에 예약해야 하고요. 그것도 시내에서는 그 시간에 상담하는 여자 선생님은 없네요. 아니면 카팔라바 지부에 가보시겠어요?"

"카팔라바에서는 몇 시 상담이 가능한가요?"

"오후 5시부터 6시까지요. 센터는 6시에 문을 닫고요."

"하지만 아무리 일찍 퇴근한다 해도 시내에서 5시에야 출발할 수 있는걸요."

이 모든 것이 철 지난 콩트 같았다. 우스운 짓을 하고 있었지만 하나도 웃기지 않았다. 결국 일주일 뒤 아침 8시 15분에 남자 상담사와 상담을 진행하기로 했다. 전화를 끊고 나니 눈물이 났다. 용기를 내기가 힘들어서 그렇지, 일단 누군가에게 도움을 요청하기만 하면 모든 게 수월해지리라 생각했는데 그게 아니었다. 혹시 센터가 내 사무실 번호를 기록해두었다가 법원 인사과에 내 상태를 알리지는 않을까 걱정이 되기도 했다. 내가 사원 아이디를 말했던가? 방금까지 무슨 대화를 했는지도 벌써 가물가물했다. 판사님이 알게 되면 어쩌지? 아직 아침 8시밖에 되지 않았는데 오늘 하루는 또 어떻게 견뎌야 할까? 이번 주는 또 어떻게?

나는 눈을 감고서 종이쪽지에 걱정거리들을 적어 상자에 집어넣는 상상을 했다.

'나는 뚱뚱하다.' 쪽지를 접어 상자에 넣는다. '나는 좋은 여자친구가 아니며, 조만간 차일지도 모른다.' 상자에 넣는다. '이 일을 잘해내기에는 능력이 부족하다.' 상자에 넣는다. '내게 벌어진 일에 어떻게 대처해야 할지 모르겠다.' 상자에 넣는다. 상자를 닫아 선반 위에 올려놓는다. 크게 숨을 들이마셨다가 다시 크게 내뱉는

다. 나는 앞으로 집에 도착할 때마다, 샤워 도중에도, 저녁을 먹고 나서도 이 상자 속의 쪽지를 계속해서 꺼내게 될 것이다. 그리고 그러는 동안에도 매일매일 출근해 일을 해야 할 것이다.

°°

기적과도 같은 행정 오류 덕분에 선고 공판이 하나뿐인 날이었다. 보통 선고 공판은 한두 시간이면 끝나므로 오후에는 밀린 실무수습° 과제를 몰아서 해야겠다고 생각했다. 다른 재판연구원들과 마찬가지로 나 또한 법조계에 정식으로 들어갈 자격을 갖추기 위해 평일 저녁과 주말에 틈틈이 공부를 병행해야 했다. 법학 학위를 받았다고 무조건 변호사가 되는 것은 아니다. 반년에서 1년 정도까지의 시간을 할애해서(그리고 1만 달러 이상의 돈을 투자해서) 실무수습 교육 과정을 이수해야 했고, 이후로도 수천 달러를 들여 최소 한 달은 걸리는 서류 작업에 매달려야 했다. 판사님과 아빠는 주기적으로 내 실무수습이 잘 진행되고 있는지 물어보았다.

판사님에게 온 우편물을 챙기러 우편실에 갔다. 평소였으면 공소장 등의 서류가 들어 있어야 할 텐데 웬일인지 우편함이 텅 비어 있었다. 사내 우체국에 연락하니 젊은 남자 직원이 조금 들뜬

° 호주에서 법조인이 되려면 법학 학사 학위 또는 그에 상응하는 학력을 갖춰야 할 뿐 아니라 실무수습Practical Legal Training, PLT 과정을 거쳐야 한다. 지역마다 차이는 있지만, 지정 교육기관이 제공하는 강의 수강, 일정 기간 동안의 실무, 보고서 작성 등을 마쳐야 PLT 과정을 수료할 수 있다. 이 과정을 수료하고 나면 변호사 협회에 입회해 변호사로 활동할 자격을 부여받는다.

목소리로 말했다. "아, 그거요? 공소장이 1983년에 쓰였더라고요. 너무 오래되었길래 따로 보관 중이었어요. 아무렇게나 두면 안 될 것 같아서요."

"1983년이요?"

"네."

"바로 갈게요."

판사님이 피츠제럴드 조사위원회에서 일했던 때가 1987년이 었는데, 1983년에 쓰인 공소장이라니 대체 얼마나 오래전의 일인가 감이 오질 않았다. 얼른 판사님에게 이 소식을 알리고 싶었다. 지하에 있는 우체국으로 내려가니 우편물 보관실 직원이 조심스럽게 서류를 건넸다. A4 용지보다 커다란 종이 석 장이 세월에 바래 누렇게 변색되어 있었다. 석 장을 묶어놓은 스테이플러 심도 녹슬어 있었다. 휘갈긴 손글씨가 구불구불 적혀 있어 도통 읽을 순 없었지만 피고인의 이름은 정자로, 날짜는 타자기 서체로 적혀 있어 분간이 갔다. 우표와 도장이 여기저기 찍혀 있었다.

"무슨 공소장인가요?" 직원이 물었다. 나는 흔치 않은 일에 조금 흥분한 나머지 이 종이가 범죄 사건을 다루고 있다는 것도 잠시 잊고 있었다.

나는 내용을 훑어보며 말했다. "성추행 혐의가 한 건 있네요." 우리는 둘 다 어깨를 으쓱했다. "어떤 건 참 안 변해요. 그렇죠?"

사무실로 올라가 판사님에게 공소장을 보여주었다. "이것 좀 보세요. 혐의는 딱 한 건인데요. 피고인이 공판기일에 불출석해서 체포 영장이 발부됐고, 결국 공소장이 지금에야 이렇게 도착했어요!"

판사님의 반응은 시큰둥했다. "1983년이었으면 이 성추행 혐의로 어떤 처벌을 받았을까요?" 판사님의 질문에 나는 멍한 표정을 지었다. "우리는 이 사람이 범죄를 저지른 당시에 받았을 처벌을 양형해야 해요." 내 입이 떡 벌어졌다. 판사님의 표정이 짓궂게 변했다. "당연히 알고 있었겠지요?"

"그래서 오늘 선고 공판이 하나밖에 없었던 거군요. 그걸 다 조사해야 하니까." 한숨이 절로 나왔다.

조사해보니 1983년 기준으로 성인 남성이 열여섯 살 된 여자아이를 성추행한 행위에 대한 처벌은 근신, 벌금, 보호관찰 정도였다. 다만 특별한 경우에는 태형이 별도의 처벌로 더해졌다. 나는 이 부분을 판사님에게 알렸으나, 태형과 같은 강한 형벌에는 양형 통일의 원칙이 적용되지 않는다는 답이 돌아왔다.

"아쉽네요."

"어쨌거나 지금 그는 3주째 구류 상태에 있어요. 실제 징역형을 받지는 않겠지만 말이죠." 판사님은 나를 위로하듯 말했다.

˚o˚

법정에서의 상황은 막힘없이 흘러갔다. 검사와 변호인 모두 이 사건의 특수성을 강조하며 각자의 주장을 펼쳤다. 변호인은 1983년에는 친부나 양부가 자녀를 성추행한 경우 모두 근신 처분을 받는 것이 일반적이었다고 변론했다. 나는 분노했다.

"피고인은 떳떳하고 평범한 삶을 살았습니다. 다섯 자녀를 두었고, 25년간 국영 철도 기업에서 근무했습니다." 변호인은 말했다.

평범한 삶이란 건 뭘까? 나는 공판 시작 전에 여성 교도관과 사무 변호사가 피고인과 꽤 유쾌하게 대화하는 모습을 보았다. 그는 정말로 평범한 남자처럼 보였다. 그래서 더 화가 났다. 얼마나 많은 가해자들이 이토록 평범한 얼굴을 하고 있을까? 성폭행 혐의로 기소돼놓고 다른 주로 넘어가 아무렇지 않게 사는 남자들은 또 얼마나 많을까? 그의 아내는 알았을까? 그녀는 자기 남편이 성폭행범이란 사실을 알고 결혼한 걸까?

°

판사님은 "이 범죄를 현시점에 어떻게 판결하느냐의 문제는 차치하고"라는 말을 시작으로 판결문을 읽어 내려갔다. 피고인은 바로 풀려났다. 나는 재판 서류를 '긴급' 문건으로 처리해 접수시킨 뒤 사무실로 올라갔다.

다른 일감을 주러 내 사무실에 들어온 판사님은 할 말이 더 남았는지 머뭇거렸다. "브리 씨가 받아 적은 판결문을 내가 다시 확인할 필요는 없겠지요? 혹여나 '태형' 같은 단어를 몰래 집어넣진 않았겠지요?" 판사님이 웃으며 말했다.

"자기 친딸과 양딸을 성추행한 남자가 근신 처분만 받는다고요?" 내 목소리는 판사님을 추궁하듯 날이 서 있었다. "심지어 아주 먼 옛날도 아니잖아요!" 나는 의자에 털썩 주저앉았다.

"그때는 지금과 다른 세상이었으니까요."

"알아요. 하지만 아무리 생각해도 기분이 더러워요." 내 말에 판사님은 쓴웃음을 지었다.

엘리베이터를 타러 사무실 밖으로 나갔을 때, 저 멀리 메건이 보였다. 메건은 커다란 통유리창 앞에 서서 도시의 전경을 내려다보고 있었다. 나는 다가가 알은체를 했다.

"어제 원주민 여성이 강간당하는 CCTV 자료를 봤어." 메건이 대뜸 말했다.

"아, 이런⋯⋯."

"바로 저기였어." 메건이 로마 스트리트 파크랜드를 가리켰다.

"젠장."

"그런데 오늘 또 한번 봐야 할 것 같아."

"뭐라고? 왜?"

"플리 바겐° 때문에. 기소 혐의가 두 건인데, 판사님 말로는 피고인이 혐의 하나를 시인하면 검찰이 나머지 하나를 취하할 거래. 그런데 그 전에 피고인이 두 혐의로 기소된 것이 타당한지 판단하려고 CCTV 자료를 다시 한번 확인해야 한대."

"강간 장면이 다 녹화된 것 아냐? 그 테이프에?"

"맞아."

"그런데도 혐의를 인정하지 않는다고?"

"응. 피해 여성은 삶이 완전히 망가졌어. 주변 사람들이 그 여자를 지지해주지 않거든. 왜냐면 원주민들은 경찰을 믿지 않으니까. 그냥 원로들이 내부적으로 해결하고 싶어 하나 봐. 게다가 가

° plea bargain. 수사에 적극적으로 협조하거나 유죄를 인정한 대가로 형량을 감경 또는 감면해주는 제도. 유죄협상제, 형량협상제, 사전형량조정제도, 유죄답변거래 등 다양한 명칭으로 불리며, 우리나라에서는 정식으로 채택된 제도는 아니지만 암묵적 관행으로 이뤄지고 있다.

해 남성은 원주민 사회에서 지도층이거든. 몸집도 엄청 커. CCTV를 보면, 여자는 술에 취해서 완전히 정신을 잃었고 남자가 그 여자 몸 위에 올라타. 남자가 그 짓을 할 때 여자 몸이 바닥에서 어, 어, 어, 하며 밀리는 게 보여."

"얼마나 고통스러웠을까……." 난 고개를 내저었다.

"그러니까 말이야. 그런데도 강간범을 법정에 세우지 말라고 온 가족이 자기를 뜯어말린다면 어떤 기분일지 상상이나 가니?"

우리는 둘 다 말이 없어졌다.

"너 괜찮아?" 내가 메건에게 물었다.

"응. 뭐, 너랑 다를 거 없지. 안 그래?"

"하긴."

"넌 어때?"

나는 아침에 있었던 일을 들려주었다. "몇십 년 동안이나 해결되지 못한 사건이 얼마나 많을까?"

"그냥 다른 주로 도망쳐버리면 끝인 거야."

"지금도 그럴까? 그런 일이 진짜 일어나고 있을까?" 나는 메건에게 답을 구했지만, 곧 다음 주에 이 질문에 대한 답을 듣게 될 터였다.

　　　　　　　　°。°

상담을 예약한 금요일이 되었고, 나는 아침 8시 10분에 시내 상담센터에 도착했다. 대기실에는 나 말고 세 사람이 더 있었다. 누군가 큰 목소리로 내 이름을 불렀다. '비밀 보호 참 철저하네.' 내게 배정된 상담사의 이름은 데이비드였다. 그는 반팔 셔츠와 합성 섬유 재질의 바지를 입고 있었다. 바지는 움직일 때마다 '슉슉' 소리를 냈다. 데이비드는 다리를 넓게 벌리고 서서 상담실 문을 잡은 채로 환하게 웃고 있었다.

"안녕하세요." 나는 문을 잡고 있는 그의 팔 아래로 엉거주춤 몸을 숙여 상담실로 들어갔다.

"앉으세요." 그가 낮은 소파를 가리켰다. 내가 소파에 앉자 그는 문을 달칵 닫은 다음 소파 맞은편의 바퀴 달린 의자에 앉았다. 검은 가죽 신발을 신은 두 발을 각각 다른 바큇살에 올려놓는 바람에 그 사람보다 낮은 곳에 앉은 나는 쩍 벌어진 그의 가랑이 사이를 가까이에서 봐야만 했다. 나는 허벅지 중간까지 올라간 스커트를 끌어 내리고 다리를 꼬아 허리를 곧추세우려 했지만 푹신한 소파에 엉덩이가 파묻혀 자세가 쉽게 잡히지 않았다. 데이비드를 보려면 목을 젖혀 위를 올려다보는 수밖에 없었다.

"어떻게 오셨죠?" 그가 밝은 목소리로 물었다. 노트를 살피던 그는 내 대답을 듣지도 않고 다시 물었다. "일 때문에 스트레스를 받으시는군요?"

바로 그때부터 나는 상담하러 온 내 진짜 이유를 그에게 말할 수 없겠구나 확신했다. 그건 날 너무 드러내는 일이었다. 그에게 속내를 털어놓는다는 것은 어쨌거나 위험하다는 생각이 들었다. 상담 예약을 잡은 것 자체가 너무 유난이었다는 후회까지 들었다. 무슨 말로도 데이비드에게 내 고민을 전달할 수는 없었다. 새뮤얼의 이름을 입 밖으로 꺼내고 싶지도 않았다. 감정적으로 격해지고 싶지 않기 때문이다. 지금 울어버리면 화장을 고칠 시간도 없이 바로 출근해야 했다. 하지만 울지 않고서는 진짜 문제를 말할 수 없었다. 그러니 결과적으로 이 모든 게 시간 낭비였다. 이날의 상담만을 기다리며 그동안을 꾹꾹 참아왔는데, 막상 와보니 나아질 가능성은 신기루처럼 사라져버리고 말았다.

나는 데이비드에게 반쪽짜리 진실을 털어놓았다. 이 일을 하면서 남성을 혐오하게 될까 봐 걱정된다고 말이다. 브리즈번 시내를 돌아다닐 때마다 범죄가 벌어진 장소를 본다고, 법정에서 보았던 것이 법정 바깥으로까지 나와서 내 삶에 침범했으며 모든 걸 망가뜨리고 있다고 말이다. 내가 어깨를 으쓱하며 대충 이야기를 끝낼 때까지 몇 분간 내 말을 듣고 있던 데이비드는 대뜸 센터 상담사가 되기 전에 자기가 했던 일에 대해 늘어놓기 시작했다. 그는 가정폭력으로 접근 금지 명령을 받고 사회 복귀 시설에 들어온 남성들을 돕는 봉사자였다고 했다.

"저는 그런 사람들을 만나면서 문제의 본질에 다가가려고 노력했어요. 어떤 사람들은 자기가 무슨 짓을 저질렀는지 인정하고 과거의 잘못을 바로잡으려고 애쓰죠. 그런데 어떤 사람들은," 그는 엄청난 말을 하려는 것처럼 잠시 말을 멈추더니 한숨을 내쉬며 고개를 저었다. "잘못을 절대 인정하지 않아요. 그런 사람들이 진짜 못된 사람들이죠. 정말로 '진짜' 못된 사람들이요."

나는 애써 환멸을 숨기며 그의 얼굴을 올려다보았다. 내 문제를 누군가에게 털어놓아야겠다고 마음먹기까지 이토록 오랜 세월이 걸렸는데, 마치 내게 질세라 한심한 남자들을 상대했던 경험담을 늘어놓는 상담사의 말을, 그것도 그의 가랑이 사이를 앞에 둔 채로 듣고 있어야 한다니.

사람 좋은 표정을 하고 앉은 그는, 의자에서 몸을 들썩여가며 한 사람의 영혼을 진정으로 들여다보는 것이 얼마나 어려운지에 대해 열띠게 이야기했다. 그가 예로 든 한 사람은 자신의 부인을 마구 때려놓고 아내가 맞을 만한 짓을 했다고 주장한 남자였다. 데이비드는 그 남자를 포기하지 않고 계속 도왔는데, 누구나 내면에 선한 모습을 가지고 있으며 구제될 수 있다고 믿기 때문이라고 했다.

또한 데이비드는 남자친구에게 마음의 짐을 안기고 싶지는 않지만 딱히 누구에게 이 고민을 털어놓아야 할지 모르겠다는 나의 고백에 대해서는, 좋은 여자친구의 자세라며 날 칭찬하더니 화이트보드에 도표를 그리기 시작했다. 그는 내게 '감정이 격해져 어떻게 해야 할지 모르겠는 때'를 위한 삼각형 실천법을 알려주면서 생각과 감정을, 그리고 감정과 행동을 서로 멀리하는 연습을 해보라고 조언했다. 삼각형 꼭짓점에 있는 '생각', '감정', '행동'을 각각 분리하라는 것이었다.

이날 이후 언젠가 내가 재판 중에 끄적인 낙서에는 이렇게 적혀 있었다.

생각: 이 남자가 자기만족을 위해 여성들의 삶을 망치며 돌아다니는 건 불공평하다. 이 남자는 자기가 원하는 것만 채운 다음 학대당한 아이들을 내버렸다. 나는 이런 자들을 막을 수도, 나 자신을 보호할 수도 없다. 이 남자가 무죄 판결을 받고 풀려나 똑같은 짓을 저지르고 다니면 어떡하지? 앞으로 누구를 믿어야 할지 모르겠다. 감정: 분노, 두려움. 행동: 법정에서 울지 않기.

어떤 재판이었는지는 생각나지 않았다. 너무 많은 재판이 이러한 것들을 느끼게 했으니까.

다행히도 5분 일찍 상담이 끝나 출근하기 전 담배를 피울 짬이 생겼다. 데이비드에게 내 불만을 또렷하게 말하지 못한 것 같아 조금 아쉬웠다.

"첫 상담이 괜찮았나요? 오늘 좀 뭔가를 얻었다고 생각하세요?" 그는 진지했다.

"그럼요." 나는 환히 웃으며 핸드백을 챙겨 상담실을 나섰다.

멜버른에 사는 친구 애나와 마지막으로 통화했을 때가 떠올랐다. 애나는 잠자리에서 영 별로인 남자를 만나면, 앞으로 그와 자게 될 다른 여자들을 위해서라도 제대로 된 조언을 해준다고 말했었다. 나는 데이비드의 쩍 벌어진 가랑이를 떠올렸다. 지금껏 그와 상담한 여성 내담자들은 그가 얼마나 형편없는 상담사인지 어째서 말하고 다니지 않은 걸까.

그의 조언 중에 그나마 들을 만한 가치가 있는 말은 딱 하나뿐이었다. "모든 남자를 혐오하고 싶어질 때면, 살면서 만난 좋은 남자들을 생각해보세요. 그들의 얼굴과 좋은 점을 떠올리세요." 법원으로 걸어가는 길에 나는 아빠를 떠올렸다. 그리고 빈센트와 판사님을 떠올렸다. 내 주변엔 분명 좋은 남자들이 있었다. 결국 문제는 나 자신인 것일까.

법원 건물에 다다랐을 즈음 한 손에 커피를 들고 건물로 들어가는 에블린을 보았다. 에블린이 고등법원 관계자와 대화하다 고개를 젖히며 웃자 밝게 빛나는 그녀의 머리칼이 찰랑거렸다. 내게 좋은 것들을 준 좋은 남자들, 나는 그들에게 에블린 같은 여자이

고 싶었다. 내가 사라진 자리에 에블린이 들어온다면 어떨까. 그렇
게 되면 딸이자 여자친구이자 재판연구원으로서 내가 느끼는 짐
을 이제 그만 내려놓을 수 있을지도 몰랐다. 에블린이라면 내가 한
가지 역할도 제대로 하지 못해 허덕이는 동안에 보란 듯 세 가지
역할을 완벽히 해낼 것이다. 엄마와 아빠가 내가 아닌 에블린을 키
운다고 상상하니 한결 마음이 편해졌다. 빈센트도 나보다는 에블
린과 더 잘 어울릴 것만 같았다. 만약 그렇게 된다면, 나는 사라질
수 있을 것이다. 정말 그렇게 된다면, 저 멀리 어딘가로 사라져서
영원히 쿨쿨 깊은 잠을 자야지.

시청 시계탑에서 종소리가 울려 퍼졌다. 그 소리에 정신이 들
었다. 지각이었다. 담배를 서둘러 비벼 끄고는 박하사탕을 입에 넣
었다. 볼을 몇 번 두드린 뒤 건물로 들어갔다.

° °

엄마와 아빠가 며칠간 집을 비우기 전인 일요일 아침, 엄마와
카페에 갔다. 일을 시작하면서부터 주말에 가족과 시간을 거의 보
내지 못하던 터였다. 두 분은 은퇴 후 살려고 마련해둔 집에서 주
말을 보내는 편이었다.

"어제는 말레니에 가서 좋은 시간을 보냈단다." 커피가 나올
때쯤 엄마가 말했다.

"와, 말레니에는 왜 가셨어요? 그 유명하다는 아이스크림 가
게 때문에?"

"아니. 새뮤얼 부모님이 그 동네에 집을 구했거든." 엄마는 스

136

푼에 묻은 우유 거품을 핥으며 말했고, 나는 어김없이 돌아온 경직 반응에 몸이 뻣뻣해졌다. "건축학적으로 잘 설계된 집이었는데, 정말 멋지더구나. 그래서 '내가 원하던 게 바로 이런 집이야!'라고 네 아빠한테 말했지."

"그래요?" 나는 머그잔을 얼굴 가까이 가져다 대며 뜨거운 커피를 식히는 시늉을 했지만, 실은 붉어진 얼굴을 가리고 싶었다. 엄마는 플랫 화이트에 설탕을 넣으며 계속 이야기를 이어갔다. 나는 눈앞이 흐려졌다.

"정말 근사하고 온통 초록색인 거야. 그래서 또 네 아빠한테 '여기로 이사 올까? 여기서는 식물도 아주 잘 자라겠어!'라고 했어."

"그 집에는 왜 가셨어요?" 나는 태연한 척 물었다. "갑자기 연락이 온 거예요? 아니면 그 사람이 초대했어요?"

"새뮤얼이 우리를 초대했지. 내 생각엔 새뮤얼이 네 오빠를 만나려고 했던 것 같아. 새로운 투자 건이 있다나."

"개수작 부리는 거예요."

"뭐, 안 그래도 새뮤얼한테 연락이 왔을 때 우리는 어디에 투자할 형편이 안 된다고 말했어. 그랬더니 우리가 가기로 한 날 아침에 다시 전화해서는 자기는 그날 모임에 참석하지 못한다고 하더라. 어쨌든 새뮤얼 부모님과 좋은 시간을 보냈어. 그런데 그 집이 육각형이라고 내가 말했나?"

"네?"

"그 집 말이야. 육각형으로 설계됐거든. 특히 주방이 최고였어. 어찌나 세련됐던지. 새뮤얼 엄마 말로는 주방에만 5만 달러가 들었대."

"엄청나네요." 가슴이 더 빨리 뛰기 시작했다. 두 눈이 터질 것처럼 뻐근해졌다. 엄마가 그 사람의 이름을 말할 때마다 고통은 커졌다. "근데 그 인간은 오빠 돈이 왜 또 필요하대요?"

"안 물어봤어. 이제 네 오빠도 알아서 앞가림할 나이잖니. 괜히 분위기를 깨고 싶진 않더라."

나는 당장 엄마에게 새뮤얼이 내게 한 짓을 털어놓고 싶었지만, 그 말은 목구멍에 걸려 도무지 나오려 하지 않았다. 만약 엄마가 '넌 걔를 왜 그렇게 싫어하니?'라고 물었다면 모든 걸 실토해버렸을지도 모른다. 하지만 나는 무서웠다. 그래서 아직은 적절한 때가 아니라고 스스로 결론 내린 다음, 엄마에게는 화장실을 다녀오겠다고 한 뒤 잠시 자리를 비웠다.

그러나 나중에 혼자 집에서 생각해보니, 적절한 때는 어차피 존재하지 않는다는 생각이 들었다. 갑자기 엄마가 그리워졌다. 카페에서 나는 엄마의 말에 전혀 집중하지 못했다. 엄마는 분명 내가 딴생각을 하고 있거나 그 자리를 불편해한다고 생각했을 것이다. 엄마와 있고 싶어 하지 않는다고 오해했을 수도 있다. 어찌 보면 사실이기도 했다. 엄마와 있을 때면 새뮤얼과의 일을 털어놓으려 하다가도 되살아난 경직 반응에 매번 맞서야 했으니까.

⸰⸰

그날 밤, 집에 혼자 있는 동안 극심한 죄책감이 엄습했다. 지난 며칠간은 하루에 저녁만 겨우 챙겨 먹었고 그마저도 먹자마자 전부 토해버렸다. 토하는 일은 근래 내가 유일하게 잘한다고 느끼는 행위였다. 물론 그것은 내 몸이 비정상적으로 돌아가고 있다는 증거이기도 했다. 담배와 얼음 잔과 위스키 병을 챙겨 테라스로 나가 별을 올려다보았다. 나와 함께 있고 싶어 한 것이 전부였던 엄마에게 얼마나 무례했는가를 생각하니 참을 수 없는 후회가 밀려왔다. 알코올과 니코틴 기운이 몸에 퍼지는 걸 느끼며, 고개를 한쪽으로 떨군 채 의자에 몸을 기댔다.

모기가 팔뚝에 앉았다. 바늘 같은 주둥이를 씰룩거리다 내 피부에 꽂는 모기를 물끄러미 바라보았다. 간지러워지기를 기다렸으나 아무 느낌도 나지 않았다. 내가 팔을 뻗어 술병을 집을 때까지 모기는 내 피를 빨아 마셨다. 술을 연거푸 두 모금 마셨다. 두 번째 모금을 마실 때에는 술 몇 방울을 셔츠에 흘렸다.

나는 차가운 병을 이마에 갖다 댔다. 이 안에 온갖 비참함이 갇혀 있는 걸까? 손바닥으로 머리를 치고 주먹으로 가슴을 쳤다. 이 안에 추함이 우글대고 있을까? '어떻게 그들을 만족시킬 수 있겠어? 난 그런 여자가 되는 법을 몰라.' 쫄쫄 굶어야 날씬해질 수 있었고 죽어라 일해야 겨우 내 몫을 했다. 모기에 물려 간지러워진 다리를 마구 긁었다. 가쁜 숨을 쉬며 다리 사이로 머리를 처박은 채 더 빨리, 더 세게 긁었다. 그러곤 다시 술을 마시다 벌떡 일어나 창문에 비친 내 모습을 바라봤다. '크고 못생겼어. 정말 멍청해. 형편없는 딸이야.'

어떤 감정이 찾아오고 있었다. 나는 술병을 들고 안으로 들어가 휴대폰 연락처를 미친 듯이 뒤졌다. 엄마와 아빠의 이름이 가장 먼저 눈에 들어왔다. 하지만 내 삶이 불행하다는 걸 엄마 아빠에게 털어놓을 수는 없었다. 빈센트가 날 청승 떠는 사람으로 바라보는 것도 싫었다. 정말로 죽고 싶다면 왜 아끼는 사람들한테 연락을 해? 그들과는 얘기하고 싶지 않았다. 계속 살고 싶다는 느낌을 받고 싶지 않았으니까. 나는 그저 쉬고 싶을 뿐이었다. 누구의 시선도 받지 않게 되기를, 사람들 앞에서 더는 수치심을 느끼지 않아도 되기를 바랐다.

협탁을 뒤져 오래된 손톱깎이를 꺼냈다. 숨을 깊이 들이쉰 뒤 허벅지의 반창고를 뜯어내 늘 하던 대로 허벅지를 그었다. 일자로 피가 맺혔다. 허벅지에 빨간 줄들이 일렬로 돋아났다. 하지만 해방감이 느껴지진 않았다. 공포는 여전히 내 안에 갇혀 있었다.

집 안을 성큼성큼 가로질러 컴컴한 내 방문을 열었다. 그리고 천장 선풍기가 달린 곳을 올려다보며 눈이 어둠에 익숙해질 때까지 기다렸다. 불을 켜고 해야 할까, 아니면 *끄고서*? 당연히 캄캄해야 했다. 그래야 어디라도 비친 내 모습을 볼 일이 없을 테니까. 손등으로 입 주위를 닦고 책상에 술병을 내려놓은 다음, 부엌 찬장으로 가서 도구를 찾아보았다. 그러다 덜컥 겁이 났다. 해야 할 일이긴 했지만, 무서웠다. 그렇다고 내일 아침에 눈을 뜰 자신은 없었다. 침대에서 몸을 일으켜 새 하루를 시작하고 나면 여드름이 난 얼굴과 커다란 몸, 멍청하고 서투른 행동으로 어김없이 사람들에게 실망을 안길 테니까. 생각만 해도 견딜 수가 없었다. 사람들의 동정 어린 시선과 상처받은 엄마의 표정을 감당할 용기도 없었다. 하지만, 아프면 어쩌지? 실패해서 죽지 않는 바람에 오히려 지금보다 더 큰 골칫거리가 된다면? 내 사람들의 시간과 돈만 축내게 된다면? 이것조차 제대로 하지 못한다면 스스로 얼마나 한심하고 멍청하게 느껴질까?

결국 나는 그 자리에 주저앉아 울기 시작했다. 아무리 생각해도 엄마와 아빠에게 내 기이한 행동으로 상처를 줄 수는 없었다. 그렇게 끝낼 수는 없었다. 내가 사랑하는 이들에게 모든 걸 말하고 그 일에 맞서는 일은 생각보다 훨씬 힘들 테지만, 언젠가는 해야 할 일이라는 확신이 들었다.

나는 이런 생각만으로도 금세 피곤해져 옷에 얼굴을 파묻은 채 조금 더 울다가 스르르 잠이 들었다.

°
°°

다음 날 아침, 방바닥에서 눈을 떴다. 주방에 두고 온 휴대폰에서 7시를 알리는 알람이 울리고 있었다. 두 손은 말라붙은 핏자국으로 범벅이 되어 있었다. 방은 엉망이었다. 천장의 선풍기는 계속 돌아가고 있었다. 숙취에 시달리고 지각을 했지만, 나는 여전히 살아 있었다.

6

학대당했다며 남자를 고소한 여자가 '미친년' 취급을 받는 일
은 꽤 흔하다. 고소당한 남자나 그의 주변 사람들이 대놓고 그런
표현을 쓰기도 하고, 뉴스와 신문이 은근히 그러한 뉘앙스를 풍기
기도 한다. 아버지와의 관계에 문제가 있으며 어디로 튈지 모르는
위험한 여자, 섹스에 환장한 여자, 나르시시스트, 관종. 이런 말들
로 피해 여성을 깎아내린다.

뉴스에서 이와 비슷한 표현을 접할 때마다 생각나는 이름이
있다. 제시카. 그녀의 얼굴과 목소리도 떠오른다. 필립스 사건은
여느 상간 재판처럼 시작되었으나, 엉망진창인 사법 제도의 단면
이 적나라하게 드러난 사례로 내 기억에 남아 있다.

사무실로 가는 길에 서류를 훑어보다가 뭔가 이상하다 싶어
확인해보니 이번 건은 재심 사건이었다. 반년 전에 열린 첫 공판에
서는 배심원단이 평결에 도달하지 못했었다. 나는 조서 부분을 펼
쳤다. 공판준비기일 때 변호인이 증거에서 배제하려 했으나 그러
지 못한 것이 있었다. 뭐였을까? 나는 그 자리에 서서 서류를 다시
뒤적거렸다. '자백을 했었구나. 필립스라는 이 남자는 퀸즐랜드 밖

으로 도주하려 했었다고 진술까지 했어!' 나는 내심 쾌재를 불렀지만 이내 멈칫했다. 지난 공판에서 무슨 일이 있었길래 도주에다 자백까지 한 남자가 유죄를 받지 못한 걸까?

필립스는 각진 얼굴에 밝은 금발의 소유자였다. 머리를 바싹 깎아 머리카락은 거의 보이지 않았다. 키가 크고 몸 쓰는 사람처럼 어깨가 다부진 그는 연푸른색의 롤업 슬리브 셔츠를 입고 있었다. 셔츠 한가운데에는 가로로 접힌 자국이 선명했다. 남성 피고인 중에는 공판 직전에 새 셔츠를 다리지 않은 채 포장 상자에서 바로 꺼내 입는 이들이 더러 있었다. 공판을 준비하러 법정에 입장했을 때, 여성 사무 변호사가 웃으며 필립스와 가볍게 이야기를 나누는 모습이 눈에 들어왔다.

남성 법정 변호사와는 눈이 마주쳤다. 나는 싸늘한 표정을 지우며 가볍게 눈짓으로 인사했다. 누구나 공정한 재판을 받을 권리가 있다지만, 범행을 자백해놓고도 유죄를 인정하지 않는 부류와는 말을 섞고 싶지 않았다. 미결정 심리로 끝난 지난번 공판 이후 필립스는 보석으로 풀려난 상태였다. 지난 반년 동안 그가 누구를 만나고 다녔을지 머릿속에 그려보았다. 누군가와 자기도 했을까? 커피는 얼마나 많이 마셨을까? 교외에 살고 있을까? 아니면 베이커처럼 내가 이용하는 열차를 타고 돌아다녔을까?

나는 호주에서 보석으로 풀려난 피고인이 얼마나 되는지를 법정 컴퓨터로 검색하기 시작했다. 그러다 우연히 상습 성범죄자를 둘러싼 오해에 관한 연구 결과를 발견했다. 흔히 성범죄자라고 하면 떠오르는 병적인 이미지와는 달리, 강간범 대다수는 상습적으로 범죄를 저지르지 않는다고 한다. 주체할 수 없는 성욕을 늘 품고 사는 게 아니라, 지극히 평범한 성적 취향을 가진 남자들이 우연한 기회가 생겼을 때 범죄를 저지르는 경우가 많다는 얘기였다. 나는 불편함을 느끼며 자리에서 일어났다.

그렇게 잠시 혼자만의 생각에 골똘히 빠져 있을 때 글래드스톤에서 보았던 검사 에릭이 법정에 들어왔다. 그는 피곤해 보였다. 에릭과 웃으며 인사한 나는 어쩌면 지금 그도 나와 똑같은 심정일지 모른다는 생각이 들었다.

"이제 재판장님을 불러올까요?" 나는 크게 소리 내어 말했다. 모두가 고개를 살짝 끄덕이며 "네."라고 대답했다. 나는 법복을 펄럭이며 판사님을 모시러 법정을 나섰다.

사무실로 올라가는 엘리베이터 안에서, 어쩌다 틴더 같은 데이트 앱이 빈센트와 내가 진지하게 사귀기 시작한 이후에 만들어져 이토록 인기를 끌게 됐을까 생각해보았다. 돌아보면 나는 겹치는 지인만 스무 명이 넘는 사람과만 데이트했었다. 그런데 만약 내가 지방법원에서 일하는 싱글이었다면 어땠을까? 가벼운 만남이나 섹스 같은 건 꿈도 꾸지 못하게 되었을 것이다. 낯선 남자의 방으로 들어가는 상상을 해보았지만, 이내 법원 일을 하며 본 범죄 현장 사진들이 그 방과 겹쳐졌다. 색이 조화롭지 못한 침대 시트, 청소를 안 한 지 한참 지난 거실 카펫과 그 위에 널브러진 쿠션들. 침대 옆 협탁에 놓인 빈 접시.

데이트를 하는 집이 범죄 현장으로 남으리라 생각하며 상대를 만나러 갈 사람은 없었다.

"떵-." 엘리베이터 도착음과 함께 정신이 들었다. 열린 문 앞에서는 판사님이 먼저 날 기다리고 있었다. "심각한 고민에 빠진 표정이군요." 판사님이 엘리베이터에 들어서며 말을 건넸다.

"아, 아녜요." 나는 표정을 바꿔 웃어 보였다. "심각하지 않았어요. 별생각도 없었고요."

판사님은 환히 웃었다. 우리는 함께 법정으로 향했다. 법정에 도착한 나는 나무통에서 배심원 열두 명의 이름을 뽑았다. 그중 한 여성은 자신을 배심원단에서 제외해달라고 요청했다. 이유는 언제나처럼 똑같았다. 나는 그 여성을 대신할 후보의 이름을 뽑았다. 판사님은 배심원단을 맞이했고 나는 사전 문서 작업을 마무리했다. 모든 게 평소와 다를 바 없었다. 검사 에릭이 자리에서 일어나 모두발언을 하기 전까지는.

"여러분, 곧 보시게 될 테지만 현재 고소인은 신경과민 상태입니다." 에릭의 말에 법정이 살짝 술렁였다. 에릭은 피고인 측이 제시카의 신경질적 기질을 문제 삼아 그녀의 증언에 담긴 신빙성을 공격할 것이며, 그녀가 계속 말을 바꾸고 마음이 오락가락한다는 점을 트집 잡을 것이라고 경고했다. "그럼에도 검찰 측의 입장은 분명합니다." 에릭의 목소리는 단호했다. "고소인이 자다가 깼을 때 피고인이 자신의 성기를 고소인의 질 안에 넣고 있었다는 것입니다. 고소인은 처음 1~2분 동안에는 상황을 파악하지 못했으나, 이후 정신을 차리고 방어했습니다. 피고인은 황급히 현장을 떠났습니다. 건물 밖으로 빠져나간 정도가 아니라 퀸즐랜드 주 밖으로 도망쳤습니다."

필립스가 도망쳐 간 곳은 뉴사우스웨일스 주였다. 범행을 저지르고 몇 주 후, 그는 한 상담사에게 사우스 브리즈번에서 여성을 강간했다고 털어놓았다. 그는 상담사가 지켜야 하는 비밀 보호

의무에 따라 자신의 자백도 보호받으리라 생각했었지만, 결과는 그러지 못했다.

"검찰 측의 입장은, 고소인이 삽입 관계에 동의하지 않았음을 피고인이 분명히 알고 있었으며 합리적 의심의 여지가 없는 증거도 충분하다는 것입니다. 고소인의 성격적 특징을 고려하더라도 이 사실에는 변함이 없습니다. 피고인은 고소인을 만만한 범행 대상으로 여겼기에 상대를 범할 기회가 왔을 때 범행을 저지른 것입니다."

에릭의 모두발언은 두 시간 가까이 진행되었고, 곧 간절히 바라던 휴정이 이어졌다. 판사님과 나는 다시 엘리베이터에 올라탔다.

"제가 고소인이라면 정말 속상할 것 같아요. 먼젓번 재판의 배심원들이 피고인의 자백에 신경을 쓰기보다 자신의 증언을 더 의심했으니까요."

"흠." 판사님은 안경을 벗고 잠시 콧대를 문지른 뒤, 안경을 고쳐 쓰며 말했다. "이번에는 어떨지 한번 봅시다."

○
○

13층에 내렸을 때, 한쪽에서 재판연구원 몇몇이 모여 업무와 내년 계획 등을 이야기하고 있었다. 누가 대형 로펌에 간다더라, 누구는 검찰에 들어간다더라, 누구는 무려 해외 파견을 간다더라, 하는 얘기가 들려왔다. 나는 바빠 수다 떨 겨를이 없는 척 빠른 걸음으로 동료들을 지나쳐 내 사무실로 향했다. 그리고 컴퓨터를 켜 검색창에 질문을 검색했다. '사람들은 왜 여성 피해자의 말을 믿지

않을까?' '왜 여자가 거짓말을 한다고 생각할까?'

그러다 꽤 의미심장한 의학 연구 결과를 발견했다. 남성과 달리 여성이 통증을 호소할 때는 정말로 아픈 것인지 거의 매번 의심받는다는 것이었다. 체중의 차이를 고려하더라도 평균적으로 여성은 남성보다 훨씬 더 적은 양의 진통제를 처방받았다. 또한 자궁내막증은 당뇨만큼이나 흔한 질환이지만 치료법 연구를 위한 지원 예산은 10배 이상 차이가 났다. 이 질환이 별것 아니라고 오해받는 까닭은 심한 생리통 정도로만 여겨지기 때문이었다. 그리고 서구 사회의 의료 역사를 되짚어보건대 그것은 의사와 학자 들이 여성의 말을 믿지 않아왔기 때문에, 여성의 고통에 대해서는 신경 쓰지 않아왔기 때문이었다.

퀸즐랜드 법관용 지침서에는 '거짓말'에 관한 항목이 있다. 거기에는 이렇게 적혀 있다. '이 사실을 유의하라. 피고인이 거짓말한다고 해서 그 자체가 유죄의 증거인 것은 아니다.' 그러나 여성을 불신하는 정서가 얼마나 만연한지에 대한 증거가 확실해진다면, 배심원단은 다음과 같은 경고를 받아야 할는지도 모른다. '통계적으로 볼 때 당신이 피해 여성을 거짓말쟁이로 상정할 확률은 높다. 그러니 당신의 무의식적 편견이 증거를 공정하게 판단할 의무에 영향을 미치지 못하도록 조심해야 한다.'

성폭행 허위 신고가 얼마나 빈번한지는 확실히 밝혀내기도 어렵고 통계적으로 유의미한 결과를 낼 만큼 사례를 모으기도 힘들다. 그저 애먼 사람이 누명을 뒤집어썼다는 소문을 여기저기서 전해 들을 뿐이다. 이에 사람들은 신고자로 하여금 고소를 취하하도록 방해하고 압력을 가한다. 하지만 이미 법조계에 널리 알려진 바대로, 성폭행 허위 신고율은 여타 중범죄의 허위 신고율과 같이 한 자릿수로 매우 낮은 편이다.

한편 지침서에는 '고통을 호소하는 고소인의 심리 상태'에 관한 항목도 있다. 판사는 성폭행 및 강간으로 심리적 고통을 호소하는 피해자가 증언하기에 앞서 다음과 같은 사항을 고려해 배심원단에게 별도의 지침을 전달할 수 있다.

고통을 호소하는 고소인의 심리 상태에 관한 증거를 받아들일지는 판사가 단독으로 결정할 문제다. 받아들이기로 했다면 다음과 같은 점을 고려해야 한다. 고소인이 진심으로 심리적 고통을 호소하고 있는가? 고소인이 심리적 고통을 연기하고 있지는 않은가? 고소인에게 심리적 고통을 유발한 다른 원인이 있지는 않은가? 허위로 심리적 고통을 호소하는 일은 쉽게 일어날 수 있으므로, 관례상 판사는 고통을 호소하는 고소인의 심리 상태에 큰 의미를 두지 말라고 배심원단에게 권할 수 있다.

결국 위 지침의 내용을 정리하자면 이렇다. 피고인이 거짓말을 한다고 해서 반드시 유죄인 것은 아니지만, 피해 여성이 강간당한 뒤 울며 경찰에 신고하는 행위는 연기일 수 있다는 것.

○
°

제시카는 증인 선서문을 집행관이 불러주는 대로 따라 말하기만 하면 되는데도 더듬거리며 몇 번이나 말을 멈췄다.

"저희 셋이, 말았어요. 그러니까, 아, 말아 피우는 담배요. 다같이." 검사 에릭이 그날 밤 있었던 일들에 대해 묻자 그녀는 그의 시선을 피해 눈을 내리깔았다. 검고 긴 곱슬머리는 유독 끝부분이 동그랗게 말려 있었고, 가냘픈 손목은 보라색 레이스 블라우스의 소매에 대부분 가려져 있었다. 증인석에 앉은 지 5분쯤 지나자 제시카는 소매를 연신 잡아당기며 눈에 띄게 초조해했다.

"만약 잠시 쉬고 싶거나 속도를 늦추고 싶다면 말해주세요." 그녀의 상태를 알아챈 에릭이 말했다.

"아, 아녜요. 괜찮습니다. 죄송해요. 그냥, 이렇게 많은 사람 앞에서 발표해본 적이 없어서. 이렇게 여러분들 앞에 있다는 게."

순간 뒤통수를 얻어맞은 기분이었다. 나는 엄마 손에 이끌려 초등학교 때부터 스피치와 연극 수업을 들었고, 7년 동안 교내 토론회에 참여했다. 대학에 가서는 수천 관객이 보는 앞에서 연극을 하기도 했고, 큰 행사의 패널로 초대받은 적도 몇 차례 있었다. 나와 내 주변 사람 대부분은 법정에서 진술하는 것을 '발표'라고 생각하지 않았다. 사람들 앞에서 의견을 말하고 또 사람들이 그 말을 경청해주는 것은 나에게 너무나 당연한 일이었다. 그런데 지금 이곳에서 제시카는 여태껏 받아본 적 없는 관심을 한 몸에 받으며 자신이 어떻게 강간당했는지를 낱낱이 이야기해야 하는 상황에 놓여 있었다.

"그 사람이 제 몸에 올라타 있었어요. 두 팔을 바닥에 짚고 있어서, 제 위에 있었지만 제 몸에 그 사람 몸이 닿지는 않았어요. 그곳만 빼고요."

그날 밤 일은 제시카의 전 남자친구 집에서 벌어졌다. 같은 건물 복도를 가로지르기만 하면 바로 제시카의 집이었다. 그녀의 전 남자친구와 피고인 필립스는 일하다 막 알게 된 사이였다. 그날 저녁 제시카는 그들의 초대를 받아 함께 술을 마셨고, 술에 취해 잠이 들었다. 잠에서 깨어나 자기 몸 위에서 삽입 성행위를 하고 있는 남자를 얼핏 봤을 때, 그녀는 비명을 지르지 않았다. 전 남자친구라고 생각했기 때문이다. 그러다 뭔가 이상하다는 느낌이 들었고, 검은 윤곽의 정체가 전 남자친구가 아닌 필립스임을 깨달았다.

검사는 제시카가 비몽사몽 상태였기에 몸 위의 남자를 전 남자친구로 혼동했을 수 있다고 주장함으로써 그녀가 처음부터 저항하지 않은 이유를 정당화하고자 애쓰고 있었다. 하지만 나는 당장 그 자리에서 일어나 잠자고 있는 여자에게 성기를 삽입한 것은 둘의 과거가 어떻든 간에 무조건 강간으로 봐야 하지 않느냐고 따지고 싶었다. 전 남자친구가 잠든 자신에게 성기를 삽입한 줄 알았을 때 그녀가 놀라지도 저항하지도 않았다는 사실 또한 가슴 아픈 부분이었다.

오후 늦게까지 진행된 주신문을 통해 제시카에게서 유의미한 진술을 얻어내기란 무척 어려웠다. 그녀는 정신을 차렸을 때 소리를 지르며 필립스를 밀쳐냈고 곧장 화장실로 들어가 문을 잠갔다고 했다. 그 순간 생리 중임을 깨달았고 질 속에서 뭉쳐진 탐폰을 빼내야겠다고 판단했다.

"그래서 탐폰을 변기에 버리고 물을 내렸습니까?" 에릭이 물었다.

"아, 네. 그때는 제가 경황이 없어서." 제시카가 방어적으로 대답했다. 나는 DNA 검사 기회가 사라진 것이 매우 안타까웠지만,

정액 범벅이 된 탐폰을 증거로 제시해 성관계 사실을 입증했다 한들 그게 성행위의 강제성을 입증해주지는 못하리라는 데까지 생각이 미쳤다. 그 무엇도 강제성을 입증해줄 순 없었다.

게다가 그날 밤 술을 얼마나 마셨는지에 대한 질문에 대해 제시카가 진술을 거부하면서 상황이 더욱 꼬였다. 그녀는 조사 단계에서 매번 조금씩 다르게 진술한 점에 대해 명확한 해명을 내놓지도 못했다. 어떨 때는 자신이 "술을 아예 마시지 않는다"고 했다가, 어떨 때는 "그날 밤에는 마시지 않았다"고 했다. 또 어떨 때는 "한두 캔 마시기는 했지만 평소에는 술을 마시지 않는다"고도 했다. 이렇게 오락가락한 진술은 그녀가 약물을 복용한다는 사실과 합쳐져 불리하게 작용했다.

검사 에릭이 명확히 답변해줄 것을 재차 요청하자 제시카가 되물었다. "그게 중요한가요? 제가 술을 열 캔 마셨어도 그 소름 끼치는 놈을 받아줄 리는 없다고요." 안타깝게도 제시카는 화가 날 때에만 문장을 막힘없이 말할 수 있는 듯했다.

주신문이 끝나자 판사님은 첫째 날 공판을 이쯤에서 마무리 지었다. 분위기가 격해지고 있다고 판단했거나 판사님 스스로가 너무 지친 게 아닌가 싶었다. "반대신문은 내일 오전에 진행하도록 하지요. 다들 수고했습니다."

○○

다음 날 오전에 열린 반대신문도 오후까지 이어졌다. 하루 전 주신문을 받으며 곤욕을 치른 제시카는 법정에 들어설 때부터 불안해했고 공격적이었다. 밤새 계속 증언하는 악몽이라도 꾼 듯했다. 그녀는 마치 배수구에 빠진 고양이처럼 겁에 질린 나머지 자신을 도와주려는 사람과 해치려는 사람을 구분하지 못한 채 모두를 향해 마구 공격하려 들었다.

변호인은 그날 밤 있었던 일을 시작으로 지금껏 제시카가 증언한 내용의 모순점들을 하나하나 지적해나갔다. 앞뒤가 맞지 않는 증언은 꽤 많았는데, 변호인은 특히 음주에 관한 그녀의 진술을 집요하게 파고들었다. 그는 제시카가 그날 밤 술을 정확히 얼마나 마셨는지 거듭 물었고, 그녀는 확실한 답을 내놓지 않았다. 둘 사이엔 긴장감이 감돌았다. 제시카는 그 부분은 불필요한 정보이며 술을 얼마나 마셨든 자신의 판단 능력에는 문제가 없었다고 주장했다. 변호인은 증인석에 앉았으면 질문에 답하라고 응수했다. 맞는 얘기였다.

대화가 격해지자 판사님이 중재에 나섰다. "이 문제는 일단 넘어가는 게 좋겠습니다."

"네, 알겠습니다. 재판장님." 변호인이 수긍했다.

뒤이어 변호인은 그날 밤에 대한 제시카의 기억을 시험하려는 듯 당시 무슨 옷을 입고 있었는지 질문했다. 경찰 측이 작성한 사건 기록과 대조해보려는 것이었다.

"사건 당일 증인이 입고 있었던 치마는 '짧은' 치마였습니다. 맞습니까?"

"왜 그걸 묻는 거죠?"

"질문에만 답하십시오."

"알겠다고요! 그래요!"

"그날 밤 짧은 치마를 입었다고 인정하시는 겁니까? 미니스커트요?"

"그렇다고요."

신문이 한창 고조되었을 즈음, 변호인은 제시카가 피고인과의 성관계에 만족하지 못해 다음 날 아침에 말을 바꾼 것이며 사실 피고인은 그녀에게 그 정도로 '매력'을 느끼지도 않았다고 변론했다.

이에 제시카는 변호인을 가리켜 '못생겼다'고 말하는가 하면, 필립스와 같은 장사꾼은 '자기 타입'이 아니라고 밝히기도 했다. 나는 혹시나 하는 마음으로 배심원 명부를 확인했다. 자영업계에 종사하는 남자 배심원이 네 명이나 되었다.

"저는 증인이 먼저 피고인과 성관계를 하려고……"

"아니요."

"증인이…"

"아니요."

"말을 끊지 마십시오, 증인."

"무슨 말이요? 제 앞에서 그딴 말 하지 말아요! 그게 질문이에요? 왜 그쪽이 바라는 걸 사실처럼 말하나요?"

점심시간 후에 속개된 공판의 분위기는 10분도 채 되지 않아 한층 험악해졌다. 제시카는 몹시 지쳐 보였다. 변호인이 그녀에게 던진 마지막 질문은 현재 복용 중인 약물을 모두 말해달라는 것이었다.

강간당했다고 호소하는 고소인을 상대로 변호인이 반대신문을 할 때면, 나는 그 변호인이 얼마나 정중한지와 상관없이 그를 한 대 치고 싶은 분노를 느꼈다. 물론 이성적으로 따져보면, 변호인이 법정에서 피고인을 변호하는 것은 당연했다. 누군가 피고인을 상대로 혐의를 제기했으면 그것이 사실인지 아닌지 증명할 책임을 마땅히 져야 했고, 그 과정에서 반대에 부딪힐 수도 있었다. 하지만 강간 피해를 고백하며 울고 있는 성인 여성 또는 어린 여자아이를 향해 애초에 왜 피고인의 눈에 띄게 행동했느냐고 묻는 것은 도저히 납득할 수가 없었다. 피고인이 자신에게 성적 매력을 느꼈다고 주장하는 것만 봐도 그녀가 얼마나 되바라졌는지 알 수 있지 않느냐고 은근히 몰고 가는 짓은 피해자에게 너무도 가혹해 보였다.

어떻게 하면 이런 엇갈린 주장들을, 이 참혹함을 해결할 수 있을까? 공공장소마다 CCTV를 깔 수도 없는 노릇이다. 그렇게 하더라도 어차피 효과는 없을 것이다. 성범죄는 대부분 은밀한 장소에서 일어나기 때문이다. 그러한 장소에서 연약한 피해자는 대개 신뢰하던 사람에게 폭력을 당한다. 물리적 증거는 좀처럼 남지 않는다. 설사 정액이 발견되더라도 그것은 성관계의 증거일 뿐, 동의 없이 강간했다는 증거가 되지는 못한다. 결국 피해 여성들은 두 가지 측면에서 자신을 증명해야 하는 처지에 내몰린다. 자신이 누군가의 성욕을 일으킬 수 있을 만큼 '매력적인' 여자임을 입증해야 하는 동시에, 그와의 성관계를 '원치 않았음'을 스스로 증명해 배심원단을 설득해야 하는 것이다.

한 연구에 따르면, 우리는 대개 평범한 자신과 다르게 생긴 사람을 몰인간화하는 데 거리낌이 없다고 한다. 정말 그렇다면, 뚱뚱하며 백인이 아닌 여성이 백인으로 구성된 배심원단을 과연 설득할 수 있을까? 심지어 뚱뚱하지 않으며 백인인 피고인 남성이 사실은 애초에 그녀와 섹스할 생각이 없었다고 주장한다면?

제시카는 신경과민 상태였다. 말을 조리 있게 하지 못했고, 쉽게 성질을 냈으며, 불안과 우울 증세로 약을 복용 중이었다. 소위 '평범한' 배심원들에게 제시카는 충분히 매혹적이지 않아 보였으므로 상황은 그녀에게 극도로 불리했다. 한 여성이 강간당했다고 주장하는데 주변 사람들이 당신은 강간당하기에 그리 매력적이지 않다고 말하는 것은, 그녀에게 극심한 공포를 주입하는 행위이자 어찌 보면 최악의 가스라이팅이었다.

°
° °

다음 증인은 필립스의 자백을 들은 상담사였다. 그녀는 침착하게 증언을 시작했다. 사건이 있고 몇 주가 흘렀을 때 필립스는 뉴사우스웨일스 주에 있는 상담 클리닉을 찾았다. 필립스는 그녀가 상담사와 환자 간 비밀 보호 의무에 따라 자신의 자백을 누설하지 않으리라 생각했다. 하지만 그 상담사에게는 상담 도중 위험이 발생했거나 내담자가 범법 행위를 자백했을 때 직업 윤리 강령에 따라 이를 신고할 의무가 있었다.

변호인은 혹시 상담사인 증인이 피고인의 말을 잘못 받아들인 것은 아닌지, 자신의 의뢰인이 단순히 '고소당했다'고, 또는 '그 여자의 말대로라면 강간했을지도 모른다'고 이야기한 것은 아닌 지 반박했다.

"아뇨, 그렇게 말하지 않았습니다. 상담할 때 메모를 해놓았 거든요. 그는 강간했다고 말했어요." 상담사의 말투는 단호했다. 마음이 놓였다. 마침내 상황이 제자리로 돌아온 듯했다. 나는 안심 하고 서류 작업을 시작했다. 그런데 그때 변호인이 상담사에게 얼 마 전 동생이 비슷한 일을 당하지 않았느냐고 물었다. 나는 놀란 눈으로 상담사를 바라보았다.

"그게 무슨 상관이죠?" 그녀가 되물었다.

"질문에 답하십시오."

"질문이 정확히 뭐였죠?"

"증인의 여동생이 얼마 전 성폭행을 당한 적이 있어서, 그래 서 피고인의 말을 들었을 때 판단이 흐려진 것은 아닌가요?"

"아니요. 그렇지 않습니다."

그러나 변호인의 끈질긴 추궁에 결국 그녀는 자기 동생 사건 때문에 살짝 화가 났던 것은 어느 정도 사실이라고 인정했다. 나 로서는 끔찍한 범죄 앞에서 자신의 감정을 드러내는 일이 발언자 의 신빙성을 떨어트린다는 발상이야말로 이상하게 느껴졌다.

변호인이 어떻게 증인의 여동생 일까지 알았을까 궁금했지 만, 고민할 시간은 없었다. 다음 증인을 소환하기 위한 서류 작업 을 서둘러야 했다. 다음 증인은 경찰에 신고한 제시카를 새벽녘에 진찰했던 의사였다. 불행히도 제시카의 몸은 멀쩡했다. 멍든 곳도 없었고 작게나마 상처가 난 곳도 없었다. 질 주변에 특별한 흔적이 남지도 않았다. 의사는 외상이 없다고 해서 강간당하지 않았으리라 단정할 수는 없다고 증언했다. 제시카의 증언에 따르면, 필립스는 그녀를 깨우지 않으려고 아주 조심스럽게 접근했다. 그러니 찰과상이나 멍 같은 게 생길 리 없었다. 게다가 그는 제시카가 비명을 지르자마자 몸을 피했기 때문에 몸싸움과 같은 폭력 행위가 끼어들 틈도 없었다.

변호인의 다음 질문에 그를 향한 내 혐오감은 정점을 찍었다. 그는 의사에게 제시카가 복용 중인 약물에 대해 질문했다. 의사는 약물 하나하나를 거론하며 구체적으로 답했다.

"또 다른 게 있나요? 혹시 피임약도 있었나요?" 변호인은 별것 아닌 듯 물었다. 이제야 좀 어른들 간의 대화를 한다는 듯한 태도였다. 의사는 이 재판에서 증언석에 앉은 첫 남자였다.

"네, 피임약도 있었습니다." 의사가 말했다.

∘°

의사의 증언이 끝나고 잠시 휴정을 했다. 화가 잔뜩 치밀어 올랐다. 나는 몇 주 전에 이식형 피임제인 임플라논°을 팔에 이식한 터였다. 만약 내가 그날 밤 집에 돌아가다가 강간을 당했더라면, 임플라논은 내가 난잡한 성생활을 하고 있음을 암시하는 증거로 쓰였을 것이다. 그럼 나는 법정에서 뭐라 말할 수 있었을까?

° Implanon. 주로 팔 안쪽에 이식하는 길이 4센티미터, 지름 2밀리미터의 피임제로, 약 3년 동안 소량의 황체 호르몬을 방출해 배란을 억제함으로써 피임 효과를 낸다.

변호인은 제시카의 피임약 복용 사실을 기어코 끄집어내, 평소 그녀가 여러 남자와 가볍게 섹스하는 여자였음을 암시했다. 이는 명백히도 그럴듯하게 포장된 '슬럿 셰이밍'[°]이었다. 배심원들은 변호인의 말을 경청했다. 몇몇은 노트에 뭔가를 적었고, 몇몇은 목을 축였다. 다들 설득당한 것일까? 변호인의 저 같잖은 궤변에?

오후에는 제시카의 전 남자친구가 증인으로 출석했다. 그가 증언을 시작하기 전까지만 해도 나는 일말의 기대를 품었었다. 이러한 유형의 폭력 사건을 이토록 가까이에서 목격한 증인은 흔치 않았다. 게다가 남성 목격자가 사건 당시와 피고인의 사후 행동에 관해 진술하는 것은 피해자에게 큰 도움이 될 수 있었다.

그런데 그가 한 증언이라고는 옆방에서 자다가 제시카의 비명에 잠에서 깼으며, 피고인이 나가는 소리를 들었지만 다시 잠들었다는 것이 전부였다. 검사가 왜 그냥 잠들었느냐고 묻자, 제시카와 더는 엮이고 싶지 않았기 때문이라고 대꾸했다.

"최고의 루저를 가리는 재판이 열리면 거기에 세워야 할 놈이야." 나는 이후에 만난 메건에게 씩씩대며 말했다.

어쨌거나 유무죄를 결정하는 건 우리가 아니라 무작위로 뽑힌 열두 명의 배심원들이었다. 이론상으로 배심원단 구성은 사회의 단면을 공정하게 반영하는 것이었지만, 실제로는 대부분이 남성이었다. 이번 공판만 하더라도 변호인 측의 요청에 따라 여성 배심원 여덟 명이 배제되었고, 한 여성은 스스로 배제를 요청했다.

[°] slut shaming. 사회 통념과 맞지 않는 여성들, 이를테면 정숙한 옷차림이나 조신한 태도, 보수적인 성관념 등에 연연하지 않는 여성들(이른바 '잡년slut')에게 압박을 가하려는 목적으로 그들을 비난하고 망신 주는 행위.

자영업 쪽에 종사하는 배심원이 네 명이나 되었고, 배심원 전원이 서른을 훌쩍 넘긴 나이였다. 나는 법정으로 다시 들어오는 배심원단을 바라보며, 피임약을 챙겨 먹는 것이 당연한 일로 받아들여지기 시작할 무렵에 저들은 과연 몇 살이었을지, 그리고 피임약을 먹는 '그런 여성'을 저들 세대가 어떻게 바라볼지에 대해 생각했다.

°°

다음 날 법정에서 검사는 배심원단에게 사건 현장에 있던 매트리스 사진을 보여주었다. 매트리스 위에는 시트 한 장이 가지런히 깔려 있었고 몇 가지 물건이 놓여 있었다. 어딘가 어색해 보였다.

"사진 속 매트리스가 이 집과 어울린다고 보십니까?" 검사가 차분히 물었다. "집 안의 다른 물건들은 전혀 정리가 되어 있지 않았습니다. 고소인은 잠에서 깨어나 피고인이 자기 몸에 성기를 삽입한 것을 발견했을 때, 아무것도 깔리지 않은 지저분한 매트리스에 누워 있었다고 진술한 바 있습니다."

나는 그 장면을 상상하며 몸서리쳤다.

"그런데 이 매트리스에는 시트가 깔려 있고 여러 잡동사니가 올라와 있지요." 배심원들이 사진에 더 집중할 수 있도록 검사가 잠시 말을 멈췄다. "이에 검찰은 피고인이 현장을 빠져나가기 전, 즉 고소인이 자기 집으로 건너가 경찰에 신고하는 동안 매트리스에서 사건이 벌어진 흔적을 감추려고 그 위에 시트와 잡동사니를 놓았다고 주장하는 바입니다."

내가 재판연구원으로 재판에 참여하는 동안, 고액을 받는 변호사가 '동의'와 '사실 오인'의 차이를 들먹거리며 변론했던 때는 필립스 사건이 처음이었다. 퀸즐랜드 주에서는 고소인이 성관계에 동의하지 않았다고 주장하는 것만으로는 피고인을 유죄로 만들 수 없었다. 피고인은 고소인이 성관계에 동의했음을 '타당한 근거에 의거해 진심으로 믿었다'고, 즉 사실을 오인했다고 변론할 수 있었다. 고소인이 동의하지 않았음을 모두가 알고 있더라도 피고인이 '사실 오인'을 주장한다면 유죄를 피할 여지가 생겼다. 필립스의 변호인도 그렇게 주장했다. 만취한 고소인이 성관계에 동의했을 뿐 아니라 오히려 먼저 달려들었으며, 막상 잠에서 깼을 때마음이 돌변해 '난리를 피운 것'이라고, 그게 아니라면 성관계에 동의한 고소인이 관계 도중 술에 취해 곯아떨어져 기억을 잃었으나 피고인이 이를 미처 인지하지 못한 것이라고 변론했다.

"피고인으로서는 고소인이 자신을 그녀의 전 남자친구로 오인했다는 것을 전혀 알지 못했습니다." 변호인은 최후 변론에서 이렇게 말했다.

내가 보기에 중요한 것은 그 부분이 아니었다. 제시카는 자기 몸 위에 남자가 올라타 있는 것을 보고도 1분 가까이 반응하지 않았다. 자고 있던 여자가 강간당해 잠에서 깨어났는데, '아, 괜찮아. 그 사람이네.'라고 생각해버린다는 것은 나로서도 도무지 이해할 수 없었다. 제시카는 동의가 무슨 의미인지 알지 못하는 것일까? 아니면 더 이상 신경을 쓰지 않게 돼버린 걸까? 도대체 전 남자친구와의 관계가 어땠길래?

만일 법을 만들고, 집행하고, 피해자를 응급 처치 하는 현장에 더 많은 여성이 존재한다면, 피고인 측이 사실 오인을 이토록 떳떳하게 주장하지는 못할 것이다. 나는 피고인이 사실 오인을 주장한 것이 마음에 계속 남았다. 배심원단이 너무 쉽게 무죄 평결을 내린 다음 '안됐네요, 아가씨. 하지만 저 남자는 죄가 없어요.'라고 말해버릴 것 같았기 때문이다. 피고인이 사실 오인을 주장할 수 없게 된다면 적어도 배심원단은 피해 여성을 거짓말쟁이라고 섣불리 판단하진 못할 것이다. 만약 그렇게 된다면 상황은 달라질지도 몰랐다.

"만취 상태에서 일어난 일을 후회하는 것은 남자나 여자나 흔히 겪는 행동입니다." 변호인은 이렇게 말했다. 하지만 그날 술에 취했던 제시카는 단순히 후회할 일을 겪은 것이 아니었다. 눈을 떴을 때 낯선 남자가 자기 몸에 성기를 삽입한 것을 알아차렸고, 몸을 제 의지대로 움직일 수 있을 만큼 정신을 차린 뒤에는 곧바로 소리 지르며 방어했다. 그럼에도 그것만으론 부족하다고?

°
° °

사무실에서 평결을 기다리는 동안 판사님과 나는 배심원단에 대해 이야기했다. 나는 고소인의 연령대가 배심원단의 성격에 어느 정도 영향을 미칠 거라고 생각했다. 나와 내 또래 여자들은 짧은 치마를 입거나 이식형 피임제를 시술받는 것에 거리낌이 없었지만, 우리 윗세대는 달랐다. 한편 통계적으로 보나 실제 사례로 보나, 안타깝게도 배심원단은 무시무시한 괴한에게 몹쓸 짓을 당한 순진무구한 아동 피해자들한테나 그나마 호의적 시선을 보낸다는 것이 판사님의 설명이었다.

몇 시간이 지나도록 아무 소식이 없었다. 여섯 시간이 흘렀을 때, 판사님이 배심원단을 소집해 진척 상황을 물었다. 배심원단은 아직 평결에 도달하지 못했다고 했다. 그들은 평의를 위해 다시 자리를 떴고 우리는 계속해서 기다렸다.

나는 평결을 기다릴 때면 언제나 극심한 두려움을 느꼈다. 밀실에 갇힌 것 같은 공포, 주어진 시간이 얼마 남지 않았으며 당장이라도 끔찍한 일이 벌어질 것만 같은 불안함, 고소인 또는 피고인에게 최악의 날이 곧 닥칠 것이라는 불길함이 엄습했다. 한편으로는 평결을 기다릴 때마다 언젠가는 이것이 '나의 일'이 될 수 있음을 직감했다. 그러면 익숙한 감각들이 되살아났다. 머리가 멍해졌고, 눈앞이 흐려졌다. 두 눈이 뻐근해졌고, 가슴이 갑갑해졌으며, 귓속엔 치지직거리는 잡음이 백색 소음처럼 가득 찼다.

○ ○

평결을 받으러 자리에서 일어났을 때, 이 법정에서 목소리를 내고 있는 사람 가운데 여자는 나뿐이라는 사실을 문득 깨달았다. 판사, 검사, 변호인 모두 남자였다. 필립스의 자백을 들은 상담사 증인은 여성이었지만, 변호인은 그녀가 남성 가해자에게 몹쓸 짓을 당한 여동생 사건 때문에 남자들에게 적대심을 품었을 수도 있다며 의혹을 제기한 상태였다.

결국 필립스는 유죄 평결을 피했지만 풀려나지도 못했다. 배심원단이 만장일치로 평결에 도달하지 못했기 때문이다. 결국 이 재판은 미결정 심리로 끝났다.

재판이 끝나고 나는 판사님에게 말했다. "하마터면 무죄를 받을 수도 있었네요. 어찌 됐든 제시카더러 또다시 법정에 나와 증언하라고 요구하지는 못할 것 같아요." 더 우려할 부분은 검찰이 아예 재심을 포기할 수도 있다는 점이었다. 제시카는 지나치게 특이했고 감정적이었다. 외적으로도 곱슬머리가 무척 튀어 보였고, 치마는 너무 짧았다. 이른바 '무고하고 착한 여자'로 보이지 않았다. 현장을 벗어나 도주했으며 자백까지 한 남자를 유죄로 만들기에 그녀는 '모범적인 피해자'가 아니었던 것이다.

필립스 사건의 재판 도중에 내가 노트에 끄적거린 글들은 대개 이런 내용이었다. '화가 난다. 화가 난다. 화가 난다.' '저놈 면상을 한 대 갈겨도 될까?' '안경이 부서지도록 한 방 날리고 싶다.'

그런데 이제 와서 읽어보니 마지막 문장은 조금 이상하다. 필립스는 안경을 쓰지 않았기 때문이다. 아마도 나는 그의 변호인을 보며 그 문장을 썼던 것 같다.

7

일요일 오후, 로마°로 가는 비행기를 기다리며 콴타스 항공 라운지에 앉아 커피를 홀짝였다. 퇴근길에 오른°° 사람들이 마음 놓고 공짜 맥주를 마시는 모습이 부러워 자꾸만 눈길이 갔다. 기내에서는 민망하게도 판사님 옆에서 졸다 깨다를 반복했다.

로마에 도착해서는 서류로 가득 채운 30킬로그램짜리 짐 가방을 렌터카에 실었다. 나는 조심스럽게 차를 운전해 아주 형편없는 모텔에 도착했다. 판사님과 나는 각자 방에 짐을 풀고서 너무 늦기 전에 슈퍼마켓을 찾아 나섰다. 어느새 이러한 일상에 익숙해지고 있었다.

"법원을 미리 둘러보겠어요? 고건물인데 꽤 근사하답니다." 판사님이 숙소로 돌아가는 길에 내게 제안했다.

"좋아요."

"그럼 여기서 우회전을 하세요."

판사님 말대로 법원은 아름다웠다. 판사실에는 책상 뒤편으로 고풍스러운 벽난로도 있었다. 법정 안에 마련된 재판연구원 자리는 주변보다 살짝 솟아 있었다. 이 건물이 지어진 것은 1901년이지만 그보다 몇십 년 전인 1872년, 로마 지원에서는 그 유명한 '해리 레드포드 재판'이 열렸다. 해리 레드포드는 퀸즐랜드 주 롱리치에서 소 1천 마리를 훔쳐 남부로 달아났다. 그가 이동한 거리는 그로부터 10여 년 전 호주 대륙을 종단하다 목숨을 잃은 버크와 월스°°°의 이동 거리와 맞먹었다. 레드포드가 법정에 섰을 때 배심원단은 그에게 유죄를 평결하지 않았다. 오히려 그의 모험담에 감명받아 그를 '캡틴 스타라이트'로 칭송했고 위대한 의적으로 떠받들었다.

판사님에게 처음 이 이야기를 들었을 때 나는 웃어넘겼다. 그러나 이곳에 2주간 있으면서 백인 남성과 원주민 남성에 대한 평결을 각각 얻어낸 뒤로는, 이곳의 배심원단이 1872년 이후로 과연 조금이라도 변하긴 한 것인지 진지하게 의심하게 되었다.

° Roma. 퀸즐랜드 주 남서부 마라노아 지역의 행정 중심지. 브리즈번에서 비행기를 타고 1시간 정도 걸린다.
°° 땅덩어리가 넓은 호주에서는 비행기로 출퇴근하는 방식이 꽤 일반적이다. 이러한 고용 방식을 보통은 FIFOfly-in, fly-out라고 부른다. 매일 출퇴근하는 경우도 있지만, 한 번 비행기를 타고 업무 현장에 가서 1~2주 동안 숙소에 머물며 일한 뒤 집으로 돌아가는 경우가 더 많다.
°°° 경찰관 로버트 오하라 버크Robert O'Hara Burke와 측량사 윌리엄 존 윌스William John Wills는 1860년, 빅토리아 식민지 정부의 지원을 받아 내륙 탐험대를 이끌고 호주 대륙 종단 길에 올랐다. 남쪽 끝에 있는 멜버른에서 북쪽의 카펜테리아 만까지 간 뒤 멜버른으로 돌아오려는 계획이었다. 그들은 결국 카펜테리아 만까지 가는 데에는 성공했으나 극지 탐험에 대한 무지로 온갖 어려움에 시달리다 출발 10개월 만인 1861년 6월경에 사망한 것으로 전해진다. 이들과 마지막까지 함께한 탐험대원 중 단 한 명만이 생환에 성공했다.

다음 날 아침, 판사님과 나는 로마 지원에 출근해 앞으로의 일정을 점검했다. 우선 판사님은 1년 전 이곳에 왔을 때 판결을 내린 몇몇 사건이 왜 아직도 대기 목록에 있는지 확인했다. 우리는 2주간의 일정에 선고 공판을 빽빽하게 채워 넣었고, 이날 아침과 다음 주에 열릴 두 건의 재판에 대한 계획을 세웠다.

한편 나는 로마 지원에서 만난 집행관을 상대하느라 애를 먹었다. 나이가 지긋한 그는 행동이 무척 굼떴다. 증인과 화상 연결을 해야 하는 공판이었는데, 그는 기계를 조작할 줄 몰랐다. 공판 도중 꾸벅꾸벅 졸기 일쑤였고, 말을 반쯤 알아듣지 못하는데도 보청기를 한사코 거부했다. 따라서 그 사람 귓전에 대고 말하지 않는 이상 그가 내 요청에 제때 반응하리라고 기대하기란 어려웠다. 사무관은 집행관을 대신해 내게 여러 번 사과했다. 판사님은 이 무능한 집행관을 그냥 눈감아줄 생각인 듯 별말이 없었다. 집행관은 내게 조금 일찍 퇴근해도 되는지, 그리고 아침에는 언제까지 출근해야 하는지 따위를 물었다.

"오전 9시 반에 화상 연결을 해야 해요. 그러니 아무리 늦어도 그때까지는 공판 준비를 마쳐야 하겠죠."

꽤 쌀쌀맞은 내 말투에도 그는 전혀 동요하지 않았다. 내 일평생보다도 긴 세월 동안 최소한의 성과만을 만들어내며 일자리를 지켜온 사람다운 모습이었다.

"제가 그 사람 일까지 도맡아야 한다니 억울해요." 출장 첫째 주가 끝나갈 무렵 나는 인내심 없는 성질을 참지 못하고 판사님에게 불만을 토로했다. 내심 판사님이 내게 동조해주기를 바랐다.

"몇몇 집행관은 내가 봐도 좀 특이하더군요. 참전 군인도 더러 있는 것 같고요."

"어떤 전쟁에 참전한 군인이요?" 뜻밖의 말이었다. 아무리 생각해도 그 무능한 사람이 아랍-이스라엘 전쟁과 같은 중대사에 참여했을 것 같진 않았다.

"아마도 베트남 전쟁이 아닐까요?"

이날 이후로 나는 더 이상 집행관을 험담하지 않았다. 왠지 신성을 모독하는 짓 같았기 때문이다. 이 나라에는 건드려서는 안 되는 것들이 있었다. 예컨대 군인, 참전 용사, 그리고 의적 같은 존재가 그랬다.

∘ ∘

첫째 주 월요일에 시작된 재판이 이틀에서 사흘 정도 걸릴 것이란 예상은 적중했다. 강간 사건이 대부분 그렇듯 제삼자나 전문가의 증언이 없다는 점을 감안하더라도 이 재판은 검찰에게 특히 불리했다. 검사가 모두발언을 통해 사건을 요약하는 동안 피고인 브렌든 스트로는 피고인석에 서 있었다.

배심원단은 당황한 듯 보였다. 방청석 뒤편에 앉아 있던 지역지 기자도 이마를 찌푸린 채 노트에 적힌 무언가를 지운 뒤 다시 썼다. 이 사건의 쟁점은, '성기'가 아닌 '손가락'에 의한 삽입이었다. 만일 스트로가 유죄 판결을 받는다면 그의 죄목은 강간이 되겠지만, 아마 사람들은 그가 '진짜' 강간 혹은 '심각한' 강간을 저지르지는 않았다고 생각할 것이다.

피고인은 진술을 거부했으나 그날 밤 있었던 몇몇 일들은 반박할 수 없는 사실로 확인되었다. 주말이었던 그날 밤, 피고인의 아내가 차를 운전해 그를 시내에 내려주었고 피고인은 한 술집에서 배낭여행을 온 젊은 미국인 여성을 만났다. 그녀는 숙박을 제공하는 그 술집에서 아르바이트를 하던 중이었다. 그녀와 몇 시간 동안 술을 마신 스트로가 함께 편의점에 들러 그녀에게 필요한 용품을 사주는 모습이 CCTV에 찍히기도 했다. 그 시각까지는 둘이 함께 있었음이 사실로 확인되었다. 흐릿한 화면 속의 브렌든 스트로는 손가락에서 결혼반지를 빼놓은 것처럼 보이기도 했다. 이 부분 때문에 변호인은 진땀을 뺐다.

30분 뒤, 스트로와 미국인 여성은 일행 두 명과 함께 술집으로 돌아왔다. 이들은 단기 체류 직원을 위한 숙박 공간이 마련된 2층으로 올라가 공동 거실과 이어진 발코니에서 술을 마셨다. 발코니쪽 CCTV에는 이들이 마지막 잔을 비운 후 각자 방으로 들어가는 모습이 찍혔다.

미국인 여성은 자기 방으로 들어가 불을 껐다. 잠시 망설이던 스트로는 그녀의 방으로 뒤따라 들어갔다. 10분도 채 되지 않아 방에서 나온 그는 발코니와 이어진 계단을 통해 어둠 속으로 사라졌다. 얼마 후 미국인 여성이 화난 모습으로 방을 뛰쳐나왔고, 이내 경찰이 현장에 도착했다.

고소인은 잠에서 깼을 때 스트로가 침대 구석에 앉아 그녀의 성기에 손가락을 넣고 있었다고 진술했다. 2년 전에 벌어진 일이었지만 고소인은 이 증언을 하기 위해 미국에서 호주로 건너온 상

황이었다. 아마 스트로는 그날의 기억이 시간에 묻혀 점차 희미해
질 줄 알았을 것이다.

　양측의 모두발언을 끝으로 이날 공판은 마무리되었다. 배심
원들은 집으로 돌아갔다. 스트로와 아는 사이이니 배심원단에서
자신을 제외해달라고 요청한 배심원은 없었다. 그러나 나는 그들
이 시내의 술집에서, 어쩌면 사건이 벌어진 그 술집에서 그의 이름
이나 사건에 대해 한 번쯤은 들어보았으리라는 의심을 거둘 수가
없었다.

　°○

　스트로가 그날 이후로 어떤 삶을 살았을지 궁금했다. 아내에
게는 뭐라고 말했을까? 계속 같은 직장을 다니고 있을까? 여자에
게 몹쓸 짓을 한 것은 그때가 처음이었을까? 그는 정녕 아내를 속
이고 늦은 밤 어린 여자와 술을 마시면서 그녀와 섹스할 생각을
했던 걸까? 어쩌면 내가 너무 꽉 막힌 도덕주의자인지도 몰랐다.
그의 정신 상태를 이해해보려 할수록 의심만 커졌다. '몹쓸 짓'을
작정한 게 아니었다면 그는 왜 결혼반지를 빼고 다른 여자에게 접
근했을까? 모든 머저리가 강간범인 것은 아니지만, 모든 강간범이
머저리인 것은 분명하다.

　그날 밤, 그의 아내는 태우러 와달라는 남편의 연락을 기다리
고 있었을까? 친구들과 술을 마시기로 했다는 남편의 말을 정말
믿었을까? 그날 밤의 이야기가 동네에 소문났을 때 아내의 심정은
어땠을까? 숨 막힐 듯 좁은 이 동네에서 그녀는 그날 밤 이후로 어

떤 삶을 살고 있을까?

　판사님과 나는 숙소에 딸린 작은 식당에서 저녁을 먹었다. 이 동네 주민들이 손가락으로 강간했다는 혐의를 받는 남성에게 쉽사리 유죄를 내리지 않으리라는 것이 판사님과 나의 결론이었다.

　판사님은 내게 법조계에 관한 이런저런 이야기를 들려주었고, 실무수습 과정을 차질 없이 진행 중이라는 내 말에 흡족해했다. 그러나 나는 구운 감자를 입 안으로 밀어 넣으면서 판사님이 계신 자리와 내가 영 어울리지 않는다고 생각했다.

　디저트까지 비우고 방으로 돌아온 나는, 너무 많이 먹은 나 자신이 역겨워졌고 결국에는 샤워 도중에 울며 변기로 달려가 속을 게워냈다. 순회재판을 다니는 동안에만 벌써 세 번째였다. 목구멍에 손가락을 집어넣을 때는 스트로의 손가락이 떠올랐다. 정신 없이 짐을 싸느라 잠옷을 깜빡해 어쩔 수 없이 맨몸으로 침대에 누웠다. 맨살에 닿는 이불의 촉감이 거슬렸다. 이 동네의 공기가 사방에서 나를 자극하는 듯했다. 잠이 오지 않았다.

°°

　다음 날 아침 공기는 상쾌했다. 입김이 공중으로 서서히 퍼져 나가는 모양이 마음에 들었다. 하지만 내 육중한 몸이 러닝복을 입고 있는 모습은 혐오스러웠다. 폭식, 흡연, 구토, 달리기. 언제까지고 이러한 생활을 지속할 순 없다는 것을 알았지만, 내 모습에 스스로 만족할 수 있으려면 굶어 죽기 직전까지 날 몰아붙이는 것 말고는 딱히 방법이 없었다. 나는 악순환에 갇혀 있었다. 몇 주 만에 2~3킬로그램이라도 빼고 나면 괜한 자신감과 여유가 생겨 흥청망청 지냈고, 결국 도로 살이 쪘다. 자신감은 도무지 내게 붙어 있질 못했다.

운동용 스마트워치 버튼을 켜고 숙소 밖으로 난 길을 따라 뛰기 시작했다. 뛸 때에는 되도록 일정한 속도를 유지했다. 길 양쪽에 우거진 덤불이 왠지 무섭게 느껴졌다. 새로운 동네에 머물 때마다 새롭게 알게 되는 사람이 죄다 강간범뿐이라는 사실은 날 지치게 했다. 이 지역의 헌신적인 선생님이나 마당발인 카페 사장님, 동네 사정에 훤한 스카우트 대장 같은 사람들과는 잠시라도 만나 대화해볼 기회조차 얻지 못했다.

몇 분을 뛰다 보니 건물이 띄엄띄엄 모인 시가지가 나왔다. 어디를 보나 넓은 격자무늬의 시멘트 길이 이어졌다. 커다란 쇼윈도를 통해 가게 안을 들여다보았고, 예스러운 간판들을 구경했다. 이렇게 작고 소박한 동네에 중국식 볶음밥, 태국식 볶음국수, 베트남식 누들 수프를 한꺼번에 파는 아시안 푸드 레스토랑이 있다니 신기했다. 전면이 온통 레이스로 장식된 남성복 가게도 있었다. 히피가 운영하는 소품 가게에는 이국적인 향과 크리스탈 제품이 가득했다.

도로를 오가는 자동차가 하나둘 늘어나면서 내게 쏟아지는 시선이 느껴지기 시작했다. 형광색 안전 조끼를 입은 남자가 길 건너편에서 아이스 브레이크°를 마시며 날 뚫어져라 쳐다보고 있었다. 그는 병을 입에서 뗀 다음 커피색 우유가 묻은 입가를 소매로

° Ice Break. 호주의 대형 마트에서 흔히 구할 수 있는 커피 음료.

슥 닦았다. 문득 내 허벅지 사이로 말려 들어간 바짓가랑이 부분이 신경 쓰였다. 동네 사람들을 거의 다 알고 있을 저 남자는 날 어디서 보았는지 생각하다가 내가 외지인이라는 사실을 알아차렸을 것이다. 이 동네에는 나처럼 아침에 조깅하는 사람이 보이지 않았다. 물론 그 남자는 그냥 먼 곳을 응시하고 있었을 뿐인데 내가 그의 시야에 걸린 것일 수도 있었다.

사후에 자초지종을 알기 전까지 우리는 이런저런 식으로 상황을 해석한다. 하지만 결국 선택하는 것은 자신의 직감이다. 나는 이날 아침에 저 남자 말고도 자동차를 타고 지나가는 몇몇 남자를 보았다. 그들도 날 평범하지 않은 시선으로 쳐다보았다. 숙소로 돌아가는 길에는 아이스 브레이크를 마시고 있는 남자를 두 명 더 보았다. 그들은 내가 지나가자마자 자기들끼리 뭔가를 얘기하며 시시덕댔다. '아니, 다 커서도 아이스 브레이크를 병째로 마시는 사람이 있나?' 저들이 들고 있는 아이스 브레이크는 1리터나 되는 설탕 덩어리 우유였다. 어느새 나는 그들을 낮잡아 보고 있었다.

그렇게 남자들을 향한 보복 판타지에 심취해 있던 나는, 순간 도로의 깨진 부분을 미처 발견하지 못해 다리를 삐끗했고 그 바람에 움푹 파인 구멍에 발뒤꿈치가 빠져 몸이 엉뚱한 방향으로 기울었다. 이 모든 게 내 눈앞에 슬로모션으로 펼쳐졌다. 왼쪽 무릎이 시멘트 바닥에 세게 부딪혔고, 왼쪽 팔도 미끄러지며 바닥에 쓸렸다. 팔의 살갗이 너덜너덜해진 덕에 그나마 얼굴과 치아는 멀쩡했다. 넘어진 충격도 잠시, 밀려오는 통증에 숨이 턱 막혔다.

쌀쌀한 초겨울의 시내는 여전히 고요했다. 나는 성한 오른쪽 다리에 의존해 구석으로 걸어간 다음, 땀에 젖은 러닝셔츠에 입을 파묻고 터져 나오는 비명을 참았다. 순식간에 몸 여기저기에서 뜨거운 피가 흘러나와 옷을 적셨다. 다리와 몇 군데를 만져본 결과 부러진 곳은 없는 듯했지만, 부딪친 왼쪽 무릎이 잘 구부려지지 않았다. 그때 대형 트럭이 내 옆을 빠르게 지나가며 먼지바람을 일으켰다. 고개를 들었을 때 내가 본 것은 트럭 뒤편에 실린 채 겁에 질려 있는 소들이었다. 트럭이 지나간 뒤에는 악취가 밀려왔다. 소의 똥오줌 냄새가 진동했다. 트럭이 일으킨 먼지가 공중을 떠돌다 내 상처 위로 가라앉았다.

주변을 둘러보았다. 조금 전까지 아이스 브레이크를 마시던 남자들은 이미 떠나고 없었다. 길바닥에 주저앉아 있던 나는 잠시 후 날이 완전히 밝은 후에야 자리를 털고 일어나 절뚝거리며 숙소로 돌아갔다. 숙소에 도착해 샤워를 하고 상처를 소독했다. 어떨 때는 일부러 자기 몸에 상처를 내기도 하면서, 우연히 다쳤을 때는 왜 이토록 화가 나고 당황스러운지 스스로 생각해도 어이가 없었다.

이날 아침에 넘어지기 전까지 내가 느낀 남자들의 시선은, 대학 신입생 시절의 어느 아침을 떠올리게 했다. 그날 아침, 나는 브리즈번 강을 따라 달렸다. 오랫동안 뛰지 않았다는 사실이 마음에 걸렸지만 그래도 운동화 끈을 조여 매고 집을 나서니 마음이 뿌듯했다. 예전에는 한 번에 완주하던 거리를 몇 차례 쉬어가야 했으나, 가쁜 숨을 쉬며 다리를 내딛는 느낌은 여전히 좋았다. 왠지 이번 봄에는 희망찬 일들이 가득할 것만 같은 기대가 마음속에 피어올랐다. 어느새 숨이 차 얼굴은 벌게졌지만, 어쨌거나 아름다운 날이었다. 집으로 돌아가는 길에는 속도를 늦춰 걷기 시작했다.

"어이!" 그때 누군가 날 불러 세웠다. "안 뛰고 뭐 해?" 새뮤얼이었다. 그는 건너편 도로에서 파란색 도요타 하이럭스를 탄 채 창 밖으로 얼굴을 빼꼼 내밀고 있었다.

"조금 전까지 뛰었어." 내가 대꾸했다.

"그래, 그래." 그는 이렇게 말하고는 다시 차를 몰고 떠났다. 집에 도착한 나는 샤워를 하는 내내 울었다.

∘
∘

나이 많은 집행관은 절뚝거리는 나를 보고는 듣기 싫은 잔소 리를 늘어놓았다. 그것만 제외하면 나와 집행관은 요 며칠간 쭉 그랬듯 서로를 최대한 멀리했다. 그리고 다시 시작된 스트로 사건 의 재판은 갈수록 엉망이 되어갔다.

수사를 맡은 경찰은 고소인의 팬티에서 피고인이 아닌 다른 남성의 DNA를 발견했다. 이를 놓칠 리 없는 변호인이 반대신문에 서 어떤 헛소리를 해댈지 훤했다. 검사도 이를 예상했는지 이 부분 을 해명하는 데 공을 들였다. 검사가 제출한 사진 속 공용 침실은 여기저기에 옷이 널브러져 정신이 없었다. 게다가 방은 여자와 남 자가 함께 사용하는 공간이었다. 따라서 고소인이 바닥에서 팬티 를 집어 입기 전에 이미 누군가의 DNA가 팬티에 묻었을 가능성이 존재했다. 또는 이전에 다른 남자와 성관계를 했을 때 묻은 DNA가 미처 지워지지 않은 것일 수도 있었다. 검사는 법의학자의 말을 인 용해 피고인의 주장이 사실이라 하더라도 그의 DNA가 반드시 고 소인의 팬티에서 발견될 필요는 없다고 진술했다. 따라서 피고인 의 DNA가 검출되지 않은 것이 그의 무죄를 입증할 결정적 근거가 되지는 못한다는 주장이었다.

잠시 휴정이 이어졌다. 배심원들이 비스킷을 곁들인 티타임을 마친 뒤 모두 착석하자 변호인은 반대신문을 시작했다. "왜 소리 지르거나 울지 않았습니까?", "만취 상태에서 가해자가 피고인이라는 것을 어떻게 알아봤습니까?", "그를 방에 먼저 불러들인 것은 아닙니까?"

변호인이 팬티에 관한 신문을 시작했을 때 나는 메건에게 메일을 쓰기 시작했다. 듣고 있기가 버거웠다. 내가 피고인의 결혼반지를 심상치 않게 여겼듯이 배심원단은 고소인의 팬티에서 발견된 DNA를 수상쩍게 받아들일 것이다. 피고인이 결혼반지를 빼놓았다는 것은 그가 무언가를 속이려 했다는 뜻이었으므로 나는 그를 의심했다. 마찬가지 논리로 배심원단은 고소인이 자신의 팬티에 부주의했다는 이유로 그녀를 의심할 것이다. 나는 변호인의 반대신문 기저에 깔린 '슬럿 셰이밍'을 까발릴 아무런 힘이 없었기에 내 자리에 가만히 앉아 있어야만 했다. 메건은 내 기분을 이해한다는 내용의 답장을 보내왔다. 킨가로이°에서 순회재판 중인 메건은 더 끔찍한 일들을 겪고 있을 게 분명했다. 재판연구원들 사이에서 킨가로이는 악명이 자자했다.

배심원단이 평의하는 동안 나는 다리를 절뚝거리며 커피를 마시러 나갔다. 그 전에 나는 집행관에게 크고 또박또박한 목소리로 혹시 배심원단에게서 쪽지가 오거든 바로 연락해달라고 부탁했다.

° Kingaroy. 퀸즐랜드 주 남동부에 있는 소도시로, 농업이 발달했다. 브리즈번에서 차를 타고 2시간 30분 정도 걸린다.

"그럼요!" 그는 자기가 뭘 해야 하는지 정확히 알고 있다는 듯이 대꾸했다.

나는 커피가 식기를 기다리는 동안 선글라스를 벗지도 않은 채 카페에 앉아 이번 재판에 대해 생각했다. 이 사건에는 피해자들이 그토록 바라던 CCTV 증거가 존재했다. 스트로가 그녀의 방에 들어갔다가 빠져나가는 모습이 카메라에 고스란히 찍혔다. 피해자는 즉시 경찰에 신고했고 매번 일관되게 피해 사실을 진술했다. 그녀가 손가락 삽입 행위에 대한 혐의만을 제기한 것도 그녀의 주장에 신빙성을 더해주었다. 그녀의 주장에는 악의적인 모함이랄 게 없었다. 사무친 복수심이나 남성 혐오가 동기인 것도 아니었다. 그녀는 오직 진실을 말하고 있었다. 진실을 말하기 위해 다시는 오고 싶지 않았을 이곳으로 돌아와 법정에 선 것이었다.

오후 늦게 배심원단이 피고인의 무죄를 평결했을 때, 나는 놀라지 않았다. 전혀 놀랍지 않았다. 피해자인 그녀는 성 경험이 없는 순결한 여자여야 했다. 피고인처럼 온 가족이 이 마을에 터를 잡고 있어야 했고, 이곳에서 나고 자랐어야 했다. 그게 아니면 깔끔이라도 좀 떨었어야 했다. 그랬더라면 배심원단이 그녀를 조금은 믿어주었을지도 몰랐다.

°°

브리즈번으로 돌아와 주말을 보내는 동안 다리 상태는 꽤 호전되었다. 하지만 완전히 낫기까지 운동을 하지 못한다고 생각하니 괜히 불안했다. 빈센트와 함께 있을 때도 마음이 심란하기는 마찬가지였다. 1월 말에 일을 시작해 벌써 넉 달째가 지나가고 있었다. 그동안 나는 몇 주간 집에서 출퇴근하다 2주씩 출장을 다녀와야 했다.

일요일 오후, 또다시 빈센트의 집에서 브리즈번 공항으로 가는 길은 유독 힘들었다. 아직 성치 않은 몸으로 짐 가방을 끌어야 하기 때문이기도 했지만, 진짜 문제는 마음이었다. 마치 헤비급 프로 선수 사이에 끼어 있는 라이트급 아마추어 복서가 된 기분이었다. 따지고 보면 법정이라는 링 위의 진짜 선수는 내가 아닌 판사님이었는데도, 상대가 날리는 펀치에 족족 쓰러지는 건 매번 나였다. 한 해가 절반도 지나지 않았는데, 나는 벌써부터 휘청거리고 있었다. 녹다운하기까지는 얼마만큼의 시간이 남았을까? 그 순간이 오고 있는 것만큼은 분명했다. 문제는 내가 다시 일어서지 못할 수도 있다는 것이었다.

°°

로마에서 있었던 두 번째 재판은 내게 추악하고 찝찝한 기억으로 남았다. 배타적인 시골 마을의 현실과 사회 전체에 만연한 인종차별이 적나라하게 드러난 재판이었다. 그런 점에서 재판에 참여한 사람들은 물론 우리 모두에게 부끄러운 순간이었다.

피고인은 원주민 소년이었다. 강간 미수 혐의로 기소된 소년은 꼿꼿하게 서서 기소인부절차에 응했다.

피고인보다 어린 고소인과, 그녀와 동갑내기인 두 소년이 함께 강기슭에서 놀고 있었다. 그때 피고인과 피고인의 친구가 다가

왔고, 고소인과 두 소년은 그들에게 자리를 비켜준 뒤 육교 근처로 이동했다.

테이프에 녹음된 고소인의 증언은 거의 쓸모가 없었다. 그녀의 증언에 따르면, 피고인은 굵은 막대기로 고소인의 머리를 가격한 다음 그녀를 질질 끌고 갔다. 몇 시간 동안 증언을 듣던 법정 안 사람들은 혼란스러움을 감추지 못했다. 고소인의 증언이 검찰 측의 주장과 달랐기 때문이다. 이어서 두 번째 녹음테이프가 재생되었다. 고소인은 평소 집에서 성인 영화를 본 적이 있고, 피고인이 자신을 강간하려고 오토바이에 태웠으나 그게 아닐 수도 있으며, 정신을 잃었지만 완전히 잃은 것은 아니었다고 말했다. 테이프가 다 돌아갔을 때, 사람들은 어리둥절해하며 서로의 표정을 살폈다. 검사는 모두에게 다 들릴 정도로 한숨을 크게 내쉬면서, 앞으로 듣게 될 증인들의 증언을 종합하면 '상황이 더욱 분명해질 것'이라고 덧붙였다.

검사의 말은 사실이었다. 현장에 있었던 나머지 세 소년은 사건에 관해 대부분 일관되고 구체적으로 증언했다. 종합해보면, 피고인은 고소인과 두 소년에게 물가를 떠나 덤불 근처 육교로 가서 놀라고 으름장을 놓았다. 이후 이들 앞에 다시 나타난 피고인은 고소인만 따로 데려가 땅에 수건을 간 다음 삽입 성행위를 시도했다. 나머지 소년들은 누가 피고인을 말려주었으면 하고 바랐을 뿐 선뜻 먼저 나서지는 못했다. 결국 고소인이 비명을 지르며 울기 시작한 후에야 다른 누군가가 현장에 개입했다.

고소인과 함께였던 두 소년은 죄책감을 느끼고 있었다. 정황상 피고인과 피고인 친구가 오기 전까지 두 소년 또한 고소인과 성적인 행위를 하고 있었던 것이 분명했다. 두 소년은 오럴 섹스를 서슴없이 '주둥이로 빤다'고 표현했고, 성적 은어에도 익숙했다. 어떤 행위에 대해서는 거들먹거리는 태도로 증언하다가도 어떤 행위에 대한 진술을 요구받으면 진심으로 당황했다. 아마도 두 소년은 본인들의 성적 행위에 대한 죄책감 때문에 피고인에게 '하지 말라'고 말하지 못했을 것이다. 피고인의 동갑내기 친구이자 그날 피고인과 함께였던 소년도 소극적이기는 마찬가지였다. 그는 그날 피고인이 고소인을 으슥한 곳으로 데려간 속셈을 알았는지, 또는 그걸 수상하게 생각했는지 묻는 질문에 똑바로 대답하지 못했다.

재판은 사흘간 이어졌다. 증인들의 녹음테이프를 연달아 들었지만, 모호한 그들의 반응은 실망스럽기만 했다. 어쩌면 내가 너무 참을성이 없는 것인지도 몰랐다. 예민한 청소년기 아이들이다 보니 대답을 이끌어내기가 까다로운 것일 수도 있었다. 하지만 나는 그동안 적잖은 재판들을 지켜보면서 어린아이들의 증언을 꽤 많이 들어본 터였다. 질문을 이해하지 못하거나 어떻게 답할지 고민하느라 시간을 필요로 하는 아이들과 달리, 이번 재판의 증인인 세 소년은 질문에 답하면서도 자신들과는 무관한 일임을 내세우기에 급급했다. 이날 밤, 나는 늦게까지 잠을 설치며 혹시 내가 미쳐가고 있는 것은 아닌지 다시 한번 생각했다. 너무 쉽게 그 아이들을 의심하고 정죄하는 것은 아닐까? 내 안의 광적인 남성 혐오 때문에 죄 없는 아이들을 비뚤어지게 바라보는 것은 아닐까?

다음 날 아침, 판사님과 나는 고소인과 함께였던 두 소년의
진술에 대해 의견을 나눴다.

"어쩌면 아이들이 물가에서 장난질을 했던 걸 수도 있습니다."

"하지만 '그런 장난질'을 하기에는 나이가 너무 많은걸요!" 나
는 발끈했다.

"바로 그게 문제였죠. 그 애들보다 나이가 많은 애들이 끼어
들면서 상황이 걷잡을 수 없이 커진 것이지요."

"그거야 그렇겠죠." 나는 고개를 끄덕였다.

피고인이 추가 증거를 제시하지 않아 사흘째 되던 날 배심원
단이 곧바로 평의를 시작했다. 나는 법원 앞에 쌓인 건초 더미를
바라보았다. 백인이 정착하기 전 이 땅은 어떤 모습이었을까. 고소
인이 밝은 금발의 백인 여자아이라는 사실은 피고인에게 전혀 도
움이 되지 않았다. 만약 고소인이 원주민 소녀였더라면 강간 미수
혐의로 재판이 열리기나 했을까? 메건이 참여했던 로마 스트리트
파크랜드 강간 사건으로 보건대, 그럴 가능성은 희박했다.

법원 앞마당에서 피고인 소년이 모래를 발로 툭툭 차고 있었
다. 그 모습에서 나는 어떠한 의미도 읽을 수 없었다.

°°

배심원단은 몇 시간 만에 평의를 마쳤다. 재판이 속개되기 전
몇몇 사람이 피고인 측 방청석에 자리를 잡고 앉았다. 배심원단은
가장 연로한 배심원을 대표로 선정했다. 나는 남자들의 한심한 짓

거리에 '으, 남자들이란'이라는 이름을 붙이곤 했는데, 연배 따지기도 그중 하나였다. 배심원 대표가 꼿꼿이 일어나 정확한 발음으로 평결을 전달했다.

"유죄입니다."

판사님은 배심원단에게 퇴정을 허용한 후 곧바로 판결 선고를 시작했다. 몇몇 배심원은 법정에 남았지만 대다수는 곧바로 법정을 빠져나갔다. 그들은 이 사건이 중요하지 않다고 생각해 떠난 것일까, 아니면 나처럼 이 사건이 너무 중요해 차마 지켜볼 자신이 없어 피한 것일까?

검사는 피고인이 공판 전 면담 때 혐의를 수차례 부인했다고 지적했다. 이는 양형에 영향을 줄 수 있는 문제였다. 행위에 대한 책임을 거부했다는 것은 죄를 뉘우치지 않으며 피해자의 고통을 헤아리지 않는다는 강력한 증거였기 때문이다. 피고인을 면담한 심리학자는 만약 친구가 이와 같은 일을 저질렀다면 기분이 어떨 것 같으냐고 물었다. 그러자 피고인은 '역겹고 불쾌하고 더러운' 기분이 들 것 같다고 답했다. 그러나 자신이 그러한 일을 저질렀음은 계속 부인했다. 검사는 피고인이 재판 도중 보여주기식으로 죄를 시인했을 뿐 전혀 뉘우치지 않았다고 주장했다.

또 검사는 고소인과 피고인의 가족이 한동네에 살며 서로 알고 지내는 사이였으나 피고인이 혐의를 부인하면서 사이가 틀어졌다고 설명했다. 갈등이 심각해져 가족 중 한 명이 뺑소니를 당할 뻔한 적도 있다고 했다. 고소인은 사건 이후 동네에서 피고인과 마주친 뒤부터는 집 밖으로 나가기를 거부했다. 급기야 방문 밖으로도 나오지 못하게 되어 침대에 소변을 보는 일까지 생겼다.

선고 공판 중 가장 가슴이 아팠던 부분은 어떻게든 형량을 낮추려고 하는 변호인의 변론이었다. 변호인은 피고인이 '낮은 지능'을 가지고 있으며 성교육은 물론 제대로 된 교육을 받지 못했다고 강조했다. 나는 피고인의 눈을 살폈다. 단순히 멍한 것인지 슬픔에 젖은 것인지 헷갈렸다. 분명한 것은 그의 반응이 눈에 띄게 굼뜨다는 점이었다. 누군가 그의 이름을 부르면 그는 한참 만에야 고개를 들어 주변을 살폈다. 피고인의 모친은 임신 중일 때부터 알코올 중독자였다. 피고인은 일하지도 않았고 학교에 다니지도 않았다. 친척 아주머니가 그를 돌봐주고 있다고 했다.

어떤 직업 훈련을 받아야 사회로 복귀할 수 있을지 판단하기 위해 판사님은 그에게 직접 물었다. "앞으로 무엇을 하며 살고 싶나요?"

"축구요." 그가 대답했다.

"일자리를 구하고 있지만 마땅치 않은 상황입니다." 변호인이 덧붙였다.

결국 이날 선고는 내려지지 않았다. 판사님은 피고인의 지능 감정을 위한 보고서 제출을 추가로 지시했다.

나는 서류를 처리하는 동안 등기관과 잠시 잡담을 나눴다. 둥근 배와 푸근한 인상의 등기관은 좋은 사람이었다.

"복권 사뒀어요?" 일을 다 마쳤을 즈음 그가 물었다.

"네?" 말뜻을 알아듣지 못한 내가 되물었다.

"파워볼 로또요. 이번 건 당첨금 액수가 좀 크잖아요."

"아, 하하. 아뇨. 그쪽에는 별로 관심이 없어서요." 나는 천천히 뒷걸음하며 문가로 향했다.

그가 어깨를 으쓱했다.

"어쨌든 행운을 빌어요!" 나는 끝까지 상냥한 미소를 띠며 말했다.

그때 그가 뒤늦게 뭔가 생각난 듯 말을 꺼냈다. "그런데 말이에요. 지난 10년 동안 유죄 평결이 난 사건이 이번이 딱 세 번째예요."

나는 걸음을 멈췄다. "세 번째라고요?"

"네."

"10년 동안 세 번밖에 없었다고요?"

"제가 근무한 지 그 정도 됐으니까요. 10년 동안 세 번 있었던 건 확실해요. 워낙 흔하지 않아서 다 기억하고 있지요."

나는 서둘러 판사님에게 가서 이 사실을 전했다. 분노한 나와 달리 판사님은 침착했다.

"10년을 통틀어 세 번째 유죄 평결이 하필 원주민 아이에게 내려졌다니, 참 이상하기도 하죠." 내가 말했다.

"흠." 판사님의 반응은 여전히 뜨뜻미지근했다.

"지난주에 재판받았던 사람, 스트로 씨 말이에요. 이제 와서 생각해보니까, 왜 그 사람을 법정에 세웠을까요? 어차피 유죄를 받을 일은 없었을 텐데!"

"어떤 사건이든 법정에서 다루는 것은 중요하지요." 판사님의 말은 지극히 논리적이었다.

하지만 나는 논리적이기만 하고 싶진 않았다. 분노하고 싶었고 감정을 터뜨리고 싶었다. 그리고 내가 너무 예민한 게 아니라고, 과대망상에 빠진 게 아니라고 누군가 날 안심시켜주길 바랐다.

로마에서 예정된 재판을 모두 마치고 브리즈번행 비행기에 몸을 실었다. 창문 아래로 로마의 전경이 한눈에 내다보였다. 타오르는 석양빛을 받은 주차장과 농장에 길게 그림자가 늘어져 있었다. 이러한 곳에서는 범죄가 도시에서보다 더 끔찍하게 일어나기라도 하는 걸까? 아니면 내겐 미지의 곳이어서 그러한 범죄가 유독 선명하게 각인되는 걸까? 나는 퀸즐랜드 주 북부와 서부로 출장을 다닐 때면 과거로 시간여행을 떠나는 기분이 들었다. 하지만 정말로 그렇다고 한다면 브리즈번으로 돌아가는 지금쯤은 안도감을 느껴야 했으나, 전혀 그러지 못했다.

8

제러미 풀먼은 큰 키에 몸이 홀쭉했고 눈동자는 연한 회색빛이었다. 옆머리는 반삭으로 짧게 깎았고 남은 어두운 머리칼은 한 갈래로 땋았는데 허리까지 올 만큼 길었다. 숱이 없는 정수리 쪽이 유독 기름져 보였다. 변호인에게서 공판 전 머리를 자르라는 조언을 듣지 못한 것일까. 그가 오른쪽으로 고개를 돌렸을 때는 목덜미에 희미한 타투가 눈에 띄었다. 오랫동안 햇볕에 그을렸는지 목 피부가 벌겋게 변색되어 있어 타투의 정확한 형체를 알아볼 수는 없었다.

그는 열두 살짜리 의붓딸에게 폭력과 성행위를 가한 혐의로 기소된 자였다. 나는 이날 아침 공소장을 읽어 구체적 혐의를 알게 된 것을 후회했다. 그가 다시 고개를 돌려 법정의 정면을, 그러니까 내가 앉아 있는 쪽을 똑바로 쳐다보았다. 식은땀이 났다. 그는 눈을 깜빡이지도 않은 채 꼿꼿하게 정면을 응시했다. 나는 도저히 그의 눈을 마주할 수 없었다. 공황 상태에 빠져 얼굴에 열이 오른 나는 황급히 시선을 돌렸다.

열두 명의 배심원단은 살짝 들뜬 모습으로 법정에 들어와 앉왔다. 그러나 검사가 모두발언을 마쳤을 즈음 들뜬 모습은 온데간데없이 다들 아주 엄숙해졌다. 더 이상 검사의 우스꽝스러운 법정용 가발을 신기한 듯 구경하지도 않았다. 배심원에게 기념품으로 주는 노트를 쓸데없이 뒤적거리지도, 물을 홀짝이지도 않았다. 모두 미동도 없었다.

풀먼의 의붓딸 소피는 너무 어려 법정에 출석하지 않고 화상 증언을 하게 되었다. 텔레비전이 켜지고 소피가 모습을 드러냈다. 성인용 책상 앞에 앉은 소피는 얼굴과 어깨만 겨우 내놓고 있었다. 잠시 소피의 의자 높이와 카메라 각도를 조절하고 누군가 소피에게 "허리를 펴고 똑바로 앉으세요!"라고 말하는 동안, 풀먼의 변호인은 기분이 썩 좋지 않아 보였다. 이러한 소란이 마음에 들지 않았던 것이다.

파란 티셔츠 차림에 부스스한 머리를 땋은 소피를 보고 있으면, 도대체 어떤 괴물이기에 이 작은 아이에게 손을 댄 것인지 생각하지 않을 수 없었다. 공방이 오가는 어른들의 세계에서 이 아이가 스스로를 변호해야 한다는 것은 부당했다. 풀먼은 고개를 숙인 채 자기 무릎을 내려다보고 있었다. 침착하고 공손한 태도였다.

한편 검사는 이토록 완벽한 고소인을 데리고 재판에 임할 수 있게 되어 내심 반가웠을 것이다. 만약 소피가 열두 살이 아니라 열다섯 살이었다면 검사는 전략을 바꾸었을 것이다. 그래야만 했을 것이다. 배심원들이 고소인의 증언을 일단 의심부터 하지 않는다는 것은 다행이었다. 변호인은 이 어린 고소인에게 피임을 했느냐고 묻거나, 남자친구도 없는데 피임한 것으로 보아 평소 난잡한 성생활을 즐겼다는 식의 추론을 이끌어낼 순 없었다. 사건 당시 무슨 옷을 입었느냐고 물었던 것도 순전히 고소인의 기억력을 점검하기 위해서였지, 짧은 치마를 입었으니 성관계에 암묵적으로 동의한 것 아니냐는 주장을 펼치기 위해서는 아니었다. 소피가 '자신이 무슨 행위를 하고 있는지 알았다'거나, '피고인을 먼저 유혹했다'거나, '술에 취해 실수를 저질러놓고 다음 날 아침에 마음이 바뀌어 신고했다'고 볼 여지는 아예 없었다.

⠿

검사가 몇 번이나 반복된 극악무도한 범죄에 관해 소피를 신문하는 동안, 나는 노트에 깨진 두개골 그림을 그렸다. '계란껍질 두개골 원칙'은 피해자가 얼마나 강하고 약한지와 상관없이 피해자임을 인정받아야 한다는 법리를 가리킨다. 만일 누군가의 머리를 가격했는데 그의 두개골이 계란껍질처럼 얇아서 산산조각 났다면, 가해자는 피해자가 '평범한' 사람이 아니라는 점을 참작해달라고 주장할 수 없다는 것이다. 피해자가 '약하다'는 이유로 형사 책임을 면할 수는 없다. 나는 언제부턴가 이 개념에 집착하고 있었다.

이 사건은 풀먼에게 전적으로 불리했다. 피해자가 성인 여성이 아닌 아동이었기 때문이다. 소피는 어렸기 때문에 풀먼에게 손쉬운 먹잇감이 됐지만, 역설적이게도 법정에서는 바로 그 어리고 약한 존재라는 점이 강력한 힘을 발휘하기도 했다. 검사는 소피의 순결함을 강조하는 데 최선을 다할 것이었다. 언뜻 보아도 소피는 아주 사랑스러운 아이였기에 그러한 주장은 그리 어려운 일도 아니었다.

증언한 지 세 시간이 지났을 즈음엔 소피가 훌쩍이기 시작했다. 나는 배심원들을 힐끗 보았다. 그들의 표정은 일그러져 있었다. 그들은 소피를 동정했고 몇몇은 함께 슬퍼했다. 제시카 같은 여자가 울면 '감정 과잉'이라는 소리를 듣지만, 어린아이가 울면 사람들의 심금을 울렸다.

소피의 마지막 진술을 끝으로 판사님은 이날 공판을 마쳤다. 배심원들은 지쳐 보였다.

∘
∘

다음 날 아침, 소피의 친모, 즉 풀먼의 전 여자친구가 증인으로 출석했다. 이 재판이 시작되고서 법정에 출석한 첫 번째 증인이었다.

이날 처음으로 공판을 방청한 사람이라면 소피의 엄마가 재판을 받는다고 생각했을지도 모르겠다. 배심원들이 매서운 눈빛으로 그녀를 쏘아보며 말없이 추궁하고 있었으니 말이다. 도대체 어찌했길래 저 남자가 딸아이에게 접근하도록 내버려두었지? 그녀는 풀먼과 동거하는 동안 그가 구해온 마약을 함께 투여했던 것으로 드러났다. 그녀는 그에게 자주 구타를 당했지만, 동거인을 사랑했기에 계속 그의 곁에 머물렀다고 진술했다.

점심시간에 법원 근처 카페에서 아빠를 만났다.

"마약 문제는 재판에서 다루지 않기로 했나 보구나." 나에게 재판 이야기를 들은 아빠가 담담한 목소리로 말했다.

"하지만 그가 그 여자를 학대하고 마약에 의존하게 만들었기 때문에 아이에게 쉽게 접근할 수 있었던 건 아닐까요?" 나는 애써 화를 억눌렀다.

아빠가 플랫 화이트를 한 모금 마시며 말했다. "그랬을 수도 있겠지."

나는 아빠가 이토록 무심한 것을 용납할 수 없었다. 나라면 이 쓰레기장 같은 바닥에 50년을 몸담는다고 하더라도 이런 끔찍한 범죄 앞에서 계속 분노하고 싶었다. 감정을 느끼고 싶었다.

감정을 계속해서 느낀다는 것은 중요했다. 물론 밤에 편하게 잠들기 위해선 타인에 대한 동정심을 포기해버리는 편이 더 쉬운 방법이었다. 하지만 그런 부류의 사람이 되고 싶진 않았다. 나는 차분한 아빠의 모습에 진심으로 화가 났다. 아빠의 얼굴에 플랫 화이트를 끼얹으며 고래고래 소리치고 싶었다. '그 애가 당신 딸이면 어쩌려고요?' 하지만 이렇게 말했다가는 미처 마음의 준비를 하지 못한 채로 그간 꾹꾹 눌러왔던 내 안의 모든 이야기를 꺼내게 될 것만 같았다.

법원 안으로 들어서자 한낮의 밝은 자연광에 익숙해졌던 눈이 다시 침침한 실내에 맞춰졌다. 두통이 몰려왔다. 나는 온종일 굳은 얼굴로 분노를 꾹꾹 삭여야 했다. 아빠처럼, 판사님처럼, 이 건물에 있는 사람들처럼, 일을 그냥 일로만 받아들이려면 얼마나 더 오랜 시간을 이 바닥에서 굴러야 하는 걸까? 무엇이 그들을 그렇게 만들었을까? 그리고 무엇이 날 이렇게 만들었을까?

다시 공판이 열렸을 때, 변호인은 풀먼이 직접 진술할 예정이라고 밝혔다. 순간 귀를 의심했다. 피고인이 자신을 직접 변호하는 경우는 글래드스톤 순회재판 이후로 처음이었다.

풀먼은 성경에 손을 얹고 진실만을 말하겠다고 선서했다. 그리고 본인의 입장에서 사건을 설명했다. 하루는 소피의 침대 아래에 쥐가 돌아다녀서 그가 방의 불을 끈 다음 맨손으로 더듬거리며 쥐를 잡았다고 했다. 말도 안 되는 얘기였다. 이러한 진술이 먹힐 거라고 판단했다는 것 자체가 불쾌했다. 그는 모두가 잠든 오밤중에 소피 방에 들어간 이유가 다름 아닌 쥐 때문이라고 말하고 있었다. 그러나 다른 증인들은 침실이 있는 위층은 물론 그 집 어디에도 쥐가 있었다고 진술하지 않았다.

어떤 날은 풀먼이 함께 먹을 음식을 사 오겠다며 소피를 차에 태우고 외출했는데, 소피의 엄마는 그와 소피가 집에 돌아왔을 때 가져온 음식이 차갑게 식어 있었다고 진술했다. 풀먼의 말은 달랐다. 그는 포장 음식을 산 뒤 바로 집으로 돌아왔다고 주장했다. "아이가 언제나 절 보챘습니다. 계속 제 곁에 붙어 있으려 하고 어딜 가나 절 쫓아다녔다고요." 그는 어이없다는 듯 고개를 절레절레 흔들었다. 검사는 왜 그날 저녁거리를 사러 나갔을 때 소피의 엄마나 다른 아이들은 집에 두고 소피만 차에 태우고 나갔는지를 추궁했다.

여유 만만한 그의 태도에 나는 치를 떨었다. 그는 모든 혐의를 부인했으며 자신이 이러한 혐의를 받고 있다는 사실에 가슴이 아프다고까지 말했다. 자신이 젊고 아름다운 여자를 만난 후부터 소피의 엄마가 질투와 복수심에 사로잡혔다고도 주장했다. 그는 소피의 엄마가 딱하다고 했다. 지금 이 재판이 그녀 때문에 벌어졌으며, 그녀가 '아픈' 상태라고도 했다. 그 이면에 깔린 말은 이것이었다. '여자들이 다 그렇잖아요?'

풀먼의 증언을 끝으로 변론이 일단락되었다. 배심원단은 차와 비스킷이 준비된 배심원실로 향했다. 나는 사무실에 앉아 애꿎은 서류를 만지작거리며 소피의 엄마에 대해 생각했다. 소피는 자기 엄마가 미울까? 정서적·육체적으로 착취하는 관계의 복잡함을 우리가 어떻게 오롯이 이해할 수 있을까?

어떻게 엄마가 자기 딸에게 벌어지는 일을 모를 수 있느냐고, 또는 모른 척할 수 있느냐고 따져 묻기란 쉽다. 하지만 인간의 대응 기제는 참으로 놀랍다. 어떻게든 살아낼 방법을 찾아내니 말이다. 우리는 종종 제대로 이해할 수 없거나 받아들일 수 없는 것들을 '빙 돌아' 계속 앞으로 나아간다.

그날의 내 기억 또한 사방이 벽으로 막힌 방에 갇혀 있었다. 가끔씩 밖으로 새어 나오려고 했지만, 어쨌든 그것을 머릿속 한구석에 처박아놓고 나무판을 덧대 가둬두었기에 나는 지금껏 살아올 수 있었다. 나는 언제나 이중적으로 생각했다. 그 방이 가짜임을 알았지만, 진짜인 것처럼 행동했다. 등 뒤에서 날 덮쳐 오는 과거를 느끼지 못하는 척 행동했다. 도망칠 준비를 하고 있지 않은 척했고, 기억을 가둔 방이 우르르 무너질 리 없다는 듯 살았다.

평의는 하룻밤을 넘겼다. 풀먼이 잠을 설쳤을 생각을 하니 고소했다. 기름진 머리를 구치소 베개에 누이고, 추위에 다리를 웅크리고, 꼴 보기 싫은 포니테일 머리가 침대 아래로 축 늘어진 모습을 상상했다. 그는 아직도 잘못한 게 없다고 생각할까? 아니면 반성하고 있을까? 그는 자신이 지하 구치소에 갇히게 될 줄 알았을까?

소피의 증언 중 도무지 잊히지 않는 부분이 있었다. 풀먼이 공터에 차를 세운 채로 소피에게 끔찍한 일을 시키기 시작했을 때 그들 옆으로 경찰차 한 대가 지나갔다고 했다. 소피는 일망의 희망을 품었을 것이다. 그러나 풀먼은 차 바닥에 쭈그린 그녀를 주먹으로 치며 계속 그의 성기를 빨도록 시켰다. 소리를 내면 죽이겠다고 협박도 했다. 풀먼은 누군가와 통화하는 시늉을 했고 경찰차는 아무런 의심 없이 그들을 지나쳤다. 소피가 견뎌야 했던 모든 일 중에서도 일말의 희망이 이토록 순식간에 사라지고 만 사건은 내 마음을 더욱 미어지게 했다.

나의 아빠도 이러한 범죄를 숱하게 다뤘을 것이다. 그렇다면 아빠가 무심코 지나친 피해자들은 얼마나 많았을까?

풀먼의 운명을 결정하기 위해 열두 명의 배심원단이 오전 9시에 다시 모여 평의를 시작했다. 10시 반이 되었을 때 그들에게서 쪽지가 도착했다. 집행관이 내게 전화해 쪽지 내용을 전달했다. 드디어 평결에 도달했다는 내용이었다. 나는 전화를 끊은 뒤 기도를 올리기로 했다. 기도한다고 손해 볼 건 없으니까. 나는 가톨릭 고등학교를 졸업했지만 무언가를 부탁하는 기도를 올릴 때 하나님을 찾아야 하는지 예수님을 찾아야 하는지는 기억나지 않았다. 둘은 같은 존재였던가? '저기, 예수님. 거기 계신다면, 이 남자가 꼭 감옥에 가게 해주세요.' 법복을 입으면서 풀먼의 목에 있던 타투를 떠올렸다. 어쩌면 지금 그도 예수님에게 기도하고 있을지 몰랐다. 우리는 절박한 순간에는 그 어떠한 일도 마다 않는다.

긴장감이 도는 고요한 법정에 서서 나는 평결을 받는 데 필요한 질문을 낭독했다. "유죄입니다." "유죄입니다." "유죄입니다." 모든 질문과 혐의에 대한 배심원단의 답은 한결같았다. 나는 떨리는 손으로 자리에 앉아 곧바로 선고를 위한 서류 작업에 매섭게 몰두했다.

배심원단이 법정을 빠져나갔을 때도 나는 서류 작업을 하느라 여념이 없었다. 그러다 무심코 고개를 들었을 때 하마터면 큰 소리를 낼 뻔했다. 풀먼은 달라져 있었다. 얼굴이, 몸 전체가 완전히 다르게 보였다. 옅은 빛깔의 눈은 죽은 사람처럼 퀭했다. 그는 꽉 쥔 주먹을 허벅지에 올려놓은 채 앉아 있었고 목에는 핏줄이 바짝 서 있었다. 판사님을 노려보고 있는 두 눈은 적의로 가득했다. 나는 나도 모르게 시선을 떨궜다. 식은땀이 흘렀다.

지난 사흘간 풀먼은 비교적 평범한 사람처럼 보였다. 하지만 정체를 드러내는 것은 순식간이었다. 이제야 정말로 어린 의붓딸을 공터로 데려가 구타하고 강간한 자 같았다. 더 이상 점잖은 척 연기할 필요가 없다고 판단한 것일까? 그럼 지금까지는 애써 아닌 척했던 걸까? 어떻게 이런 모습을 감쪽같이 숨겼지? 나는 당장 그에게서 달아나고 싶었다. 그와 같은 자들로 가득한 이 건물에서 도망치고 싶었다. 법복이 두 팔을 짓눌렀고 하얀 타이가 목을 조였다. 그러나 마침 검사와 변호인이 선고 공판 준비를 모두 마친 터였기에 우리는 곧장 공판을 재개해야 했다.

검사는 피고인의 범죄 경력에 관한 서류를 제출했다. 첫 번째 항목은 풀먼이 열일곱 살일 때 공용 화장실에서 저지른 강간 범죄였다. 여자들은 밤늦게 공용 화장실을 써야 할 때면 이와 같은 일이 자신에게 일어나리라는 불안을 지우지 못한다. 고개를 들어 풀먼을 다시 본 순간 두려움 섞인 한숨이 나왔다. 앞으로 나는 밤에 공용 화장실에 갈 때마다 이 괴물의 얼굴을 떠올리게 될 것이다.

배심원 몇몇은 법정에 남아 선고 결과를 들었다. 그들이 앉은 곳은 피고인석 바로 옆이었다. 검사가 풀먼의 범죄 경력을 낭독하는 동안 나는 그 배심원들의 표정을 유심히 살폈다. 그들은 고개를 끄덕이며 서로 눈빛을 교환했다. 누군가는 눈에 띄게 안도했다. '우리가 옳았어요.' 그들은 이렇게 말하고 있었을 것이다.

o o

죄를 인정하고 감옥에 있다가 나오면 다시 평범한 삶을 살 수 있다는 것. 우리의 사법 제도는 이 전제 위에 성립한다. 국가는 사람들을 가두는 것을 달가워하지 않으며 범죄자를 평생 가둘 여력도 부족하다. 형을 선고한다는 것은 기본적으로 범죄를 예방하기 위해서이지, 누군가를 벌주기 위해서가 아니다. 나는 정말 그렇다고 믿는다.

하지만 열일곱 살에 처음 범죄를 저지른 풀먼이 30여 년 뒤 소피를 강간하기까지 그 긴 시간 동안 무고한 삶을 살았다고는 믿지 않는다. 수년간 만나며 착취한 연인에게, 또는 처음 보는 여자에게, 그가 단 한 번도 몹쓸 짓을 저지르지 않고 떳떳했을 리 없다. 훗날 쉰다섯 살이 되어 출소했을 때 그가 다시 범죄를 저지르지 않고 살아가리라 확신할 수도 없다.

나는 그의 재판에 참여하고 있었으나, 무언가를 생각하거나 느끼는 것은 내게 주어진 일이 아니었다. 내가 당장 해야 할 일은 선고 시각을 정확히 기입하고 서류에 스티커를 붙여 분류하는 것이었다. 내가 뭘 믿기로 하든 그건 오직 내게만 영향을 미쳤다. 나는 그 믿음을 오롯이 흡수해 그것에 스스로 반응할 뿐이었다. 무언가를 고치거나, 해결하거나, 완성할 힘은 없었다.

판사님이 선고문 낭독을 마치자 교도관이 풀먼에게 다가갔다. 교도관이 그의 몸에 손을 댈 때는 나도 모르게 몸을 움찔했다. 지금껏 내가 모르고 악수를 건넨 성범죄자는 몇 명이나 될까? 이제 곧 감옥에 갇히게 될 풀먼은 발을 질질 끌며 문으로 향했다. 바로 그때, 작은 소동이 벌어졌다. 한 젊은 여자가 오열하기 시작한 것이다.

끌려가던 풀먼이 뒤돌아보며 그녀를 향해 외쳤다. "항소할 거야! 곧 다시 만날 수 있어!"

그녀도 울며 소리쳤다. "사랑해요!"

문이 쾅 닫혔고 법정은 다시 고요해졌다. 모두의 시선은 울고 있는 여자를 향해 있었다. 그녀의 근처에 앉아 있던 배심원들은 경악과 동정이 뒤섞인 표정으로 여자를 바라보았다. 그녀는 이전 공판 때에는 이곳에 없었다. 만일 그랬더라면 내가 알아봤을 것이다.

하지만 그녀는 이날 선고 공판 내내 자리를 지켰으므로 풀먼의 범죄 경력에 대해 틀림없이 들었을 것이다. 풀먼이 여러 신체 부위를 이용해 여러 장소에서 의붓딸을 강간했으며 다양한 형태로 폭력을 가했다는 사실 또한 들었을 것이다. 그런데도 그녀는 그가 억울한 일을 당했다고 믿고 있었다. 홀로 울고 있는 그 여성을 나는 묵묵히 지켜보았다.

°°

"아까 그 여자 보셨어요?" 엘리베이터 안에서 나는 판사님에게 물었다.

"봤지요."

"으."

"남자가 아무리 끔찍한 일을 저질러도 언제나 그를 사랑해주는 여자가 있다니, 참으로 위로가 되지 뭡니까."

엘리베이터 문이 열렸고, 우리는 밖으로 걸어 나왔다. 판사님은 말문이 막혀 입을 떡 벌리고 있는 나를 보며 장난스럽게 웃었다.

"판사님의 그 농담은 못 들은 걸로 할게요. 어쨌거나 아까 그 광경은 절대 잊지 못할 거예요. 그가 왜 기소되었는지에 대해 듣고 과거에 어떤 범죄를 저질렀는지까지 다 들어놓고도 손 키스를 날리다뇨."

"키스를 날리기까지 했습니까?"

"네, 그러고 나선 두 손을 자기 가슴팍에 가지런히 모으는 거 있죠?"

"진정한 사랑이군요." 판사님은 이번에는 조금 서글픈 표정으로 웃었다.

내가 뭐라고 누군가의 진정한 사랑에 대해 왈가왈부하겠는가? 그녀는 정녕 말 그대로 '무조건적인 사랑'을 하고 있는 것일까?

나는 사무실로 돌아와 책상에 서류철을 내려놓고 마우스를 흔들어 컴퓨터 화면을 깨웠다. 윙 소리를 내며 돌아가는 컴퓨터 앞에서 나는 빈센트와의 사랑도 과연 무조건적일지 생각했다. 아직은 아니겠지만, 그렇다고 불가능한 일도 아니었다. 하지만 굳이 시험해보고 싶진 않았다. 내 안에서 헤엄치고 있는 그것이 나를 살살 간지럽히고 있으며 끔찍한 짓을 벌이려고 지독하고 끈질기게 움직이고 있다는 것을 알게 된다면, 그리고 풀먼의 눈처럼 내 눈도 한순간에 생기를 잃어버릴 수 있다는 것을 알게 된다면, 그래도 빈센트는 날 사랑해줄까? 반대로 빈센트 안에 다른 무언가가 있다는 것을 내가 알게 된다면 어떻게 될까? 나는 계속 그를 사랑할 수 있을까?

9

나는 짐 가방을 내려놓고 철문으로 된 입구 앞에 서서 초인종을 눌렀다. 철문 너머로 근사한 정원과 풀장이 보였다. 사우스포트°로 순회재판을 떠나기 전, 판사님을 뵈러 판사님 부부가 사는 아파트에 방문한 참이었다.

"브리 씨군요." 인터폰에서 판사님의 목소리가 흘러나왔다.

"안녕하세요, 판사님."

"자, 모험을 떠나 볼까요?" 빙그레 웃고 있을 판사님의 얼굴이 그려졌다. 철문이 열렸고, 나는 짐을 들고서 안으로 들어섰다. 도심 한복판에 있는 아파트였으나, 내게는 휴가 때나 묵을 법한 멋진 숙소에 더 가까워 보였다.

여러 번 굽이지고 꺾인 브리즈번 강 일대에는 길게 주거 구역이 조성되어 있었다. 말하자면 브리즈번 강변은 부동산 개발업자들에겐 복덩이였다. 적어도 대홍수가 있기 전까지는.

판사님 댁은 1층이었다. 2011년 홍수 때 판사님 집도 물난리를 당했느냐고 묻는다면 실례일까? 괜히 안 좋은 기억을 들쑤시는 건 아닐까?

"혹시 이곳도 물난리가 났었나요?" 결국 나는 참지 못하고 물어보았다.

"이 건물 지하 주차장은 거의 다 잠겼었는데, 다행히 여기는 무사했어요." 판사님의 부인이 답해주셨다.

"1층인데도요? 와, 건축업자들 솜씨가 대단하군요." 나는 물을 마시며 창밖의 강을 내다보았다.

출발하기까진 시간이 넉넉했으므로 판사님 부부와 나는 발코니로 나가 시시콜콜한 이야기까지 유쾌하게 대화했다. 판사님의 집은 내 마음에 쏙 들었다. 전반적으로 미니멀했지만 아늑했고, 미술에 대한 애정이 듬뿍 묻어났다. 곳곳에 걸린 미술 작품은 누가 보더라도 과시용이 아닌 감상용이었다. 내가 그림에 대해 질문하자 판사님은 집 안에 있는 작품들을 짧게 소개시켜주었다.

나는 판사님을 진심으로 존경했다. 은퇴를 곧 앞둔 판사님이 어떻게 지금의 자리까지 오게 되었는지, 여태껏 걸어온 길이 어떠했는지 직접 듣고 싶었다. 그분의 삶에 대해 내가 알고 있는 토막들은 대개 두서없이 뒤엉켜 있었다. 나는 판사님이 어떻게 그토록 많은 지혜와 평온함을 서서히 축적해왔는지 차근차근 알아가고 싶었다. 사람들 눈에 판사님은 법정의 가장 높은 자리에 법복과 가발 차림으로 앉아 인간의 자유에 관해 중대한 결정을 내리는 사람이었지만, 나는 그 이면의 모습이 더 궁금했다.

판사님은 '파인애플의 고장'으로 불리는 옙푼°°에서 외동아들

° Southport. 퀸즐랜드 주 남동부에 위치한 해안 도시 골드 코스트의 중심 지역.
°° Yeppoon. 퀸즐랜드 주 중부 리빙스톤 샤이어 지역에 있는 소도시. 아름다운 해변으로 유명하다.

로 태어났다고 했다. 신혼 시절에는 집값이 싼 철도 종착역 인근에 작은 집을 구해 살았기 때문에 퇴근하는 기차 안에서 마음 놓고 졸 수 있었다. 판사님은 검사와 변호사로도 일한 경험이 있었고, 법조계가 아닌 다른 분야에서 일해본 적은 없었다.

판사님 부부에게 왜 자녀가 없는지도 조금은 궁금했지만 당연히 묻지는 않았다. 판사님의 부인은 다정하고 편한 분이었다. 그분과 작별하고 판사님과 함께 차로 향할 때, 문득 나도 이분들처럼 늙어갈 수 있다면 좋겠다고 생각했다. 판사님 집에서 본 꽃병 가격은 한 아이의 고등학교 학비와 맞먹을지도 몰랐다. 둘 중 하나를 골라야 한다면, 나 역시 꽃병을 선택하고 싶었다.

°°

두어 시간 차를 몰아 사우스포트에 있는 호텔에 도착했다. '재너두'°라는 다소 거창한 이름의 호텔이었다. 객실에 들어서자 흡족한 미소가 지어졌다. 널찍한 라운지, 다이닝 테이블, 모든 게 구비된 주방, 환상적인 해변과 마주한 베란다까지, 모두 마음에 들었다. 복도를 따라가면 욕실과 드레스룸이 딸린 침실이 나왔다. 커다란 킹사이즈 침대 옆에는 전면 유리창이 있어 해변에 누운 듯한

° Xanadu. 몽골제국 황제 쿠빌라이 칸이 여름마다 머물렀던 아름다운 도시 '상도上都'를 영어식으로 옮긴 단어. 영미권에서는 영국 시인 새뮤얼 테일러 콜리지가 쓴 미완의 시 〈쿠블라 칸, 또는 어느 꿈에서 본 환상: 파편Kubla Khan; or, A Vision in a Dream: A Fragment〉에 등장해 널리 알려졌다. 흔히 영미권 사람들은 '재너두'라고 하면 동양적 이상향을 떠올린다.

기분이 들었다. 침대에 털썩 드러누워 푹신한 베개에 머리를 뉘었다. 바지를 벗자 허벅지 맨살에 시트의 시원한 감촉이 전해졌다.

바로 빈센트에게 전화를 걸었다.

"지금 엄청나게 큰 침대에 누워서 바닷가 석양을 보는 중이야. 자, 언제쯤 올 테야?"

"그렇게 좋아?"

우리는 한참 동안 대화를 나눈 뒤 서로에게 보고 싶다는 말과 함께 전화를 끊었다. 나는 날 압도하는 이 사랑이라는 감정을 두려워하기보다 그것의 소중함을 마음에 새기자고 다시 한번 다짐했다. 9월이 되면 빈센트와 만난 지 3주년이었다. 1주년이던 날, 차로 그를 집에 데려다주면서 그에게 잘 보이려고 했던 때가 떠올랐다. 그땐 얼마나 마음을 졸였는지. 날 향한 그의 마음을 얼마나 간절히 확인하고 싶어 했는지.

"오늘 정말 즐거웠어." 하지만 그때 내가 던진 말은 고작 이것이었다.

"2주년은 오늘보다 더 즐거울 거야." 그가 마지막으로 이렇게 말했을 때는 가슴이 터질 것 같았다.

당시엔 그가 곁에 있다는 것만으로도 내 존재를 인정받는 기분이었다. 그러다 우리 사이에 일말의 의심이라도 피어나는 순간, 나는 처참히 무너졌다. 대부분 의도치 않은 경우이긴 했으나 이따금 빈센트가 문자 메시지에 답하지 않을 때면 내 기분은 곤두박질쳤다. 때로 그는 숙취를 이유로 약속을 미뤘는데, 그럴 때면 아무리 쌀쌀맞게 굴어보려 해도 그에게 의존하지 않은 채 내 가치를 스스로 주장하기란 어렵게만 느껴졌다.

나는 사춘기 이후 내가 그 어디에서도 쓸모없는 존재이며 내면에 늘 추악한 것들을 떠안고 사는 존재임을 당연한 사실로 받아들였다. 낮에 사람들 사이에서 웃고 있는 나는 빈껍데기일 뿐이었다. 이것이 내 어두운 진실, 썩어 문드러진 실체였다. 날 괴롭히던 이러한 감정들이 성적 학대와 트라우마 피해자의 전형적 증상이라는 것은 한참 뒤에야 알게 되었다.

사람들은 '자기 자신부터 사랑해야 남에게 사랑받을 수 있다'고들 말한다. 하지만 나는 나 자신을 사랑하지 않는 상태에서 빈센트를 만났다. 그런 점에서 문제라고 말할 수 있는 부분이 분명 있었다. 그럼에도 내가 조금씩 변하고 강해질 수 있었던 것은, 그의 옳은 마음가짐과 꾸준한 사랑 같은 것들 덕분이기도 했다. 누군가와 함께한다는 것은 그 사람의 눈으로 세상을 바라본다는 것이다. 만약 그 사람이 나의 모든 것을 알고도 부족함 없이 날 응원해준다면, 이 무렵 내가 그랬듯 더 이상 자기혐오에만 빠져 지내기란 불가능해질 수밖에 없을 것이다.

°°

사우스포트에서 첫째 주를 보내는 동안, 대학 시절 현장 실습에서 알게 된 치안판사님께 연락해볼까 몇 차례나 고민했다. 오랜만에 연락해도 반갑게 맞이해주실 것은 분명했다. 학생들에게 늘 아낌없이 시간을 내어주던 분이었으니까. 현장 실습이라는 건 이력서에 적으면 꽤 있어 보이는 경력이지만, 사실 내가 실습에서 한 일이라고는 치안법원 법정에 가만히 앉아 있다가 재판이 끝나면

204

판사님에게 궁금한 것들을 몇 가지 물어본 것이 전부였다. 당시 나는 열세 살짜리 피고인이 소년원에서 화상 연결을 통해 증언하는 모습을 본 적이 있는데, 그는 나보다도 법률 용어에 빠삭했다.

한번은 치안판사님이 누군가에게 즉각 구속 명령을 내려야 하는 상황이 생겼다. 치안법원에서는 흔치 않은 일이었다. 판사님은 선고를 내리기 전에 잠시 휴정을 선언했다. "누군가에게 징역 선고를 내리기 전에는 반드시 시간을 갖는다는 것이 내 원칙입니다. 누군가의 자유를 앗아가는 중대한 결정이니까요. 그 전에 잠깐이라도 산뜻한 공기를 마시며 신중하게 생각해본다고 문제가 될 것은 없지요."

요즘 그 치안판사님은 사우스포트 치안법원 내에 설치된 특수 가정폭력 재판부에 있었다. 이 특수 재판부는 퀜틴 브라이스°의 보고서 〈지금 아니면 할 수 없는 일: 퀸즐랜드 주에서 가정폭력 근절하기〉의 제안으로 신설되었고, 전문가들과 서비스 인프라를 갖춰 운영되었다. 사안이 심각할 경우에는 담당 치안판사가 재판 당일 보호명령을 내렸고, 법률 상담사들이 상시 근무해 당사자들을 도왔다. 나는 치안판사님에게 연락할 용기를 좀처럼 내지 못한 채, 이 재판부에 관한 자료를 계속 읽어 내려갔다.

가정폭력 사건을 전담하는 재판부가 사우스포트에 생긴 것

° Quentin Bryce. 변호사 출신의 여성 정치인으로, 호주 연방 성차별방지위원장 등을 맡아 호주 여성운동에 지대한 영향을 미쳤다. 2008년에는 여성 최초로 호주 연방 총독이 되어 2014년에 임기를 마쳤다. 호주 연방 총독은 영국 여왕의 대리인 역할을 수행한다. 상징적인 자리지만 선거에서 절대 다수당이 나오지 않았을 시 총리 임명 또는 해임 권한을 행사할 수 있다.

은 우연이 아니었다. 사우스포트의 가정폭력 발생률이 꽤 높다고
는 들었지만, 통계 자료를 보니 정말 심각했다. 〈골든 코스트 불리
튼〉[∞]은 '마약, 술, 포르노가 이 지역의 가정폭력을 주도한다'고 보
도했다. 나는 이러한 보도 행태에 분개했다. 언제나 언론은 문화와
사회 전반에 뿌리내린 문제를 까발리는 것이 아니라 그 문제를 악
화시킬 뿐인 외부 요인들을 탓했다.

전 연인 관계에서 발생한 강간 사건을 다루다가 판사님이 이
런 말을 한 적이 있다. "문제는 통제욕인 것 같습니다. 남자는 여자
를 통제하려 들고, 둘 사이에 아이가 있으면 그 아이까지 자신의
소유물이라고 생각하죠."

"그런데도 알코올 중독 핑계를 대는 게 정말 싫어요." 내 말에
판사님도 고개를 끄덕였다. 자기 안에 있는 파렴치한 악마를 외면
한 채 외부의 무언가를 악마로 지목해버리기란 참 쉽다.

사우스포트까지 왔으니 가정폭력 재판을 담당하고 있을 치
안판사님에게 연락해 요즘 그쪽 상황은 어떤지, 특수 재판부를 설
치한 효과는 있는지, 왜 특정 지역에서 가정폭력이 유독 빈번한지
등을 물어봐야 했던 것인지도 모른다. 하지만 나는 그러지 않았다.
사무실 전화기에 손까지 올렸지만, 순간 피로가 몰려왔다. 실은 아
무 대답도 듣고 싶지 않았다. 야자나무와 카지노의 천국인 이 지
역에서 왜 그토록 많은 여성과 어린아이가 위험에 처하는지 듣고
싶지 않았다. 이곳의 특수 재판부가 굉장한 효과를 거두고 있으니
퀸즐랜드 전역에 똑같은 재판부를 설치해야 한다고 그분이 말한

° 〈The Golden Coast Bulletin〉. 호주 퀸즐랜드 주 골드 코스트 지역의 대표 일간지.

다면? 물론 그렇게 된다면 여러모로 도움은 되겠지만, 나는 더욱더 우울해질 것이다. 재판연구원으로 일하기 시작한 첫날, 힐스 호이스트 사건 문서를 읽은 이후로 이미 내 고통은 한계치를 훌쩍넘어서 있었다.

°°

사우스포트에서의 업무는 순탄치 않았다. 변호사들은 벌여놓은 일을 제대로 수습하지 못했고 판사님이 생각만큼 휴정을 자주허락해주지 않는 것에도 적응하지 못했다. 상주 판사가 있는데도계류 중인 사건이 지나치게 많기도 했다. 판사님과 나는 재판 일정을 조율하려 했으나 뜻대로 되지 않았고, 결국 선고 공판만 무더기로 떠맡게 되었다.

그중 한 공판을 떠올리면 지금도 마음이 아프다. 그 공판이시작되기 전, 나는 방청석 뒤편에 유모차를 옆에 두고 앉은 여자를보았다. 아마도 피고인으로 불려 나온 성범죄자의 아내이겠거니생각했다. 그녀는 묵묵히 앉아 이따금 유모차를 흔들며 갓난아기를 보살폈다. 고개를 들어 법정 앞을 바라보는 경우는 드물었다.자신의 아기에게만, 선하고 아름다운 존재에게만 애써 집중하려는 듯했다.

드디어 그녀의 남편이 호명되었다. 피고인 루카스는 난폭 운전으로 중대한 상해를 입힌 혐의를 받고 있었고, 그에 대해 유죄를시인한 상황이었다. 검사는 사건 개요를 막힘없이 진술했다. 사건당일 루카스는 다른 주로 넘어가려고 몇 시간 동안 교외의 도로에서 차를 몰던 중이었다. 그는 공사 중임을 알리는 표지판을 미처 보지 못했고, 전방의 자동차들이 속도를 낮추는 동안 그의 차는 시속 100킬로미터가 넘는 속도를 유지해 결국 앞차를 세게 들이받았다. 앞차의 운전자는 퇴근 후 집으로 향하던 자영업자였다. 세 자녀의 아빠이기도 한 그는 머리에 중상을 입어 수차례 수술 끝에 겨우 목숨을 건졌지만, 자신이 '쓸모없는 존재', '가족에 짐만 되는 존재'가 되었다는 괴로움에 허덕이고 있었다. 이제 그는 산발적 고통을 유발하며 감염과 합병증의 위험이 있는 두개골 보호 모자에 의존해 평생을 살아야 했다.

검사는 추돌 사고가 있던 날 루카스의 체내에서 비정상적 수치의 약물이 검출되었다는 기록을 증거로 제시했다.

이에 맞서 변호인은 피고인이 그렇게 행동할 수밖에 없었던 이유를 변론하기 시작했다.

"존경하는 재판장님. 사건 당일 오후, 피고인은 전화 한 통을 받았습니다. 유년기에 그를 끔찍하게 학대했던 남자의 이름과 주소를 알려준 누군가의 전화였습니다." 루카스는 무릎 위에 두 손을 가지런히 포갠 채 정면을 응시하고 있었다. 변호인의 변론이 이어졌다. "이후 피고인은 정신 붕괴에 가까운 충격에 빠졌고 약물을 과도하게 복용했습니다. 그런 상태에서 가해자에 대한 복수심에 사로잡혀 그의 집으로, 말도 안 될 만큼 긴 거리를 질주하기 시작한 것입니다."

변호인은 루카스의 사건과 유사하나 징역형을 면한 사례들을 참고 자료로 제시했다. 루카스의 아내와 어린 자녀에 대해서도, 그가 얼마나 좋은 아버지이자 책임감 있는 시민인지에 대해서도 이야기했다. 재범의 위험이 없는 그에게 중형을 선고하는 것은 가혹하다고도 호소했다. 자신의 의뢰인에게만큼은 법을 예외적으로 적용해야 한다고 주장하는 일이 변호인의 소임이기는 했으나, 그의 말을 듣다 보니 루카스는 정말로 처벌을 받아서는 안 될 것 같다는 생각이 들었다.

판사님은 최종 판결을 내리기 전에 잠시 휴정을 선언했다. 나를 비롯한 법정 안 사람들 모두 가만히 판결을 기다렸다. 루카스에게 내려질 수 있는 형량의 범위는 넓었다. 정상 참작을 할 부분도 많았다. 내가 보기에 그는 반드시 처벌받아야 할 사람 같지는 않았다.

그러나 판결문을 정리하고 있을 판사님이 뭐라고 말할지가 머릿속에 훤히 그려졌다. 그것은 '인생이 송두리째 바뀐 피해자의 상황을 고려해야 한다'는 것이었다. 피해자는 하반신 마비나 사지 마비를 피하기는 했으나 더는 예전과 같은 삶을 살 수 없게 되었다. 가족을 부양할 수 없게 되었고, 자녀들과 놀아주는 것은 물론이고 정상적인 신체 활동도 할 수 없게 되었다. 어린 시절 아빠가 내게 해주었던 것처럼 자녀들을 둘러업고 수영장에 풍덩 빠지는 놀이도 이제는 불가능했다. 사고 이후로 피해자는 우울 증세에 시달리고 있었다. 나는 과거에 노숙자 급식소에서 자원봉사를 하며 보았던 몇몇 사람들을 떠올렸다. 그들은 피해자와 비슷한 사고를 겪은 후로 과거와 완전히 다른 삶을 살게 된 사람들이었다. 예전의 삶에서 미끄러져 모든 것을 잃고 만 사람들.

10분이라는 시간이 아주 더디게 흘러갔다. 두 아빠의 삶과 두 가족의 운명이 충돌하고 있었다. 나는 판결을 기다리는 동안 종이 한구석에다 물결 모양의 동심원을 그렸다. 그 그림은 어떻게 보면 피해자의 두개골을 평생 감싸줄 보호 모자 같기도 했다. 그리고 세 번째 원을 그릴 즈음, 문득 루카스를 학대한 남자의 잘못을 떠올렸다.

학대가 남기는 파문과 트라우마의 영향에 대해서도 생각했다. 아무리 오랫동안 잠잠히 묻혀 있던 비밀일지라도, 그것은 언제든 터져 나올 수 있었다. ABC 뉴스에 보도되어 온라인에서 유명해진 사진 한 장이 떠올랐다. 한 학급의 단체 사진인데, 절반이 넘는 학생들의 얼굴이 삭제되어 있었다. 삭제된 모두가 약물 중독에 걸렸거나 자살한 사람이었다. 그리고 사진 속 학생들은 한 가톨릭 신부에게 이른바 '보살핌'을 받았던 성범죄 피해자들이었다. 나는 컴퓨터 화면에 그 사진을 띄워놓고서 다시 루카스의 얼굴을 살폈다. 나는 어떠한 표징이나 상처를 찾고자 그의 얼굴을 찬찬히 훑어보았다. 그는 학대당한 뒤로도 아름다운 삶을 일궈냈다. 하지만 상처가 완전히 아물지도, 정의가 일어나지도 않았기에 학대의 기억 위에 세워진 그의 삶은 단 하루 만에 와르르 무너져내렸다.

언젠가 나도 학대당한 내 과거와 맞서게 될까? 그 비밀이 터져 나오려 할 때 내가 그걸 막을 수 있을까? 그럴 것 같진 않았다. 어쩌면 다음번에는 내가 대형 추돌 사고의 가해자가 될지도 모를 일이었다. 루카스라는 사람은 내가 진정으로 측은하게 여긴 최초의 피고인이었다.

"금일 공판에서는 피고인에게 실형을 선고하지 않겠습니다."
이 말이 나오자마자 유모차를 지키던 여자가 울음을 터뜨리는 바람에 판사님이 이어서 무슨 말을 했는지는 잘 기억나지 않는다. 그녀는 아이를 품에 안고 있었다. 그녀가 흘린 눈물이 보송보송한 아기 머리에 톡 떨어졌다. 루카스가 뒤를 돌아 여자를 바라보았다. 그리고 다시 정면을 향해 내 뒤에 있는 판사님을 바라봤을 때는 그 또한 울고 있었다. 판사님은 그가 저지른 범죄의 심각성을 재차 언급하면서도 집행유예를 선고해 즉각적인 실형만큼은 면해주었다.

"알겠습니다, 재판장님." 루카스가 연신 고개를 주억거리며 같은 말을 반복했다. "알겠습니다, 재판장님." 그의 목소리는 떨리고 있었다.

집행관이 휴정을 알리고도 나는 한동안 자리를 뜨지 못했다. 원래는 곧바로 판사님을 뒤따라 나가야 했지만, 이날은 피고인에게서 눈을 뗄 수가 없었다. 피고인석에서 나온 루카스는 방청석으로 걸어가 아내와 아기를 얼싸안았다. 그들은 모두 울음을 터뜨렸다. 하지만 대놓고 기뻐하지는 못했다. 위기를 이겨내고 다시 함께하게 되었음에도 그들을 둘러싼 비극에 압도되어 차마 아무 소리도 내지 못하는 것이었다. 모든 것이 참으로 가혹한 맥락 안에 놓여 있었다.

검사와 변호인은 그들을 방해하지 않고 서둘러 법정을 빠져나갔다. 나 역시 문득 저들을 관음하고 있는 것 같다는 생각이 들어 얼른 서류를 챙겨 자리를 떴다. 내게 루카스 가족의 마지막은 서로 부둥켜안고 있는 모습으로 기억될 테지만, 한편으로 피해자 가족의 모습은 어렴풋했다. 이 소식을 들었을 때 그들의 심정은 어떨까? 분명 충분치 않다고 생각할 것이다. 사실 그 무엇으로도 충분할 수 없었다. 처리할 서류를 한 아름 안은 채 사우스포트에서의 첫 주를 마무리하며 나는 생각했다. '이게 네가 살고 있는 세상이야. 모든 것이 냉혹한 맥락 속에 놓인 세상.'

법정에서 사무실로 돌아가려면 건물을 가로지르는 다리를 건너야 했다. 다리 위에서는 몇 층 아래에 있는 법원 로비가 내려다보였다. 나는 잠시 걸음을 멈추고 사람들을 구경했다. 다리가 주는 건축적 효과는 대단했다. 아래에 있는 사람들은 이곳을 올려다볼 생각조차 하지 않았고, 다리 위에서는 굳이 애쓰지 않아도 그들을 한눈에 내려다볼 수 있었다.

반대편 유리창 밖으로는 외벽에서 살짝 튀어나온 기둥에 자리한 새 둥지가 보였다. 그 안에는 새알 두 개가 가지런히 놓여 있었다. 나는 감탄하며 그것들을 바라보았다. 이토록 아무 맥락 없이 강철과 유리로 만들어진 구조물 곁에 작은 생명이 붙어 있다니, 진기한 광경이었다. 조금 전 법정 안에 있던 갓난아기처럼, 그 풍경은 매우 이질적으로 느껴졌다.

°°

사우스포트에서의 둘째 주가 시작되었다. 따분한 선고 공판이 이어지던 중 폭력 혐의로 기소된 한 피고인이 교도소에서 입양

을 기다리는 강아지들의 관리사로 일하고 싶다며 관련 경력을 입
증하는 서류를 제출했다. 희망찬 소식에 목말라 있던 나는 그가
그처럼 바람직한 생각을 했다는 사실에 화색을 띠며 자세를 고쳐
앉았다. 몸집이 커다랗고 타투를 한 그 남자는 보호소에서 구출한
강아지를 돌본 적이 있다고 했다.

나는 법정 컴퓨터로 그가 언급한 교도소 프로그램°을 검색해
보았다. 한 매체의 기자는 이렇게 설명하고 있었다. "강아지를 데
리고 운동장을 산책할 때 이들은 자유를 만끽한다. 적어도 몇 분
동안은." 기사에 따르면, 거칠고 포악한 범죄자들이 강아지와 함
께 있을 때면 온순한 모습을 보인다고 했다. 동물은 교도소에서
느낄 수 없는 특별한 사랑과 애정을 재소자들에게 전달하는 존재
였다.

나는 서류 작업을 마치고 교도소에 대해 생각했다. 아빠 말로
는 아동 성범죄자가 교도소에 들어가면 재소자들에 의한 강간과
폭력의 위험에 쉽게 노출된다고 한다. 그래서 신변 보호를 위해 특
별 수감동으로 보내지는 경우도 적지 않다고 한다. 그런데 성인
여성을 강간했거나 구타한 범죄자는 대부분 그런 위험을 겪지 않
는다. 재소자들이 한마음 한뜻으로 자기들만의 기준을 세우기라
도 한 것일까? 정확히 몇 살부터는 강제로 성관계를 당해도 괜찮

° 구조된 동물들이 일반 가정으로 입양 가기 전에 사회화 훈련을 받을 수 있도록 동물
과 재소자를 짝지어주는 프로그램. 동물은 물론 재소자에게도 정서적 안정감을 주어
미국과 호주 등지에서는 재소자의 심리 치료와 행동 교정을 위해 이 같은 동물 돌보기
프로그램을 실시하곤 한다. 호주의 경우 왕립동물학대방지협회RSPCA가 일부 교정 시
설과 제휴해 이러한 프로그램을 운영 중이다.

다는 뜻일까? 여성의 신체 발달을 가늠하는 엉터리 지표인 초경을 기준으로 삼아, 초경을 시작해 '진짜' 여자가 된 사람들은 더 이상 순결하지 않으며 언제든 임신할 준비를 마친 존재가 되어버린다는 걸까? 말도 안 되는 얘기였다. 어떤 사람들은 열 살쯤에 첫 생리를 시작한다. 성범죄자들이 피해자의 생리 여부를 일일이 확인하며 범죄를 저지를 리도 없다. 범죄의 양상은 특정 환경이나 사회 또는 문화의 맥락이 결정한다. 그리고 단언컨대, 범죄자는 후천적으로 만들어진다. 사람들은 타인을 대하는 방법을 집에서, 학교에서, 사회에서 보고 배운다(또는 배우지 못한다).

나는 강간범이 교도소에서 강아지를 돌본다는 사실이 전혀 마음에 들지 않았다. 하지만 어찌 됐든 범죄자를 교화하는 일은 중요했다. 같은 범죄를 반복하는 것이야말로 모두에게 도움이 되지 않을 테니까.

°
° °

또 다른 선고 공판에서는 주유소와 피자 가게를 침입해 스테이크용 칼로 직원을 위협한 뒤 돈을 갈취한 남자가 피고인으로 불려 나왔다. 그런데 그가 그 돈으로 한 일은 샌드위치와 과자를 사먹은 다음 택시를 불러 집으로 간 것이 전부였다.

피고인은 원래 택시비 정도만 훔치려 했다고 주장했다. 그는 다시 구치소로 들어가고 싶어 하는 듯 보였고, 먼저 물어보지도 않았는데 죄를 술술 자백했다. 검사는 범행 당시 피고인이 술에 취한 상태가 아니었더라면 정신보건 법정°에 보내졌을 것이라고 말했다. 그는 도움이 절실히 필요한 사람이었다. 다만 그것을 바깥세상에서는 얻을 수 없었던 것이다.

"걱정 말아요. 나도 떨리니까." 그는 겁에 질린 가게 직원에게 이렇게 말했다고 한다.

이 남자가 강간범들과 함께 교도소에 갇히는 것은 마땅한 일일까? 과연 '마땅한' 일이라는 게 존재하기는 하는 걸까? 혹시 그것 또한 우리의 이 기이한 사법 시스템을 덜 이상하게 보이도록 하려고 사람들이 갖다 붙인 표현은 아닐까?

° 정신질환자가 저지른 범죄 사건을 전문으로 다루는 법정. 피고인의 정신질환을 참작하여 무조건적 처벌이나 격리 수용 대신 사회 내에서 치료를 받을 수 있도록 하는 일에 주목적을 둔다.

10

사우스포트에서 돌아온 후 브리즈번 법원과 도보로 20분 거리인 패딩턴 지역에 셰어하우스를 구했다. 엄마는 왜 벌써 독립하느냐고 수차례 물었지만, 내가 할 수 있는 답변은 '이제 때가 됐다'는 말뿐이었다. 패딩턴 집에서 출퇴근한 지 2주 만에 2킬로그램을 뺐다. 걸어서 출근해 커피 한 잔을 마시고 저녁 식사 전까지 굶다가, 빈센트를 만나지 않는 날에는 지저분한 변기에 저녁을 게워내는 '좋은 습관'을 들인 덕분이었다.

내게는 꼭 이루고 싶은 목표랄 게 없었다. 그렇게 별생각 없이 한 해를 야금야금 흘려보냈다. 시간이 지날수록 평생을 변호사로 살아야 한다는 생각에 점점 불행해졌고, 동시에 판사님을 실망시켜야 한다는 사실에 절망했다. 내 과거를 세상에 드러낼 생각을 할 때면 빈센트가 날 더 이상 가까이하지 않을까 지레 겁부터 났다. '그래도 조금 날씬해지긴 했잖아.' 이 시절의 나는 퇴근 후 집 뒤뜰 테라스에 앉아 담배를 피우며 이렇게 스스로를 다독이고는 했다.

새로 시작된 재판은 중국어 통역사를 구하느라 한동안 보류되었던 사건이었다. 강간 사건이었는데, 증언 녹취록을 훑어보니 벌써부터 쉽지 않을 거라는 생각이 밀려왔다. 고소인도, 증인들도 영어를 구사하지 못했다. 이 말인즉슨, 보통 사흘이 걸리는 재판 기간이 두 배는 더 길어질 수도 있다는 뜻이었다. 배심원단은 지루해할 것이고, 고소인에게도 필요 이상으로 힘든 시간이 될 것이다.

검사가 모두발언을 시작하는 순간, 상황이 생각보다 더 심각하다는 것을 직감했다. 이 사건에는 바이섹슈얼 삼각관계가 얽혀 있었다. 사건 당시 술에 취한 상태였던 고소인의 의식이 온전했는지도 쟁점이었다. 증인들이 경찰에 진술하기 전후로 자기들끼리 전화 통화와 문자 메시지를 주고받으며 사건에 대해 수군거린 사실도 드러났다.

나는 나무통에서 배심원 후보의 이름을 하나씩 뽑았다. 그중한 명의 이름을 뽑았을 땐 실소가 나올 뻔했다. '크리스토퍼 제임스 윌리엄스'라는, 지극히 전형적인 백인 남성의 이름을 가진 그는 50~60대로 보이는 설비업자였다. 덥수룩한 턱수염, 살짝 튀어나온 배, 큼지막한 돋보기안경 등은 마치 배심원의 원형처럼 보이기까지 했다. 사회를 '공평하게' 대표한다는 '평범한' 호주인. 온화해 보이지만 대개는 매우 권위적인 사람들.

몇 시간 후 배심원단 대표가 등장했을 때 내 성급한 추측이 옳았음을 확인했다. 나머지 배심원들도 대부분 백인이었고 생각보다 연령대가 더 높아 보였다. 보나 마나 재판은 힘겨운 싸움이 될 것이었다. '아시아인의 침공'°을 두려워하며 폴린 핸슨°° 같은 사람에게 투표할 것만 같은 배심원들을 보건대, 결코 마음을 놓을 수 없었다.

판사님은 늘 그렇듯 침착한 태도로 배심원들에게 통역 절차에 대해 설명했고, 평소보다 재판 과정이 까다로울 수 있다고 양해를 구했다. 판사님은 그들과 가벼운 농담을 주고받기도 했다. 그들이 판사와 법정 시스템을 신뢰할 수 있도록 안심시키려는 것이었다.

'동의'가 쟁점인 사건을 다룰 때, 판사님은 그 재판이 여자의 주장과 남자의 주장 가운데 하나를 고르는 것이 아니라고 배심원단에게 미리 주의를 주곤 했다. 대개 고소인의 진술에는 누가 듣더라도 사실이라고 생각할 수밖에 없는 부분이 반드시 있었으며, 그것은 실제로 대부분 '합리적 의심의 여지조차 없는' 말 그대로의 사실이었다. 하지만 판사님의 말을 새겨듣는 배심원단은 거의 없었다. 법정 드라마와 영화에 익숙한 배심원들은 그야말로 법정을 전쟁터로 여겼다. 양측이 칼을 휘두르며 싸우는 검투사처럼 상반된 주장으로 첨예하게 맞부딪치기를 다들 기대했다.

이듬해 폴린 핸슨은 상원의원 재선에 성공했고, 나는 동양인, 무슬림 친구들과 함께 씁쓸함을 나눴다. 도대체 우리 가운데 누가,

° Asian Invasion. 아시아계 이민자들이 백인의 자리를 위협할지 모른다는 공포를 상징하는 표현으로, 비아시아권 국가, 특히 영미권 국가에서 종종 쓰인다. 백인우월주의와 반反이민주의 성향을 띠는 극우 단체가 프로파간다를 목적으로 쓰는 경우가 많으며 그 함의는 결코 긍정적이지 않다.
°° Paulin Hanson. 호주의 여성 정치인으로, '반아시아, 반원주민, 반이민'을 주창했고 이후에는 '반무슬림' 정책을 촉구하는 등 극우적 행보로 여러 논란을 일으켰다.

슈퍼마켓이나 직장에서 마주치는 사람들 가운데 어느 누가 그녀에게 표를 던진 것인지 알고 싶었다.

나는 배심원들의 얼굴을 물끄러미 바라보다가 속으로 누군가에게, 그게 누군지는 나도 모르겠지만 어쨌든 어떠한 존재에게 기도했다. '제발 이 열두 명 중에 인종차별주의자나 성차별주의자가 없게 해주세요.' 그러나 창밖으로 보이는 로마 스트리트 파크랜드의 야자수를 내다보는 순간, 그 너머 범죄가 수놓인 성좌가 겹쳐 보이는 순간, 나는 끔찍하고도 익숙한 공포를 느꼈다.

°̥°

판사님은 모두발언을 끝으로 이날 공판을 조금 일찍 마치고 배심원단을 돌려보냈다. 엘리베이터 주변에는 재판연구원 몇몇이 모여 있었다. 다들 목소리를 낮춘 채로 무언가에 대해 열심히 이야기하고 있었다. 나는 빈레이°°° 지역으로 자주 출장을 다니는, 똘똘하고 성격 좋은 조나손 옆에 슬그머니 끼어들었다.

"무슨 일이야?" 내가 모두에게 물었다.

"앨리스가 맡은 사건의 평결이 곧 나온대." 앨리스는 자신이 모시는 판사님을 따라 입스위치°°°°로 자주 출장을 다니는 동료였다.

"이제 몇 분 안 남았어." 누군가 말을 거들었다.

나는 조나손을 향해 물었다. "그런데 무슨 일 있어? 왜 다들

°°° Beenleigh. 브리즈번 남동쪽 인근의 소도시.
°°°° Ipswich. 브리즈번 서남쪽 인근의 소도시.

이 사건에 집중하는 거야?"

조나손은 다른 동료들과는 달리 사뭇 침울한 말투로 상황을 설명해주었다. 강간 사건의 피고인은 시내에 있는 명문 사립 남학교의 졸업생이었다. 빈센트도 그 학교 출신이었는데, 과거에 나는 그 학교 졸업생들의 평판이 안 좋다고 말했다가 그와 살짝 언쟁을 벌인 적이 있었다.

"지금은 가해자와 피해자 모두 대학생이 됐는데, 아마 남자애가 고등학교 졸업반일 때 사건이 일어났던 것 같아." 조나손이 덧붙여 말했다.

"이런."

나는 조나손에게 잠시 기다리라고 말한 다음 서둘러 사무실로 가 서류를 내려놓고 법복을 벗었다. 이상하리만치 초조했다. 나는 다른 동료들과 함께 엘리베이터를 타고 해당 사건의 법정으로 내려가면서 조나손에게 물었다. "정확히 어떤 상황인 거야?"

"주취 상태. 장소는 침실. 한때 데이트하던 사이였다는 것 같아. 피해자가 가해자에게 집에 놀러 오라고 문자를 보내긴 했는데 성관계를 원하진 않았다고 주장하고 있어. 그 후 대학교에서 성적 동의에 대한 성교육 수업을 들으면서 그때 자신이 강간당했다는 걸 뒤늦게 깨달았대. 남자애는 직접 증언까지 했고."

"힐!" 나는 숨이 턱 막혔다.

"그런데 남자애 태도가 아주 거만하더래. 여자애랑은 헤어진 사이였고 다시 만날 생각도 없었는데 하도 애걸복걸하길래 집에 한 번 놀러 갔을 뿐이고, 그곳에서 여자애가 성관계를 적극적으로 원했다는 식으로 얘기했다더라고."

그 말에 깔린 가스라이팅에 심장이 쿵 내려앉았다. 그 남자의 오만한 목소리를 상상하자 학생 시절에 접한 한 사례가 자연스레 떠올랐다. 그 사건 속 젊은 가해 남성 역시 '동의하에 섹스를 했다' 고 주장했다. 그러나 그가 말한 오럴 섹스는 그가 사정할 때까지 오로지 그를 위해 행해졌고, 철저히 일방적이었다.

엘리베이터 문이 열렸고, 우리는 조용히 줄지어 법정에 입장했다. 내가 앉은 자리의 대각선 뒤쪽에 누가 봐도 고소인이 틀림없는 여성이 앉아 있었다. 내 또래처럼 보이는 그녀 옆에는 부모임이 분명해 보이는 사람들이 있었다. 어머니는 딸의 손을 잡은 채 엄지손가락으로 가만히 그 손을 쓰다듬었다. 그녀의 아버지는 굳은 표정이었다. 딸을 지켜야 하는 것이 아비의 도리라고 말하는 이 세상에서 그의 딸은 폭력을 당했고, 지금 이곳에서 또다시 그녀를 거짓말쟁이로 의심하는 사람들에 의해 폭력을 당하고 있었다.

만일 내가 새뮤얼을 고소해 아빠가 이 건물 법정 어딘가, 어쩌면 바로 이 법정에 앉게 된다면 어떤 모습일까 상상해보았다. 공교롭게도 고소인의 아버지는 우리 아빠가 입는 것과 비슷한 청바지와 셔츠 차림이었다. 아무렇게나 걸친 듯한 갈색 벨트와 검은 신발도 눈에 띄었다. 그를 보는 내 마음은 쓰라렸다. 내가 사랑하는 사람들도 이와 같은 일을 겪게 될 수 있다고 생각하자 공황에 가까운 공포가 들이닥쳤다. 아빠에게 이러한 짐을 지울 자신이 없었다.

"저쪽에 피고인 가족이 있어." 조나손이 들릴락 말락 한 목소리로 속닥였다. 그는 자기 무릎 위에 올려둔 손가락으로 슬쩍 대각선 오른쪽을 가리켰다.

그쪽에는 훤칠하고 다부진 젊은 남자들이 있었고, 좌석 끄트머리에 중년의 남녀가 앉아 있었다. 남자들은 꼼지락거리며 한시도 가만있지 못했고, 의자 바깥으로 튀어나온 다리를 불안하게 흔들어댔다. 이윽고 피고인이 법정에 들어섰다. 그는 젊은 남자들이 있는 쪽을 바라보며 당당하고 오만한 표정으로 고개를 끄덕였다. 그러자 그 남자들도 그에게 똑같이 고갯짓했다.

내가 피해자의 입장에 감정 이입을 하듯이 이 젊은 남자들도 피고인에게 이입하고 있었다. 자신들도 고소당할까 봐 두려워하고 있는 것이었다. '술에 취해 섹스하는 경우는 허다하다고.' 아마 저들은 이렇게 생각하고 있을지도 몰랐다. '여자가 찝찝함을 느껴서 언제 갑자기 말을 바꿀지 어떻게 알겠어? 이 여자애를 봐. 무려 1년이나 있다가 말을 바꿨잖아!'

나는 사람들이 약자를 응원하는 것과 정확히 같은 이유로 그 여성의 편에 서고 싶었다. 매일같이 더러운 것을 보고 듣고 겪어야 하는 브리즈번에서 자란 여자가, 또래의 남자를 강간 혐의로 고소한다는 것은 엄청난 용기가 필요한 일이었다.

조용히 앉아 판사를 기다리는 동안 과거의 기억이 불쑥 떠올랐다. 그 기억은 여전히 선명했다. 고등학교 파티장에서 우연히 남녀 커플 옆을 지나게 되었는데, 자세히 보니 여자애가 울고 있었다. 그 아이의 이름은 캐시였다. 캐시는 나와 달리 인기가 많았다. 캐시와 춤추고 있던 남자애는 이름은 모르지만 오며 가며 본 적이 있는 풋볼 선수였다. 나는 친구들에게 파티장 밖에서 보자고 말한 뒤 캐시와 그 남자애를 주시했다.

그러다 캐시와 어울려 다니는 친구들을 찾아 그들에게 다가갔다. 학교에서 소위 잘나가는 애들이었던 그들은 찰랑거리는 생머리와 잡티 하나 없는 피부, 비싼 청바지 덕분에 하나같이 모델 같았다. 그 아이들과 가까워지자 살짝 겁이 났다. 무리 중 한 명이 날 뚫어져라 쳐다보았다. 평소였으면 그들과 말도 섞지 못하던 나 같은 애가 자기들에게 먼저 다가오고 있는 것을 수상쩍어하는 표정이었다.

"저기, 방금 캐시가 어떤 남자애랑 춤추고 있는 걸 봤는데, 울고 있더라고. 너희들이 가봐야 하지 않을까?" 나는 딱히 누구를 특정하지 않은 채 모두에게 말을 건넸다. 그러곤 할 일을 다 했다고 생각해 자리를 뜨려 했다. 그런데 분위기가 이상했다. 아무도 대꾸하지 않았고 날 쳐다보지도 않았다. 나는 찝찝한 마음에 다시 물었다.

"혹시 캐시가 왜 울고 있는지 알아?" 이번에도 다들 묵묵부답이었다.

"알이 머저리처럼 구니까." 마침내 릴리가 입을 뗐다.

"아, 어쨌든 별일 아닌 거지?"

약속이나 한 듯 다들 입을 다물었다. 나는 릴리의 답을 기다렸다.

"알이 캐시가 싫어하는 짓을 자꾸만 하려는 것 같아." 릴리가 목소리를 낮추며 말했다.

"누가 가봐야 하는 거 아냐?" 내가 물었다.

릴리가 캐롤라인을 바라보았다. 캐롤라인은 다시 멜을 바라보았다. 누구도 선뜻 나서지 못했다.

나는 혼란스러웠다. "내가 한번 가볼까⋯⋯?" 별 뜻 없이 한 말이었는데, 애들은 일제히 기다렸다는 듯 내 말에 반응했다.

"응!" 다들 입을 모아 말했다. 한 명은 고맙다는 듯 내 팔을 꽉 붙들기도 했다. 갑자기 아이들은 그 남자애가 얼마나 자기 멋대로 인지 앞다퉈 이야기하기 시작했다.

나는 알이 캐시를 데리고 간 댄스 플로어로 향했다. 땀에 젖은 아이들이 정신없이 몰려 있어 알과 캐시의 모습은 쉽게 보이지 않았다. 나는 겨우 그 둘을 찾아 알의 어깨를 두드렸다. 방해를 받은 그는 놀라움과 경멸이 섞인 눈길로 날 바라봤다.

나는 음악 소리에 묻히지 않게 큰 목소리로 말했다. "캐시랑 잠깐 할 얘기가 있어." 그가 잠시 어리둥절한 틈을 타 나는 캐시의 손을 잡고 얼른 그곳을 빠져나왔다. 캐시는 순순히 날 따라왔다. 지금 생각해보면, 그때 캐시의 눈이 멍했던 것은 경직 반응 때문이었다. 나는 캐시를 친구들에게 데려다주었다. 캐시는 여전히 충격에 빠진 듯 보였다.

"아무 일 없었어." 고맙다고 말하는 아이들을 향해 나는 어깨를 으쓱했다. 그러곤 혹시 내가 그 애들과 어울리려고 애쓰는 것처럼 보일까 봐 서둘러 자리를 떴다.

그날 밤, 파티가 끝나고 다들 부모님 차를 기다리고 있을 때 릴리가 내게 다가왔다. "고마워. 너 정말 용감했어."

°°

"유죄라고 보십니까, 무죄라고 보십니까?" 고요한 법정에 동료 재판연구원 앨리스의 목소리가 울렸다.

"무죄입니다." 배심원단 대표가 답했다.

뒤편에서 울음을 참는 소리가 들렸다. 아주 깊숙한 곳에서부터 솟구친, 상처받은 이의 울음이었다. 피고인의 친구들은 손뼉을 치며 환호했다. 한 명은 주먹을 불끈 쥐어 보이기도 했다.

너무나도 다른 두 소리를 동시에 듣는 것은 혼란스러운 일이었다. 피고인은 친구들과 가족을 보며 환히 웃었다. 바닥에 주저앉아 통곡하는 고소인은 거들떠보지도 않았다. 그녀는 아버지의 부축을 받으며 겨우 법정을 나섰다. 그녀의 어머니는 딸과 남편이 지나갈 수 있도록 법정 문을 잡아주는 동안에도 무너져 내린 딸을 묵묵히 바라보기만 했다. 이 가족은 아주 적나라하게 절망을 뿜어내고 있었다. 그리고 내게 이것은 경고 신호였다. 어쩌면 용기만으로는 부족한 것인지도 몰랐다.

○○

사무실로 돌아가는 엘리베이터 안에서 동료 재판연구원들이 보인 반응은 예상한 대로였다. 피고인이 머저리인 것은 분명해. 하지만 머저리라고 해서 강간범인 것은 아니지. 고소인은 피해 사실을 입증하지 못했어. 시간을 너무 오래 끌기도 했고. 게다가 맥주 두 병에 취하는 사람이 어디 있어?

나는 잠자코 듣기만 했다. 고소인의 주장이 사실이라 하더라도 그걸 증명할 방법은 없었다. 집 안에 CCTV를 달아놓지는 않으니 말이다. 그녀의 몸을 소유할 자격이 있는 것처럼 굴었던 남자의 태도, 그것으로 인해 그 여성에게 가해진 보이지 않는 압박이 그녀를 주저하게 했을 것이다. 이 싸움은 처음부터 그녀에게 불리했다.

"성적 동의에 대한 교육을 진작 받았더라면 아마 이런 일도 없지 않았을까?" 나는 혼자 중얼거렸다. 동료들은 이미 저 멀리 걸어가며 주말 계획에 대해 떠들고 있었다.

"이런 일에 나 혼자 너무 열을 내는 것 같아." 다들 흩어졌을 때 나는 조나손을 돌아보며 말했다. 그의 임시 사무실은 내 사무실과 같은 방향이었다.

"그래?"

"모르겠어. 그냥 너무 이입하게 돼. 신경이 쓰여. 뭔가 불공정하다고 생각해."

"하지만 이건 공정함의 문제는 아냐." 그가 사람 좋은 미소를 지으며 말했다.

"알아. 그런데 그냥 너무 화가 나. 입에 담기도 싫은 헛짓거리를 매일 봐야 한다는 게."

"성범죄 사건을 많이 맡았나 봐?"

"응. 특히 아동 성범죄. 넌 안 그래? 너희 판사님은 대부분 민사 소송을 맡던가?"

"민·형사 둘 다. 그런데 성범죄 건은 지금까지 두어 개뿐이었어." 그가 잠시 뜸을 들였다.

"그런데, 나는 이런 일로 타격을 입진 않아. 이런 게 법이니까. 나는 우리가 안 좋은 일을 당한 사람들을 돕는다고 생각해. 누군가 법을 악용해서 부당한 행동을 했다면 신경이 쓰이긴 하겠지만, 어쨌든 이게 우리 일이잖아. 사법 제도를 잘 운용하는 것 말야."

"하지만 그 사법 제도가 애초에 부당하거나 불공정하다면?" 난 뿔테 안경을 낀 조나손의 눈을 똑바로 쳐다보며 그가 내 말뜻을 이해했는지, 내 질문에 담긴 간절함을 알아챘는지 살폈다. 하지만 소용없었다. 나 자신이 과대망상에 걸린 사람 같다는 생각이 들면서 스스로가 한심하게 느껴졌다. "뭐, 우리가 걱정한다고 해결할 수 있는 문제는 아니지. 그럼 내일 봐." 나는 이렇게 말하곤 실없이 웃으며 조나손과 헤어졌다.

。°

내 기분은 다음 날 아침 법원 근처 커피 트럭 앞에 서 있는 메건을 발견했을 때에야 비로소 풀렸다. 딸을 부축해 법정을 나서던 부모의 모습이 도저히 잊히지 않아 끔찍한 기분으로 전날 밤을 보낸 터였다. 저 멀리 있는 법원 건물을 보는 것만으로 지레 죄책감이 들었고 복부가 아파 왔다. 엄마 아빠에게 그 짐을 감당하라고 하는 것은 너무 이기적이라는 생각이 들었다. 하지만 어쨌거나 지금은 메건을 보게 되어 행복했다. 후텁지근한 오후에 땡볕 아래 있다가 에어컨을 튼 방에 막 들어간 기분이랄까. 이따금 우리는 분노와 혐오를 나눴지만, 대부분은 함께 혼란스러워했다. 우리가 법정에서 보는 것들, 누군가 저지른 끔찍한 일들을 우리는 도무지 이해할 수 없었다.

때로는 친구로부터 '나도 정말 이해가 안 가'라는 말을 듣는 것만으로도 위안이 된다. 친구와 그저 가볍게 농담을 주고받는 것 또한 마찬가지다. 커피 트럭에 도착해 휘파람을 불자 메건이 홱 돌아보았다. 내가 느끼하게 윙크를 날리자 메건은 장난스럽게 머리를 휙 넘겼다.

"자, 오늘도 천국으로 출근할 준비 됐어?" 내가 씩씩하게 인사를 건넸다.

"그걸 말이라고!" 메건도 힘차게 대꾸했다. 나는 먼저 커피를 주문하고 한 걸음 물러서서 메건을 기다렸다. 둘 다 높은 구두를 신고 있어서 어정쩡한 자세였다.

"재판은 다 끝났어?" 내가 물었다. 성범죄 재판은 보통 사흘이 걸리기 때문에 목요일에는 대개 배심원단의 평결을 기다리거나 새로 진행할 재판을 준비했다.

"응. 유죄를 받았는데 아마 항소할 것 같아." 메건이 성가시다는 투로 말했다. "그리고 오늘 아침에는 아동 성 착취물 건에 관한 선고 공판이 있을 예정이야."

"너네는 정말 숨 돌릴 틈이 없구나?"

메건이 한숨을 쉬었다.

"그럼, 연방 검사랑 일하고 있겠네?" 나는 다시 물었다. 아동 성 착취물 사건은 주 검찰청이 아니라 연방 검찰청 관할이었다.

"응."

"그러면, 그 봉투도?"

"그럼."

"으, 그거 정말 싫더라."

"나도 그래."

"직접 보기도 했어?" 나는 정말 궁금한 마음에 물었다.

아동 성 착취물 사건의 경우 검사 측은 피고인이 은닉해두었던 불법 촬영물을 증거로 제출한다. 증거 사진들은 범죄의 흉악성에 따라 분류되는데, 결박이나 수간이 가장 심각했고 삽입과 폭력 수준의 범죄는 허다했다.

"아니, 우리 판사님은 그런 걸 자세히 보지 않는 편이야. 그대로 봉투에 넣어서 봉인한 상태로 나한테 건네고."

"우리 판사님도 마찬가지야. 참 다행이지."

"맞아. 참, 우리 판사님 자녀들이 아직 어리다고 말했던가?" 메건의 목소리가 조심스러워졌다. "그런 사진을 보고 난 뒤에 아이가 있는 집으로 돌아간다면 어떤 기분일지 상상도 안 돼. 어쨌든, 이 얘기는 그만하자. 어제 리지한테 무슨 일이 있었는지 들었어?"

로마 스트리트 파크랜드 근처 횡단보도에서 신호를 기다리는 동안 메건은 주변에 아는 사람이 없는 것을 확인한 뒤 리지 얘기를 꺼냈다.

"아니."

"어제 리지가 무릎길이보다 살짝 짧은 치마를 입고 출근했거든. 아주 무난했어. 전혀 야하지도 않고. 그런데 리지네 판사님이 개더러 치마가 그게 뭐냐면서 당장 스타킹이나 바지를 사서 입고 오라고 했대."

"말도 안 돼!" 어이가 없어 입이 떡 벌어졌다.

"그러니까 말이야. 심지어 리지가 다시 돌아왔을 때 판사님은 퇴근하고 없더래."

나는 한숨을 내쉬며 말했다. "리지 기분은 좀 어때?"

"안 좋아. 어제도 내가 법정에 들어가기 전까지 우리 사무실에서 울다 갔어."

"휴, 너도 참 고생이 많다." 나는 고개를 내저었다. 우리는 초록색 신호가 켜진 횡단보도를 건넜다. "가끔은 이 일이 정말 시궁창 같다는 생각이 들거든. 그런데 판사님과도 잘 지내지 못한다면 얼마나 힘들지 상상도 안 가."

"그러게 말이야. 심지어 판사님이 자기를 괴롭히면 어떤 기분일지. 리지가 인사과에 문의도 해봤는데 그쪽에서는 해줄 수 있는게 없나 봐. 그러니까 리지는 계속 다니거나, 아니면 스스로 관두거나 하는 수밖에 없는 거지."

"젠장." 절로 욕이 나왔다. 우리는 보안 스캐너를 통과해 엘리베이터로 향했다. 나는 주변 사람들을 의식해 낮은 목소리로 말했다. "여기서 그만두면 리지 커리어만 망하는 거잖아." 메건도 조용히 고개를 끄덕였다. 우리는 입을 꾹 다문 채 다른 직원들과 방문객들 틈에 껴 엘리베이터를 탔다. 14층에서 내리는 메건은 내가 13층에서 내리기 전에 속삭였다. "그나마 다행인 건, 리지네 판사님이 여기서 더 승진할 것 같지는 않다는 거지." 우리는 시니컬한 웃음을 주고받은 뒤 헤어졌다.

°°

판사님이 배심원단에게 미리 양해를 구한 바대로, 중국어 통역을 거친 재판은 느리고 괴롭게 흘러갔다. 여성 증인들은 저마다 서로에 대한 불만을 이야기했고, 서로 한 번씩은 데이트한 사이인 듯했다. 범죄 현장 사진에서는 피가 잔뜩 묻은 피고인 남성의 성기가 버젓이 보였다. 꽤 많은 양의 피가 화장실 곳곳에 묻어 있었다. 변호인의 요청에 따라 감정인으로 소환된 의사는 발기한 성기의 경우 미세한 상처에도 많은 양의 피를 분출할 수 있다고 증언했다. 변호인은 배심원단이 피 묻은 성기에 심각한 의미를 부여하지 않도록 하는 데 공을 들였다.

한편 통역관은 경이로웠다. 빠르고 정확하게 말을 옮겼고, 판사님에게 휴정을 요청하는 일도 드물었다. 증언은 목요일 오후가 되어서야 모두 끝났다. 배심원단은 금요일부터 평의를 시작했다.

사무실로 돌아가는 길에 판사님에게 물었다. "배심원단이 주말을 보내고 평의를 시작한다면 결과가 달라질까요?"

"아, 딱히 그럴 것 같지는 않아요. 재판에 대해서만 생각하기에는 저마다 다른 할 일이 있을 테니까요. 아마 우리처럼 평범한 일상을 보내다가 다시 평의에 임하게 되지 않을까요?"

내 생각은 달랐다. 배심원들은 기차역까지 걸어가는 동안 길거리에서 왁자지껄 노는 여자아이들을 볼 것이다. 집에 가면 아내 혼자 요리하고 청소하는 모습을 당연하게 받아들일 것이다. 아시아계 학생들이 '성적 상위권을 싹쓸이해서' 짜증 난다는 자녀들의 투정을 듣게 될지도 모른다. 여자애를 '꼬시지' 못하는 아들은 '찌질이'로 놀림당할 것이다. 필리핀 여성들이 일하는 마사지 업소에 가서 음흉한 '해피 엔딩'을 즐기고 오는 배심원도 더러 있을 것이다. 이들이 아는 여성 정치인이라고는 폴린 핸슨이 유일할 수도 있다. 어린 시절 엄마가 아빠에게 맞는 모습을 보았거나, 그와 비슷한 이야기를 들어본 배심원도 여럿일 것이다.

호주에서는 1980년대까지만 해도 남편이 아내를 강간한다는 개념 자체가 성립하지 않았다. 그 시절에는 결혼하는 순간 남편이 아내의 몸을 소유할 자격을 부여받았다. 지금 이 배심원들은 대부분 그런 세상에서 자라난 사람들이었다.

하지만 판사님의 말도 맞았다. 나는 주말 동안 평범하게 일상을 보냈다. 금요일 밤에 술을 마셨고, 주말에는 빈센트와 함께했다. 빈센트의 가족과 점심을 먹었고, 새 옷을 샀다. 행복한 시간이었다. 일요일 저녁, 다음 날 입을 옷을 꺼내놓으면서 그제야 평결생각이 났다. 나는 테라스로 나가 패딩턴의 건물들을 내려다보았다. 주말 내내 평결을 잊은 채 지냈다는 사실에 죄책감이 들었다. 스스로 다짐했던 것과 달리 결국 나도 무뎌지고 있는 게 아닐까, 겁이 났다.

°°

월요일 아침은 평소와 다를 바 없었다. 판사님과 나는 각자 사무실에서 할 일을 하며 평결이 나오기를 기다렸다. 두 시간도 안 되어 전화가 왔다. 법복을 챙겨 입은 판사님과 나는 함께 엘리베이터를 타고 법정으로 향했다. 법정에서 나는 평결을 받았다. 무죄였다. 늘 그렇듯, 어딘가에서 이 소식을 듣게 될 고소인이 머릿속에 떠올랐다. 그녀가 느낄 암담함을 함께 느끼고 싶었다. 과연 내가 그 절망을 감당할 준비가 되었는지 확인하고도 싶었다.

서류 작업을 마무리해 등기소에 제출했다. 재판 일정을 담당하는 직원은 판사님과 내가 곧장 내일부터 새로운 재판을 진행할 수 있게 되었다는 사실에 반색하며 새 일정을 잡아주었다. 나는 몇 시간 동안 여기저기를 바삐 돌아다니며 판사님이 읽고 검토할 자료를 모았다.

재판은 언제나 밀려 있었다. 판결을 기다리는 사건은 자꾸만 쌓여갔다. 멈출 줄 모르는 파도처럼 꾸역꾸역 밀려들었다. 그럼에도 그 고소인들은 수많은 피해 여성들의 극소수에 불과했으며, 심지어 재판 일정이 잡힌 고소인은 그중에서도 소수였다.

새로 맡은 재판도 성범죄 사건이었다. 이번 피고인은 타인의 자유를 박탈한 혐의도 받고 있었다. 나는 공소장을 직접 가지러 지하에 있는 문서 보관실로 내려갔다. 평소였으면 공소장이 우편함으로 배달되기를 기다렸을 테지만 이번에는 그럴 시간이 없었다. 보관실 직원이 공소장을 찾는 동안 나는 서류가 빼곡히 꽂힌 책장들을 둘러보았다. 아주 방대한 양이었기에 이곳 직원들은 많은 훈련을 통해 서류를 저장하고 찾는 법을 체득하고 있었다.

보관실은 깨끗했고 냉기가 돌았다. 길쭉한 형광등의 창백한 불빛 때문인지 조용한 병원에 온 것 같기도 했다. 카펫 바닥을 멍하게 보다가 임시 구치소를 견학했던 날이 떠올랐고, 내 발 아래 감방에 갇힌 사람은 누굴까 궁금해졌다. 보관실에 나 혼자였다면 무릎을 꿇고 바닥에 귀를 대보았을지도 모른다. 누군가의 기침 소리가 들리려나? 분노에 찬 소리, 아니면 도움을 요청하는 소리가 들릴까? 여자일까, 남자일까? 나와는 얼마나 다른 사람일까? 내가 기다리는 공소장은 이곳에 꽂힌 수많은 서류들과 얼마나 다를까? 아마 그리 다르진 않을 것이다.

"여기 있습니다!" 젊은 직원이 서류철을 건넸다. "찾느라 시간이 좀 걸렸네요. 같은 성을 가진 피고인들이 많더라고요."

○ ○

공소장을 읽어보았지만 피고인에게 적용된 자유 박탈 혐의가 무엇인지는 결국 파악하지 못했다. 다음 날 아침, 법정에서 공판을 준비하던 내게 검사가 급히 다가왔다. 나와 안면이 있는 에릭이었다. 그는 갑자기 문제가 생겼다고 했다.

"증인이 도착하지 못했습니다." 나는 변호인이 느릿느릿 걸어오는 동안 잠시 틈을 들였다.

"조금 늦는 건가요, 아니면 아예 출석하지 못하는 건가요?" 내가 물었다.

"지금 그걸 알아보는 중인데, 10시 정각까지는 확실히 어려울 것 같아요. 건강에 문제가 생겨서요. 이번 주중에 아예 출석하기 어려운 건 아닌지 확인하려고 계속 연락을 시도 중입니다."

"판사님께 보고할게요. 아마 정각에 오셔서 이 상황을 정식 기록으로 남기자고 하실 것 같긴 하지만요." 나는 판사실로 올라가 이 소식을 전했다. 판사님은 황당하다는 반응이었다. 나도 판사님도 전날 늦게까지 이 공판 준비에 매달렸는데, 정작 재판을 시작하지도 못할 판이었다.

"자, 무슨 상황입니까?" 판사님이 법정에서 회의를 열었다. 검사와 변호인 모두 판사님 앞에 자리했다. 나는 법조인들끼리만 있을 때 풍기는 솔직한 분위기를 좋아했다. 조심할 필요도, 격식을 차릴 필요도 없기 때문이었다. 그럴 때면 나도 정식으로 법조인이 되고 싶다는 생각이 들었다. 서로 존중하며 중요한 일을 하는 중요한 사람들의 일원이 되고도 싶었다.

에릭이 자초지종을 설명했다. "저희 쪽 직원이 조금 전 핵심 증인, 그러니까 고소인의 여동생과 연락이 닿았습니다. 샌드게이트에서 차를 타고 오는 길에 극심한 차멀미를 겪고 있다고 합니다."

"차멀미요?" 판사님이 의아함을 표했다. 설득력이 없는 이유였다. 소환장을 받은 증인이 출석하지 않는 것은 심각한 문제였다. 피치 못할 이유로 불참하는 것이 아니라면 법정을 모독한 행위로 간주될 수도 있었다.

에릭이 잠시 망설이다 수첩을 뒤적였다. "아, 실은 증인이 오늘 아침에 임신 사실을 알게 된 것 같습니다. 입덧 때문에 차멀미가 심해졌고요. 문제가 없다면 한 시간 반 만에 도착할 수 있겠지만, 지금은 10분마다 한 번씩 차를 멈춰야 하는 상황이라고 합니다."

"오늘 그 증인이 없으면 공판을 진행하기 어렵다고 보십니까? 오늘 예정대로 공판을 열고 증인은 내일 출석하도록 하면 어떨까요? 배심원 후보 60명이 이미 이곳에 와서 기다리고 있습니다." 판사님이 의견을 물었다.

"알고 있습니다, 재판장님. 하지만 증인이 내일도 출석하지 못할 가능성이 있습니다."

"흠, '가능성'이라니요? 방금 말한 증인의 건강 상태가 전문가의 소견입니까, 아니면 증인의 주장입니까? 배심원 후보들을 해산하려면 의사 소견서가 있어야 합니다."

"잠시 휴정을 허락해주신다면 증인에게 연락해 이 문제를 상의해보겠습니다."

"좋습니다. 그럼 밖에서 기다리도록 하지요." 냉랭한 판사님의 마지막 말을 끝으로 모두 자리에서 일어났다.

법정과 판사용 엘리베이터 사이에는 전면이 유리로 된 작은 대기실이 있었다. 판사님은 대기실 의자에 앉아 도시의 전경과 강을 내다보았다.

"세상에, 증인이 열아홉 살밖에 안 됐네요." 내가 짐짓 놀란 목소리로 말을 꺼냈다. "게다가 오늘 아침에 갑자기 임신 사실을 알았다니. 저도 만약 뜬금없이 임신했다는 걸 알게 된다면 눈앞이 캄캄해질 텐데 말이에요. 심지어 강간 재판에 참석하라고 사람들이 자기를 닦달하고 있으니 얼마나 힘들까요."

판사님은 아무 말이 없었다. 나는 판사님이 내 말에 깃든 의미를 알아채주시길 바랐다. 조금 전 법정에 있던 세 남자가 앳된 임산부의 고통이 타당한지 아닌지를 자기들끼리 결정하려 했다는 사실을.

다시 회의가 열렸을 때 검사는 여전히 초조함에 신경이 곤두선 상태였다. 그러나 판사님은 미묘하게 달라져 있었다. 조금은 누그러진 태도였다. 결국 재판은 몇 주 뒤로 미뤄졌다. 배심원 후보들은 그 자리에서 해산했다. 검사는 증인과 계속 연락하면서 그녀의 몸 상태가 괜찮아지면 재판을 다시 청구하기로 했다.

11

차를 몰고 브리즈번에서 워릭까지 가는 두 시간의 여정은 꽤 근사한 시간이 될 수 있다. 귀한 분의 비싼 차를 박살 내면 안 된다는 생각에 노심초사하지만 않는다면 말이다. 아라툴라° 마을을 지나 오르막을 하나 넘자 거대한 평야가 펼쳐졌고, 커닝햄스 고개가 그 옆으로 어우러져 장관을 이뤘다. 평야 군데군데는 방목 중인 소들이 풀을 모조리 뜯어 먹어 누렇게 시들어버렸지만, 나머지 부분은 커다란 스프링클러가 뿌리는 물을 맞으며 자란 농작물들로 푸르렀다. 그중에는 미처 다 여물지 못해 연약해 보이는 작물도 있었다.

하얀 양 떼가 마치 푸른 하늘에 떠다니는 구름처럼 어떤 곳에는 반점처럼, 또 어떤 곳에는 기다란 줄처럼 모여 있었다. 도로변에는 작은 표지판이 걸린 나무 한 그루가 눈에 띄었는데, 표지판에는 곧 마지막 날이 도래해 예수 그리스도가 우리 모두를 구원하리라는 글귀가 적혀 있었다. 나는 이 글귀에 대해 판사님에게 농담을 건

° Aratula. 퀸즐랜드 주 시닉 림 지역에 있는 작은 마을. 이 마을 동쪽에는 그레이트 디바이딩 산맥을 이루는 커닝햄스 고개가 있다.

네려다 워릭에 진입했음을 알리는 거대한 간판을 보고선 입을 다물었다. 간판에는 성경 문구가 큼지막하게 쓰여 있었다. '교만은 다툼만 일으킬 뿐, 권면을 듣는 자에게는 지혜가 있느니라(잠언 13장 10절).'

나와는 달리 판사님은 모든 풍경에 태연했다. 작년에도 이곳으로 순회재판을 오신 적이 있기에 판사님에게는 그 무엇도 새롭다거나 놀랍지 않아 보였다.

모텔에 도착해 차에서 내렸을 때 하늘에서는 폭풍이 일고 있었다. 축축한 공기, 천둥소리, 매미 울음소리, 거름 냄새가 한꺼번에 느껴졌다. 평소였으면 왠지 신났을 테지만 운전을 하느라 잔뜩 지친 데다 으슬으슬 오한이 들어 그리 즐겁지 않았다. 더구나 이날 밤에는 실무수습 평가를 앞두고 있었다. 상대가 하는 말을 진지하게 새겨듣는 척해야 했으므로 평가는 화상 회의 방식으로 진행되었다. 자정이 다 되어서야 일과를 마치고 이를 닦았다. 물이 얼음장처럼 차가워 이와 잇몸이 시렸다.

°°

워릭 지원의 법정은 특이했다. 건물을 통틀어 난방이 되는 유일한 공간이었으며, 오랫동안 환기하지 않아 가죽과 종이 냄새가 진동했다. 아침 일찍 그곳에 들어섰을 때는 너무 추워 아무 냄새도 맡지 못했다. 하지만 콧속을 찌르는 겨울 공기를 느끼며 조용하고 엄숙한 공간에 들어가 하루 업무를 준비하는 일은 꽤 신선하고 기분 좋은 경험이었다.

법정용 흰색 가발은 마치 주인을 기다리다 잠든 털북숭이 강아지처럼 각 테이블 끄트머리마다 가지런히 놓여 있었다. 유리에 굴절된 햇살은 피고인석을 짐승 우리가 아닌 멋들어진 예술품으로 변신시켰다.

어떤 건물이나 공간은 사람이 없으면 휑한 느낌을 주지만, 낡은 법정은 달랐다. 낡은 법정은 오래된 동전과도 같았다. 세월을 지나오며 너무 많은 것을 흡수한 나머지 아무도 없을 때조차 인간의 흔적이 고스란히 느껴졌다.

9시 반 즈음이 되자 어느새 처리할 서류가 산더미처럼 쌓여 있었다. 더는 한가로이 사색에 빠질 겨를이 없었다. 이날은 딸을 학대한 친어머니와 의붓아버지에 대한 선고 공판이 열렸다. 이들은 피부염을 앓아 부르튼 딸의 손에 고춧가루를 문질렀다. 매운 고추를 강제로 먹이고 코에 마구 비볐으며, 얼른 먹지 않으면 '목구멍에다 고추를 처넣겠다'고 겁박했다. 번갈아가며 나무 숟가락으로 딸의 손을 때렸고, 때리다 지치면 아들에게 딸을 때리라고 시키기까지 했다. 한번은 친모가 딸을 찔러 몸에 작은 상처를 냈다. 양부는 딸을 결박한 다음 나무 회초리로 때렸다. 그리고 숨을 쉬지 못하도록 목을 조르고 입을 막았다. 나는 그의 육중한 몸을 바라보며, 그가 날 깔고 앉아 커다란 손으로 내 입을 틀어막는 상상을 했다.

검사는 양형에 참고할 유사 사건 서너 건에 관해 진술하기 시작했다. 선고 공판에서 내가 가장 싫어하는 부분이었다. 다른 사람들이 저지른 끔찍한 일을 또 듣고 싶지 않았고, 이러한 일이 흔히 일어나며 내 눈앞의 범죄자가 특별한 사람이 아니라는 사실을 인정하기도 싫었다. 그는 불행하게 고립된 사람도, 어딘가 이상한 사람도 아니었다. 우리의 사회와 제도가 낳은 평범한 결과물이었다.

두 피고인의 행위는 법률상 '과도한 훈육 조치'로 분류되었다. 분노가 치밀었다. 어째서 법원이 이러한 행위를 심각한 폭력으로 다루지 않는지 도저히 이해할 수가 없었다. 어린 딸을 결박하고 목을 조른 의붓아빠의 행위는 특히나 폭력적이었다. 퀜틴 브라이스의 보고서 〈지금 아니면 할 수 없는 일: 퀸즐랜드 주에서 가정폭력 근절하기〉는 가정폭력 위기를 다루는 140가지 방법을 제안했는데, 그중 하나는 목 조르는 행위를 특수 범죄로 엄벌해야 한다는 것이었다. 연구 결과에 따르면, 가정폭력의 수위가 높아져 살인으로 이어지는 대부분의 경우 그 이전에 흔히 발생하는 폭력 행위가 바로 목 조르기였다. 그런데 목 조르기만으로는 살인 의도를 입증할 수 없어 가해자에게 살인 미수 혐의를 적용할 수 없다. 목 조르기로 피해자 신체에 영구적 손상이 남는 경우도 흔치 않으니 상해죄를 적용하기도 어렵다. 만약 한 남성이 집 안에서 여성의 목을 조르다 그녀가 의식을 잃자마자 손을 풀었다면, 상대를 죽일 뻔했더라도 일반 폭행죄로만 처벌받게 된다.

만약 이번 사건의 피고인이 집 밖에서 내게 그런 짓을 저질렀다면 그는 중형을 선고받았을 것이다. 그러나 피해자가 그의 보호를 받는, 아니, 정확히는 '지배를 받는' 자녀였기 때문에 그에게 적용된 죄목은 훨씬 가벼웠다. 타인에게 기대하는 친절과 존중보다 더욱 관대한 잣대로 부모가 아이를 제대로 양육하는지 판단한다는 것은 도저히 말이 되지 않는다. 오히려 부모에게 훨씬 더 엄격한 잣대를 들이밀어야 하지 않을까? 한 아이를 낳아 기른다는 것은, 그 아이를 제대로 돌볼 의무를 진다는 의미여야 한다.

혹시 이 의붓아빠는 아이를 성적으로도 학대하지 않았을까? 아이가 너무 부끄러워 침묵하고 있는지도 몰랐다. 아이로서는 일단 학대당했다고 신고를 하면 성폭력도 자연스레 멈출 것이라 생각해 말하지 않는 것인지도 몰랐다.

"형량의 범위가 퍽 넓어 보이는군요." 판사님이 말했다. 판례에 따르면 항소법원의 예비판사가 이와 유사한 사건의 피고인에게 사회봉사명령만을 내린 경우도 더러 있었다. 집안에서 일어나는 일은 곧 남성의 관할이지, 법이 관여할 문제가 아니라고 생각하는 사회이기에 가능한 결과였다.

피해자를 제외한 나머지 여섯 남매가 학대당한 적이 없다고 진술했기에 공동체부°는 아무 조치를 취하지 않았다. 변호인은 여섯 남매와 달리 피해 아동은 '훈육'을 받아야 하는 아이였으며, 여섯 남매 모두 친모와 양부의 편을 들었다고 변론했다.

판사님이 판결문을 낭독하는 동안 친모가 한 차례 울음을 터뜨리기는 했으나 결국에는 친모와 양부 모두 징역형을 면했다. 아니, 징역형을 면한 정도가 아니었다. 모두가 한집으로 돌아가게 되었다. 이제 무언가가 달라질까? 그럴 리 없었다.

° Department of Communities. 아동 보호나 장애인 복지 등 다양한 형태의 가족 지원 업무를 담당하는 서호주 정부의 부처. 우리나라로 치면 여성가족부와 보건복지부의 업무를 맡고 있다고 할 수 있다.

목요일에 아빠가 날 데리러 워릭에 들렀다. 아빠와 나는 친할머니를 보러 갈 예정이었다. 할머니는 지난해부터 인근의 요양원에서 생활하고 있었다. 할머니를 만나고 난 다음에는 판사님을 모시고 아빠까지 셋이 호스앤조키°°에서 저녁을 먹기로 했다.

요양원에서 만난 할머니는 '우리 집안에 또 법조인이 생겼다'며 기뻐했고, 내 액세서리에 관심을 가지며 이것저것을 물었다. 지난번 할머니 집에 갔을 때만 해도 할머니는 내게 이렇게 말했었다. "아가, 너는 안 꾸며도 예쁘단다." 대화하는 내내 할머니의 정신은 오락가락했다. 치매가 서서히 진행되고 있었다. 할머니는 아빠와 내가 건네는 말에 별다른 반응을 보이지 않았지만, 두 눈에는 이따금 정신을 붙들려는 의지가 스쳐 지나갔다. 아마도 할머니의 머릿속에는 어떤 기억은 선명할지 몰라도 지나온 모든 세월의 흐름이 뒤죽박죽 엉켜 있었을 것이다.

요양원을 나와 판사님과 약속한 장소로 가는 차 안에서 아빠에게 말했다. "할머니가 꽤 괜찮아 보이던데요?"

"좋았다가 안 좋았다가 하신단다."

"요양원 생활에 만족하신대요?"

"지난주에 통화했을 때는 담당 간호사가 요양원의 '지배인'인 자기를 몰라보고 아주 버릇없게 군다고 불평하시더구나."

"네?"

°° Horse & Jockey. 워릭에 있는 모텔로, 외부인도 이용할 수 있는 비스트로가 딸려 있다.

"그래서 이렇게 말했지. '엄마, 엄마는 그곳 지배인이 아녜요. 그곳 사람들을 부리는 사람도 아니고요. 사람들에게 친절하게 대해주세요.' 그러니까 할머니가 '오!'라고 하더구나. 뜻밖의 얘기를 들은 것처럼 말이야."

"할머니답네요."

나와 할머니와의 대화는 그날 오후가 마지막이었다. 그 후로 나는 종종 할머니에 대해 생각했지만, 사실은 대부분 나에 관한 것이었다. 자식 없이 늙는다고 했을 때 무엇이 내 삶의 의미와 본질을 이루게 될까. 할머니는 자기 삶을 스스로 규정할 지각력은 잃은 상태였지만, 네 아들을 두었고 여러 손주를 두었다. 그들의 존재가 할머니의 삶에 의미를 부여했다.

나는 판사님이 자녀를 낳지 않은 이유가 여전히 궁금했다. 물론 앞으로도 묻진 못하겠지만 말이다. 판사님은 자기 일에 일생을 바쳤고 그 덕에 놀라운 지성과 인격을 갖춘 분이 되었다. 그렇게 자녀 없이 늙는다는 것이 어떤 것인지 판사님의 입을 통해 듣고 싶었다. 내게는 롤모델이 필요했다.

○○

호스앤조키에 도착한 아빠와 나는 차에서 내렸다. 펍은 아니었지만 그렇다고 레스토랑도 아닌 곳이었다. 한쪽에는 복권 판매대가, 다른 쪽에는 주류 판매점이 딸려 있었다.

판사님과 아빠가 만난다니 약간 긴장되었다. 두 사람 사이에 끼어 있을 생각을 하니 더 떨렸다. 아빠는 일하면서 치안판사들을 많이 만나봤을 테지만 판사님과 같은 분과는 만날 기회가 드물었다. 행여나 아빠가 주눅 들까 봐 살짝 노파심이 생겼다. 동시에 아빠의 기를 살려주어야겠다는 생각이 드는 한편으로, 아빠가 판사님 앞에서 사법 제도의 개선 방안에 대해 열변을 토하면 어떡하나 불안하기도 했다.

그러나 모든 것은 기우였다. 어색해질 틈도 없이 내가 그레이비소스 그릇을 엎어버렸기 때문이다. 소스는 서서히 흘러내려 내 푸른색 벨벳 원피스를 흠뻑 물들였다. 그래도 소스 그릇이 판사님 쪽으로 엎어지지 않아 천만다행이었다. 언젠가 내 전임자였던 레베카가 '판사님을 위해서라면 총도 맞을 수 있다'고 말한 적이 있었다. 그때는 속으로 코웃음을 쳤지만, 소스를 쏟고 나니 어느새 나도 '판사님을 위해서라면 그레이비소스를 뒤집어쓸 수도 있다'고 꽤 비장하게 생각하고 있었다.

저녁 식사를 마치고 아빠가 브리즈번으로 돌아갈 때가 되자 섭섭함이 밀려왔다. 향수병에 걸린 사람처럼 아쉬웠다. 아빠의 차가 저 멀리 코너를 돌아 사라질 때까지 나는 계속 손을 흔들었다.

°°

월요일에 델라웨어라는 남자에 대한 공판을 시작했다. 사전 회의에서는 특이한 점을 발견하지 못했다. 오래전에 벌어진 아동 성추행 사건이었고, 피고인 델라웨어는 역시나 '엄마의 새 남자친구'였다. 다른 점이라면, 보통 이틀에서 사흘인 재판 예상 기간이 이 사건은 하루에서 이틀로 짧다는 것이었다.

"피고인 외에 증인은 없습니다." 검사의 말이었다

증언 녹취록을 훑어보니 사실이었다. 고소인의 이름은 조지였다. 왜 이걸 못 봤지? 지금껏 성폭력 사건을 다루면서 처음 만나게 된 남성 고소인이었다. 피고인석에 앉아 있는 델라웨어는 나이가 지긋해 턱수염이 희끗했다. 그가 앉은 자리 옆에는 지팡이가 놓여 있었다.

"피고인은 모든 범행을 일절 부인하는 바입니다." 변호인이 일어나 말했다.

'어렵하시겠어.'

검사의 모두발언은 군더더기 없이 깔끔했다. 범행이 시작되었을 때 조지가 열다섯 살이었다는 점을 제외하면, 과거에 내가 봤던 사건들과 별반 다르지 않았다. 조지 모친의 새 남자친구였던 델라웨어는 언젠가부터 조지를 부적절한 방식으로 만졌고, 해서는 안 될 행동을 했다. 처음에는 긴가민가하게 느낄 만큼 은근했지만, 몇 달에 걸쳐 점차 대담해졌고 심각해졌다. 조지는 엄마에게 살짝 말해보았으나, 그녀는 아들의 말을 진지하게 듣지 않았다. 델라웨어의 범행은 날이 갈수록 심해졌고 결국 끔찍한 일이 벌어진 그날 밤, 열여섯 살이던 조지는 그대로 집에서 도망쳤다.

델라웨어는 그리 침착한 유형의 피고인은 아니었다. 검사가 혐의를 제기할 때마다 화를 참지 못해 씩씩댔고 고개를 내저으며 불만을 표시했다. 지팡이를 들어 바닥에 내리찍었던 것도 같다.

조지는 이제 40대 남성이 되어 있었다. 플란넬 셔츠와 두툼한 청바지를 차려입었고, 윤이 나는 갈색 부츠를 신고 있었다. 가지런히 빗질해 넘긴 머리는 젤을 발라 고정해놓았고, 턱수염도 깨끗하게 면도해 멀끔하다는 인상을 주었다. 소위 스마트하게 옷을 입는 평범한 중년 백인 남성 같았다. 그는 약간 긴장한 기색이었으나 검사의 질문에 간결하고 분명하게 대답했다. 거짓말하는 것 같지는 않았다. 처음 몇 번은 그냥 넘겼으나 언젠가부터 샤워하는 모습을 델라웨어가 지켜보았고 나중에는 함께 샤워하자고 제안했다는 것이 그의 증언이었다. 그는 델라웨어와 함께 사는 것을 놓고 엄마와 말다툼했을 때를 떠올리며 손을 불안하게 비틀었다.

"피고인의 행동을 모친에게 구체적으로 말했습니까?" 검사가 물었다.

"아니요."

"모친과 다툰 후로 델라웨어 씨와 따로 살게 되었습니까?"

"아니요."

"이후에도 범행이 지속되었습니까?"

조지는 코를 부여잡고 붉어진 눈을 비비며 힘겹게 답했다.

"네."

그는 자신의 엄마에게 정확한 이유를 말하지 않은 채 무작정 델라웨어를 내쫓자고 고집을 부렸다. 내가 엄마에게 무작정 새뮤얼이 싫다고 여러 차례 이야기했던 것처럼. 나는 처음엔 조지 엄마의 무심함에 화가 났지만, 한편으로는 1980년대의 워릭에서 싱글맘이 혼자 돈을 벌어 아이를 키우기란 분명 녹록지 않았겠다는 생각도 들었다. 조지의 친부에 대해서는 지금껏 언급된 바가 없었다. 리스터의 경우처럼 델라웨어도 조지 모자에게 경제적 안정을 주었던 걸까? 풀먼처럼 그도 자신의 동거녀인 조지의 엄마를 정서적으로나 육체적으로 조종했을까? 사실 어느 쪽이든 중요하지 않았다. 중요한 것은 결국 그녀가 행동하지 않았다는 것, 자식의 말에 귀 기울여 그 행간을 알아차리지 못했다는 것, 두 눈을 가리고 있는 불투명한 막을 걷어내 현실을 보려 하지 않았다는 것이었다.

"반대신문 전에 잠시 쉴 시간이 필요한가요, 고소인?" 판사님이 조지를 바라보며 물었다. 조지는 괴로워 보였고 두 눈은 붉게 충혈되었으며 어깨는 잔뜩 위축돼 있었다.

"괜찮습니다, 재판장님. 계속하겠습니다."

"좋습니다." 판사님이 변호인을 향해 고갯짓했다. 변호인이 자리에서 일어났다.

짧게 진행된 반대신문은 보통 때와 사뭇 다른 느낌이었으며 실제로도 그러했다. 변호인은 거의 언제나 그렇듯 이번 재판에서도 남성이었는데, 지금껏 보았던 변호인들과 달리 그는 증인석에 앉은 고소인을 훨씬 편안하게 해주었고 존중해주었다. 나는 노트 한구석에 '신사답다'는 말을 끄적거렸다. 사실 모든 반대신문이 이래야 했다. 변호인은 어떻게든 의뢰인의 무죄를 이끌어내려 하는 것이 아니라, 진실에 다가가려고 노력해야 했다.

"증인이 주장하는 피고인의 범법 행위를 왜 아무에게도 말하지 않았습니까?" 변호인이 물었다.

"그런 얘기를 하는 사람이 아무도 없었으니까요. 특히 남자들끼리는요. 그러니 내가 주변에 그 얘기를 하면 다들 날 게이라고 생각할까 봐, 그 사람이 날 게이로 만들었다고 생각할까 봐 겁이 났습니다. 당시에는 정말 그렇게 생각했습니다. 그래서 도망쳤습니다."

"이상입니다, 재판장님." 변호인이 반대신문을 끝냈다. 델라웨어는 직접 변론하지 않았기에 공판은 이대로 마무리되었다. 배심원단은 오후부터 곧장 평의를 시작할 터였다.

"최단 기록이 될 것 같은데요?" 판사실로 돌아가는 길에 내가 판사님에게 말을 건넸다.

"그럴 것 같군요. 어떻게 생각해요?" 판사님도 흥미롭다는 반응이었다.

"제가 뭐라고 말할지 아시잖아요. 저는 유죄라고 생각해요."

세 시간이 흘렀을 즈음 집행관에게서 연락이 왔다. 모두 법정에 다시 모였다. 조지는 법정 뒤편에 아내와 함께 앉아 있었다.

"유죄라고 보십니까, 무죄라고 보십니까?"

"유죄입니다."

조지가 고개를 푹 숙였다. 아내가 그의 손을 꼭 붙잡아주었고 뺨에 입을 맞췄다. 그녀는 마스카라가 번지지 않게 눈을 위로 치켜든 채 조심스레 휴지로 눈물을 훔쳤다. 조지는 아내의 어깨에 얼굴을 묻었다.

배심원단은 피고인의 네 가지 혐의에 모두 유죄 평결을 내렸다. 평결을 받아낸 나는 도로 자리에 앉았고, 판사님은 곧바로 판결 선고를 진행하겠다고 선언했다. 바로 그때, 검사가 '피해 영향진술서'°를 제출하겠다고 요청하면서 피해자인 고소인이 진술서를 직접 낭독할 예정이라고 말했다. 나는 놀라 하던 일을 멈추고 그를 바라보았다. 피해자는 원할 경우 진술서를 작성해 담당 판사

° victim impact statement. 피해자의 상황과 심경을 피해자의 언어로 표현한 글. 범죄 사실을 묘사하는 것이 아니라, 범죄가 피해자와 피해자 가족에게 미친 영향을 서술하는 것이므로 주관적인 내용을 담고 있다.

에게 제출할 수 있었다. 피해 영향 진술서가 판결 선고에 중대한 영향을 미쳐서는 안 된다는 모호한 규정이 있기는 하지만, 대부분의 경우 이 진술서는 사법 제도에서 무력한 위치에 놓인 피해자가 자신의 목소리와 입장을 드러낼 수 있는 귀중한 기회로 여겨졌다.

보통 고소인들은 진술서를 타이핑해 문서로 제출했다. 따라서 판사님이 진술서를 읽는 동안 법정에 앉은 사람들은 가만히 앉아 기다려야 했다. 그다음에는 검사와 변호인이 양형과 관련해 각자 입장을 진술했다. 나는 여태껏 피해 영향 진술서를 몇 번 읽어본 적은 있었지만 피해자의 목소리를 통해 직접 들은 적은 없었다.

조지가 증인석으로 나와 반으로 접힌 A4 용지를 펼쳤다. 종이가 파르르 떨렸다. 그는 또박또박 진술서를 낭독하기 시작했다. 자신의 삶이 얼마나 행복하고 평범했었는지, 그러다 델라웨어가 자신을 성추행하기 시작하면서부터 삶이 얼마나 혼란스럽고 슬퍼졌는지, 그리고 어린 나이에 집을 떠났을 땐 얼마나 고생했는지를 차분히 고백했다. 그는 번듯한 일자리를 구하지 못해 이 동네 저 동네를 전전했고, 친구들과 가족을 뒤로한 채 '거친 사람들'과 섞여 지내야 했다. 어른이 되어 여자들을 만나게 되었지만 깊은 관계를 맺지 못했고 성적 욕구를 표현하는 데 어려움을 겪었다. 자신의 감정을 믿지 못한 나머지 그를 챙겨주려는 사람들을 일부러 밀어내기도 했다.

델라웨어 때문에 엄마와의 관계가 망가졌다는 대목을 읽을 때는 종이가 더 세차게 떨렸고 그의 목소리도 갈라졌다. "이제 저는 엄마를 만나지도, 엄마와 대화를 나누지도 못합니다." 그는 눈물을 훔쳤다. "하지만 전 여전히 엄마가 그립습니다."

그는 크게 한 번 숨을 들이마신 다음, 마지막 단락이 적힌 부분을 손으로 짚어가며 계속 진술서를 낭독했다. 이 모든 일에 어떻게 맞섰는지를 털어놓았고, 혐의를 부인하며 재판 과정을 지연시킨 델라웨어를 비판했다.

"마침내 이 모든 것을 떨쳐낼 수 있게 되어 기쁩니다. 제게는 절 사랑해주고 응원해주는 가족이 있습니다. 이제야 절 옭아매던 과거에 마침표를 찍게 되었습니다. 수년간 도망쳐왔던 과거로부터 이제야 비로소 벗어날 수 있게 되었습니다." 이 말을 끝으로 조지는 종이를 다시 반으로 접어 판사님에게 고맙다고 인사한 후 아내가 있는 자리로 돌아갔다. 그는 아내 품에 안겨 울음을 터뜨렸다.

그리고 내게도 어떤 변화가 일어났다. 내 몸이 그 변화를 감지했다. 처음에는 용기이자 놀라움이자 희망이었던 감정들이, 순식간에 결연한 의지로 바뀌어 내 안에 자리 잡았다. 안도해 울고 있는 조지를 보면서, 내가 원하던 것이 바로 그것임을 단번에 깨달았다. 나도 그렇게 울고 싶었다. 조지와 조지의 아내가 어떤 기분일지 알 것 같았다. 조지는 학대당한 과거의 짐을 원치 않았는데도 오랜 세월 그것을 짊어져야만 했다. 누군가에게 털어놓기까지 두려움과 수치심에 힘들어하기도 했다. 하지만 그는 그것이 털어놓을 가치가 있었으며 덕분에 이제 모든 것을 떨쳐냈다고 말했다.

조지에게 남아 있던 증거는 그의 기억이 전부였지만, 그는 끝내 가해자를 법정에 불러냈고 정의를 구현했다. 30년 동안 짊어지고 살았던 짐을 어느 평범한 월요일에 말끔히 처분한 것이다. 이젠 모든 게 끝났다. 이제 그는 법정 밖으로 나가 자신의 삶을 살아갈 것이다. 그는 '가벼워졌다'고 했다. 나도 가벼워지고 싶었다. 모든 짐을 내버리고 내 삶을 살고 싶었다.

　나는 개인 노트에 앞으로의 계획을 빠르게 휘갈겼다. 일단 빈센트에게 새뮤얼 이야기를 할 것이다. 그리고 부모님에게도 털어놓을 것이다. 필요하다면 새뮤얼을 고소하고 그가 무슨 짓을 저질렀는지 증언할 것이다. 마침내 긴 터널 끝에 있는 빛이 어떤 모습인지를 본 기분이었다. 그곳으로 나아가기 위해 무엇이든 할 생각이었다.

2부

12

나는 지난주 워릭에서 있었던 조지의 재판과 그가 말한 '가벼워진다는 것'의 의미에 줄곧 사로잡혀 있었다. 그리고 피해자가 남성인 사건의 의미에 대해서도 고민을 놓지 못했다.

30여 년 전에 일어난 이 확증 하나 없는 사건을 두고 열린 재판의 고소인이 남성이었으며 그가 결국 유죄 판결을 받아냈다는 사실은 결코 우연이 아니었다. 게다가 그 재판은 내가 그때까지 참여한 모든 공판 중에서 가장 짧은 시간 안에 끝난 사건이었다.

이 모든 것이 뜻하는 바는 무엇일까? 만일 조지가 여성이었다면, 그 사람은 유죄를 받아낼 수 있었을까? 절대로 그러지 못했을 것이다. 경찰과 검찰로 하여금 고소인의 주장을 믿도록 하는 일조차 녹록지 않았을 것이다. '남자가 뭐 하러 그런 거짓말을 하겠어? 자기한테 뭐가 득이 된다고. 하지만 여자들은 무슨 꿍꿍이인지 알 수가 없잖아?'

이런 생각에 잠긴 채 나는 엘리베이터에서 내려 모퉁이를 돌아 법정 바깥에 마련된 대기 공간을 지나갔다. 마침 그곳엔 법원 사람들로 가득했다. 몇몇은 법복 차림이었고, 몇몇은 서류 박스와 수레를 들고 있었다. 다들 수다를 떨거나 휴대폰으로 통화 중이어서 시끌벅적했다. 그때 내가 뚜벅뚜벅 구두 소리를 내며 그 앞을 지나가자 모두 내 쪽으로 고개를 돌리더니 일순간 조용해졌다. 법정용 가발을 손에 든 채 속닥거리던 두 왕실고문 변호사도 말을 멈췄다.

나보다 나이가 훨씬 많은 사람들조차 판사님 밑에서 일하는 나를 편하게 혹은 함부로 대하지 못했다. 나는 판사님의 위엄을 흉내 내듯 당당한 걸음으로 그들 앞을 지나쳤다. 솔직히, 기분이 나쁘지 않았다. 나 자신이 뭔가 중요한 사람이 된 것 같았기 때문이다.

분명 나는 법복의 힘을 그리워하게 될 것이었다. 법복이 없으면, 평생 아무리 노력한들 법복을 입었을 때 사람들이 내게 보이는 태도를 얻어낼 방법은 없었다. 그 힘은 말하자면, 슈퍼 파워 같았다. 많은 걸 가진 백인 할아버지가 입는 옷은 그렇게 내게도 영광스러운 슈퍼 파워를 잠시나마 부여해주었다.

○○

법정에서 어떻게 입고, 꾸미고, 말하느냐는 중요하다. 그리고 우리의 편견도 생각보다 훨씬 중요하다. 법정에서는 한 사람의 재력부터 출신 배경까지 거의 모든 게 부풀려지기 마련이니까.

그러나 평범한 화요일 아침에 외출 준비를 하면서 그날 오후 CCTV에 찍힌 사람이 자신임을 증명해야 한다거나 하필 왜 내가 그 옷을 입었는지 처음 보는 이들을 설득해야 하는 순간이 오리라고 예상하는 사람은 아무도 없다.

배심원단은 고소인과 피고인을 간편하게 범주화해 판단하고 싶어 하기에, 이를 잘 아는 변호인들은 법정에 출석하는 의뢰인의 복장에 각별히 신경을 쓴다. 펑퍼짐한 후드 티에 바싹 깎은 머리에는 의미가 있다. 깔끔한 검은 슬랙스와 무난한 플랫슈즈에도 의미가 있다. 타투와 피어싱도 그렇다.

여성이 입고 다니는 옷도 마찬가지다. 짧은 치마를 입은 여자의 의도를 해석하려고 애쓰는 사람들이 종종 오해하는 부분이 있다. 여자가 옷을 입는 방식과 자유롭게 거리를 돌아다닐 권리 사이에는 어떤 관련이 있을까? 당연히 그 어떠한 관계도 있을 리 없다.

법복은 내가 가장 좋아하는 옷이었다. 나는 전임자 레베카에게 이 옷을 샀고 레베카는 자신의 전임자에게서, 그 전임자는 다른 누군가에게서 이 옷을 샀다고 했다. 그러니 내 법복은 여러 주인을 거친 유서 깊은 옷이었다. 법복을 입는 순간 내게서 가장 돋보이는 부분은 오로지 내 두뇌였다. 허둥지둥 달려가는 순간에도 무언가 중요한 곳에 가는 것처럼 보였고, 도시가 내다보이는 커다란 창가에서 속으로 '점심엔 케밥이나 먹어야겠군' 하고 생각하는 순간에도 누군가에겐 정의와 인류에 대해 고뇌하는 지성인처럼 보였다.

이 사실을 염두에 두고서 변호사들을 상대하면 한결 마음이 편했다. 법복과 가발 차림이라고 해서 반드시 흠잡을 데 없고 똑똑한 사람이라는 보장은 전혀 없다는 걸 잘 알게 되었기 때문이다.

이날 오전에 열린 일명 '병아리콩' 재판에서는 질릴 만큼 많은 변호사들을 상대해야 했다. 변호인석 양 끝에는 법정 변호사가 한 명씩 앉아 있었다. 시니어 변호사°와 왕실고문 변호사도 각각 자리했다. 저마다 다른 모양의 타이를 목에 두르고 있었다. '수탉들이 깃털을 뽐내고 있다.' 나는 노트에 이렇게 끄적거렸다. 일곱 명이나 되는 사무 변호사와 보조원이 바삐 움직였고, 방청석에는 기자들로 가득했다.

한 회사원이 비용을 아끼려고 수입 농산물의 엄격한 소독 규정을 어겼다가 적발된 사건이었다. 그와 그의 회사에 각각 수십만 달러에 이르는 벌금이 부과될지도 몰랐다. 끔찍한 것으로 따지자면 앞서 이 건물의 같은 층에서 열린 풀먼의 재판이 훨씬 심각했으나, 한 아이가 수차례나 잔혹하게 강간당한 그 사건을 취재하러 온 기자는 단 한 명도 없었다. '병아리콩이라니? 세상에나! 더 일찍 말해주지 그랬어. 당장 〈커리어 메일〉 기자를 부르라고.'

변호사 한 명이 내 쪽으로 걸어왔다. 그러자 반대편에 있던 변호사도 일어나 내 쪽으로 움직였다.

먼저 온 변호사가 말을 건넸다. "안녕하세요, 연구원님. 다름이 아니라 공판을 몇 분만 늦출 수 있을까요? 지금 준비를 조금 더 해두면 공판 시간을 훨씬 단축할 수 있을 것 같습니다."

° Senior Counsel. 뛰어난 실력을 인정받는 변호사들에게 주어지는 직위로, 왕실고문 변호사와 엇비슷하지만 평균적으로 시니어 변호사들의 연령이 더 젊은 편이다.

다른 변호사도 고개를 끄덕였다.

판사실로 올라가 이 말을 전하자 판사님은 마뜩잖은 미소를 지었다. 판사님은 어차피 양측이 합의에 도달하리라고 예상했지만, 어쨌든 이 공판을 준비하느라 지난 며칠을 꼬박 바친 터였다. 피고인 측이 이 정도 규모의 변호인단을 고용하는 데 엄청난 돈을 들였으리라는 것은 모두가 아는 사실이었다.

드디어 공판이 시작되었다. 피고인으로 해당 회사를 호명하자 회사의 법률 대리인이 일어나 답변했다. 참 우스꽝스럽다는 생각이 들었고 속에서는 부아가 치밀었다.

점심시간에는 아빠와 만났다. "아동 강간범을 감옥에 보내려고 애쓰는 사람들보다 아까 그 변호사들이 돈을 훨씬 더 잘 번다니, 어떻게 그럴 수가 있죠?" 나는 애써 목소리를 낮추며 분통을 터뜨렸다. "이게 병아리콩 때문에 열린 재판이라고는 말했던가요?"

"그래."

"병아리콩이라뇨!"

"그래, 그래." 아빠가 살짝 웃으며 응대했다.

"만약 정부가 모든 강간 재판에 왕실고문 변호사들을 고용한다면 돈이 얼마나 들어갈지 상상이나 가세요?"

아빠는 계속 고개를 끄덕일 뿐이었고, 한동안 침묵이 이어졌다. 그 순간 끔찍한 생각이 내 안에서 고개를 들었다. '만약 내 사건을 형편없는 검사가 맡으면 어떡하지? 새뮤얼이 비싼 돈을 들여 왕실고문 변호사를 고용한다면?' 나쁜 생각이 꼬리에 꼬리를 물고 이어지려던 찰나, 내일로 예정된 상담 알림 문자가 도착했다. 휴대폰을 확인하고 다시 고개를 들어 아빠의 얼굴을 보았을 땐 왠지 눈물이 쏟아질 것 같았다. 나는 내일 심리 상담을 받은 뒤 엄마 아빠와 저녁을 먹고서 새뮤얼 이야기를 꺼낼 계획이었다.

아빠에게 그만 돌아가야 한다고 말한 다음 조금 일찍 자리를 떴다. 어쩐지 아빠를 속이고 있다는 느낌이 들었다.

판사실에서 다시 만난 판사님에게 조금 전 아빠에게 했던 질문을 똑같이 던졌다. 판사님의 답은 다르기를 내심 기대했다. "풀먼 씨가 강간한 열두 살 애한테는 신출내기 검사가 배정되는데, 어째서 병아리콩 따위에 이렇게 비싼 변호사들이 달라붙을 수 있죠?"

"열두 살 애한테는 돈이 많지 않을 테니까요. 그래서 그런 것 아닐까요?" 판사님이 능청스러운 표정으로 대답했다.

"판사님, 그건 제가 듣고 싶은 답이 아니라고요!"

판사님은 소리 내어 웃었고, 나는 판사실을 나왔다. "병아리콩이라니!" 아무도 없는 복도에서 나는 또 한번 분통을 터뜨렸다. 다들 이게 얼마나 더러운 상황인지 잘 알고 있었다. 아빠도 판사님도 그저 웃고 말았던 것은 내가 느끼는 분노를 이해했기 때문이었다. 하지만 이 바닥은 분노하고 있을 여유를 허락하지 않았다. 이 건물 아래층에는 재판 날짜가 잡히기를 기다리고 있는 사건들이 책장 가득 쌓여 있었다. 한 사건에 대한 재판이 끝나거나 취소되거나 무효화되면, 숨 돌릴 틈도 없이 새로운 사건 두 개가 연달아 도착했다. 열두 살짜리 피해자들을 지원하는 예산 따위는 없었다.

내 경우는 어차피 비싼 변호사를 선임할 수도 없었다. 형사 범죄의 피해자는 나 같은 개인이지만, 가해자를 법정에 세울 수 있는 주체는 검찰이었다. 이는 내가 비용을 부담할 필요가 없다는 뜻이었지만, 동시에 내가 할 수 있는 일도 없음을 의미했다.

병아리콩 사건의 선고 공판은 다음 날로 미뤄졌다. 판사님은 회의로 자리를 비운 터였다. 사무실에 앉아 있던 나는 경찰에 전화를 걸기로 결심했다. 개인 휴대폰으로 전화하는 모습을 다른 판사님들에게 들켰다가는 곤란해질 수 있었고, 자취 집은 워낙 낡아 방음이 허술했기에 하우스메이트가 들을지도 몰랐다. 따라서 내가 경찰에 전화를 걸 수 있는 곳은 사무실뿐이었다. 게다가 오늘처럼 근무 시간에 판사님이 자리를 비운 것은 일주일 만에 찾아온 기회이기도 했다.

L자로 꺾인 책상 앞 회전의자에 앉아 찬찬히 한 바퀴를 돌며 사무실 풍경을 빠짐없이 눈에 담았다. 가득 쌓인 판결문 서류철들, 앞으로 있을 공판에 참고할 진술서들, 여러 책과 낱장 서류가 빼곡히 꽂힌 책장까지. 그동안 나는 이 모든 것을 내 안에 욱여넣으면서 내 과거가 더러운 바닷속 작디작은 눈물방울에 지나지 않는다는 사실을 명심해왔다. 괜히 고소를 했다가 안 그래도 꽉 막힌 이 시스템을 더 막히게 하는 건 아닐까 하는 걱정도 늘 함께였다.

지금 어딘가에서 나처럼 고소를 결심한 여성이 있지는 않을까? 틀림없이 있을 것이다. 눈을 감고 얼굴을 모르는 그녀를 상상해보았다. 나는 책상 위 서류철에 가만히 손을 올려놓고서 그동안 법정에서 보았던 여성들과 아이들의 얼굴을 머릿속에 그렸다. 그들은 울고 있었다. 무표정인 어른들로 가득 찬 커다란 법정에서 과거의 공포를 되살려야 했을 때 그들이 느낀 두려움과 경직 반응을 나는 고스란히 체험할 수 있었다. 나는 그들에게 말해주고 싶은 것이 아주 많았지만, 언제나 재판연구원 자리에 가만히 앉아 침묵해야 했고 중립을 지켜야만 했다. 하지만 나는 내가 그들을 얼마나 존경하는지, 그들이 얼마나 강인한 존재인지 꼭 말해주고 싶었다. 또한 그들이 말하는 괴물이 세상에 정말 존재한다고, 그 괴물은 그냥 평범한 사람의 모습을 하고 있다고, 그리고 내게도 그 괴물을 법정에 세울 권리가 있다고 모두에게 말하고 싶었다.

수화기를 들어 전화번호를 눌렀다. 얼마 안 있어 한 여자 경관이 전화를 받았다.

"더튼 파크 경찰서 태너 순경입니다." 또렷한 목소리였지만 조금은 사무적인 말투였다.

"안녕하세요. 어렸을 때 있었던 범죄를 신고하려고요."

"아, 네. 지금 바로 가능하신가요?" 수화기 건너편에서 그녀가 허리를 꼿꼿이 세우는 모습이 그려졌다.

"네."

"말씀하신 사건이 언제쯤 일어났나요?"

"15년 전쯤, 초등학생 때요."

"알겠습니다. 형사과 담당자를 연결해드릴게요."

"네."

총기 사고 발생 시 익명 신고 서비스를 이용하라는 통화 연결음이 흘러나왔다. 지금껏 법원에서 일하는 동안 총기 사고와 관련한 재판이나 선고 공판은 한 번도 본 적이 없었다. 왜 가정폭력을 익명으로 신고하라는 안내는 하지 않는 걸까?

"여보세요. 들리시나요?" 다시 그 경관이었다.

"네."

"형사과와 연결이 되질 않네요. 간략한 정보를 그쪽 담당자에게 대신 전달해드려도 될까요?"

"네, 그렇게 해주세요."

그녀는 사건에 대해 구체적으로 묻기 전에 내 개인정보를 받아 적었다.

"이제 사건에 대해 말씀해보시겠어요?"

"네. 딱 한 차례 있었던 일이에요." 나는 서서히 되살아나는 경직 반응을 억누르며 입을 뗐다. "그 사람은 제 오빠의 친구였고 저보다 여섯 살이 많았어요. 저는 초등학교 교복을 입고 있었고요. 그날은 저와 오빠, 그 사람, 이렇게 셋이서 저희 집 뒤뜰 트램펄린에서 놀고 있었어요. 그러다 오빠가 잠시 집에 들어갔고 그 사람과 저만 남았는데, 갑자기 그 사람이 트램펄린 뒤로 절 데리고 가서……." 좀처럼 말이 나오지 않았다. "아……."

식은땀이 나고 몸이 뻣뻣해졌다. 눈을 뜰 수가 없었다. 모든 근육이 하나하나 쪼그라드는 기분이었다.

태너 순경은 묵묵히 기다려주었다. 나는 툭툭 끊기는 단어들로 그날 있었던 일을 마저 진술했다. 수화기를 들고 있는 손가락이 저릿했다. 그때 그녀가 뭔가를 물었는데 잘 들리지 않았다. 나는 멍해져 아무 말도 하지 못했다. 정신이 다른 곳으로 빠져나가고 있었다.

"여보세요?"

"아, 네. 듣고 있어요. 죄송한데 뭐라고 하셨죠?"

"그 사람과 아직도 연락하나요?"

"그러진 않아요. 그런데 가끔 그 사람이 저희 가족 행사에 참석해요. 제 열여덟 살 생일 파티에도 어쩔 수 없이 초대해야 했어요. 오빠 집에 갔을 때도 몇 차례 보았고요. 또 그 사람이 제 페이스북 계정에 댓글을 달기도 해요."

"알겠습니다. 그럼 현재는 그 사람 때문에 위험을 느끼진 않으시는군요?"

"네, 그렇진 않아요."

"그 사람의 이름과 특이사항에 대해 말씀해주시겠어요?"

"새뮤얼 레빈스요." 내 입으로 그 이름을 말하다니, 기분이 더러웠다. 하지만 조금은 속이 시원했다. 속을 게워낼 때의 느낌처럼.

태너 순경에게 내 휴대폰 번호를 알려주고 전화를 끊었다. 어디선가 불쾌한 냄새가 났다. 셔츠부터 재킷까지 땀에 축축하게 젖어 있었다. 화장실에 가려고 자리에서 일어나자 두 다리가 후들거렸다.

이제 빈센트를 만나면 이 이야기를 해야 했다. 빈센트와는 잠시 후 저녁에 만날 예정이었다. 카페에서 아빠를 만났을 때는 두 눈을 똑바로 보면서도 이것을 숨길 수 있었지만, 빈센트에게는 그럴 수 없을 것 같았다. 그에게는 모든 것을 솔직하게 털어놓아야 했다. 그래야 했다. 몇 년 전 둘 다 잔뜩 술에 취했던 어느 날, 어릴 때 있었던 그 일을 '어쩌면' 그에게 말했던 것도 같지만, 내가 어디까지 말했는지, 그가 어떻게 반응했는지는 기억나지 않았다. 이제는 확실히 말해야 할 때였다. 내가 성추행당한 과거를 솔직하게 고백하면, 그도 나에 대한 마음을 솔직히 말해줄 것이다.

화장실 거울에 머리를 기댄 채 손목 위로 떨어지는 차가운 물줄기를 느끼며 호흡을 정리했다. 이토록 작은 장애물을 만날 때조차 어김없이 경직 반응이 살아나다니. 지금으로서는 도무지 상황이 나아질 것 같지 않았다. 왠지 워릭의 법정에서 조지가 진술했던 그 안도감을 내가 느낄 순간이 올 것 같지 않았다. 일자리와 소중한 사람을 잃지 않으려면 정신을 똑바로 차려야 했다. 나는 거울을 보며 번진 마스카라를 고치고 얼굴에 혈색이 돌아오도록 뺨을 가볍게 때렸다.

오후 3시 반이 지나고 있었다. 빈센트에게 어떻게 말을 꺼낼지 생각할 시간이 한 시간 반밖에 남지 않았다는 뜻이었다. 무엇을 말하고 무엇을 말하지 말아야 할까. 어디까지가 솔직한 것이고 어디까지가 안전한 것일까? 그가 날 이해할 수 있으려면, 그래서 날 계속 좋아해줄 수 있으려면 그는 어디까지만 아는 편이 나을까?

나는 사무실 책상 앞에 앉아 펜과 종이를 꺼내 할 말을 적어보기로 했다. 어느 지점에서 그가 '그만 듣고 싶어'라고 말할지, 그래서 내가 말을 잠시 멈춰야 할지에 대해서도 생각했다. 그렇게 몇 번을 끊어 이야기를 모두 마치고 나면 나는 그에게 마음의 변화가 생겼느냐고 물을 것이고, 아마도 그는 시간이 필요하다고 말할 것이다. 그렇게 그의 마음에 생긴 병이 날 향한 애정을 천천히 좀먹을 것이고 몇 달에 걸쳐 우리의 관계를 망치고 말 것이다. 이것이야말로 어쩌면 내가 가장 두려워하는 부분이었다.

나는 다시 조지를 떠올렸다. 아내의 품에 안겨 울던 그의 모습을. 그는 아내 쪽을 보지도 않고서 그녀에게 와락 안겼다. 그녀가 자신을 받아주리라 확신했기 때문이었다. 함께 있는 그들은 강인해 보였다.

∘_∘

빈센트와 나는 패딩턴 집 앞 테라스에 앉아 있었다. 이 작은 집에 처음 왔을 때만 해도 해가 쨍쨍할 때나 비가 올 때나 테라스를 지키는, 다 낡아 빠져 한쪽 모서리에 썩은 솜뭉치가 비죽 튀어나온 이 소파에 맨다리를 내놓고 앉게 될 줄은 정말 몰랐다. 그러나 지금은 그런 걸 생각할 여유조차 없었다. 나는 소파 등받이에 머리를 기댄 채 깊게 호흡하며 무슨 말부터 꺼낼지 고민했다.

"할 말이 있어." 방으로 들어와 가방을 내려놓은 뒤 입을 열었다. 빈센트의 두 눈에 살짝 당황스러움이 스쳤다. 나는 웃음이 나왔다. "임신한 거 아니야!" 그는 겸연쩍게 웃었다. "밖에서 얘기할까?"

우리는 함께 테라스로 나왔다. 그는 잠자코 날 기다려주었다. 내가 무언가를 정리하는 데 시간이 걸리는 사람이란 걸 빈센트는 잘 알고 있었다.

"예전에 내가 오빠 친구 얘기했던 거 기억나? 태어나서 아무한테도 말하지 않은 비밀에 대해 서로 얘기했을 때."

"응, 기억나."

"그 사람을 고소하려고."

"그렇구나." 빈센트는 고개를 끄덕인 뒤 다시 내 말을 기다렸다. 나는 티 내지 않으려고 애쓰며 그의 표정과 몸짓에서 나에 대한 혐오감이 읽히는지에 온 신경을 곤두세우고 있었다. 그가 내 몸 반대편으로 다리를 꼬거나 무심히 팔을 꼬기만 했더라도 나는 깊은 상처를 받았을지 모른다. "꿈꾼 걸 수도 있다고 하지 않았었나?"

나는 숨을 크게 내뱉으며 말했다. "아냐. 그건 그냥 둘러댄 말이었어. 회피하고 싶었으니까. 하지만 실제로 있었던 일이야. 어린 애가 그런 꿈을 꾸지는 않아."

다시 침묵이 흘렀다.

"나한테 자세히 말하고 싶어?" 그가 차분히 물었다.

"아니. 지금은 아니야. 아마 한동안은 할 일이 많을 테고. 일이 진행될 때마다 알려줄게."

"그래. 어찌 됐든 내가 널 사랑하고 응원한다는 것만 기억해. 내가 도울 일이 있으면 바로 말하고."

나는 말없이 그를 안았다. 그는 날 안은 채 내 이마에 입을 맞췄다. 해가 저물고 있었다. 자전거를 탄 사람들이 집 앞 도로를 쌩하고 지나갔다.

나는 이 집에 이사 온 첫날 심은 와틀° 화분을 가리켰다. "쟤는 왜 안 자라나 모르겠어. 라임 나무랑 장미랑 라벤더는 쑥쑥 잘 자라기만 하는데. 내가 신경을 안 쓴 것도 아닌데 뭐가 부족한 건지 모르겠어. 아주 까다로운 애라니까."

"와틀도 토종 식물이던가?"

"응. 그러니까 이보다 더 편한 곳이 없겠지. 와틀한테 저 화분은 휴양지 같을걸."

빈센트는 저녁으로 뭘 먹고 싶은지 물었다. 나는 피자와 카레

° Wattle. 노란 빛을 띠는 아카시아속 식물로, 호주의 국화(골든 와틀)이기도 하다.

중 무엇을 먹을지에 대해 그와 이야기를 나누다 문득 두 달 전 평범하고 따분한 브리즈번에 질려 하던 내 모습을 떠올렸다. 그때의 나는 이곳의 멀쩡함에 숨 막혀 했고 더 커다란 세상을 열망했다. 뉴욕이 그리웠고, 새로운 자극과 모험을 갈망했다. 그런데 이제는 이 도시가 날 보듬어주기를 바라고 있었다. 내가 문제를 해결해나가는 동안 늘 그랬던 것처럼 그대로 있어주기를, 내게 누울 곳을 주고 먹을 것을 주기를.

°°

다음 날 아침, 우리의 병아리콩 회사원은 벌금형과 함께 짧은 징역형을 선고받았다. 비싼 몸값의 변호인들과 바글거리던 기자들은 뿔뿔이 흩어졌고, 이 소식은 지역지를 장식했다.

혼자 고난의 수렁에 빠져 있던 나로서는 그리 무겁지 않은 사건을 다뤄 그나마 다행이었다. 아침에 커피를 마셨지만 도저히 정신이 맑아지지 않아 여러 차례 뺨을 만지고 기지개를 켰다. 머릿속에는 온통 이날 오후에 있을 상담 생각뿐이었다. 조금만 참으면 상담실에 들어가 하고 싶은 말을 마음껏 할 수 있었다.

검사와 변호인의 최종 의견 진술을 들은 판사님은 입장을 정리하기 위해 한 시간가량 휴정한다고 선언했다. 나는 판사님과 함께 판사실로 올라가 잠시 자리를 비워도 된다고 허락받은 후 화장실로 향했다. 변기 뚜껑에 주저앉아 타일 벽에 몸을 기댔다. 눈을 감자 호러 영화 같은 장면이 펼쳐졌다. 다리가 마비돼버린 내가 다리를 질질 끌며 바닥을 기어 다니고 있었다. 눈을 뜨고 싶었지만 자동 센서로 작동하는 조명이 너무 밝아 실눈을 다시 질끈 감았다. 이번에는 트램펄린이 등장했다. 오후 햇살에 반짝이던 뒤뜰 수영장도 보였다. 이어서 그때의 그 경직 반응이 느껴졌다.

돌돌 뭉친 휴지로 눈물이 흐르는 두 눈을 꾹 눌렀다. 그 순간 내 쪽으로 다가오는 하이힐 소리가 들렸다. '내가 문을 잠갔던가?' 나는 얼른 목을 가다듬는 소리를 냈다. 발소리가 우뚝 멈추더니 점차 멀어졌다.

'젠장.' 세면대 거울 앞에 서서 발갛게 충혈된 눈을 보며 작게 욕을 읊조렸다.

○
○

"저, 오늘 조금만 일찍 퇴근해도 될까요? 시내에 일이 있어서요." 나는 판사님 책상 옆에 공손히 서서 양해를 구했다.

"아니, 뭐라?" 판사님이 성내는 척을 하다 빙그레 미소 지었다. "나는 모르는 일인 겁니다." 판사님이 시계를 힐끗 보았다. 시계는 4시 50분을 가리키고 있었다. 퇴근 시간까지는 10분이 남아 있었다. "나는 괜찮습니다. 혼자 남아 밤늦게까지 열심히 일하면 되지요."

"나중에 판사님이 일찍 퇴근하시는 날에는 제가 꼭 비밀을 지켜드릴게요." 나 역시 장난스럽게 대꾸하며 발걸음을 돌렸다. "사실 여기 13층에서 지금까지 열심히 일하고 있는 분들은 그리 많지 않을걸요." 나는 가끔 판사님 앞에서 다른 판사들을 흉보는 듯한 건방진 말을 던지곤 했지만, 판사님은 절대 그 미끼를 무는 법이 없었다.

"그래요. 얼른 가봐요. 내일 봅시다."

"감사합니다, 판사님. 내일 뵈어요."

판사실이 줄지어 있는 복도를 지나치며 생각했다. 내 사건이 재판까지 가게 된다면 누가 내 재판을 맡게 될까? 법정에 내가 고소인 자격으로 출석해 평소 얼굴을 알고 지내던 판사와 재판연구원을 마주 보고 앉아 있는 모습은 도저히 그려지지 않았다. 아마도 내 사건은 사우스포트나 입스위치 지원에서 일하는 판사, 그러니까 나를 전혀 모르는 판사에게 배정될 것이다. 그런데도 새뮤얼의 변호사가 불공정 재판이라고 문제를 제기하면 어떡하지?

한편 법무부 직원 가운데 성범죄 재판의 고소인이 된 사람은 얼마나 될까 문득 궁금해졌다. 물론 알 길은 없었다. 다들 화장실에 틀어박혀 혼자 울고 말았을 테니까.

나는 심리학자와 진행한 첫 상담 자리에서 15분도 지나지 않아 대성통곡을 했다. 심리학을 연구하는 그 상담사는 본격적인 상담에 앞서 앞으로의 계획을 세울 수 있도록 내가 겪고 있는 문제를 정리하는 데 배정된 시간의 대부분을 할애했다.

"자, 앞으로 할 일이 많겠군요." 상담사가 첫 상담을 마치며 말했다.

나는 대답 대신 코를 크게 푼 다음 휴지를 한 장 더 뽑았다.

"정말 오늘 부모님에게 말씀드릴 건가요? 서두를 필요 없어요. 이미 충분히 버거운 하루였을 텐데."

병아리콩 사건을 마친 오늘은 지난 1년간 견뎌야 했던 '버거운 하루'들과는 비교하기 어려울 만큼 수월한 날이었지만, 나는 이 사실을 굳이 상담사에게 말하진 않았다.

"마음먹은 이상 오늘 당장 말해야 해요. 그러지 않으면 앞으로도 매 순간 엄마 아빠를 속이는 기분이 들 테니까요." 내 말은 진심이었다.

"알겠습니다." 상담사는 자살 예방 상담 전화번호가 적힌 팸플릿을 내게 건넸다. 나는 웃었지만 상담사는 진지했다.

상담 센터를 나와 곧장 엄마 아빠의 집으로 향했다. 뜻밖에도 외할머니와 외할아버지가 집에 와 계셨다. 두 분은 가까운 곳에 살았고 우리 가족과 자주 어울렸다. 그렇다고 두 분에게까지 그 이야기를 털어놓을 수는 없었다. 결국 나는 저녁과 디저트를 먹는 동안 아무렇지 않은 척 행동했다. 집에 돌아갈 때가 되었을 때, 나는 잠시 화장실에 들르는 척 다시 집으로 들어갔고 할머니 할아버지의 자동차가 멀어져가는 소리를 잠자코 들었다.

"가기 전에 할 말이 있어요." 식사를 마치고 즐거운 시간을 보낸 엄마 아빠의 얼굴에서 웃음기가 사라졌다.

그 이야기를 하는 내내 나는 엄마와 아빠의 얼굴을 쳐다보지 못했다. 자식이 부모에게 들려줄 수 있는 최악의 이야기였으니까.

"그래서 이제 어떻게 하고 싶니?" 아빠가 물었다.

"고소하고 싶어요. 이미 경찰에 신고는 했어요. 해야 할 일을 하려고요." 나는 다시 울음을 터뜨렸다. 엄마가 다가와 날 꼭 안아주었다. 아빠도 나와 엄마를 오랫동안 안아주었다.

"괜찮아. 다 괜찮아. 괜찮을 거야." 엄마는 내 머리와 어깨를 가만히 쓰다듬어주었다. 이미 울 만큼 울었다고 생각했는데, 엄마와 아빠 품에 안기니 그동안 센 척하며 꾹꾹 눌러왔던 것들이 세차게 터져 나왔다.

조금 더 이야기를 나누다가 혼자 집에 갈 수 있다고 자신 있게 말하며 집을 나섰다. 내 차가 진입로를 빠져나가는 동안 전조등에 비친 엄마와 아빠는 손을 흔들며 끝까지 날 배웅했다. 내가 가고 두 분만 남겨지면 무슨 이야기를 주고받을까 불안해졌다.

'넌 어떻게 엄마 아빠에게 이런 짓을 할 수가 있어?'

얼마 안 가서 속이 울렁거렸다. 배불리 먹은 저녁과 디저트가 죄책감과 뒤엉키며 속을 휘저었다. 집에 도착하자마자 곧장 화장실로 달려가 속을 모조리 게워냈다.

13

일주일이 지나고 오후 근무를 하던 중에 복사실에서 엘런과 우연히 마주쳐 잠시 수다를 떨었다. 엘런은 사우스포트 지원 소속 재판연구원이었다. 엘런은 순회재판에 참여하느라 브리즈번에 머무르고 있었고, 이전에는 킨가로이로 출장을 다녀왔다고 했다. 재판연구원들 사이에서 킨가로이는 악명이 자자했다. 엘런이 그곳에서 맡은 세 건의 아동 성폭력 재판은 모두 무죄 평결로 마무리된 바 있었다.

한 남성이 의붓딸을 지속적으로 성폭행한 사건이 그중 하나였다. 고소인인 의붓딸은 열한 살일 때부터 성폭행당했다고 주장했다. 문제는 문자 메시지나 사진 같은 '증거'가 남은 시점이 열일곱 살 이후부터였다는 것이다. 배심원단은 동의하에 성관계를 할 수 있는 나이, 즉 성적 동의 연령° 이전부터 성폭행을 당했다는 고소인의 주장을 의심했다. 증거가 남았다 하더라도, 성폭행이 다 큰

° Ages of consent. 성적 행위를 스스로 결정할 수 있다고 여겨지는 나이. 대개의 국가에선 그 나이 미만의 미성년자와 성관계를 갖는 성인은 상대의 동의 여부와 상관없이 법적 처벌을 받는다. 호주는 대부분의 주에서 성적 동의 연령을 16세로 규정하고 있다.

여자와 남자 사이에서 일어났으며 둘이 실제 혈연관계가 아니라는 점은 피고인에게 빠져나갈 구멍을 주었다. 결국 배심원단은 무죄를 평결했다.

"그러니까 피해자가 열일곱 살에 자기 양아버지한테 그런 일을 당했다고는 믿으면서, 열여섯이나 열다섯 살에 그런 일을 당했다고는 믿지 않았다는 거지?" 나는 이미 답을 알고 있음에도 이렇게 물었다.

엘런은 고개를 끄덕였다. 바로 옆에서는 복사기가 바쁘게 돌아가고 있었다. 복사기 불빛이 유리판을 지날 때마다 엘런의 안경에 반사되었다. 그 불빛은 엘런이 만난 피해자에 비해 우리가 얼마나 운이 좋았는지를 속으로만 생각하며 서 있는 동안에도 그저 하염없이 흘러가기만 하는 시간의 형체를 기묘하게 보여주었다.

나는 엘런이 성폭력 피해자일 거라고는 생각하지 않았다. 엘런 또한 날 그렇게 보았을 것이다. 엘런의 눈 속에선 왼쪽에서 오른쪽으로 스쳐 지나가는 복사기의 불빛만이 반복될 뿐 어떠한 신호도 찾아볼 수 없었다. 나는 평소에 재수 없다고 생각했던 몇몇 여자 동료들을 떠올렸다. 어쩌면 그들도 행운아가 아닐 수 있었다. 통계적으로 따져보면, 나의 동기들 중 적어도 십수 명은 그런 행운아가 아니었다.

"그 의붓아빠는 보나 마나 아주 역겨운 자식이었겠지?" 내가 물었다.

"응, 정말 역겨웠어."

그때 메건이 들어오며 복사실 책상에 서류철을 쿵 내려놓았다.

"나 지금 재판 중인 거 알지? 강간 사건인데, 가해자가 크리스마스 파티 때 자기 친구 딸을 위층으로 데려가서 강간한 다음에 태연하게 아래층으로 내려와 계속 파티를 즐겼대."

"윽." 엘런이 얼굴을 찡그렸다. 나도 한숨을 내쉬었다.

"이게 다가 아니야. 아까 배심원 한 명이 쪽지를 보내왔는데, 점심시간에 보안 요원이 고소인의 아빠를 데려가더라는 거야. 그러면서 자기가 그 광경을 목격한 게 괜찮은 것인지, 왜 고소인의 아버지를 데려간 것인지 묻더라고. 그래서 판사님과 내가 그 보안 요원을 불러다가 자초지종을 물었지. 그랬더니 하는 말이, 그날 법원에 견학 온 한 여학생이 법정을 빠져나가고 있는데 뒤에서 누가 만지는 느낌이 들어 돌아보니까 고소인의 아빠가 그 학생 뒤에 딱 붙어 있었다는 거야."

"뭐?" 엘런과 내가 동시에 소리를 질렀다.

"강간 피해자의 아빠가 법정에서 다른 여자애 엉덩이를 만졌다는 게 말이 돼?"

"그러게."

우리 셋은 잠시 아무 말도 하지 않았다. 복사실에는 복사기 소리만 시끄럽게 윙윙거렸다.

"뭐, 정확히 말하면 '엉덩이를 만졌다는 혐의'라고 해야겠지 만." 메건의 말이었다.

°°

며칠 후 평소보다 일찍 출근해 13층에 아무도 없는 걸 확인한 다음, 경찰서로 다시 전화를 걸었다. 신호음이 가는 동안 수화기를 어깨와 볼 사이에 끼워놓고서 막 깎아놓은 뾰족한 연필심을 하나씩 부러뜨리기 시작했다. 교정해야 할 서류 끄트머리에다 연필심을 사선으로 갖다 댄 다음 지그시 눌러 툭 부러질 때까지의 느낌에 집중했다. 불안과 분노의 힘이 내 안에 가득했다. 마치 개미 떼가 모공과 혈관 안을 기어 다니는 것 같았다. 왜 또 이러고 있어야 하지? 어릴 때 나도 모르게 손으로 내 얼굴을 칠 때마다 오빠가 하던 말이 생각났다. '왜 자꾸 널 괴롭혀?'

"네, 더튼 파크 경찰서 이언 그레이 순경입니다." 앳된 티가 나는 남자의 목소리였다. 나는 심이 부러진 연필을 내려놓고 자세를 고쳐 앉아 수화기를 손으로 쥐었다.

"안녕하세요. 일주일 전에 신고한 사건이 어떻게 진행되고 있는지 궁금해서요. 자세한 내용은 그때 다 말했고, 늦어도 이틀 안에 회신을 준다고 했는데 지금껏 연락이 없네요."

"아, 그렇군요. 죄송합니다. 한번 확인해보겠습니다. 이름과 생년월일을 말씀해주세요."

나는 그에게 이름과 생년월일을 불러주었다.

"기록이 없는데요." 화면에 띄운 목록을 죽 훑어보고 있을 그가 살짝 건성으로 말했다.

"오래전에 있었던 아동 성추행 사건이에요." 나는 그에게 지난번 통화했던 날짜와 시간도 알려주었다. 그는 더튼 파크 서로 전화했던 것이 맞느냐고 물었고, 나는 똑같은 번호로 전화하는 것이라고 답했다. 그러자 이번에는 당시 통화했던 관계자의 이름을 물었고, 나는 기억나지 않는다고 말했다. 그렇게 몇 분간 이런저런 질문과 답변이 오갔다. 결국 그는 그날 근무했던 담당자가 누구인지 확인하고 오겠다며 잠시 기다려달라고 부탁했다. 나는 가만히 앉아 부러진 연필과 움푹 파인 종이를 물끄러미 바라보았다.

한참 만에 그가 돌아왔다. "죄송합니다만 저희 쪽에 신고 기록이 남아 있질 않네요."

"뭐라고요?"

"죄송합니다. 저도 사정을 정확히 몰라 뭐라 드릴 말씀이 없는 상황입니다. 번거롭겠지만 지금 다시 신고해주시겠어요? 형사과로 넘기기 전에 몇 가지만 간단히 확인하면 됩니다. 그러면 담당자가 오늘 중으로 연락드릴 거예요."

"이미 저번에 다 말했는데요?" 내 목소리는 길 잃은 아이 같았다.

"죄송합니다."

"아……. 알겠습니다. 간단히만 말씀드리면 되죠?" 나는 그날 있었던 일을 처음부터 다시 진술했다.

남자 순경은 지난번에 통화한 여자 순경과 똑같은 질문들을 던졌고 내 생년월일과 연락처를 물었다. 48시간 안에 전화가 갈 것이란 말도 똑같이 덧붙였다.

전화를 끊고 의자를 뒤로 밀어낸 뒤 고개를 숙여 무릎 쪽으로 머리를 파묻었다. 수치심과 당황스러움과 거부감이 뒤섞여 찌릿한 아픔이 찾아왔다. 동시에 혼란스러웠다. 모르는 사람에게 내 이야기를 털어놓으면서 도움을 요청하기까지, 그런 용기를 내기까지 얼마나 오랜 시간이 걸렸는가를 생각하면 참담했다. 도무지 무덤덤하게 받아들일 수 없는, 내 인생 최악의 순간이자 가장 어두운 과거가 공무원들의 기록에서 이유 없이 누락되어버릴 만큼 하찮다니. 나를 괴롭히는 그 괴물이 누군가의 책상에서 감쪽같이 사라질 만큼 존재감이 없다니. 내게는 이토록 중요한 것이 어떤 사람들에게는 전혀 중요하지 않다는 사실에 내 마음은 산산이 부서졌다. 심지어 그들은 누구보다 이 문제를 신경 써야 하는 사람들이었다.

온종일 의심이 내 주변을 맴돌았다. 경찰이 다루는 심각한 사건들에 비해 내 사건이 너무 시시하고 하찮은 건 아닐까? 딱 한 번, 그것도 아주 오래전에 있었던 일로 경찰의 귀한 시간을 잡아먹는 것은 아닐까? 관심과 동정을 받고 싶어 괜한 욕심을 부리는 건 아닐까?

경찰은 내게 현재 위험을 느끼느냐고 물었고, 나는 아니라고 답했다. 그러자 경찰은 담당자가 시간이 나는 대로 연락을 줄 것이라고 말했다. 나와 달리 이기적이지 못해 경찰에 다시 연락하지 못한 여자들은 얼마나 될까? 그들의 사건은 경찰서 기록에 오르지 못할 것이고, 당연히 통계 자료에 포함되지도, 중도에 취하한 사건으로 기록되지도 않을 것이다.

그러다 늦은 오후 휴대폰이 울렸을 때, 의심은 잦아들고 불개미가 몸속에 들끓는 기분이 돌아왔다. 전화를 걸어온 경찰관은 자신을 숀 톰슨이라고 소개했다. 나는 사건에 대해 진술하고 향후 계획을 상의하러 다음 주 퇴근 후 경찰서를 방문하기로 했다.

판사님이 퇴근한 판사실 한쪽 구석에서 창밖 너머 브리즈번 서쪽을 바라보았다. 어린 시절 내가 자란 지역이었다. 어느새 창밖은 연분홍빛 석양에 잠겨 있었다. 범죄가 수놓인 성좌에 이제 내가 기억하는 그곳도 한 자리를 차지한 셈이었다. 인간의 고통을 그려 놓은 지도 위에서 나의 장소 역시 희미하게 경고등을 깜빡였다.

하늘에 걸린 길쭉한 구름은 끝부분이 노란빛과 주황빛으로 물들어 마치 불에 붙은 것처럼 보였다. 나는 바삐 제 갈 길을 가는 사람들을 넋 놓고 바라보았다. 외곽 순환 도로 위를 달리고 있는 차를 세어가며, 차량의 운전자가 모두 25세 이상이고 그중 절반이 여성이라고 한다면 적어도 지금 저 도로 위를 지나고 있는 빨간색 차 안의 운전자는 모두가 성폭행 피해자일 수도 있겠다는 계산을 머릿속으로 해보았다.

발코니로 나가 난간 아래로 고개를 늘어뜨렸다. 순간 공포가 몰려오며 심장이 빨리 뛰었다. 지금 죽고 싶은 생각은 없었다. 나는 몸을 돌려 서둘러 집으로 향했다.

평범한 하루하루가 흘러갔다. 교정을 볼 판결문이 스무 개 가까이 밀려 있었기에 틈틈이 하나씩 해치워야 했다. 월요일에 또 한 번의 익숙한 공판이 열렸다. 고소인은 어두운 머리칼과 진한 이목구비가 도드라진 젊은 여성으로, 목에는 금목걸이를 두르고 있었다. 고소인의 어머니는 자신의 동거남이 딸에게 몹쓸 짓을 저질렀다는 사실을 전혀 알지 못했다고 했다. 피고인은 약물을 사용해 범행을 저질렀다. 고소인이 처음 경찰에 신고한 순간은 언제였을까. 만약 그때 경찰에게서 아무런 답을 듣지 못했다면 그녀는 어떻게 했을까.

그녀가 피고인의 범행을 자세히 진술하는 동안 나는 종이 쪼가리에 낙서를 끄적였다. 피고인은 내 맞은편에 앉아 있었다. 내가 이 법정에서 눈에 띄지 않는 존재라는 사실이 다행이었다. 피고인이 그녀에게 손가락을 사용해 무슨 짓을 저질렀는지 들었을 때는 나도 모르게 그의 손에 눈이 갔다. 통통하고 억세 보이는, 굳은살이 잔뜩 박인 두 손. 정말이지 알고 싶지 않은 것들이었다.

판결문 교정 작업을 할 때면 나는 공황 상태에 빠지곤 했다. 한참이 흐른 뒤에야 그것이 전이된 트라우마 증상임을 알았다.

나는 어려서부터 읽는 것을 유달리 좋아했다. 날 다른 세상으로 데려가는 책들을 좋아했고, 종이 위에서 생생한 모험을 펼치는 작가들을 사랑했다. 읽기에 대한 애정 덕분에 나는 성실한 독자로 자랐다. 그저 그런 글이라 해도 최선을 다해 이야기에 몰두하고 등장인물에 이입했다. 하지만 문제는, 그럴 필요가 없는 판결문과 같은 글에까지 감정적 거리를 두지 못하고 이입하게 된다는 것이었다.

법정 사건을 기록한 글에도 구체적인 배경과 장소가 등장했고, 주인공이 있었으며, 서사와 갈등이 펼쳐졌다. 조서를 읽을 때마다 거기에 적힌 이야기 하나하나가 내 몸에, 내 마음에 전이되었다. 나는 해리포터 책에 나오는 사건들을 빠짐없이 기억했고, 에이미 탄°의 소설과 맬컴 글래드웰°°의 에세이에 실린 이야기들도 선명히 기억했다. 이와 마찬가지로 내가 읽고 고친 법정 기록들 역시 내 안에 차곡차곡 쌓여 역겨운 냄새를 풍기는 도서관을 이루었다.

° Amy Tan. 중국계 미국인 작가. 이민자 가정에서 자라난 경험을 바탕으로 한 자전 소설《조이 럭 클럽The Joy Luck Club》이 대표작이다.
°° Malcolm Gladwell. 세계적인 저널리스트이자 베스트셀러 작가. '1만 시간의 법칙'을 유행시킨《아웃라이어Outliers》가 대표작이다.

나는 모든 피해 여성과 여자아이에게 감정을 한껏 이입하고 있었다. 각 판결문에 언급된 유사 사건들을 읽을 때마다 내 안에는 진부하기 짝이 없는 범죄 이야기들이 그렇게 쌓여갔다.

°°

경찰서까지는 아빠가 차로 데려다주었다. 아빠와는 아무 일 없다는 듯 대화를 나눴다. 혹시 아빠가 긴장하거나 슬퍼하고 있는지 살폈지만, 평소와 다를 바 없어 보였다. 어쩌면 아빠는 아무리 나쁜 일을 겪더라도 무덤덤해지는 법을 깨우쳤는지도 몰랐다.

아빠의 차가 방문자 전용 주차 구역에 들어섰을 때 문득 어릴 적 기억이 떠올랐다. 나를 태운 아빠 차가 집 앞마당에 들어섰을 때, 나는 아빠에게 오빠 친구들에 대해 한참 이야기하고 있었다. 그중 몇몇은 여자친구를 사귀더라는 말도 했다. 차가 멈춰 문밖으로 나가려는데 웬일인지 아빠는 꿈쩍하지 않았다.

"만일 그 애들 중 누구라도 네게 사귀자는 얘길 하거나, 널 만지거나 네게 입을 맞추려고 한다면 반드시 아빠한테 말해야 한다." 아빠의 목소리는 단호했다.

"왜요?" 나는 이유 없이 부끄러워졌다.

"왜냐면 그건 불법이니까."

"왜요?"

"왜냐면 넌 아직 애니까."

두 뺨이 화끈거렸다. 당시 나는 그 오빠들을 선망했다. 그들은 내게 쿨함의 기준이었다. 그들의 옷과 물건을 부러워했고, 그들의 관심을 끌고 싶어 했다. 나도 빨리 그들만큼 나이를 먹고 싶었다. 그래서 나는 그 오빠들이 듣는 음악을 무작정 좋아하는 척했다. 그 밴드들의 지저분한 머리와 귀에 거슬리는 멜로디가 뭐가 좋다는 것인지 도통 이해할 수 없었음에도.

돌이켜보면 그때 내가 왜 그랬는지 이유는 분명했다. 어린 시절 내내 선머슴처럼 지냈던 나는 곧 열세 살이 되어 7학년으로 올라갈 예정이었다. 변화를 앞둔 내 마음은 복잡하면서도 어딘가 공허했다. 방학 때마다 함께 놀던 남자애들이 날 생일 파티에 초대하지 않게 된 것도 그 무렵부터였다.

"왜 나는 초대 안 했어?" 나는 자존심도 생각하지 않고 친구 딜런에게 물었다.

"남자애들끼리 놀았어." 그는 어깨를 으쓱할 뿐이었다.

내가 오빠 친구들에게 그토록 바랐던 관심은 어느 순간부터 복잡한 의미를 띠기 시작했다. 나는 여자아이였다. 내가 오빠들의 관심을 얻고 싶어 한다는 것은 엄밀히 말해 한 소녀가 소년들의 마음을 얻고 싶어 한다는 뜻이었다. 당시 열두 살이던 나는 열여덟 살짜리 남자가 그 뜻을 어떻게 받아들일지 짐작조차 하지 못했다. 나와 그 오빠들은 뒤뜰에서 함께 어울리더라도 이상하지 않을 나이였지만, 동시에 그들은 갑자기 다른 존재로 변신해 낯선 놀이를 시작할 만큼 충분히 성숙한 남자들이었다. 새뮤얼이 그것을 증명했다.

아빠의 말에 부끄러움을 느낀 것은, 관심에 목마른 여자애로 오해받을까 하는 두려움 때문이었다. 사실 내가 진짜로 바란 것은 남자애들이 내게 던지는 관심이 아니라 그들의 쿨함이었다. 그 당시 어린 내가 보기에 그들 간의 우정은 어딘가 단단하고 편안해

보였다. 나도 그러한 관계를 바랐지만, 그것을 이해하고 표현할 도구와 언어는 내 것이 아니었다.

가깝게 지내던 남자애들과 서서히 멀어지고 있음을 느끼기 시작한 6학년 시절, 하루는 선생님이 날 불러다 놓고 '남자애들만 따라다니느라' 수학 성적이 나빠졌다고 꾸짖었다. 얼굴이 달아올랐다. 선생님 말이 맞을지도 모른다는 생각에 눈물이 핑 돌았다. 나는 스스로 초라하다고 느낄 만큼 남자애들의 관심을 구걸했지만, 내가 뭘 잘못하고 있는지는 몰랐다. 그때의 나는 섹스가 무엇인지 몰랐다. 아니, 조금 알았다 치더라도 그걸 나와 친구들의 관계와 연결 지어 생각하지는 않았다. 이 무렵의 나는 '다른 여자애들과 나는 다르다'는, 지극히 미성숙하고 철없는 생각에 빠져 있었다. 흔히 나와 같은 여자애들은 이른바 '여자다움'과 관련된 수치심을 피하려다가 이러한 실수를 저지른다.

그날 트램펄린에서 날 침묵하도록 만든 내면의 불안정함은 이미 수년 전부터 자리 잡고 있던 것이었다. 새뮤얼은 그것을 알아챘다. 어린 여자애가 경계선에 서 있음을 스스로 깨닫지 못한 채 혼란을 겪고 있다는 것을 그는 분명히 알고 있었다. 어떻게 내가 그 자리에서 '도움을 요청할' 수 있었겠는가? 그랬다가는 쿨하지 못한 애로 소문이 나버릴 텐데? 몇몇 아이들은 이미 나를 한심하게 바라보고 있었다. 남자애들만 따라다니는 애라고 손가락질하기도 했다. 그들에게 더 큰 빌미를 줄 수는 없었다.

그리고 내가 그때의 기억을 똑바로 직시한다면, 그러니까 깊고 깊은 우물에서 그 기억을 끌어올려 끈적거리는 오물을 걷어내고 불빛에 자세히 비춰본다면, 그만큼 내가 정말로 솔직해진다면,

나는 그날 오후 그가 내게 관심을 보였다는 사실에 조금은 기뻐하며 그로부터 벗어났다고 고백해야 할 것이다. 초경을 하기도 전인 그때의 나는 이미 그 정도로 자존감이 바닥이었다.

°°

그렇게 자란 나는 10년도 훨씬 지난 성추행 사건을 신고하러 경찰 출신 아빠와 함께 경찰서로 들어가고 있었다. 지금의 나는 혹시 모를 사회적 불이익을 감수할 수 있다는 배짱과 원하는 대로 할 수 있다는 페미니즘적 신념으로 무장하고 있었다. 거짓말쟁이로 몰리거나 아예 묵살당할까 봐 여전히 조금은 무서웠지만, 사람들 앞에서 내 이야기를 털어놓을 수 있는 단계는 이미 넘어선 상태였다.

그러나 접수대에 앉아 있던 여성 경찰관이 아빠를 알아본 순간, 내 굳건한 의지는 경찰서 문밖으로 슉 빠져나가버렸다. 그녀의 얼굴에는 당황스러움과 깨달음이 연달아 스쳤다. 아빠는 이곳에 이렇게 오게 되어 분명 부끄러웠을 것이다. 누군가의 집에 불을 지른 자녀를 곁에 둔 소방관의 심정 같지는 않았을까? 혹은 방과 후 보충 수업을 받아야 하는 자녀를 지켜보는 교사의 심정 같은? 오랜 세월 경찰관이자 경찰 검사로 일했던 아빠는, 이제 성범죄 사건의 고소인이 된 자녀를 데리고 경찰서에 와 있었다. 대개 이러한 사건의 가해자는 평소에 믿었던 사람들, 즉 가족이나 친구로 생각했던 사람들이 많았다. 아빠는 당연히 그 점을 잘 알고 있었겠지만, 수치심이란 그러한 앎과는 또 다른 영역이었다. 물론 아빠는 옛날 사람답게 감정의 동요를 쉽게 내비치지 않았다.

옆문에서 나온 숀이 우리를 맞이했다. 정장 차림의 그는 피곤한지 살짝 나른해 보였다.

나는 숀을 따라 위층 면담실로 올라가기 전에 아빠를 보며 말했다. "기다리는 동안 읽을 책 같은 거 가져오셨어요?"

"아니, 괜찮아. 그냥 기다리마." 아빠는 자리에 앉았다.

"뭐 하시려고요?"

"그냥 기다리는 거지." 아빠는 평소처럼 싱긋 웃었다. 나는 숀을 따라 계단을 오르는 동안 속으로 자책했다. '그냥 나 혼자 왔어야 했어.'

좁은 면담실은 천장에 형광등이 달려 있었고, 탈탈거리며 작동하는 에어컨 바람 때문에 한기가 돌았다. 다른 경찰관이 들어와 문을 닫았다. 방에는 나와 두 남자뿐이었다.

"시작할까요?" 늦게 들어온 경찰관이 내 앞에 휴지 곽을 내려놓은 뒤 자리에 앉았다.

'애초에 이런 일을 벌이지 말아야 했어.'

그토록 오랫동안 잊으려고 발버둥 쳤던 것이 무색하게, 그날의 기억은 지나칠 정도로 선명했다. 그동안 나는 마음속에 정지 표지판을 세워두고서 그날 오후의 기억으로 더 들어가지 못하게 스스로 막아왔지만, 눈을 감고 그곳으로 걸어 들어가는 것은 끔찍하리만치 순식간이었다. 새뮤얼이 했던 말과 행동은 아주 특이했기에 어린아이의 마음속에서 꾸며진 이야기라고 볼 여지는 없었다.

"그 사람이 이렇게 말했어요. '내 동생은 이렇게 해주면 좋아하던데……'" 나는 경찰관들 앞에서 울기 시작했다.

숀이 표정을 찌푸린 채 노트에 무언가를 적었다. 나는 새뮤얼

286

이 저지른 역겨운 일들을 진술하며 울고 또 울었지만, 한편으로는 마음이 한결 가벼워졌다. 오래도록 나는 그 기억을 내가 스스로 꾸며냈다고 생각했었다. 그 기괴한 사건이 실은 내 머릿속에서 만들어진 환상일 뿐이라고 애써 믿으려 했던 것이다.

그때 다른 경찰관이 내 말을 끊고 물었다. "손가락이 질 안에도 들어갔었나요?"

"삽입 행위는 없었어요." 이미 예상했던 질문이었기에 내 대답도 사무적이었다.

"그럼 강간은 아니고 그냥 성추행이군요." 그가 의자 등받이에 기대며 다리를 꼬았다. 그러고는 재빨리 이렇게 덧붙였다. "아, 물론 '그냥'이라고 할 수는 없죠." 그는 나에게 계속 진술하라는 손짓을 했다. 나는 우느라 바빠 그에게 무어라 대꾸할 겨를이 없었다.

내 진술이 모두 끝나자 그가 말했다. "자, 정리해보죠. 통화할 때는 일반 성추행 사건인 것처럼 말씀하셨는데, 지금 들어보니 범행 당시 고소인이 초등학생이었으니 아동 성추행 사건이겠군요."

"네." 두 번이나 신고 전화를 했을 때 그 부분을 분명 말했다는 점을 짚고 넘어가고 싶었지만, 너무 지치고 화가 나서 나는 아무 말도 하지 못했다.

숀은 내 의사에 따라 저녁에 곧장 공식 진술 절차를 진행할 수도 있다고 제안했다. 그다음에 할 일은 위장 전화°를 거는 것이었다. 새뮤얼에게 직접 전화를 걸어 통화 녹음 사실을 알리지 않은

° pretext phone call. 경찰 수사 과정에서 증거 확보를 위해 피해자가 가해자에게 전화를 걸어 범행에 관한 자백을 자연스럽게 유도하는 수사 기법. 약물을 사용한 강간이나 아는 사람에 의한 강간 등 주로 성범죄를 수사할 때 활용된다.

채 범죄 행위를 시인하도록 그를 유도하는 일이었다.

위장 전화라면 일하면서 몇 번 들어본 적이 있었다. 피고인의 변호인들이 어떻게든 그 증거 능력을 무효화하려고 애쓰던, 동시에 그만큼 고소인에겐 매우 강력한 무기였다. 새뮤얼과 이야기해야 한다는 사실에 겁이 났으나 어쨌든 꼭 시도해보아야 할 일이었다. 범죄 행위를 시인한 녹음테이프를 증거로 확보하기만 한다면, 보통 수년이 걸리는 재판 준비 과정이 대폭 짧아질 수 있었다. 더욱이 이 같은 상황에서 힘을 내려면 그 정도 희망은 필요하다고 생각했다.

♻

숀을 따라 위층으로 올라가면서 로비에서 날 기다리고 있을 아빠를 떠올렸다. 한 시간이 훌쩍 지나 있었다. 아빠가 무슨 심정일지 궁금했지만 차마 물어보러 내려갈 용기는 나지 않았다. 어쩌면 졸고 있을지도 몰랐다. 아빠는 가족끼리 발레 공연을 관람하거나 영화를 볼 때면 꾸벅꾸벅 졸곤 했다. 가족 앨범에는 배불리 먹고 소파에 드러누워 우스꽝스럽게 자고 있는 아빠의 사진들이 가득했다.

숀과 나는 책상을 사이에 두고 마주 앉았다. 이제 서면 진술서를 작성해야 한다고 했다.

"처음부터 다시 말해야 한다고요?" 이해할 수 없었다.

"네, 이번에는 제가 진술 내용을 받아 적을 겁니다."

이미 했던 이야기를 또 진술해야 한다는 것이 어이없었지만,

결국 나는 한 시간에 걸쳐 앞서 말했던 내용을 다시 여러 차례 반복했다. 손은 독수리 타법으로 천천히 받아 적었다. 하염없이 기다리고 있을 아빠가 생각났고 죄책감이 되살아났다. 그날 일이라면 무엇도 입에 담고 있기가 끔찍했기에 나도 모르게 말하는 속도가 점점 빨라졌다. 그럴 때마다 손은 손을 들어 천천히 말하도록 했다. 때로는 내 말을 끊고 방금 말한 단어나 이름을 다시 말해달라고도 했다. 그는 서식에 맞추느라 연신 엔터키와 방향키를 누르며 글자를 썼다가 지웠다가 했다. 그렇게 각 문단의 서식을 통일하느라 쓸데없이 많은 시간을 허비했다. 이따금 내가 눈물을 흘리며 끔찍한 기억을 끄집어내는 동안에는 키보드와 화면을 번갈아가며 열심히 오타를 수정했다.

그렇게 한 시간이 흘렀을 즈음, 불개미가 몸속에 들끓는 기분이 다시 찾아왔다. 손이 느릿느릿 치고 있는 키보드를 냅다 뺏어 그의 얼굴을 후려치고 싶었지만 꾹 참았다. 대신 물을 한 잔 달라고 요청해 목을 축인 뒤 진술을 이어갔다. 아빠는 아직도 아래층에서 날 기다리고 있을 것이다. 나는 손이 건넨 진술서 초안을 검토하며 장마다 있는 오류를 지적했다. 뒤이어 그가 진술서를 검토하는 동안에는 그의 앞에 앉아 가만히 기다렸다. 그렇게 대단하다는 공권력이라는 게 이런 모습이라고?

진술서에 서명하고 얼마 지나지 않아 조금 전까지 함께 있었던 경찰관이 방에 들어왔다. 나는 추위와 피로함에 기진맥진한 상태였다. 그는 내가 범행 날짜를 정확히 기억하지 못한다는 사실에 난감해했다. '내가 바보여서가 아니라고요!' 이렇게 말하고 싶었지만, 내가 생각해도 그 부분은 아쉬웠다.

"초등학교 교복을 입고 있었던 건 확실해요. 그런데 그 이상은 기억나지 않아요."

"이런 사건은 검찰에서 진행하지 않을 확률이 높아요." 그는 내 얼굴을 쳐다보지도 않은 채 말했다. "범행 시점을 특정하지 못하면 저희 쪽에서 아무리 조사해서 넘긴다 한들 검찰 쪽에서 기소를 포기할 겁니다."

나는 겁에 질려 말을 잃었다.

"고소 과정에서 잊고 있던 것을 기억해내는 사람들도 꽤 많답니다. 일주일 정도 시간을 드릴 테니 기억나는 게 있으면 언제든 연락 주세요. 나중에 서를 다시 방문해서 추가 진술을 진행하도록 하지요."

"위장 전화를 오늘 밤 진행해도 될까요?" 나는 손에게 물었다. 보기 싫은 상처를 가리고 있는 반창고를 얼른 떼어내고 싶었다.

"아니요. 미리 날을 정하고 진행합시다. 어떻게 접근할지 계획도 세워야 하고요."

"계획이요?"

"무슨 말을 할지는 자유지만 신중히 접근해야 합니다. 그가 어떤 사람인지, 그에게서 어떤 대답을 듣고 싶은지, 무슨 질문을 할지, 어떻게 말을 꺼낼지 같은 것들을 미리 철저하게 생각해둬야 해요."

다른 경찰관이 방을 나서며 덧붙였다. "범행 시점에 대해서도 조금 더 고민해보시고요."

"그리고 상대가 모든 범행을 부인할 가능성에 대해서도 대비해둬야 합니다." 손의 말이었다. "계획을 세우기 전까지는 그와 연락하지 마세요. 고소인이 그 사람과 통화하기 전까지는 우리 쪽에서도 그에게 접근하지 않을 겁니다. 그가 수상쩍게 생각할 수도 있으니까요. 그가 대화를 거부하거나 화를 내면 어떻게 반응할지도 생각해놓으시고요."

숀과 나는 자리에서 일어나 방을 나섰다. 어느새 다른 경찰관은 빈 책상이 가득한 사무실 끄트머리에 앉아 있었다. "감사합니다." 나는 큰 소리로 그에게 인사했지만, 그는 거들떠보지도 않았다. 의자에 비스듬히 앉은 채 휴대폰으로 영상을 보며 껄껄거리고 있을 뿐이었다.

∘
∘

"오늘은 여기까지래요." 내 말을 들은 아빠가 고개를 끄덕이며 희미하게 웃었다.

"일주일 후에 위장 전화를 하러 다시 방문해야 해요."

아빠와 나는 숀과 작별한 후 차에 올라탔다.

"너무 오래 걸렸죠. 지루하지 않으셨어요?" 안전벨트를 매며 아빠에게 말을 건넸다.

"아니, 지루하지 않았어."

"눈은 좀 붙이셨고요?" 순간 아빠의 표정에서 미동이 느껴졌다.

"그럴 리가." 힘주어 말하는 아빠의 얼굴은 슬픈 표정이었다.

나는 백미러 속 내 얼굴을 들여다보며 후회했다. 아빠가 눈을 붙였을 리가 없지. 모든 남자가 괴물은 아니니까.

나는 아빠에게 위장 전화에 대해 이야기했다. "새뮤얼에게 전화를 걸어 뭐라고 말할지 계획을 짜야 해요. 그게 다음 주까지 제가 해야 할 일이에요."

어둑해진 하늘에서 비가 내리기 시작했다. 창밖으로 흐릿하게 반짝거리는 도시 풍경이 빠르게 스쳐 지나갔다. 라디오에서 빅토리아 주 경찰청 내부에 성희롱이 만연하다는 뉴스가 흘러나왔다. 아빠는 경찰 중에 망나니 같은 사람이 얼마나 많은지 이야기해주었다. 한번은 아빠가 그런 경찰관을 직접 잡아낸 적도 있다고 했다. 그 경찰관은 여자를 바꿔가며 가정폭력을 일삼았는데, 경찰 내부 시스템에 접근해 자신에 대한 신고 기록을 매번 지웠다. 그래서 피해 여성이 신고할 때마다 전산망에는 그의 과거가 남아 있지 않았다. 그는 그렇게 경찰이라는 지위를 남용해 폭력 행위를 이어갈 수 있었다.

그러나 그 이야기의 이면에는 찝찝한 구석이 있었다. 아무리 그랬다 한들, 피고인이 전과가 없다는 이유로 여성들의 고소가 심각하게 받아들여지지 않았다는 점은 이해할 수가 없었다. 누구에게나 처음은 있는 법이라지만, 초범이라는 이유로 놓아준 사람들이 반복해 저지른 일들을 우리는 얼마나 많이 놓쳐왔을까?

°°

일주일 내내, 한순간도 빠짐없이 위장 전화에 대해 생각했다. 개미가 몸속에 들끓는 기분이 들 때, 빈센트 옆에 누웠을 때, 변기를 부여잡고 속을 게워낼 때, 언제나 습관처럼 그 생각에 잠겼다. 동시에 나는 기계처럼 일했다. 막 새롭게 맡은 재판은 비교적 익숙한 구도의 사건이었다. 고소인은 어린아이였고, 피고인은 아이의 부모님과 가까운 친구였다. 그는 아이를 성적으로 학대했다는 혐의를 받고 있었다.

배심원단이 고소인의 진술 영상을 다시 시청하겠다고 요청했다. 자주 있는 일이었다. 네 시간에 걸쳐 진술 영상을 다시 보는 동안, 나는 새뮤얼에게 건넬 첫마디를 고민했다. 마침 오빠의 서른번째 생일이 다가오고 있었다. 새뮤얼에게 전화를 걸어 오빠에게 줄 선물에 관해 조언을 구한 다음, 파티에서 얼굴을 보기 전에 가볍게 할 얘기가 있다고 말을 꺼낼 것이다. 그가 어떤 반응을 보일지 머릿속으로 빠짐없이 정리해보았지만, 화를 낸다면 어떻게 대처해야 할지는 도통 감이 잡히지 않았다.

이렇게 두려움에 시달리는 와중에도 그나마 빈센트 덕분에 웃을 수 있었고 행복할 수 있었다. 그 일주일 동안 빈센트는 자기혐오에서 자유로운 세상과 나를 이어주는 유일한 존재였다.

혼자 있을 때에는 새뮤얼에게 할 말을 쓰고 고쳤다. 나는 앞으로 일어날 일에 대해 만반의 준비를 해둬야 한다는 생각에 잔뜩 예민해진 상태였다.

하루는 침대 모서리에 발을 찧었다. 통증에 숨이 막히면서 왈칵 눈물이 쏟아졌다. 이상하게도 눈물이 멈추질 않았다.

"너무 무서워." 나는 빈센트에게 안겨 울었다. "너무나 무서워."

그는 내가 용감하다고, 내가 자랑스럽다고, 날 사랑한다고 말해주었다. 나는 그 말을 의심하지 않았다.

14

경찰 조사를 받은 주말, 어린 시절 친구와 만나기로 약속한 장소로 나갔다. 몇 달 전부터 잡아놓은 약속이라 차마 취소하지 못했지만, 편하게 볼 수 있을 것 같진 않았다. 그러나 막상 만나서는 와인 한 병을 다 비웠고 저녁 식사를 마친 후로도 꽤 오랫동안 앉아 대화했다.

우리는 근사한 레스토랑의 야외석에 앉아 있었다. 따뜻하고 맑은 기운이 도는 봄날 저녁이었다. 친구와 나는 그간 나누지 못했던 이야기들을 유쾌하게 주고받았다. 10시가 되어서야 자리에서 일어났고, 나는 패딩턴 집까지 걸어가기로 했다. 술기운 덕에 나른해진 나는 주변을 두리번거리며 천천히 걸었다. 중간에 초콜릿 아이스크림을 사 먹기도 했다. 속으로 생각했다. '이 일이 있고 나서 이렇게 즐겁고 여유로웠던 적은 처음이네. 그래도 너무 신나하지는 말자.'

법원 건물을 지나쳐 횡단보도 앞에서 신호를 기다렸다. 차 한 대가 주황빛 전조등을 비추며 내 건너편 차도에서 멈췄다. 열린 창문 사이로 내가 좋아하는 밴드의 음악이 새어 나와 적막한 거리에 울려 퍼졌다. 운전석에 앉은 남자는 창문에 팔을 걸친 채 내 쪽을 바라봤고, 조수석에 앉은 남자는 반대편 창문 밖으로 담뱃재를 털었다. 신호가 바뀌어 내가 길을 건너기 시작하자 운전석에 앉은 남자가 날 향해 휘파람을 불었다. 나는 무시한 채 정면만 바라보며 계속 걸었다. 내가 그들의 차 앞을 지날 때 운전석에 앉은 남자가 무어라 소리쳤다. 나는 눈길도 주지 않고서 가운뎃손가락을 들었고 인도로 올라서자마자 몸을 틀었다. 곁눈질로 차를 힐끔 보니 조수석에 앉은 남자가 몸통을 창밖으로 반쯤 꺼내는 모습이 눈에 들어왔다. 그와 나 사이의 거리는 2미터도 채 되지 않았다.

"미친년!" 그는 침을 튀기며 큰 소리로 욕을 퍼부었다.

나는 아무 일 없는 척 계속 앞을 보며 걷다가 근처 버스 정류장에 몸을 숨기고는 가방을 뒤적거려 휴대폰을 꺼냈다. 차는 시끄러운 소리를 내며 반대 방향으로 사라졌다. 빈센트에게 전화를 걸었고 통화 연결음을 듣는 내내 심장이 쿵쾅거렸다. 내 눈은 다급하게 감시 카메라를 찾고 있었다. CCTV 한 대가 로마 스트리트 파크랜드를 향해 있는 것을 보자 순간 심장이 쿵 내려앉았다.

"여보세요." 빈센트가 전화를 받았다.

"지금 바빠?"

"아니, 괜찮아."

"있잖아……." 잠시 망설였다. 이런 일로 전화를 걸다니 너무 한심한 거 아냐? "지금 걸어서 집에 가고 있는데 어떤 남자들이 차를 타고 가면서 나한테 막 소리를 질렀어. 심하게, 거의 괴성에 가까울 정도로. 차가 나랑 가까워서 너무 무서웠어. 그 남자가 날더러 미친년이라 했고."

"그 사람들 지금은 갔어?"

"응, 지금은 가고 없어. 그런데, 그러니까 지금 내가 로마 스트리트 파크랜드 근처에 있거든. 지난번 강간 사건이 벌어진 곳에."

"이런."

"올 초 메건이 맡았던 재판이었어. 잠깐 나랑 통화해줄 수 있어? 집에 갈 때까지만?"

"물론이지. 무슨 얘기 할까?"

"아무거나. 그냥 평범한 거. 행복하고 따분한, 그런 얘기."

°
° °

다음 날 아침, 어젯밤 걸었던 공원 근처를 다시 지나쳐 법원으로 출근했다. 메건 사무실로 가 어젯밤에 있었던 일을 들려주었다.

"네가 말한 사건을 생각하니까 더 무서운 거야."

"이해해. 2년 전쯤인가 그 공원에서 한국인 여성이 살해당하기도 했었잖아. 기억하지?"

"응, 기억나. 쿠릴파 브릿지에서 프랑스인 여성이 살해당한 사건도 곧 재판에 들어갈 거고."

"아, 그렇네."

"그 여자도 강간 후 살해당했대. 난 그걸 나중에야 알았어."

"그런 일이 좀 많아야지."

위장 전화를 위해 경찰서를 방문하기로 한 날, 이번에는 엄마에게 동행을 부탁했다. 주변 사람들에게 끼치는 불편함을 되도록 고르게 분산시켜야겠다는 것이 내 생각이었다. 내가 울기 시작하면 엄마는 날 안아줄 것이다. 나는 이번에도 어김없이 울게 되리라는 것을 예감하고 있었다.

공포는 논리로 설명할 수 없는 감정이다. 공포가 찾아오면 나는 천둥소리에 놀라 침대 아래에서 벌벌 떠는 강아지처럼 어쩔 줄 몰라 했다. 일주일 내내 사람들에게 날 선 말들을 늘어놓았고, 무슨 말로도 위로받지 못했으며, 상황을 이성적이고 차분하게 생각하는 명민함을 발휘하지 못했다. 아무도 내 두려움의 근원을 보지도 이해하지도 못했다.

하지만 엄마는 어떤 상황에서든 날 사랑해줄 분이었다. 나는 엄마가 날 기다린다는 사실에 죄책감을 느끼지 않았다. 엄마가 읽을 책을 챙겨 왔기 때문이 아니라, 내가 거대한 무력감과 싸우고 있음을 엄마는 분명 이해할 것이기 때문이었다. 내가 거짓말쟁이라고, 미친년이라고 욕을 먹더라도 엄마는 묵묵히 내 곁을 지켜줄 것이다. 작고 하얀 다이하쓰° 차에 올라탄 엄마와 나는 전쟁터로 탱크를 몰고 가듯 심각한 분위기 속에 경찰서로 향했다.

숀의 책상에는 녹음기가 놓여 있었다. 휴대폰에 녹음기를 부착했다가는 법적으로 문제가 생길 수 있었다. 따라서 숀이 녹음기

° Daihatsu. 일본의 자동차 제조업체로, 경차가 특히 유명하다.

를 켜고 방을 나가면, 내가 스피커폰으로 통화를 시도하는 방식으로 대화 내용을 녹음해야 했다. 방에 나 혼자 있어야 한다는 사실은 경찰서에 와서야 알게 되었다. 마음이 더 불편해졌다.

"그 사람 전화번호는 알고 계시겠죠?" 숀이 내게 물었다.

"네." 그는 녹음기에 대고 오늘 날짜와 그와 내 이름을 말한 뒤, 나를 두고 방을 나갔다.

긴장감에 블라우스 안쪽에서 식은땀이 배어났지만, 탈탈거리며 돌아가는 에어컨 바람 때문에 동시에 한기가 끼쳤다. 나는 오빠에게서 얻은 새뮤얼의 전화번호를 누른 뒤 스피커폰 버튼을 눌렀다. 두 눈을 질끈 감은 채, 수류탄이 터지기를 기다렸다.

통화 연결음이 이어지는 동안, 나는 제발 연결되지 않기를, 그래서 곧장 도망쳐 어딘가로 숨어버릴 수 있기를 바랐다.

"여보세요?"

"샘!" 나도 모르게 밝은 목소리가 나왔다. "나야, 브리. 어떻게 지내?"

나는 의자 끄트머리에 다리를 꼬고 앉아 있었다. 무릎 위로 마주 잡은 두 손에는 힘이 꽉 들어가 있었다. 휴대폰 옆으로 비닐 테이블보가 살짝 뜯어진 부분이 눈에 띄었다. 나는 그것을 물끄러미 바라보다가 살짝 몽롱한 상태에 빠져들었다. 술에 취했을 때나 오랫동안 달리기를 하고 난 뒤의 기분 같았다. 물속에 가라앉은 것 같은 느낌. 소리가 웅웅거리고, 숨이 잘 쉬어지지 않으며, 약간 어지러운 그런 느낌.

새뮤얼과 나는 먼저 안부를 주고받았다. 여러 번 힘들게 연습한 부분이었기에 완벽하게 해낼 수 있었다. 그다음에는 15분간 오빠의 생일 선물에 관해 이야기했다. 계획대로였다. 새뮤얼의 대답은 예상 범위를 벗어나지 않았다. 나는 그에게 요즘 어디에서 지내는지, 뭘 하고 있는지 물었다. 역시 그는 자기 얘기를 신나게 쏟아냈고, 미국에서 굉장한 투자 사업을 추진 중이라며 한참을 떠벌렸다. 벼락돈을 벌 수 있는 기회라며 그는 무척 자랑스러워했다.

나는 방심하고 있는 그의 자존심을 급습할 준비가 되었다고 느꼈다. 일부러 그의 이름을 불러 기분을 좋게 해주었다. 사람들이 가장 좋아하는 단어는 그 무엇보다도 자신의 이름이니까.

그는 새로운 투자 건을 성사시키면 수백만 달러를 벌 수 있다고 했다. 한심하기 짝이 없는 머저리의 입에서 멍청한 말들이 튀어나올 때마다 나는 속으로 분노를 삭였다.

"있잖아, 그런데 파티 때 만나기 전에 짧게 해야 할 이야기가 있어." 백 번도 넘게 연습한 말이었기에 매우 자연스러웠다.

"뭔데?" 그는 조금 전보다 살짝 느리고 조용해진 목소리로 물었다. 아주 잠깐이었지만 그는 망설였고 의심했다. 그리고 그는 그것을 궁금해하지 않았다. 내 입에서 무슨 말이 나올지 알고 있었기 때문이다.

빨라진 심장 소리가 내 귓전을 울렸다. 이제 문제는, 내가 지금 경찰서에 앉아 그와의 통화 내용을 녹음하고 있으며 문밖에 형사가 대기하고 있다는 사실을 과연 그가 눈치챘느냐는 것이었다.

"어렸을 때 있었던 그 일 말이야."

"아, 어렸을 때?" 그의 목소리가 묘하게 바뀌었다.

"응."

"무슨 얘기 하는 거야?" 그는 거짓말에 영 소질이 없었다.

"트램펄린에서 있었던 일." 그랬다. 다음에 나올 그의 대답은 내 인생을, 내 기억에 대한 나 자신의 신뢰를 송두리째 흔들어버릴 수도 있었다.

"아, 그때 그 일."

내 안에서 무언가가 터져버린 기분이었다. 입에 갖다 댄 내 손이 얼음장처럼 차가웠다. 새뮤얼이 내게 그 짓을 했을 때처럼 주체할 수 없는 아드레날린 반응이 시작되었다. 꽉 쥐고 있던 두 주먹에 힘이 풀렸다. 시꺼먼 악마 같은 것이 나 혼자 있는 방에 슬그머니 들어왔다. 지난 10년 동안 내 '퇴행적 트리거(트라우마 유발 인자)'의 원인이었던 이 역겨운 존재는 더 이상 내 안에 있지 않았다. 애초에 이 존재는 내게서 생겨난 것이 아니었다. 지금 나와 통화하고 있는 이 남자에게서 생겨난 것이었다.

"그러니까, 요즘 그때 일을 좀 생각해봤어. 이 문제를 짚고 넘어가야 하지 않을까?"

"아, 물론 그렇지. 그런데 내가 지금 사람들이랑 같이 있어서 좀 곤란한데."

그는 의심하고 있었다. 아니, 어쩌면 긴장한 것인지도 몰랐다. 내가 이 문제를 좀 더 차분하고 가볍게 다루지 않는다면 그는 전화를 끊어버리고 말 것이었다.

나는 다시 그를 설득했다. "잠깐 밖에 나가서 통화할 수는 없을까?" 이때야말로 상황이 나빠지지 않도록 잘 대처해야 할 순간이었다. 내가 겁에 질렸다는 것은 중요하지 않았다. 오히려 법정에서 오랜 시간 온갖 루저들과 이상한 남자들을 마주해온 경험이 있다는 점이 다행이었다. 덕분에 나는 자존심을 건들지 않는 말을 써

가면서 날 무시하는 그의 마음을 은근히 다룰 수 있었다. 나는 이 기술을 연습하지 않고도 터득했다. 사실 연습할 필요도 없었다. 여자들은 남자 달래는 법을 어쩔 수 없이 자연스럽게 체득하기 마련이니까.

나는 밝은 목소리를 꾸며냈고, 마치 그와 마주하고 있는 것처럼 손에 턱을 괴며 어깨를 으쓱하는 제스처도 해 보였다. "그냥, 이제 정리하고 넘어가면 좋을 것 같아서."

이 순간 내가 그에게 전하고자 하는 뉘앙스는 이것이었다. '귀찮게 해서 미안하지만 내 부탁 좀 들어줘. 그러면 우리 사이의 이 유치한 문제도 다 사라질 거야. 당신은 무사할 거고.'

"그럼 잠깐 기다려 봐. 나갈 수 있는지 상황을 한번 볼게."

"응. 고마워, 샘."

상황은 예상한 대로 흘러가고 있었다.

°°

이날 수화기 너머로 새뮤얼이 했던 말들은 내 뇌리에 각인되어 영원히 잊히지 않을 것이다. 그의 목소리는 달궈진 인두처럼 단어 하나하나를 내 기억 속에 지져 넣었다.

그는 자신이 '무의식적으로' 자기 여동생에게 '이상한 짓'을 할지도 모른다는 생각에 일부러 동생과 거리를 둔다고 말했다. 어린 시절 남자 친척 어른에게 성적으로 학대당한 적이 있으나 지금껏 아무에게도 털어놓지 않았다고도 했다.

"나는 쉽게 피해자가 될 사람이 아냐. 난 나를 잘 알아." 그는

301

단호하게 말했다.

그는 학대 피해 경험을 밝히지 않은 이유를 몇 가지 더 말했는데, 묘하게 내 불안한 지점을 건드렸다.

"엄마 아빠가 그 일을 알면 난리가 나겠지. 그러니 뭐 하러 말하겠어? 다 지난 일인데. 지금 내 삶에 영향을 주는 것도 아니고. 말해봤자 엄마 아빠만 상처받을 테고."

또 그는 내게 미안하다고 말했다. 초등학생 때 또래 여자애들에게 부적절한, 그러나 그렇게 심각하지는 않은, 예컨대 치마를 들추는 것 같은 행동을 하다가 혼난 적은 있지만 그뿐이라고 했다. 그는 게이가 아니라는 사실을 입증하고 싶어서 일종의 실험을 한 것이라며 자신의 행동을 변호했다. 그리고 성인이 된 뒤로는 여성에게 동의 없이 무언가를 강요한 적이 단 한 번도 없다고 강조했다. 어른이 되어서는 여성들과 '정상적인' 관계를 맺고 있으며 늘 그들을 존중한다고도 말했다.

최악은 이 말이었다. "실은 두세 번 정도 그런 적이 있어." 나는 이 말에 순간적으로 전의를 상실했다. 그래서 그가 저지른 범죄에 대해 좀 더 자세히 털어놓도록, 특히 범행 시점을 언급하도록 유도해야 했으나 그러지 못했다. 말이 나오지 않았다. 도저히 용기가 나지 않았다.

그 이후로 나는 제대로 질문조차 던지지 못했지만 그는 아랑곳없이 혼자서 말을 쏟아냈다. 어떻게 지내느냐는 그의 물음에 나는 재판연구원으로 일하고 있고 틈틈이 글을 쓴다고 답했다. 그러자 그는 기업가 정신의 중요성과 출판업계 현황에 대한 조언을 내리 15분간 늘어놓았다. 어쩌면 자신이 출판 에이전트로도 꽤 성공할 수 있겠다는 생각을 최근에 한 적이 있다고도 했다. SF 소설을 쓰는 젊은 여성 작가의 작품 판권을 관리하고 있으며, 작품성은 별로지만 이미 한 군데와 판권 계약을 성사시켰다고 했다. 또 그는 마니악한 판타지 소설이 잘 팔리니 그런 걸 써보라고 권하기까지 했다.

나는 제발 이 고통스러운 대화가 어서 끝나기를 바라며 의미 없는 감탄사를 연신 웅얼거렸다. 그는 도무지 입을 다물지 않았다. 나는 기진맥진한 상태였지만, 조금이라도 무너진 모습을 보이면 당장이라도 그가 날 삼켜버릴까 봐 두려움에 떨며 그의 말에 맞장구쳤다.

그가 요즘 구상하고 있다는 사업은 아주 잘 풀리는 듯했다.

"알겠지만, 내가 하는 일을 자세히 말해줄 수는 없어. 걸린 액수가 좀 크거든. 그래도 너한테만 비밀 하나 말해줄까?" 그가 생색내듯 물었다.

"그래."

"넌 지금까지 비밀을 잘 지키는 애였으니까."

"아……."

"내가 조금 짓궂었나. 뭐, 진지하게 한 말은 아니니까. 어쨌든 하려던 말은, 금요일이 되면 내 통장에 200만 달러가 더 들어온다는 거야."

○
○○

출판업계가 빠르게 변하고 있으며 비용을 아끼려면 자비 출판을 하라는 그의 마지막 조언을 들을 때에는 몸을 제대로 가누기조차 어려웠다. 나는 그만 가봐야 한다고 둘러댄 뒤 우리 오빠의 생일 파티 때 보자고 그에게 인사를 건넸다. 그는 전화를 끊을 수 있게 되어 내심 반가운 기색이었다. 나는 우물거리며 전화를 끊었다.

어쩌면 그는 사과했으니 마음이 한결 가벼워졌다고 느끼고 있을지도 몰랐다. 혼자 뿌듯해할지도.

문을 열고 나가자 밖에서 대기하던 손이 기대의 눈빛으로 내게 물었다.

"끝났습니까?"

"네."

"어땠나요?"

"인정했어요." 눈물이 쏟아졌다. 무릎에 힘이 풀려 다시 의자에 주저앉았다.

손은 자세한 내용을 물어보려다 내 표정을 보더니 말을 바꿨다. "아래로 내려가서 어머니를 만나시겠어요?"

"네!" 나는 어린애처럼 울먹였다. 그의 부축을 받으며 힘겹게 계단을 내려간 나는 엄마를 보자마자 와락 안겨 울음을 터뜨렸다. 엄마는 나를 다독였고, 머리를 쓰다듬어주었고, 내가 엉엉 울다 제 풀에 지쳐 잠잠해질 때까지 나를 안고서 기다려주었다. 나는 엄마의 블라우스가 내 눈물과 콧물로 범벅이 될 때까지 한참을 울었다. 엄마는 내 울음이 잦아들 때까지 그렇게 날 꼭 안아주었다.

"어떻게 됐어?" 엄마가 나지막하게 물었다. 손은 먼발치에 서 있었다.

"잘됐어요." 나는 코를 팽 풀며 말했다. "인정했어요."

이날 저녁, 엄마는 날 집에 데려다주며 이런 말을 해주었다. "끔찍한 상황인 거 알아. 그치만 이 일로 네 인생을 망쳤다고 생각하진 말렴. 넌 이미 멋지고 아름다운 삶을 살고 있으니까. 이미 충분히 대단한 사람이니까. 슬프겠지만, 또 슬퍼해도 되지만, 그렇다고 상대방이 이기도록 내버려두지도 마. 네가 괴로워하면 그 애가 이기는 거야."

°°

지금 와서 그때의 나를 생각하면 딱하기도 하고 한편으로는 대견하기도 하다. 그날 저녁, 나는 완전히 무너졌고 그 상태 그대로 몇 주를 버텼다. 그리고 적어도 최악의 순간은 지나갔다고 믿었다. 하지만 이는 시작에 불과했다.

새뮤얼이 나와 통화하며 자신이 저지른 일을 시인해놓고도 곧장 내 커리어에 대해 맨스플레인했다는 것을 그는 알고 있었을까. 예전부터 생각했던 바이지만, 그가 그토록 형편없는 사람이어서 차라리 다행이었다. 그는 알면 알수록 좋게 봐줄 수 없는 사람이었다. 그날 이후로 2년간 이어진 재판 과정 동안 날 버티게 해준 것은 그의 이 말이었다.

"너한테만 그런 게 아니었어."

나는 소송을 포기하고 싶을 때마다 그가 했던 말들을, 그의 목소리를 떠올렸다. 그의 말 하나하나를 기억 속에서 끄집어내 유심히 살피고 퍼즐 조각을 맞추듯 이리저리 조립하다 보면 결국 하나의 그림이 완성되었다. 그것에 담긴 진실은 자명했다.

그에게 당한 여성들 가운데 그에게 전화를 건 사람은 어쩌면 내가 처음일 수 있다는 것. 그러나 그에게 전화를 걸지 못한 여성들이 분명 여러 명 존재한다는 것. 그리고 그가 이러한 전화를 기다려왔다는 것. 내 전화를 받았을 때 이미 마음의 준비를 해둔 상태였거나, 이전에 비슷한 일을 겪어봐서 어떻게 반응해야 할지를 알고 있었다는 것.

°°

며칠 후 빈센트와 만나 새뮤얼과의 통화 내용을 알려주었다. 그는 새뮤얼이 학대당한 과거를 솔직하게 털어놓은 것을 '헛소리'라는 단 한 단어로 정리했다.

나는 한숨을 내쉬었다. 나 또한 그 부분에 대해 생각해보았지만, 여전히 결론을 내리진 못한 상태였다.

"학대 경험을 고백했는데 상대가 믿어주지 않으면 어떤 기분일지 상상이 가. 그래서 그런 고백까지 의심하는 사람이 되고 싶진 않아." 내가 말했다.

"이해해." 빈센트도 이 부분에 대해 더는 언급하지 않았다.

거창한 선언처럼 들리긴 했어도, 진심이었다. 마음 같아서는 새뮤얼이 거짓말을 한다고 믿고 싶었지만, 그런 식으로 나 자신을 새뮤얼과 같은 수준으로 격하시키고 싶진 않았다. 나는 언제나 모든 피해자의 말을 믿어주는 사람으로 남고 싶었다. 물론 그렇게 몇 주, 몇 달, 몇 년이 흘러 결국엔 새뮤얼이라는 사람에 대한 믿음을 완전히 포기하게 되긴 했지만, 나에 대한 믿음까지 포기하고 싶지는 않았다.

걸리는 부분은 따로 있었다. 내가 그를 고소하기로 마음먹었다는 걸 아직 모를 텐데, 그는 어떻게 내가 이렇게까지 고소하는 일에 대해 고민하도록 만들 수 있었을까? 10년 이상 그의 범행을 까발리지 않고 살아왔음에도 내 삶이 멀쩡해 보이는 것은 사실이었다. 고등학교를 졸업해 대학교에 진학했고, 돈을 벌어 부모님 집에서 독립했으며, 남자친구와 연애를 하고 있는 지극히 평범하고 또 괜찮은 인생이었다. 그런 점에서 "나는 쉽게 피해자가 될 사람이 아냐."라는 그의 말에 괜히 뜨끔하기도 했다. 나 혼자 청승을 떨며 피해를 과장하고 있는 것 같은 기분이 들었다. 그동안 이 문제를 드러내지 못한 이유가 엄마와 아빠 그리고 오빠에게 상처를 주기 싫어서였던 것도 사실이었다.

새뮤얼이 학대 피해자일 수 있다는 것은 상황이 꼬였다는 의미였다. 가해자가 피해자이기도 했기 때문이다. 고소를 강행할 경우 나 또한 무결할 수 없으리라는 생각에 마음이 힘들었다. 그가 정말로 학대 피해자라면 나와 비슷한 고통을 느낀다고도 볼 수 있었다. 정말로 그렇다면, 나는 그가 망가진 이유를 이해할 수 있었고 그의 고통에도 공감할 수 있었다.

어찌 보면 그날 저녁에 그와 통화했을 때는 내가 노련하게 대화를 주도했다고 생각했으나, 실은 그도 날 갖고 놀았던 셈이었다. 나쁜 사람은 어쩌면 나일 수도 있다는 의심의 씨앗을 내 안에 심어둠으로써 나로 하여금 고소를 취하하기 직전까지 가도록 만들었으니까. 어쩌다 한 번 일어난 소동을 가지고 유난을 떨어서 그와 그의 가족, 나와 내 가족 모두가 상처를 입을 수도 있게 되었다고 생각하도록 만들었으니까.

경찰에 그를 고소하고 그와 통화한 이후로도 나는 매일 아침 일어나 평범한 삶을 살아갔지만, 새뮤얼의 존재는 하루하루 나를 망가뜨리고 있었다. 나는 몇 달 동안 하루도 빠짐없이 내가 어떤 쪽인지를, 착한 사람인지 나쁜 사람인지를 생각하고 또 생각했으며, 어떤 문제에 관해서든 늘 도덕적이고 이성적으로 결정을 내리려고 노력했다. 그런데 그 문제가 몸무게인지, 연애인지, 날씨인지에 따라 나는 착했다가 나빴다가를 반복했다. 그가 우리 가족의 신뢰를 은밀히 저버렸음을 폭로한 나 자신의 용기에 자랑스러워하다가도, 순식간에 모두에게 상처를 주고 관심을 구걸하는 끔찍한 괴물이 된 것 같다고 스스로를 생각했다.

하지만 새뮤얼에게는 안된 일이었으나 나는 법원에서 그와 같은 남자들을 여전히 매주 목격하고 있었다. 그 남자들은 피해 여성에게 늘 똑같은 변명을 늘어놓았다. 창의력이라고는 찾아볼 수 없었다.

하루는 판결문을 교정하다가 인용된 판례에서 거기에 딱 들어맞는 남자를 발견했다. 약물에 중독된 남성이 사춘기도 오지 않은 어린 의붓딸을 성적으로 학대한 사건이었는데, 그는 만약 학대 사실을 엄마에게 이야기하면 엄마가 무척 슬퍼할 것이라는 말로 아이에게 죄책감을 주었다. 같은 수법으로 다른 가족에게도 말하지 못하게 했고, 그로 인해 오래도록 범죄를 은폐할 수 있었다.

판결문의 교정을 마친 나는 건물을 한 바퀴 돌며 찬찬히 주변을 살폈다. 이곳에서 열린 수많은 재판들과 그 안에서 오간 서류들을 생각했다. 재판으로 이어진 사건은 그간 일어난 모든 학대 사건들의 극히 일부에 불과했다. 내가 많고 많은 피해자 중 한 명이듯, 새뮤얼 또한 많고 많은 가해자 중 한 명이었다.

○ ○
○

그날 오후, 처음으로 '그 사람'에 대해 생각했다. 그 여성은 지금껏 내가 법정에서 보았던 여자들의 얼굴을 한데 섞은 모습을 하고 있었다. 그녀는 지금 어딘가에 분명 존재할 것이 틀림없었다. 새뮤얼에게 아직 전화를 걸지 못했을 수도, 전화는 걸었으나 신고를 하지 못했을 수도 있었다.

새뮤얼의 부모님이 아들의 학대 피해 사실을 알게 된다면 어떤 일이 벌어질까에 대해서도 생각했다. 그들이 겪게 될 고통과 아픔에 내 책임이 있다고 할 수 있을까? 어쩌면 그럴지도 몰랐다. 하지만 그렇다 하더라도 나는 '그것 참 안됐네.'라고만 말하고 말 것이다. 새뮤얼은 내가 어린아이였을 때부터 내 머릿속에 들어와 날 조종했고, 성인이 된 지금도 다시금 나를 조종하려 들었다.

나는 빈센트에게 내 생각을 정리해 말했다. "그가 학대 피해에 침묵하는 건 당연히 그의 권리야. 내가 그에게 당한 학대 피해에 침묵하지 않는 건 내 권리고."

"그럼." 빈센트는 내 말이 당연하다는 듯, 수치심이나 죄책감, 혼란스러움 같은 건 끼어들 여지가 없는 사실이라는 듯이 말했다.

"아무도 나서서 말하지 않으면 이 악순환은 계속될 테니까."

새뮤얼이 성범죄 전과가 없다는 것은 알고 있었다. 손이 컴퓨터로 그의 범죄 경력을 조회하면서 무심코 "기록이 깨끗하다"고 말한 적이 있기 때문이다. 나는 어딘가에 있을 그녀를 위해서라도 그의 범죄 경력에 꼭 흔적을 남기고 싶었다. 그러면 언젠가 그녀가 세상 사람들 앞에서 자신이 당한 일을 이야기했을 때, 사람들은 그녀를 믿어줄 것이다. 또한 새뮤얼의 기록에 남은 전과가 앞으로 그가 만날 여자들에게 경고를 주고, 그가 아동이나 청소년과 가까이 있는 것을 막아줄 수도 있을 것이다.

새뮤얼에게 위장 전화를 건 것은 이제껏 내가 한 일 가운데 가장 용기 있는 행동이었다. 그날 나는 안전한 경찰서 내부의 폭신한 의자에 앉아 에어컨 바람을 쐬면서 원한다면 시원한 물도 마실 수 있었다. 또한 밖에는 형사가, 아래층에는 엄마가 날 기다려주었다. 그런데도 나는 그 시간 동안 평생 느껴보지 못한 두려움에 떨어야 했다.

용기는 두려움이 있기에 가능하다. 진부한 표현일지 모르지만, 사실이다. 여태껏 내가 가장 두려워했던 것은 내 안에 존재하는 어둠이 실은 모두 허구일지 모른다는 의심이었다. 애처롭게 남자애들의 관심을 갈구하던 어린 시절의 내가 평범한 어린아이의 생각으로는 이해할 수 없는 역겨운 사건을 무의식적으로 꾸며낸 것일지 모른다는 의심. 아무도 내게 관심을 보이지 않았으므로 누군가 나를 원하는 세상을 스스로 상상한 것일지 모른다는 의심. 그래서 어떻게든 나 자신을 매력적인 존재로 만들고 싶어 그러한 서사를 창조함으로써 무고한 남성을 범죄자로 여겨온 것인지도 모른다는 의심.

그 전화 통화는 나를 완전히 무너뜨릴 수도 있었다. 만일 새 뮤얼이 모든 걸 부인했더라면, 또는 펄쩍 뛰며 잡아뗐더라면 나는 과연 어떻게 됐을지, 고소를 계속 진행할 수 있었을지 장담할 수 없었다. 정말 그랬더라면 지옥 같은 불구덩이에 빠진 것처럼 괴로운, 그리고 괴물을 향해 맨몸으로 덤비는 것과 같은 무모한 결과로 이어졌을지도 모른다.

1년간 법원에서 유사한 재판 결과들을 숱하게 목격하면서, 나는 내 상황만이 특별할 거라는 어리석은 생각을 마침내 떨쳐낼 수 있었다. 여자들은 나와 똑같은 공포를 느꼈고, 남자들은 새뮤얼과 똑같은 변명을 늘어놓았다.

변두리 마을로 순회재판을 다니며 홀로 보낸 시간들. 그 속에서 느낀 외로움과 괴로움은 내 기억을 지속적으로 들추었고, 결국에는 날 증인석에 세웠으며, 마침내 내 주장의 모순들을 반대신문하기까지 했다.

◦◦

위장 전화를 진행한 바로 다음 날, 나는 평소와 똑같이 출근했고 평소와 똑같이 법복 차림으로 판사님을 도와 법을 시행했다.

며칠이 지나자 불안이 조금 가셨다. 나는 여느 때처럼 맛있는 저녁을 만들어 먹은 다음, 여성 탐정에 관한 텔레비전 프로그램을 시청했다. 설거지를 하는 동안에는 어쩌면 앞으로 잘 버틸 수 있겠다는 자신감이 내 안에서 솟아났다. 그러다 무심코 싱크대 앞 창문을 내다보았을 때, 이웃집 사람들이 뒤뜰에 트램펄린을 설치하는 모습을 보았다. 몸속에 개미가 들끓는 기분이 순식간에 되살아났다. 손에서 놓친 그릇이 싱크대에 떨어지며 요란한 소리를 냈다. 그 소리에 놀란 나는 다시 울음을 터뜨렸다. 참으로 전형적인 트리거였다. 스스로에게 어처구니가 없어 한숨이 나왔다. 싱크대에 받아놓은 따뜻한 거품 물에 두 손을 담갔다. 만약 내가 아이를 낳게 된다면, 아마 그 아이는 나중에 트램펄린을 사달라고 조를 것이다. 하지만 나는 매번 '안 돼.'라고 말할 것이다. 위험하다거나 너무 비싸다는 이유를 대면서.

"만약 우리가 산 집 뒤뜰에 힐스 호이스트가 있다면 당장 폐기물 업체를 불러다 없애버릴 거야." 빈센트에게 이렇게 말한 적이 있다. 아이도, 주변 이웃도 이해하지 못하겠지만, 적어도 빈센트는 틀림없이 나를 따라서 그 건조대를 내버릴 것이다.

15

내가 김피°로 순회재판을 떠나 있는 동안, 빈센트가 내 셰어
하우스에 머물렀다. 어느 날 밤, 빈센트는 집 밖에서 내 이름을 외
치는 남자의 목소리에 잠을 깼다. 새뮤얼이 찾아왔다고 생각한 빈
센트는 열린 창문 틈으로 자신이 보이지 않게 몸을 숙여 침대에서
내려왔고, 부엌에서 작은 나이프를 가져와 방에서 숨을 죽이고 있
었다. 미동도 없이, 칠흑같이 어두운 앞쪽만을 뚫어져라 보며 방어
태세를 갖추었다.

그런데 남자는 집 안으로 들어올 생각은 하지 않고 내 이름만
계속 불러댔다. 한참을 어둠 속에 있던 빈센트는 이것이 무슨 상황
인지 비로소 깨달았다. 옆집에 나와 이름이 같은 여자가 살았고,
그녀는 폭력적인 남자와 함께 사는 그 집에 평소보다 늦게 들어온
터였다. 그녀는 동거남을 깨우지 않으려 조용히 현관에 들어섰지
만 결국 그와 마주쳤고, 불같이 화를 내는 그 남자를 피해 정원으
로 몸을 숨겼던 것이다.

° Gympie. 브리즈번에서 북쪽으로 약 160킬로미터 떨어진 소도시.

빈센트는 옆집 여성이 결국 집으로 돌아간 후에, 즉 나를 찾으러 온 사람이 없다는 것을 확인한 뒤 안심하며 다시 잠들었다고 했다. 나는 출장을 다녀온 후에야 이 사건에 대해 들었다. 일이 벌어진 지 2주가 지났을 때였다.

"굳이 말하고 싶지 않았어." 빈센트가 말했다.

"왜?"

"글쎄. 괜히 걱정하거나 불안해할까 봐."

하지만 나는 걱정스럽고 불안했다. 내가 아니라 옆집에 사는 '그녀' 때문에. 나와 하우스메이트들은 옆집 남자가 자녀에게 퍼붓는 폭언에 대해 이야기하곤 했었다. 그 남자는 쉽게 화를 냈으며 무뚝뚝했다. 왜 자기 말을 듣지 않느냐고, 어쩜 그렇게 매사에 도움이 되지 않느냐고 아이들을 몰아세우기 일쑤였다. 나는 옆집에 그가 사는 것이 싫었다. 가급적 보고 싶지 않았다. 그와 간혹 마주칠 때면 법정에서 다룬 재판들이 떠올랐고 기소조차 되지 않은 사건들이 생각났다. 혹시 그가 폭력을 휘두르진 않았을까? 나는 그가 그런 내 시선을 의식하길 바랐지만, 한편으로는 그가 내 존재를 알게 될까 무서웠다. 법정에서와 달리 그와 나 사이를 가로막고 있는 것은 거의 없었다. 그가 앞마당에서 세차하는 모습을 볼 때면, 이 세상에 괴물 같은 특별한 존재는 없다는 생각이 들었다. 우리 모두는 괴물에 가깝거나 혹은 먼 사람들이었다. 리스터, 베이커, 필립스, 이들 모두가 밖에서는 평범하게 세차를 하는 남자였을 것이다. 어느 집이든 뒤뜰에 트램펄린과 힐스 호이스트 건조대 하나씩은 두고 사는 것처럼.

어렸을 적, 퇴근한 아빠에게 오늘 하루는 어땠는지 묻자 아빠는 한 남자 이야기를 들려주었다. 그 남자는 자신의 여자친구와 말을 섞었다는 이유로 낯선 남자를 폭행했다. 당시 그 얘길 들은 나는 그 남자가 드라마 속 주인공이 할 법한 로맨틱한 행동을 했다고 생각했다.

"그 남자가 그만큼 여자친구를 사랑한다는 뜻 아니에요?"

"아니야. 그 남자는 질투심에 욱해서 폭력을 저지른 것일 뿐이야."

하지만 두 남자가 자신을 놓고 싸운다는 것은 초등학교를 다니는 여자아이에겐 꿈만 같은 일이었다. 남자가 질투심에 욱했다는 것은 여자친구에 대한 강렬한 사랑을 누그러뜨리지 못했다는 의미로 내게 받아들여졌다. 어린 나이였지만 그 당시 나는 질투와 애착이 어떤 느낌인지 어렴풋이 알고 있었다. 내가 훗날 누군가에게 질투와 애착의 대상이 되리라는 생각만으로도 황홀한 기분이 들었다.

그날 나는 아빠의 말이 순 엉터리라고 생각하며 언젠가 날 얻기 위해 싸움도 불사하는 멋진 남자가 나타나기를 꿈꿨다.

김피에 순회재판을 다녀온 후로 나는 법조계에 머물고 싶다는 마음을 확실히 접었다. 김피로 가는 길에 판사님과 나는 내 전임자인 레베카의 근황에 대해 이야기했다. 재판연구원 시절 레베카는 마지막 순회재판을 하러 판사님과 김피에 머무르면서 이 지역 사무 변호사 사무실에 일자리를 문의했다. 그리고 6개월 만에 단독으로 활동할 수 있는 변호사 자격을 얻었다. 대도시였다면 몇 년을 일해도 그만한 경력을 쌓기 어려웠다. 익숙한 대도시를 떠나 김피와 같은 소도시에서 1~2년 동안 생활해야 한다는 건 어쨌거나 희생을 감수하는 일이었다. 레베카는 주말마다 차를 끌고 브리즈번으로 돌아가 가족과 친구를 만났고, 동네 슈퍼마켓의 유제품 코너에서 음주 운전 사실을 실토하는 의뢰인과 마주치지 않기 위해 브리즈번에서 생필품을 사 와야 했다.

"그런 것도 방법일 수 있어요." 판사님은 지나가는 말로 레베카처럼 다른 지역에서의 생활을 선택하는 것도 고려해보라고 권했다. 나는 창밖으로 스쳐 지나가는 시골 풍경을 바라보며, 대도시를 떠나 사는 내 모습을 그려보았다. 작은 시골집에서 글을 쓰며 사는 것도 나쁘지는 않았다. 하지만 돈을 좇아 피고인을 변호하는 일을 직업으로 삼는다고 생각하니 내키지가 않았다. 어떻게 레베카는 1년 내내 그 끔찍한 일들을 봐놓고도 그쪽 일을 하는 변호사가 될 수 있었을까? 나는 판사님에게 내가 대도시형 인간이라는 둥 핑계를 늘어놓았고, 아무런 악의 없이 내 앞날을 함께 걱정해주시는 판사님을 속으로 괜히 원망했다. 이미 내게는 실망시킬 사람들이 있었다. 판사님까지 실망시키고 싶진 않았다.

김피에서 머문 곳은 녹음이 우거진 골프 코스 옆 신개발 지역에 들어선 대형 아파트였다. 말끔히 정리된 아파트 단지의 커다란 입구를 지나 길을 건너면 관리되지 않은 묘지 언덕이 나왔다. 풀은 말라비틀어졌고, 군데군데 거친 자갈이 드러나 있었으며, 메마른 고무나무의 가지들이 묘비 사이사이에 늘어져 있었다.

첫날 아침에는 꽤 멀리까지 나가 달렸으나, 이 일대에 마약 중독자들이 많으며 불량 청소년들에 의한 노상강도 사건이 지난 달에만 여러 건 있었다는 말을 듣고는 코스를 바꿔 아파트 근처에서만 뛰었다. 새로운 코스는 생각보다 마음에 들었다. 뛰다가 토끼와 왈라비를 만나기도 했다. 하루는 아침 이슬로 반짝이는 거미줄을 머리에서 떼어낸 뒤 물기를 머금은 잔디에 손을 닦다가 문득, 다시 삶을 살고 있다는 느낌을 받았다. 어느 정도 숨을 고르자 신선한 공기가 느껴졌다. 김피에 머무는 2주 동안 속을 게워낸 것은 한두 번에 불과했다.

＊

첫날 아침에는 과실 치사 사건에 대한 선고 공판을 준비했다. 나는 틈틈이 메건과 이메일을 주고받았다. 운전과 관련한 과실 치사 사건은 가해자가 심각한 위험을 초래했으나 그 행위를 의도하지 않았다는 점에서 판결하기가 꽤 까다로웠다. 보통 우리가 범죄에 공포를 느끼는 이유는 대부분 우리 자신이 피해자가 될지 모른다는 생각 때문이지만, 과실 치사 범죄의 경우에는 가해자가 될지도 모른다는 생각이 공포를 자아낸다. 과실 치사 사건을 몇 건 다뤄봤던 메건도 내 공포심에 공감했다.

피고인인 젊은 독일인 남성은 사건 당일, 친구 둘을 차에 태우고 김피 지원에서 한 시간도 안 되는 거리의 어느 도로를 달리고 있었다. 술에 취한 두 친구와 달리 그는 술을 마시지 않은 상태였다. 그러나 꽤 늦은 시각, 운전에 집중하지 못한 것이 그의 치명적 실수였다. 그는 독일에서 운전하던 습관대로° 좌측이 아닌 우측 차로로 달리기 시작했다. 양옆으로 숲이 우거진 비포장도로를 달리고 있었기에 지금 자신이 지구 반대편에 와 있다는 사실을 일깨워줄 만한 표지판 같은 것도 없었다. 그렇게 그는 무심코 커브 길을 돌다가 달려오던 차와 정면으로 충돌했고, 상대방 운전자는 사망했다. 올바른 차로 위를 운전하던 그 40대 여성은 자녀들이 있는 집으로 향하던 길이었다.

판사님은 오랜 시간 고민한 끝에 재판을 속개해 피고인에게 집행유예가 아닌 징역형을 선고했다. 판사님은 온화한 말투로 판결을 선고했다. 1년간 내가 경험했던 선고 공판을 통틀어 가장 격식을 갖췄다는 느낌이었다. 공판이 유달리 엄숙하다고 느껴진 이유는, 실제로 누군가의 삶이 끝나버렸기 때문이었다. 사망자가 발생한 범죄 가운데 고등법원으로 바로 올라가지 않고 지방법원에서 다뤄지는 사건은 과실 치사가 유일했다.

독일에서 건너온 피고인 어머니는 방청석에 앉아 울고 있었다. 유가족 네 명도 공판을 지켜보며 눈물을 훔쳤다. 나는 회의록을 작성하며 선고 공판의 내용을 빠짐없이 기록했다. 해야 할 일에 집중하는 것은 내 앞에서 펼쳐지고 있는 날것 그대로의 고통이 날 향해 거침없이 쏟아지지 못하도록 그 사이에 완충의 벽을 쌓아 올

° 호주는 영연방 국가가 대부분 그렇듯 운전석이 우측에 있으며 자동차의 좌측통행을 원칙으로 한다. 반면 독일은 한국과 마찬가지로 운전석이 좌측에 있으며 자동차의 우측통행을 원칙으로 한다.

리는 일종의 의식이었다.

법률적 관점에서 '과실 책임'은 아주 애매한 개념이다. 한 사람이 충분히 조심했는가를 객관적으로 판단하려는 의지를 보여주는 동시에, 의도치 않게 누군가를 해칠 수 있다는 가능성을 인정하는 것이기 때문이다. 달리 말하면, 과실 책임을 논하는 일은 곧 '조금만 조심하지 그랬어'라는 말을 폼 나게 하는 방법이었다. 자신의 행동이 다른 사람에게 어떤 영향을 미칠지 생각해보지도 않은 채 대충 살지는 말라는 경고랄까.

주말에 〈오스트레일리안〉에 실린 독자 편지들을 읽었다. 나이가 지긋하며 정치적으로 올바르지 못한 이 독자들은 책임감의 시대가 열린 것을 견디지 못해 징징거리고 있었다. 일상적인 장애인 차별, 다문화에 대한 거부, 무의식적인 성 역할 고정관념 같은 것들을 마음껏 표출해놓고선 본인이 시도 때도 없이 손가락질을 당한다며 불평했고, 자신의 행동이나 발언에 대한 책임은 또 한사코 거부했다. 그들은 억울하다는 듯 이렇게 말할 것이다. '기분이 나빴더라도 어쩔 수 없지!' '난 그럴 의도가 없었다고!' 이들이 학창 시절 조금이라도 법에 대해 배웠더라면, 특히 권력과 특권에는 반드시 책임이 뒤따른다는 사실을 배웠더라면 훨씬 낫지 않았을까 하는 생각까지 들었다.

과실 치사 혐의에 대한 판결이 까다로운 이유는 그 목적이 '특정적 억제'°를 실현하는 데 있지 않기 때문이다. 독일인 운전자 남성에게 징역형이 내려진 이유는 '일반적 억제'°°를 위해서였다. 그가 처벌받는 모습을 보며 우리 모두는 운전 행위에 막중한 책임이 뒤따르며, 혹시 모를 피해에 책임을 져야 할 수도 있음을 마음에 새겼다. 커다란 금속 덩어리가 한 사람의 몸을 으스러뜨렸고, 남겨진 가족은 법정에서 울고 있었다. 스스로 '나쁜 사람'이 아니라고 믿는 것과는 별개로, 잠깐 방심하는 순간 이토록 끔찍한 일의 책임을 져야 할 수도 있다는 사실은 생각만으로도 무서웠다.

재판연구원이 되기 수년 전, 성추행당한 과거를 점차 직시하기 시작하면서부터 나도 언젠가 누군가에게 괴이한 고통을 가할지 모른다는 공포를 자주 느꼈다. 그 무렵 나는 정상적인 성행위에 조금씩 눈을 뜨던 중이었는데, 가끔 새뮤얼이 어린 내게 했던 추악한 행동들이 섬광처럼 스쳐 지나가곤 했다. 쇼핑몰 화장실에서 기저귀를 갈고 있는 아기들을 볼 때면, 나도 그들에게 끔찍한 짓을 저지를지 모른다는 불길한 예감에 사로잡히기도 했다. 가해자인 새뮤얼을 어떻게든 이해하려고 하다 보니, 아예 그에게 나를 이입해 그의 행동에 인간미를 부여하는 지경에까지 이른 것이었다. 나 스스로 그처럼 잔인무도한 행동을 경험하기 전까지는 내게 일어난 일을 도무지 이해할 수 없을 것만 같았다.

나는 새뮤얼이 전화 통화에서 학대 사실을 털어놓기 한참 전에, 학대의 악순환에 관한 글을 읽은 적이 있다. 그 글을 읽으며 내린 결론은, 내게 가해진 추악한 행동들이 여전히 내 안에 머물러 있으며, 스스로 끊임없이 경계하지 않으면 그것이 언제라도 밖으로 새어 나와 무고한 사람을 해칠 수 있다는 것이었다. 따라서 나

° specific deterrence. 범죄를 저지른 사람을 특정해 처벌함으로써 그가 범죄를 되풀이하지 않도록 억제하는 방법.

°° general deterrence. 경각심을 주려는 목적으로 누군가를 처벌함으로써 제삼자들이 범죄를 저지르지 않도록 억제하는 방법.

자신을 감시하지 않으면 악순환을 반복하는 과실을 저지를 수 있다고, 새뮤얼이 내게 저지른 행동으로 인해 나 또한 언제든 그러한 행동을 할 수 있는 시한폭탄 같은 부류가 되었다고, 내 안에 들어온 무언가가 자꾸만 의식의 표면 밖으로 나와서 나쁜 행동을 하려 한다고 나는 오랫동안 굳게 믿었다.

이렇게 믿지 않고서야 우리 가족이 크리스마스 날 새뮤얼과 어울리는 모습을 보고도 어떻게 괜찮을 수 있었겠는가? 그렇게 생각하지 않고서야 오빠 친구인 그를 내 열여덟 살 생일 파티에 어찌 초대할 수 있었겠는가? '새뮤얼은 나쁜 사람이 아니야. 나쁜 사람이었으면 모두가 그를 싫어했을 테니까. 그가 내게 한 행동은 나쁜 짓이 아니라 그냥 과실이었던 거야.' 나는 스스로 이렇게 합리화했다. 청소년기를 지나 재판연구원이 되기까지 아주 오랜 세월 동안, 나는 그와 그의 범죄 행각을 받아들이려면 내 사고방식을 바꿔야 한다고 믿었다.

독일인 남성이 징역형을 선고받은 다음 날 아침, 묘비 사이를 달리던 나는 되살아난 옛 공포와 싸우고 있었다. 성인이 되어 어느 지점에 이르렀을 때 나는 앞으로 내가 남자아이를 성추행할 리 없다고 확신했다. 그런 생각 자체가 터무니없었다. 사춘기도 오지 않은 어린 남자애에게 성적 매력을 느낀다고 상상하니 소름이 돋았다. 동의를 구하지 않고서 욕망이 이끌리는 대로 그 아이에게 어떤 행동을 강요한다는 상상은 말할 것도 없었다.

하지만 그럼에도 내 안에 자리 잡고 있는 무언가가 영영 내 일부로 굳어질까 봐 여전히 겁이 났다. 나는 언덕을 오르며 더 깊은 생각 속으로 침잠했다. 나는 왜 어린 남자애가 아닌 성인 남자에게 매력을 느낄까? 어디쯤엔가 선을 그어놓은 걸까? 물론 연하의 남자와 성관계를 가질 날이 올 수도 있을 것이다. 또는 제 나이보다 훨씬 성숙해 보이는 열일곱, 열여덟 살짜리 남자애가 먼저 접근해온다면 그와 자게 될 수도 있는 일이었다. 퀸즐랜드 주가 정한 성적 동의 연령은 열여섯 살이었다.

나는 그 나이대의 남자애들이 보통 어떠했는지 떠올려보았다. 이제 그들과 나 사이의 나이 차는 극복할 수 없을 만큼 커 보였다.

골프 코스 꼭대기에 다다랐을 때 내 심박수는 184를 기록했다. 나는 빈센트에게 키스하는 내 모습을 머릿속에 그려보았다. 나에게 빈센트는 일종의 기준점, 그러니까 욕망을 느낀다고 말할 수 있는 존재였다. 그렇다면 그와는 기꺼이 잠을 자면서 왜 열다섯 살짜리 남자애와는 자려 하지 않는 걸까? '더 잘 생각해봐.' 나는 뛰는 속도를 높였다. '새뮤얼은 왜 어린 나를 건드렸을까? 왜 나는 어린아이에게 매력을 느끼지 못할까? 둘의 차이는 무엇일까?'

잠시 멈춰 가슴을 부여잡고 숨을 골랐다. 옆구리가 쑤셔왔다. 스스로 가장 섹시하다고 느끼는 순간이 언제인지를 생각했다. 나는 누군가 내 마음을 얻으려 하고 계속해서 내 매력을 확인시켜줄 때 스스로 섹시하다고 느꼈다. 나보다 훨씬 어린 남자애가 내게 열심히 구애하며 날 무척 원한다는 확신을 준다면, 어쩌면 그와 잠을 잘 수도 있을 것이다. 하지만 동시에, 그가 열여덟 살이건 스물한 살이건 그에게 성관계를 강요하지는 않을 것이다. 그가 술에 취해 판단력이 흐려진 상태라면 더더욱 나는 그와 자려고 하지 않을 것이다. 어린 나이와 동의의 부재를 성적 매력과 연결 짓는 사고 회로가 내 안에서는 작동하지 않았다.

나는 통증을 참고 다시 달리기 시작했다. 마지막 몇백 미터는 거칠게 호흡을 내뱉으며 달렸다. 내가 어린 남자아이를 만지는 장면과 새뮤얼이 어린 나를 만지는 장면을 차례로 상상해 비교해보니 그 차이가 더욱 확연히 느껴졌다.

아파트로 돌아가는 길에 입구 바깥의 돌멩이에 신발이 걸려 몸이 앞으로 고꾸라졌다. 아픔에 숨이 턱 막혔다. 나는 그대로 자갈밭에 등을 대고 누워 차갑고 날카로운 돌들의 촉감을 느꼈다. 티 없이 맑은 하늘을 보고 있자니 눈물이 차올랐다.

욕망에 이끌려 학대 가해자가 된 내 모습을 상상해보려 했지만 도무지 그려지지 않았다. 나는 새뮤얼이 내게 저지른 일을 다른 누군가에게 절대로 하지 못할 것이다. 겁에 질린 누군가에게 하기 싫은 일을 억지로 시키면서 욕망을 충족하진 못할 것이다. 그러고 싶지 않았다. 앞으로도 이 마음은 변치 않을 것이다. 내 쾌락을 다른 사람의 쾌락보다 더 중요하게 여기는 일은 애초에 성립할 수 없었다. 그 둘은 동시에 온전해야 했다. 상대방이 두려움이나 혼란을 느낀다면 내가 느끼던 흥분은 순식간에 식어버리고 말 것이다. 만약 내가 친구네 뒤뜰의 트램펄린에서 뒷일에 대한 걱정 없이 욕망을 충족할 기회를 얻는다면, 그런데 그 기회가 존엄한 타인의 신체적 자율성을 배반한다면, 나는 결코 새뮤얼처럼 행동하지 못할 것이다.

이러한 점에서 그와 나는 본질적으로 달랐다. 그처럼 행동하는 사람의 특징은 세 가지로 정리할 수 있었다. 첫째, 누군가를 성추행하고 싶어 하고, 둘째, 뒷일을 걱정하지 않으며, 셋째, 피해자의 삶에 신경 쓰지 않는다는 것. 새뮤얼처럼 어린아이에게 성적 매력을 느끼는 사람의 심리를 이해할 수는 없었지만, 그가 저지른 행동으로 인해 내가 타격을 입은 것은 분명했다. 성적 학대가 고의적이어서든 부주의해서든 잔혹한 이유는, 가해자로 인해 삶이 망가진 피해자가 엄연히 존재하기 때문이다. 나는 그 피해를 회복하지 못했다. 그리고 과실로라도 내가 그러한 피해를 타인에게 가한다는 것은 불가능했다.

마음이 가벼워지면서 왠지 모를 해방감이 느껴졌다. 나와 새뮤얼을 단단히 묶어두었던 것은 새뮤얼이 아니라 내 안에 있는 공포였다. 그 공포가 실제로는 존재하지 않는 연결고리를 혼자서 만들어낸 것이었다. 물론 그는 내 인생에 어떠한 경험을 집어넣었으며 그 경험은 결코 잊지 못할 기억으로 남았지만, 그렇다고 그 기억이 말도 안 되게 불가해하거나, 불가사의하거나, 불가항력적이지는 않았다. 내 안에는 그 기억을 다른 기억이나 생각, 감정 들과 함께 담아둘 공간이 존재했다. 나는 사악한 그것을 완전히 때려눕히지도 물리치지도 못할 테지만, 적어도 잘 덮어둔 채 살아갈 수는 있었다.

이날 아침, 나는 비로소 내 몸 그리고 내 마음과 연결되었다는 느낌을 받았다. 자갈밭에 누워 숨을 고르고 몸의 열기를 식히면서, 이전에 느끼지 못했던 편안함을 느꼈다.

∘°

가해자의 책임과 피해자 되기에 관해 고민 중이던 내가 곧장 아동 성 착취물 사건에 대한 선고 공판을 맡게 된 것은, 조금 역겨웠지만 어찌 보면 적절했다. 거의 어김없이 피고인은 남자였고, 그들이 늘어놓는 변명은 한결같았다. 변호인은 대부분 자신의 의뢰인이 그 짓을 '보았을' 뿐 '직접 한' 것은 아니라는 이야기를 빙 둘러 말했다.

한번은 메건이 아동 성 착취물 재판에 참여한 적이 있었다. 유명 대기업의 대표였던 피고인은 세 살 정도 되는 어린아이들이 강간당하는 사진과 자기 의붓자녀들의 사진을 출력한 다음, 강간당하는 아이들 몸에 의붓자녀들의 머리를 오려 붙이고 강간하는 남성의 몸에는 자기 얼굴 사진을 붙여 그 기이한 콜라주 사진을 보며 자위했다. 변호인은 그 행위를 두고 자기 의뢰인이 의붓자녀들을 강간하려는 '위험한 욕망'을 행동으로 옮기지 않으려 기를 쓰며 노력한 것이라고 변론했다.

메건과 나는 이 사건의 도덕적·철학적 함의에 대해 한참을 이야기했다. 이 사례는 아동 성 착취물 소지로 기소된 피고인들이 내놓는 변론의 전형을 가장 극단적으로 보여주었다. 간단히 말해, '진짜 아이'를 욕망하는 것보다 '사진 속 아이'를 욕망하는 것이 훨씬 낫지 않느냐는 것이었다. 저마다 자신의 사례가 왜 특수한지에 대해 해명했고, 자신이 집에서 혼자 아동 성 착취물을 즐긴 행위는 이러한 촬영물을 제작하고 배포하는 산업과 관계가 없다고 주장했다.

한편 아동 성 착취물 사건에 대한 판사님의 판결문은 조금씩 표현이 바뀔 뿐 커다란 뼈대는 늘 같았다. 이는 피고인들의 범죄 행각이 천편일률적임을 의미했다.

"내 친구 중에 연방 검찰에서 아동 성폭력 사건을 3년간 맡았던 애가 있어. 그런데 그 3년 동안 한 영상물에 등장하는 애가 자라는 걸 내내 지켜봐야 했대. 그 영상이 어디서 제작되는지 끝내 찾질 못해서, 똑같은 아이들이 여러 성 착취물에 나오고 또 점점 커가는 걸 그냥 지켜볼 수밖에 없었다는 거야."

메건의 말에 나는 긴 한숨을 내쉴 뿐이었다.

"판사님의 말처럼, 감옥에 보내야 할 사람들은 따로 있어." 메건이 덧붙였다.

함께 있던 재판연구원 리타가 거들었다. "심지어 어떤 아동 성 착취물에는 아기의 신체를 먹는 장면까지도 나온다고 했어. 내가 영상을 직접 보지는 않았고, 증거 봉투에 그렇게 쓰여 있었지만."

우리는 더 이상 아무 말도 할 수가 없었다.

검사가 피고인의 컴퓨터 하드 드라이브에서 찾은 수천 장의 사진 중 이른바 '대표적인 자료들'만을 간추려 넣은 증거 봉투를 나이가 지긋한 집행관에게 건넸다.

집행관은 그 폴더를 내게 건네려 다가왔으나 판사님이 이를 저지했다. "저에게 바로 주시지요." 판사님이 증거 봉투를 열어 내용물을 확인하는 동안 법정 안은 쥐죽은 듯 고요했다.

"이 자료를 검토했습니까?" 판사님이 변호인에게 물었다.

"아니요, 재판장님. 재판장님이 특별히 요구하지 않는다면 따로 검토하지는 않겠습니다. 검찰 측이 적절히 자료를 모았으리라 믿고 그 내용물의 성격에 대해 구술로 진술하겠습니다."

얼마나 끔찍하길래 피고인의 변호인마저 보기를 거부하는 걸까? 법정은 다시 조용해졌고, 내 뒤에 앉은 판사님이 사진을 한 장씩 넘기는 소리만 들렸다.

"예, 됐습니다." 판사님의 말에 나는 뒤를 돌아 증거 봉투를 건네받았다. 이 증거가 주는 불편함의 무게만큼 봉투는 묵직했다. 나는 증거 봉투를 책상 위에 올려놓고 겉면에 식별용 스티커를 붙였다. 그러다 호기심이 일어 봉투를 뒤집어보았다. 다행히 봉투는 봉인되어 있었다.

문득 아빠가 교통사고 현장에 대해 말해주었던 것이 떠올랐다. 교통사고가 발생해 도로가 정체되는 이유는 사고 차량 때문에 한쪽 차선이 막혀서가 아니라고 했다. 그 옆을 지나가는 운전자들이 찌그러진 사고 차량과 훼손된 피해자의 몸을 확인하려고 속도를 늦추기 때문이었다. 조금 전 나 또한 그들처럼 한심하고 무례하게 행동했다는 생각이 들었다.

봉투 속 사진들을 보았건 보지 않았건 달라질 것은 없었다. 어차피 나를 비롯해 법정에 있는 사람들은 피고인이 다운로드한 끔찍한 사진들에 대해 한 시간 가까이 자세한 설명을 들어야 했다. 더 최악인 것은 그 사진들이 한 장 한 장씩 설명되며 내 뇌리에 각인되었고, 아주 구체적인 형상의 공포를 불러일으켰으며, 법정에서 이야기되지 않는 사진 속 아이들은 도대체 누구인지, 왜 그 아이들이 이런 고통을 당하는지 매우 자세하게 상상된다는 사실이었다.

변호인은 피고인이 '비폭력적인' 자료만을 선호하고, 그 자료에 등장한 여자아이들 대부분이 성적 동의 연령인 열여섯 살 언저리로 보이며, '동의 없이 성관계를 강요당하는 것처럼 보이지 않는다'고 주장했다. 하지만 그 누구도 이 말에 설득당한 것 같지는 않았다. 피고인은 하루에 두세 차례 자위했고, 러시아에 서버를 둔 이미지 데이터베이스 플랫폼으로 다른 사람들과 자료를 공유했다. 이 네트워크를 통해 전 세계에서 151명이 5만 5185건에 이르는 아동 성 착취물을 소비했다.

법정에 감도는 분위기는 '반인륜적인 후텁지근함'이라는 말로밖엔 설명할 수 없었다. 실내의 습한 공기를 견디며 우리는 인간이 어디까지 더러워질 수 있는지 생각했다. 우리 모두는 하루 종일 그 습한 공기에서 헤어나지 못했고, 찝찝함은 오랫동안 가시지 않았다.

변호인은 피고인이 네트워크 사용자와 주고받은 이메일 내용을 낭독했다. 두 사람은 네트워크에서 다운로드한 파일을 비교하고 공유했으며 사진 내용에 대해 의견을 주고받기도 했다. 피고인이 보낸 이메일에는 이러한 표현도 있었다. '아니, 얘네들은 너무 어려.'

피고인석에 앉아 있는 그가 움찔했다. '나는 열 살 넘은 애들이 좋아. 이제 막 봉긋해진 가슴 같은 거.' 그는 얼굴을 찡그린 채 두 손을 떨었다. 스스로 생각해도 역겨웠던 걸까, 아니면 그런 척 연기를 하는 걸까? 그런 사진들을 받아 공유했다는 사실에 부끄러움을 느끼는 걸까, 아니면 자기 행동이 까발려져 수치스러운 걸까? 피고인석 왼쪽에 앉은 보안 요원도 두 주먹을 꽉 쥔 채 못마땅한 표정을 짓고 있었다. 내가 피고인과 그 정도로 가까이 앉아 있지 않은 것이 다행이었다.

"피고인의 행위에는 이 산업이 성하도록 조장하고 일조한 책임이 있다." 판사님은 판결문을 낭독했고 피고인에게 징역형을 선고했다.

。。

"물리적인 폭력 사건보다 이런 사건에 더 화가 나는 것 같아요. 왜일까요?" 퇴근 준비를 하며 판사님에게 물었다.

"일단은 자료의 분량 자체가 어마어마해서 그럴 겁니다. 폭력적인 장면이 찍힌 사진이 수천 장이나 됐으니까요. 그리고 다들 자신의 행위가 그리 심각하지 않다고 생각하거나 그렇게 주장하지요. '진짜로' 한 건 아니라고 말하면서."

"그래도 다들 어느 정도 혐의를 인정하긴 하더라고요." 나는 애써 그나마 긍정적인 부분을 찾아보려 했다.

"어떻게 부인할 수 있겠어요? 컴퓨터에 떡하니 증거가 있는데. 자신도 모르는 사이에 다른 사람이 수년간 자기 컴퓨터에 그런 걸 받아 모아놓았다고 어떻게 주장할 수 있을까요?"

"자료를 보관해둔 방식도 정말 소름 끼쳐요." 내 말에 판사님은 고개를 끄덕일 뿐 말이 없었다. 판사님이라고 무슨 말을 할 수 있을까?

피고인은 연령대별로 아이들의 사진을 각각 독특한 이름을 붙인 폴더 안에 정리해두었다. 어떤 폴더 속 사진과 영상에는 특정 아이만 등장했다. 그렇게 몇몇 아이만 따로 모아놓은 폴더가 꽤 많아 평소 그가 특정 아이들의 자료를 열심히 모으고 다녔음을 증명했다. 이 네트워크 사용자들이 유난히 더 선호하는 아이들이 존재했다니, 더욱 마음이 아팠다.

검찰은 피고인의 인터넷 검색 기록을 추적해 피고인이 미처 지우지 못한 검색 결과들을 찾아냈다. 그는 파렴치하고 특이하며 무엇보다 구체적인 성적 취향을 갖고 있었다. 피고인석에 앉은 그는 선고를 받으러 판사님 앞에 서기 전까지 내내 고개를 숙이고 있었다. 나는 그의 얼굴을 유심히 살폈다. 다른 곳에서 만났더라면 그가 이런 사람이라고 짐작조차 할 수 있었을까?

°°

김피에 머무는 내내 판사님이 한 말이 머릿속에 맴돌았다. '어떻게 부인할 수 있겠어요?' 언젠가는 이 말을 물리적인 성폭력 사건에도 적용할 수 있었으면 좋겠다고 생각했다. 모든 성범죄 사건이 재판으로만 끝나는 것이 아니라 실제 처벌로 이어지는 것이 당연한 세상이 도래하기를.

컴퓨터에서 불법 자료가 발견되는 것은 누군가가 자기 차로 과속 운전을 하는 것, 더 비슷하게는 자기 집에서 마약이 발견된 것과 같다. 법적으로 볼 때 집이나 자동차의 통제권은 그것의 소유주에게 있기 때문에, 적절한 알리바이를 제시하거나 다른 범인을 잡아 법정에 세우지 못한다면 과속과 마약 소지의 범인은 소유주 자신으로 간주된다.

그리고 이러한 논리에 비추어 본다면, 성행위에 대한 적극적 동의°를 법으로 제정하자고 했을 때 발끈하는 사람들의 주장은 앞뒤가 맞지 않게 된다. 그런 사람들은 대개 '무죄 추정의 원칙을 폐

331

기해서는 안 된다'고 외치며 반대한다. 하지만 이미 우리의 법은 많은 분야에서 무죄 추정의 원칙에 예외를 두고 있다. 우리는 차를 모는 행위가 굉장히 위험한 물건을 다루는 것과 같다는 사실에 모두 동의한다. 따라서 사고로 사람이 다치면 자연스레 '이 차의 주인이 누구인가'를 따진다. 또한 차 주인에게 '이 사고는 당신의 책임이니 억울하면 무죄라는 증거를 대라'고 요구한다. 성관계 역시 운전처럼 특정 연령이 지나야 할 수 있으며 난폭하게 했다가는 돌이킬 수 없는 결과를 낳는다. 그러나 운전과 달리 성관계는 시험을 보거나 검문을 받거나 자격증을 딸 필요도 없이 연령 기준만 충족하면 누구에게나 허용된다.

학교와 공교육 제도를 관리하는 정부가 어째서 사람들에게 음주 운전의 위험성을 가르치듯 성관계에 있어 동의의 중요성을 가르치지 않는지 나는 도통 이해할 수 없었다. 과한 음주는 운전과 성관계 행위 모두에 치명적인 결과를 낳는다. 그런데 왜, 술에 취해 부주의하고 난폭하게 차를 운전한 남자는 유죄를 선고받는 반면 똑같이 술에 취해 상대 여성을 강간해놓고 성관계에 동의한 줄 알았다고 말하는 남자는 무죄를 선고받는 걸까?

한번은 메건과 이런 대화를 한 적이 있다. "이론적으로 따지면 이런 상황도 가능해. 어떤 남자가 옆에 여자를 태우고 음주 운전을 하다가 사고를 냈다고 쳐. 둘 다 갓길로 빠져나온 상황에서 남자가 술에 취해 의식을 잃은 여자를 강간한 거야. 그럼 이 남자

<hr />

° positive consent. 성관계의 모든 행위자가 발화를 통해 분명히 동의를 표현해야만 동의된 관계가 성립한다는 개념으로, 적극적으로 저항하지 않은 것을 암묵적 동의로 해석하는 관행과 상반된다.

는 당시 주취 상태였던 것을 강간 혐의에 대한 반론으로 써먹을 수가 있지. 술에 취해서 그녀가 동의한 줄 알았다고 주장하면 되니까. 그런데 동시에, 바로 그 주취 상태였던 사실이 난폭 운전 혐의에 대해서는 명백히 불리하게 작용할 거라는 말이야."

"그렇지."

"그리고 하나 더. 망가진 차는 증거가 되겠지만, 망가진 여자의 몸은 증거가 되지 못할 거야. 가해자는 그 여자가 거짓말을 한다고 주장할 테니까."

°°

둘째 주에 열린 재판에선 레베카를 만났다. 레베카는 피고인 측 사무 변호사로 재판에 참여했다. 피고인 남성은 성폭행 혐의로 기소되었고 유죄를 인정하지 않아 화요일에 공판을 받기로 한 상황이었다. 그런데 공판 당일에 예기치 못한 일이 벌어졌다. 법원과 검찰 측은 모두 제때 준비를 마쳤으나, 랑이라는 이름의 피고인이 발작 증세를 보여 공판이 한 시간가량 지연된 것이다. 그를 살핀 구급대원들은 공황발작이 발생했다고 변호인 측에 전달했다. 30분이 더 흘렀을 때 집행관이 쪽지를 보내왔다. '랑 씨가 약을 먹고 안정을 되찾았습니다. 이제 말을 알아들을 수 있는 상태이니 공판을 시작해도 될 것 같습니다.'

랑이라는 그 남자는 자신이 감옥에 가게 될까 봐 극도로 불안해했다. 피고인석에 앉은 그의 얼굴에는 혼란이 고스란히 묻어났다. 그는 입술을 꽉 깨문 채 감정을 억누르고 있었다. 나는 사건 조서를 확인했다. 그는 저산소 상태에서 태어나 폭력적인 부친 밑에서 열 명의 형제자매와 함께 컸다. 주기적으로 발작을 일으켰고, 읽고 쓸 줄을 몰랐다.

만일 누군가가 약을 탄 술을 모르고 마셔 옳고 그름을 판단할 수 없는 상태에서 폭력적인 행동을 저질렀다면, 그에게 모든 죄를 물을 수는 없을 것이다. 그렇다면 태아알코올증후군°을 안고 태어난 사람들은? 평생 술의 부작용을 안고 살아야 하는 이들은 대부분 낮은 지능을 갖거나 행동 문제를 겪는다. 그럼 이 피고인이 저지른 행위에 대한 책임은 과연 누구에게 있는 걸까? 그를 엄벌해야 하는 이유는 무엇이며, 처벌 시 무엇이 달라질 것으로 기대할 수 있을까?

그런데 그때 검사가 범행 당시 랑이 했던 말을 반복해 낭독했다. "지금껏 몰랐던 최고의 맛을 보게 해주지." 랑은 문을 막고 서서 피해 여성에게 이렇게 말한 뒤 그녀의 몸을 더듬었고 키스를 강요했다. 또한 그는 피해 여성의 집에 그녀와 갓 태어난 아기만 남겨지기를 기다린 뒤 그녀에게 접근했다. 피해 여성은 그 이후로 집에 있는 것이 불안해졌으며 남편과의 관계가 소원해졌다고 호소했다.

변호인은 이른바 '착한 거인' 이야기를 끌어들여 변론을 전개했다. 즉 피고인이 '자신의 힘이 얼마나 센지 알지 못해서', 또는 '이해하지 못해서' 그런 일을 저질렀다는 것이다.

로스쿨에서 공부할 때 접한 사례가 하나 떠올랐다. 강간 혐의

° 임신 중 여성이 알코올을 과도하게 섭취하여 태아가 정신적·신체적 문제를 갖고 태어나는 증후군.

로 기소된 한 남성의 변호인은 피고인이 중증 자폐 스펙트럼 장애를 앓고 있어 타인의 표정과 목소리를 해독할 능력이 없으며, 따라서 성관계에 동의하지 않은 고소인의 표정과 목소리를 이해하지 못해 강간을 하게 됐다고 변론했다. 이 주장은 설득력 있게 받아들여졌고, 결국 피고인은 무죄 판결을 받았다. 그가 피해 여성이 동의했다고 진심으로 믿었으며 그의 입장에서 그렇게 믿을 만했다는 것이 무죄 판결의 이유였다.

그렇다면 여자의 경우 어려서부터 남자들보다 눈치 있게 행동하도록 '강요받기' 때문에 자폐 스펙트럼 장애를 앓는 여성조차 실제로 그 질환을 진단받을 확률이 남성에 비해 훨씬 더 낮다는 사실에 대해선 어떻게 설명할 수 있을까? 실제로 자폐 스펙트럼 장애를 겪는 여성들은 동일한 질환을 가진 남성들보다 더 높은 감성지능을 체득하는 것이 일반적이다.

이 피고인과 같은 남성들은 애초에 그들을 향한 기대치가 낮기 때문에 여성을 성폭행하고도 처벌을 면할 수 있는 걸까? 그것은 오히려 이러한 남성들을 무시하는 처사가 아닐까?

"반성하고 있습니다." 피고인 랑의 말에 분노로 가득 차 있던 내 마음이 약간 흔들렸다. 서른여덟 살인 그는 독신이었고, 정원사로 일하면서 입에 겨우 풀칠할 만큼 돈을 벌었다. 지금껏 동의하에 여성과 관계를 맺을 기회가 있기는 했을까? 너무 외로워서 그랬던 건 아닐까? 그는 거구였다. 키도 크고 손도 컸다. 몸은 호리호리한 편이었지만 얼굴은 몸과 어울리지 않게 각져 있었다.

판사님은 판결 선고 도중에 '공격'이라는 단어를 썼다. "고소인이 피고인의 행동으로 충격을 받은 것은 지극히 당연합니다. 무슨 말인지 알겠습니까?"

그는 몸을 움츠린 채 고개를 들지 못했다. 그는 판사님의 말에 연신 고개를 끄덕였다. 그를 바라보는 내 마음은 양쪽 코트를 왔다 갔다 하는 테니스공처럼 좀체 갈피를 잡지 못했다.

°°

판사님은 출장 기간에 사건을 최대한 많이 처리하고 싶어 했기에, 바로 다음 날 새 공판 일정을 잡았다. 그런데 피고인은 배심원단 선정을 마친 직후에 바로 유죄를 인정했다. 앞서 배심원단을 선정할 때 변호인은 여덟 번의 이의 제기 권리를 모두 여성 배심원을 반대하는 데 사용한 참이었다. 그 결과 배심원단은 여성 두 명, 남성 열 명으로 구성된 터였다. 변호인에게 왜 그런 권리가 주어지는지 나는 지금도 이해할 수 없지만, 어쨌든 이때 피고인이 유죄를 먼저 인정해 편향된 배심원단이 공판에 참여하지 않게 된 것은 반가운 일이었다.

검사는 선고 공판에서 피고인의 혐의를 자세히 진술했다. 여자친구와 헤어져 지낼 곳이 없어진 피고인은 알고 지내던 여자의 집을 찾아가 외벽을 타고 그녀의 침실 창문으로 침입했고, 자고 있던 그녀의 잠옷 바지를 벗기려 했다.

잠에서 깬 그녀가 저항하며 그와 몸싸움을 벌였고, 소리를 듣고 달려온 그녀의 오빠가 그를 내쫓았다. 그는 도망치면서 이렇게 소리쳤다. "내가 이 동네에서 아는 년들은 너희밖에 없는데 날 이따위로 대하다니! 개 같은 년들아!"

도대체 피고인은 왜 자신이 아는 여자들의 몸을 함부로 대할 자격이 있다고 생각했을까? 동네에서 아는 유일한 슈퍼마켓에 무작정 찾아가서는 왜 자기가 원하는 시간에 열지 않느냐고 고래고래 소리 지르는 사람들과 비슷한 심리인 걸까? 아니면 그에게 여자란 성관계를 '거부'하는 순간 그 즉시 '개 같은 년'이 되는 존재인 걸까? 만약 그녀의 오빠가 그 순간에 개입하지 않았더라면 무슨 일이 벌어졌을까?

아마도 그녀는 강간당했을 것이다. 하지만 목격자가 없어 그를 법정에 세우지는 못했을 것이다. 그렇게 그는 별다른 처벌을 받지 않았을 것이다.

°°

김피에서 보낸 나머지 날들은 별일 없이 흘러갔다. 미셸 페인°이 멜버른컵에서 우승했고, 나는 판사님에게 미셸 페인과 경마를 얼마나 좋아하는지 신나게 떠들었다.

판사님과 나는 레베카, 방문 검사들, 지역 사무 변호사들과 모여 저녁 식사를 함께했다. 레베카와 판사님이 재회한 모습을 보니 마음이 살짝 아렸다. 어느덧 판사님과 나의 시간도 끝나가고 있었다. 나는 판사님을 그리워할 게 분명했다.

법원에서 일하지 않아도 된다고 생각하면 기쁘기도 했지만

° Michelle Payne. 호주에서 태어난 1985년생의 기수로, 세계 3대 경마대회 중 하나인 멜버른컵에서 여성 기수 최초로 우승했다. 경마는 성별 구분 없이 경기를 치르는 몇 안 되는 스포츠 중 하나다.

동시에 겁도 났다. 나는 스스로 중요한 일을 하고 있다는 기분에 서서히 중독되어가고 있었다. 그것은 정말 말 그대로 중독이었다. 끔찍한 일들을 접하는 것에 꽤 강한 내성이 생겼고, 기다림 끝에 평결을 받아내는 일에 더 이상 허둥대지도 않았다.

이처럼 매일 열심히 일하면서 인생과 자유에 대해 고민할 수 있는 기회는 또 없을 것 같았다. 하지만 레베카와 깊은 대화를 나누며 나는 다시금 마음을 다잡았다. 그녀로부터 요즘 어떻게 일하며 지내는지를 들으면서 법조계, 특히 변호업계는 나와 맞지 않는다는 생각이 굳어졌다.

"실무수습은 어떻게 돼가고 있어요?" 레베카의 물음에 나는 한숨을 내쉬었고, 그녀는 단번에 내가 무슨 말을 하려는지 알아챘다. 우리는 서로를 보며 웃음을 터뜨렸다.

나는 재판연구원 일을 마치고, 변호사 자격을 취득한 뒤, 새 뮤얼을 법정에 세울 생각이었다. 그러고 나면 내 인생도 제자리를 찾아가게 될 것이었다.

16

금요일 오후 김피에서 돌아온 나는 빈센트의 집에서 아늑한 시간을 보냈다. 그리고 다음 날 아침, 휴대폰 소리에 퍼뜩 잠에서 깼다. 눈을 뜨기도 전에 새뮤얼일지 모른다는 공포가 온몸을 휘감았다. 조심스레 빈센트의 몸을 넘어 휴대폰을 집은 다음 진동 모드로 바꾸고 스크린을 확인했다. 모르는 번호였다. 새뮤얼이라는 확신이 들었다. 나는 공포에 질린 채 손에 든 휴대폰을 멀뚱히 쳐다보았다. 신호가 올 때마다 손바닥에 생생한 진동이 느껴졌다. 컴컴한 방에서 홀로 번쩍이는 휴대폰 불빛이 내 얼굴을 비췄다.

마침내 진동이 멎었다. 나는 수류탄 핀을 빼버린 사람처럼 휴대폰을 계속 손에 쥔 채 매트리스 끄트머리에 꿈쩍 않고 앉아 있었다. 모든 근육에 독이 퍼진 듯 몸이 굳었고, 빨라진 심장 박동 소리가 귓가를 울렸다. 그렇게 몇 분이 흘렀다. "윙." 진동음에 용수철처럼 자리에서 벌떡 튀어 올랐다. 토스트기에서 식빵이 튀어나올 걸 알면서도 깜짝 놀란 사람처럼.

"음성 메시지가 도착했습니다."

나는 빈센트와 함께 있다는 사실도 잊은 채 재생 버튼을 눌렀다. 불안한 예감은 내 두려움을 체현하기라도 하듯 강력한 현실이 되어 나타났다. 새뮤얼의 목소리가 고요한 방 안에 울려 퍼졌다. 조금 전까지만 해도 모든 걸 잊고 빈센트와 행복하게 향유했던 평화로운 침묵이 단번에 깨어졌다.

나는 새뮤얼의 목소리를 들었다. 그는 호주로 돌아왔다며 얼굴을 보고 이야기할 수 있는지 내게 물었다. 마지막에는 가볍게 사과하며 술 한잔 하자는 말도 덧붙였다. 나는 즉시 3번을 눌러 메시지를 삭제했다.

"그 사람이야?" 빈센트가 잠이 섞인 목소리로 물었다.

"응." 나는 휴대폰을 바닥에 내려놓고 발로 멀찍이 밀어버렸다.

"왜 전화했대?"

"미안하대. 술 한잔 하면서 이야기하자고 하네." 나는 혼란스러웠다.

"으." 빈센트가 얼굴을 찌푸리며 베개에 얼굴을 묻었다. "이리 와서 좀 더 자자." 그가 날 이불 안으로 끌어당겼다. 하지만 나는 다시 잠들지 못했다. 침범당한 기분이 들었기 때문이다. 내 실수로 새뮤얼을 이곳으로 끌어들인 것 같았다. 빈센트가 방금 전 일을 마음에 담아둘까 봐 괜스레 걱정이 되었다. 나 스스로 느끼듯 빈센트도 날 역겨운 존재라고 생각하면 어떡하지? 이렇게 더럽혀지고 망가진 연인을 원하는 사람이 어디 있겠어?

오후가 되어서야 귀중한 증거를 스스로 없애버렸음을 깨닫고 나 자신에게 분노했다. 이런 실수를 저지를 줄이야. 그토록 많은 재판에 참여하고, 판결문을 교정하고, 판례를 공부해놓고도 내 손으로 증거를 인멸해버린 것이었다. 제시카가 범행 증거로 가득한 탐폰을 변기에 버렸다고 했던 증언이 생각났다. 그 재판은 피고인에게 무죄를 선고하는 것으로 끝이 났었다.

　나는 숀에게 새뮤얼이 호주에 들어왔다고 문자 메시지를 보낸 뒤 답장을 기다렸다. 보통 우리는 결정적 순간이 올 때 무엇을 해야 할지 잘 안다고 스스로 생각한다. 그러나 경직 반응과 함께라면, 이야기는 달라진다.

°°

　일상은 계속되었다. 어떤 때는 좋았다가도 어떤 때는 그냥 그런 날들이었다. 치마가 뱃살을 조이는 무더운 여름이 돌아왔다. 엄마와는 그 얘기를 하지 않기로 했다. 나는 평소처럼 출근해 대부분 판사님과 함께 시간을 보냈고, 이것저것을 배웠다. 하우스메이트들과 조금 더 가까워졌고, 집 뒤편의 낡은 테라스에 나가 담배를 피우며 이글거리는 석양을 바라보는 것이 일과가 되었다.

　하루는 판사와 재판연구원 간의 친목을 도모하는 골프 행사에 참여했다. 참가비로 100달러나 내야 했다. 우리 판사님은 가고 싶어 하지 않아서 나는 다른 판사님과 짝을 지어 참여하게 되었다. 그 판사님도 꽤 좋은 분이었다. 나는 꽃무늬 원피스를 골라 입었다. 나를 제외한 사람들 대부분이 골프를 '스포츠'로 생각해 활동적인 복장으로 입고 올 줄은 전혀 몰랐다. 다들 약속이나 한 듯 젤라또 빛깔을 연상시키는 파스텔 톤의 폴로 랄프로렌 셔츠 차림이었다. 그리고 치노 바지. 모두가 치노 바지를 입고 있었다.

　"아주 참신한 복장이군요." 이날 나와 함께한 판사님은 예상

342

하지 못했다는 듯 한쪽 눈썹을 높이 치켜떴다. 그분의 머리가 남아 있었더라면 눈썹이 머리와 만났을지도 몰랐다.

"아, 네. 저는 원래 가장 좋은 옷을 빼입고 골프를 친답니다." 나는 괜히 장난스럽게 무릎을 굽히며 인사했다.

이 행사를 계기로 또 한번, 내가 법조계와 어울리지 않는다는 사실을 실감했다. 행사가 끝나고 우리는 다 같이 점심을 먹었다. 사촌 결혼식 때 먹었던 요리가 이날 식사 테이블에 올라왔다. 누군가에게는 가장 중요한 날이자 1년간 꼬박 돈을 모아야 치를 수 있는 행사에서 맛볼 만한 음식이 이날의 점심 메뉴였다. 어쨌거나 나는 태평하게 그 음식을 먹었다. 이날의 가장 생생한 기억은 잠시 무리와 떨어졌을 때 신발을 벗고 풀밭에 서서 찬란한 색깔의 사랑앵무새들을 구경하고 발가락 사이를 간지럽히는 산들바람을 느낀 순간이었다.

"어땠습니까?" 월요일에 만난 판사님이 물었다.

"골프 카트를 모는 게 재밌었어요." 나는 능청맞게 대답한 뒤 판사님과 말없이 웃음을 주고받았다.

°°

행사가 있었던 날 오후, 집으로 돌아와 구두를 벗어 던지고 몸통을 조이는 펜슬 스커트를 서둘러 벗고 있는데 전화가 왔다.

"숀 톰슨입니다. 잠깐 통화할 수 있을까요?"

"네, 물론이죠." 나는 책상에 앉아 메모지와 연필을 챙겼다.

"저희 쪽 경찰관 몇 명이 새뮤얼 집을 찾아갔습니다. 이제 그도 피소되었다는 걸 알고 있어요."

"그렇군요."

"일단은 신변을 스스로 보호하시는 게 좋겠습니다. 아주 드물긴 하지만 피해자를 찾아가는 사람들이 있어서요." 나는 그에게 빈센트가 겪은 소동을 굳이 말하지 않았다. "말했듯이 아주 드물긴 합니다만, 만일을 대비해서 현관문을 꼭 잠그고 누군가 미행하지는 않는지 잘 살피세요."

"알겠습니다."

"그런데 새뮤얼이 저희 쪽으로 보내온 문서를 보니 벌써 사무 변호사를 고용하고 법정 변호사와도 접촉한 것 같더군요."

"아, 그쪽도 새뮤얼이 범죄 행위를 시인했다는 걸 알고 있다는 거죠?"

"네, 그렇긴 한데 범행 시점이 그가 열 살 때라고 주장하고 있습니다."

"네?"

"그가 열 살 때 그 일을 저질렀다고 하더군요."

"뭐라고요?"

"어이없는 얘기죠."

"말도 안 돼요!" 내가 발끈했다.

"새뮤얼 가족이 브리 씨의 동네로 막 이사 왔을 무렵에 사건이 벌어졌다는 게 그들의 입장입니다. 그러니까 새뮤얼이 열 살 때요."

"그건 불가능해요. 새뮤얼은 저보다 여섯 살이나 많다고요. 사건 당일 저는 초등학교 교복을 입고 있었고요. 그 사람 주장대로라면 제가 그때 네 살이었다는 말인가요? 저는 네 살 때 무슨 일이 있었는지 기억조차 안 나요!"

"네, 압니다. 아마 그쪽에서 간을 보는 것 같아요. 현재로서는 저희 쪽에서 범행 시점에 관해 확실한 증거를 제시하지 못하고 있으니까요. 저도 딱히 뭐라 할 말이 없더군요."

화가 났다. "형사 책임을 지지 않아도 되는 나이가 열 살까지인 거랑은 아무 상관이 없는 거겠죠?" 내 말투엔 빈정거림이 잔뜩 묻어났다.

숀은 앞으로 몇 달간 일어날 일들의 절차를 간략히 설명해주었고 마음의 준비를 해두라고 조언했다. 새뮤얼과 그의 변호사들은 범행 자체를 부인할 수는 없겠다고 판단하고서 범행 시점을 문제 삼으려는 속셈인 듯했다. 그래, 지푸라기라도 잡아보려는 심정일 것이다. 나는 그렇게라도 납득하고 싶었다.

전화를 끊자 슬픔도 잠시, 극심한 분노가 치밀었다. 이미 나는 전의에 불타오르고 있었다. 어쩌면 나는 더 이상 공포에 몸이 얼어붙는 사람이 아니게 된 것인지도 몰랐다. 이제 드디어 그와 정면으로 맞설 수 있게 된 것일지도.

나는 매기를 떠올렸다. 비행기 모형이 있는 방에선 몸이 얼어붙었지만 이후 하얀색 밴에서 그 공포에 맞섰고, 마침내 법정에까지 나와 그 공포를 증언했던 그녀를. 나는 그녀처럼 강해지는 법을 터득해야만 했다.

나는 오랜 세월을 견딘 끝에 비로소 새뮤얼과 동등한 입장에 서게 된 참이었다. 내게는 지식과, 직업과, 나를 믿어주는 사람들이 있었다. 나는 싸울 준비가 되어 있었다.

성희롱 가해자를 고소한 후에도 계속 출근해 일하고, 아무 일 없는 것처럼 사람들과 지내야 한다고, 무엇보다 예전의 평범한 내 모습이 어디 가지 않는다고 일러주는 사람은 아무도 없다. 나쁜 일에 휘말렸다고 해서 평범한 삶을 잠시 멈추고 떠나 있을 수는 없다. 방금 내린 커피를 쏟고, 버스를 놓치고, 화장실 휴지가 떨어지는 일은 일상에서 계속 일어난다. 그리고 이처럼 온갖 사소한 일들이 우리를 분노하게 한다.

왜 이놈의 세상은 지금 우리가 얼마나 중요한 일을 하고 있는지 몰라주는 걸까? 때로 나는 며칠 연속으로 괜찮은 날들을 보냈다. 그러다 어떤 때는 술에 잔뜩 취해 저녁에 먹은 걸 모조리 토해내거나 허벅지에 손을 댔다. 법원에서 열린 재판이 그날그날 기분을 좌우하기도 했다.

심리 상담은 거의 받지 않았다. 근무 시간 외에 상담 예약을 잡기가 어려웠기 때문이다. 한편으로는 몇 달 후 변호사 자격증 취득 시에 정신 건강 상태를 공개해야 한다는 점이 마음에 걸렸다. 제출할 서류에는 변호사로서의 '적합성'에 영향을 미칠 수 있는 것들을 기록하는 칸이 따로 있었다. 이 칸에는 전과, 복지수당 부당 수령, 과속 딱지 같은 것과 더불어 정신 질환에 대한 이력을 기입해야 했다. 나는 상담을 받고 있거나 받을 생각이라는 언급 없이 이 문제에 관해 상의하려면 누구에게 도움을 요청해야 하는지조차 감이 잡히지 않았다. 그러는 와중에 내 몸은 요요 현상을 겪었다. 싸구려 화이트 와인과 반창고를 사서 집으로 돌아가는 횟수가

늘고 있었다. 하루는 퇴근길에 꽃과 와인과 반창고를 사 들고 걷
다가 인파로 붐비는 길에서 혼자 소리 내어 웃었다. 이보다 클리셰
일 수는 없었다.

어른이 되어 어느 지점에 이르면, 정말로 중요한 일에 대한 지
침은 존재하지 않는다는 것을 깨닫는 순간이 찾아온다. 우리는 부
모님의 그늘에서 항상 벗어나고 싶어 하지만, 동시에 부모님이 내
방향을 제시해주기를, 우리가 가는 길이 옳다고 확신시켜주기를
갈망한다. 지옥 같은 밤들을 보낼 때마다 나는 엄마를 떠올렸다.
내가 모든 것을 망쳐버리더라도 엄마는 전화 한 통이면 단숨에 달
려와 날 도울 것이었다. 적잖은 여자아이들이 그러듯 나 또한 아빠
와는 거의 싸우지 않았지만 엄마와는 종종 티격태격했다. 하지만
내게 무슨 일이 터지면 엄마는 날 위해 그 누구보다 먼저 불길 속
으로라도 뛰어들 사람이었다. 가끔은 나도 그런 엄마가 될 수 있
을지 생각해보았지만 확신이 서지 않았다. 20퍼센트의 확률로 성
추행을 당하는 이 세상에서 딸아이를 낳는 것이 옳은지에 대해서
도 의구심이 들었다.

이따금 나는 아주 위태로운 밤들을 보냈다. 아마도 엄마는 내
가 그럴 때마다 엄마한테 연락한 거라는 사실은 모를 것이다. 힘겨
운 시간이 찾아올 때마다 결국 내가 찾은 사람은 엄마였다.

언제 끝날지 알 수 없는 싸움이 계속되고 있었다. 내가 의지
할 만한 사람들이 내게 베풀어줄 친절을 너무 일찍부터 다 써버리
고 싶지는 않았다.

"줄 게 있습니다." 어느 날 아침, 판사님이 종이 두 장을 건넸다. 퀜틴 브라이스의 보고서가 제안한 바대로 목 조르는 행위를 특수 범죄로 분류하는 가정폭력 처벌법 개정안의 초안이었다.

"저한테 주려고 뽑아놓으신 거예요? 안 그러셔도 되는데!" 나는 판사님을 보며 환히 웃었다. 내 웃음은 진심에서 우러나온 것이었다.

이 개정안은 2016년 4월에 통과되었고, 이로써 퀸즐랜드 주에서는 목 조르는 행위를 별도의 범죄 행위로 처벌할 수 있게 되었다. 〈커리어 메일〉에 따르면, 이 법안이 처음 시행되고 일곱 달 동안 목 조르는 행위에 관한 신고는 500건이 넘게 접수되었다고 한다.

이날 아침의 일은 내게 특별했다. 나는 판사님에게 살짝 감동하기까지 했다. 내가 이 문제에 마음 쓰고 있음을 기억하고 있다가 서류를 따로 챙겨주신 사실이 무척 고마웠다. 판사님이 그만큼 날 이해하고 있으며 존중하고 있다는 뜻이었으니까.

나는 판사님에게 건네받은 서류를 들고 아빠를 만나러 카페로 향했다. 얼른 아빠에게 이 소식을 전하고 싶었다. 그러나 5분도 못 가 이런 법안이 필요한 현실 때문에 마음이 울적해졌다. 나쁜 사람들이 나와 같이 거리를 활보한다고 생각하면 겁이 난다고 아빠에게 털어놓았다. 아빠는 우리 같은 일을 하는 사람들은 사회의 가장 추악한 단면을 계속 접하기에 지쳐 나가떨어지기 쉽다고 말했다. 또 우리가 만나는 나쁜 사람들은 소수에 불과하며 대다수는 선한 사람들이라는 말로 나를 달랬다.

"네가 보는 건 전체의 5퍼센트에 불과해."

"5퍼센트나 된다고요? 스무 명 중 한 명이 다른 사람들을 해친단 말이에요?"

"내 말은, 그런 사람이 결코 많지는 않다는 얘기지."

"스무 명 중에서 한 명은 꽤 많은 숫자인걸요!"

"꼭 그 정도라는 뜻은 아니야."

"그럼 몇 명이나 되는데요?" 나는 점점 커지는 목소리와 함께 감정이 격해졌다. "이 중에서 범죄자는 몇 명이나 되는 건데요?" 나는 카페 내부를 가리키며 아빠에게 따지듯 물었다.

아빠는 더 이상 입을 떼지 못했다. 아빠도 알 수 없는 문제였다. "정말 궁금해서 물어보는 거니?"

나는 정말 그렇다고 생각했다.

⠔

밤마다 성적 학대와 폭행에 관한 악몽을 꿨다. 그렇게 끔찍한 꿈을 꾸고 나면 수치심에 몸이 떨렸다. 꿈속에서 나는 성적 학대와 폭행을 당했고, 때로는 모르는 여자가 당하는 모습을 목격했다. 그게 아니면, 현장 주변을 떠다니는 보이지 않는 존재가 되어 그 모습을 지켜보았다.

사람들의 얼굴은 선명하지 않았지만 모두 다른 사람인 것은 분명했다. 쏟아지는 폭포수처럼 끊임없이 새로운 여자들과 남자들이 등장했는데, 그 얼굴은 모두 낯설었다. 김피에서 내린 결론이 틀렸을지 모른다는 의심이 다시 날 불안하게 했다. 어쩌면 내가 꾸는 악몽은 내 마음속 어딘가에 자리 잡은 끔찍한 존재에서 비롯한 것인지도 몰랐다. 환한 낮에는 내 이성이 마음속 고름을 가려주는 반창고 역할을 했지만, 밤에 눈을 감으면 그 반창고가 스르륵 떨어지며 곪아 터져 끈적한 상처를 드러냈다. 다행히 빈센트와 함께 자는 날에는 그가 내 악몽을 물리쳐주기도 했다. 내가 울거나 비명을 지르면 날 흔들어 깨움으로써.

어느 날 꿈에서는 내가 졸업한 초등학교와 비슷하게 생긴 학교 건물을 거닐었다. 나는 보이지 않는 존재가 되어 있었다. 한 남자가 소년의 손을 잡고 어딘가로 향했다. 나는 그들을 따라 수풀 근처로 들어갔다. 남자는 키가 크고 어깨가 다부졌으며 갈색 머리에 짧은 턱수염이 나 있었다. 품이 넉넉한 사냥꾼 옷차림이었는데, 예전에 미국 산림을 여행했을 때 여가로 사냥을 즐기는 남성들이 딱 그런 옷을 입고 있었다. 수풀은 바짝 말라 있었지만 어린 고무나무가 빽빽이 자라나 있었고 땅에 어두운 낙엽이 잔뜩 깔려 있는 것으로 보아 가을인 듯했다. 남자와 소년은 나뭇가지와 낙엽을 밟아가며 계속 걸었다. 그들 곁에 있는 나는 그들 눈에 보이지 않았다. 단정하게 머리를 깎은 동양인 소년은 남자를 올려다보지 않았다. 그렇다고 주변을 둘러보지도 않았다. 그저 땅만 보며 무표정한 얼굴로 뚜벅뚜벅 걸었다. 그 아이는 경직 상태에 빠져 있었다. 물이 마른 도랑 근처 오르막에 도착한 남자는 소년을 바닥에 눕힌 다음 얼굴 위에 올라타 구강성교를 강요했다. 그 짓은 소년이 코피를 흘리며 구토할 때까지 계속되었다. 나는 옆에서 아무것도 하지 않았다. 남자는 카키색 배낭에서 번다버그 럼° 병을 꺼내 젖꼭지를 물리듯 소년의 입에 물렸다. 그리고 소년이 두 팔로 직접 병을 들게 했다. 소년은 울음을 터뜨리지도 않고 그저 멍한 표정으로 말을 따랐다. 이어 남자는 소년의 항문에 성기를 삽입해 그를 강간했다. 처음에는 천천히, 나중에는 점점 더 격렬하게 움직였다. 나는 다시 소년의 얼굴을 보았다. 모르는 얼굴이었다. 그렇게 나는 잠에서 깼다.

아직 새벽녘이었고 빈센트는 곤히 잠들어 있었다. 그와 나의 머리는 거의 닿을 만큼 가까웠다. 나는 울기 시작했다. 내가 빈센트까지 더럽히고 있는 거라면 어쩌지? 어떻게 그토록 더러운 존재를 만들어서 이곳까지 끌어들인 거야? 나는 꿈속의 그들을 알지 못했다. 소년에게 그런 짓을 저지른 피고인을 법정에서 만난 적도 없었다.

나는 왜 아무것도 하지 않았지? 어째서 가만히 지켜보기만 했을까? 내가 그곳에 정말로 있긴 했던 걸까? 내 안에 그토록 추악한 것이 존재한다니, 도저히 말이 되지 않았다. 그 장면들은 계속해서 내 안에 남아 있다가 언젠가 다시 돌아오게 될까? 다시 설핏 잠들었을 때는 그 추악한 존재가 촉수를 뻗쳐 내 머리를 감싸고 두 눈을 쥐어짜는 악몽을 꿨다. 내 힘으로는 그것을 도무지 떼어낼 수 없었다.

° Bundaberg Rum. 퀸즐랜드 주 번다버그에서 생산되는 짙은 색깔의 럼주.

17

일주일간 휴가를 얻어 멜버른에 사는 친구 애나를 보러 갔다. 애나는 〈에로틱한 여성들의 살아 있는 박물관〉이라는 연극에 참여하고 있었다. 나는 친구를 응원하고 싶기도 했고, 한편으로는 함께 술을 마시며 여유를 부리고도 싶었다. 애나는 아주 멋진 독백을 직접 썼고 나체로 무대에 올라 그 부분을 연기했다. 질 안에서 줄자를 꺼내는 퍼포먼스는 그중에서도 압권이었다.

나는 애나를 직접 만나 새뮤얼 일을 털어놓아야 했다. 사정이 조금 복잡했는데, 먼저 애나는 어린 시절 의붓아빠에게 학대당한 아픔이 있었고, 2011년에 내가 교환학생으로 호주를 떠나 있을 때 새뮤얼과 데이트를 한 적이 있었다.

"세상에. 그런 일이 있었구나. 솔직하게 말해줘서 고마워."

"네가 새뮤얼이랑 만날 때 미리 말하지 못해서 미안해. 그땐 아직 마음의 준비가 안 됐었어. 지구 반대편에 있기도 했고. 그리고 네가 이미 그 사람이랑 잤다는 걸 알고 나니까 너무 늦었다는 생각이 들더라. 음⋯⋯. 이런 내 말이 너무 변명처럼 들리네. 진심으로 미안해."

"미안해하지 않아도 돼. 무슨 마음인지 이해하니까."

"고마워." 나는 눈물을 닦았다.

"솔직히 말하면, 별로 놀랍지도 않다."

"무슨 말이야?"

"사실 나, 정말로 원해서 그 사람이랑 잔 게 아냐. 강간이라고까지 할 수는 없지만, 그 사람이 날 조종했던 건 틀림없어. 당시 홍수 때문에 난리가 났을 때였는데, 그 사람이 나한테 연락해서는 자기 가족의 집이 물에 잠겼다며 힘들어하는 거야. 나랑 같이 있으면 힘이 될 것 같다나. 그런 식으로 은근히 내게 압박을 줬어. 그리고 얼마 못 가서 내가 넘어간 거고."

"그런 일이 있었는지는 몰랐어."

"지금 생각하면 진짜 역겹다니까!" 우리는 함께 웃음을 터뜨렸고 오랫동안 서로를 꼭 안아주었다.

"처음에는 빈센트의 마음이 변할까 많이 걱정했어. 하지만 지금은 괜찮은 것 같아."

"무슨 말인지 알아. 난 내 과거가 부끄럽지 않거든. 너도 나 알잖아. 그 일을 사람들 앞에서 말하는 것도 아무 상관 없어. 정작 내가 싫은 건, 사람들이 자기들 멋대로 내 심리 상태를 추측하는 거야."

°°

애나의 연극을 본 뒤 혼자 숙소로 걸어가기로 했다. 구글맵으로 확인하니 도보로 40분 정도 거리였다. 나는 산책하는 기분으로 걸었다. 걷다 보니 가로등 하나 없는 공동묘지 주변을 지나고 있다는 사실을 깨달았다. 헤드폰을 귀에서 빼는 순간, 차 한 대가 요란한 소리를 내며 옆을 지나갔다. 창밖으로 상체를 내민 남자가 날 향해 외쳤다. "뚱뚱한 년!" 차 안에 있던 다른 남자들이 낄낄댔다.

이후 애나의 집에서 우리가 다시 만났을 때 나는 이 이야기를 들려주었다.

"조심히 하고 다녀." 네가 나한테 뭐라고 할 입장은 아닌 것 같다고 대꾸하려는 찰나, 애나가 한마디를 덧붙였다. "얼마 전에 질 미거라는 여자가 근처에서 납치당했어."

잠시 침묵이 감돌았다. 말하지 않아도 우리 사이에는 많은 말들이 오갔다. 우리가 스스로 몸을 사려야 한다는 것은 분명 부당한 일이었지만, 괴물 같은 남자들이 실제로 존재한다는 사실 역시 우리 둘 다 누구보다 잘 알고 있었다.

우리는 서로의 와인 잔을 채우며 대화를 이어갔다. "사람들은 그냥 그들과 내 삶을 분리하라고만 얘기해. 그런데 나는 길을 걸을 때마다 법원에서 본 강간범들이 내 주변을 돌아다니고 있다는 생각을 안 할 수가 없다고."

"그 일을 지금껏 어떻게 해왔니. 대단하다." 애나가 내 무릎을 토닥였다.

"대단한 건 너야! 연극 정말 멋지던데? 그 얘기 좀 해봐."

이날 밤, 우리는 유쾌한 시간을 함께 보냈다.

오빠의 서른 번째 생일 파티에 사람들이 모였다.

"새뮤얼은?" 오빠 친구 중 한 명이 물었다. 나는 아무렇지 않은 척했다.

"걔 원래 잠수 잘 타잖아." 누군가의 말에 다들 와아 웃음을 터뜨렸다.

그동안 새뮤얼과의 일을 털어놓지 않은 이유는 오빠 때문이기도 했다. 오빠에게 새뮤얼은 어쨌거나 가장 가까운 친구 중 한 명이었다. 그런 오빠가 새뮤얼과 연을 끊게 된다면 얼마나 큰 상처를 받을까 나는 늘 걱정했었다. 새 맥주 캔을 까고 과자를 한 움큼 집으면서, 시간이 갈수록 미안해해야 할 사람이 점점 늘고 있다는 것을 실감했다.

누군가 내게 무슨 일을 하고 있는지 물었고, 나는 재판연구원이 하는 일을 대강 설명해주었다. 그러자 사람들은 전국을 들썩이게 한 '바덴과 클레이 사건'에 대해 이야기하기 시작했다. 한 남자가 아내를 살해해 시신을 유기한 혐의로 기소된 사건이었다. 얼굴에는 아내가 남긴 손톱자국이 있었으며, 살해 전 그가 다른 여자와 바람을 피우고 있었다는 정황도 드러났다. 그는 무죄를 주장했으나 배심원단은 유죄를 평결했다. 그런데 항소심에서 판결이 뒤집혔다. 〈커리어 메일〉 독자들은 '솜방망이 판결'과 항소법원의 결정에 분노했다.

사람들이 갑자기 가정폭력 피해자에게 그토록 관심을 보인다는 것은 반가운 일이었지만, 단편적인 사건에만 모든 관심이 쏠린다는 사실은 썩 내키지 않았다. 지금껏 판사님과 내가 맡아온 사건들도 신문 1면에 실릴 자격이 충분했다. 사람들이 법원과 사법 제도에만 변화를 요구하는 것도 못마땅했다. 사실 '바덴과 클레이 사건'과 같은 일들은 법적으로 해결하기 이전에 사회적으로 먼저 고민해야 할 문제였다. 나는 이러한 불만도 함께 이야기하고 싶었지만, 그랬다가는 파티 분위기를 망치고 말 것이 틀림없었으므로 잠자코 있었다.

왜 사람들은 살인 범죄만 심각하게 생각할까? 살인은 단 하루 만에 일어날 수도 있다. 누군가와 몇 시간만 있어도 살의를 품을 수 있으니까. 이미 초주검 상태인 사람을 어쩌다 죽이게 되더라도 계란껍질 두개골 원칙에 따라 똑같이 살인 혐의를 받는다.

그렇다면, 오랜 세월 끈질기게 지속되어 결국 피해자를 자살로 내모는 성적 학대는 어떠한가? ABC 뉴스에 나왔던, 대다수 학생의 얼굴이 삭제된 학급 단체 사진이 떠올랐다. 그 학생들은 적어도 언론을 통해 세상에 알려질 수 있었다. 그러나 내가 법원에서 보았던 여자들은? 지금껏 읽은 피해 영향 진술서들에는 피해자들이 수차례 자살을 시도했다는 내용이 아주 많이 담겨 있었다. 얼마나 많은 피해자가 스스로 목숨을 끊음으로써 그들을 자살로 이르게 한 가해자들이 처벌을 면할 수 있었을까? 죽은 의붓딸의 시신을 땅에 묻으면서 자신이 저지른 악행까지 함께 묻어버린 남자들은 또 얼마나 많을까?

주말에 손에게서 전화가 왔다. 새뮤얼의 사무 변호사가 '당사자 간 조정' 의향을 물어왔다고 했다.

"그게 뭐죠?" 내가 물었다.

"반나절 정도 상담을 받게 될 겁니다. 먼저 브리 씨와 피의자가 각각 상담사와 따로 상담을 받게 되고요. 그다음에는 두 사람이 함께 상담을 진행합니다."

"그렇군요."

"비용은 그쪽에서 부담합니다."

"참 고맙네요."

"그런데 알아두셔야 할 게 있습니다. 만일 이 요청을 수락하면 이후 재판 단계에서 해당 상담사를 증인으로 소환할 수 없습니다."

"그렇군요. 어차피 저는 수락할 의향이 없어요."

"그쪽 사무 변호사는 '사건의 진부성'을 고려한다면 이러한 절차를 밟는 편이 좋을 거라고 얘기하더군요."

나는 어처구니가 없어 웃음이 나올 뻔했다. 도대체 이 사건이 누구에게 진부하다는 걸까? "아니요. 하지 않겠습니다. 이 혐의를 꼭 그의 범죄 경력으로 남기고 싶어요."

그동안 새뮤얼은 자기가 저지른 허튼 짓거리에 대한 책임을 교묘하게 회피해왔다. 이번에 내가 그에게 맞선다면, 어쩌면 다음 번에 다른 여자가 그에게 맞섰을 때는 그가 죄를 인정하게 될지도 몰랐다. 그녀가 누구든, 언제 어디서 그에게 맞서든 상관없었다. 나는 나뿐만이 아니라 어딘가에 있을 '그녀'를 위해 그와 맞서 싸울 생각이었다.

○○

　일요일에 빈센트와 나는 외할머니와 외할아버지 집을 방문해 같이 점심을 먹었다. 엄마와 아빠, 오빠와 오빠의 여자친구도 함께였다. 11월은 우리 가족 중 세 명의 생일이 몰린 달이었다.

　나는 뒤뜰에 앉아 할머니와 함께 담배를 피웠다. 눈앞에 보이는 힐스 호이스트 건조대가 거슬렸지만, 애써 쾌활한 표정을 유지했다. 건조대에 널린 하얀 빨래가 바람에 나부끼며 푸른 하늘과 대조를 이뤘다. 할머니의 건강은 눈에 띄게 나빠지고 있었지만 우리는 모두 대수롭지 않은 척 행동했다. 담배가 할머니를 서서히 죽이고 있는 것은 분명했다. 그래도 할머니와 함께 담배를 피울 수 있어 행복했다. 담배를 피우지 않는 가족들 앞에서 할머니와 맞담배를 피우는 것은 두 세계가 충돌하는 듯한 짜릿함을 주었다. 엄마는 우리 앞을 지나치며 엄중한 얼굴로 내게 경고했지만, 할머니 앞에서 대놓고 날 나무라지는 못했다. 따라서 나는 무사했다.

　어렸을 때 엄마와 아빠에게 이렇게 물은 적이 있다. "왜 사람들은 자기 몸에 나쁜 걸 돈 주고 피워요?" 그때와 달리 지금의 내게는 몇 분간이나마 심신을 이완해주는 물질을 흡입하며 멍하니 먼 곳을 쳐다볼 수 있는 시간이 소중했다. 할머니와 담배를 피울 때면 남자들을 실컷 욕할 수 있었고, 잘나가는 동료들을 험담할 수도 있었다. 우리는 무언가를 하긴 했지만 실은 아무것도 하지 않으면서 그저 같은 방향을 바라보고 앉아 있을 뿐이었다. 촉매는 있지만 무언가를 해내야 한다는 압박은 없는 상황과도 같았다. 할머니와 나는 그렇게 담배를 피우며 친구가 되었다.

빈센트와 차를 타고 돌아가는 길에 할머니의 건강에 대해 이런저런 말을 주고받다가 우리의 미래에 대해 이야기하게 되었다. 평소였으면 하지 않았을 대화였다. 우리는 어떤 외부적인 요인, 이를테면 생일 파티나 장례식, 결혼식과 같은 일상의 변수가 생길 때에야 비로소 이러한 사고 회로를 작동시키곤 한다. 집으로 돌아와 함께 침대에 누웠을 때, 나는 그가 내게 얼마나 중요한 존재인지를 고백했다. 때로는 내 마음속에서 첨벙거리며 돌아다니는 그를 느끼기도 했다.

"아마도 평생 널 사랑할 것 같아." 내가 말했다.

"나도. 함께 늙고 뚱뚱해지자." 그는 망설임 없이 이렇게 말한 뒤 내게 입을 맞췄다.

다음 달, 우리는 새로운 셰어하우스를 구해 동거를 시작했다.

°°

브리즈번의 여름은 하우스 파티의 계절이다. 어느 토요일 저녁, 하우스 파티가 열린 집의 수영장에서 나는 처음 만난 여자와 임금 격차를 주제로 열을 올리며 대화했다. 우리는 직장에서 겪은 재밌는 일들에 대해서도 이야길 나눴다. 그리고 시간이 지나 어둑어둑해졌을 때 우리는 춤을 추다가 서로를 다시 발견했다. 함께 밖으로 나와 시원한 바람을 쐬며 대화하던 중에 그녀가 대뜸 자신을 강간한 첫 남자친구 이야기를 꺼냈다.

"정말 힘들었겠네요." 나는 그녀의 팔에 살짝 손을 얹으며 위로를 건넸다.

"갑자기 왜 이런 말이 튀어나왔는지 모르겠어요. 그것도 파티장에서. 미안해요."

"아니에요. 원하는 만큼 다 이야기해도 좋아요. 지금은 좀 어때요?"

"뭐, 오래전 일이니까요. 이젠 슬프지도 않아요. 대신 너무 화가 나요. 그 사람은 자신의 행동이 얼마나 한심했는지 알지도 못할걸요. 강간이라고 생각하지도 않을 거예요. 내가 그냥 넘어가는 바람에 그 사람이 이후로도 다른 여자들한테 똑같은 짓을 하고 다녔을지도 모른다고 생각하면 죄책감이 들어요."

"이해해요." 내가 고개를 끄덕였다.

그 자리에서 말하지는 않았지만, 그녀의 경험담을 들으면서 떠오른 기억이 있었다. 어릴 적 예롱가에서 있었던 일이다. 어쩌다 그랬는지는 기억나지 않지만, 새뮤얼과 내가 단둘이 걷고 있었다. 그의 집에서 우리 집으로, 혹은 우리 집에서 그의 집으로 가던 중이었다.

"남자친구 있어?" 새뮤얼이 물었다.

"응……." 나는 왠지 있어 보이고 싶어서 거짓말을 했다.

"뭘 부끄러워하고 그래? 잘됐네, 잘됐어." 그가 손뼉을 쳤다. "그럼, 그것도 해봤어?" 그가 팔꿈치로 내 옆구리를 쿡 찔렀다.

"아니."

"괜찮아. 서두를 필요 없지." 그는 중요한 조언이라도 하는 것처럼 진지한 표정으로 고개를 끄덕였다. "만약 남자친구가 너무

조른다 싶으면, 그걸 해주면 돼." 그는 남자의 성기를 빠는 시늉을 하다가 혀를 튕겨 가볍게 '딱' 소리를 냈다. 그리고 날 보며 씩 웃었다.

그때 나는 못생기고 관심에 굶주린 나에게 먼저 말을 건넨 그가 쿨하다고 생각했었다. 하지만 지금 돌이켜보면, 당시 그는 순진한 여자아이를 착취하는 한심한 존재에 불과했다.

°°

나는 이후로 반년에 걸쳐 가까운 친구들에게 내 이야기를 털어놓았다. 그러자 뜻밖에도 그들 역시 저마다의 이야기를 들려주었다. 오랫동안 알고 지낸 그들은 묵묵히 내 말을 들어주었고, 날 안아주었으며, 자신들이 겪은 강간이나 성폭력에 대해 말하기 시작했다.

교환학생 때 알게 된 한나는 나와 아주 가까운 친구 중 한 명이었는데, 그녀가 내게 보낸 이메일 답신에는 어렸을 때 고향 핀란드의 학교 수위에게 성폭행당할 뻔했었다는 고백이 적혀 있었다. 한나는 자신이 그 남자를 고소하자 뒤이어 다른 여자아이들이 비슷한 피해 사실을 고백했다는 이야기도 덧붙였다. 참 신기했다. 그토록 오랫동안 같이 살고 가까이 지냈으면서도 이런 얘기를 서로에게 하지 않았다는 것이.

나는 브리즈번에서 새뮤얼과 우연히 만나는 악몽을 꿨다. 어떤 때는 몸이 얼어붙었고, 어떤 때는 그에게 한 방을 먹였다. 어떤 때는 그가 내게 사과했고, 어떤 때는 그가 파렴치한 말들을 내게 쏟아냈다. 잠에서 깨고 나면 어김없이 분노했다. 왜 이렇게 꿈이 제멋대로지? 왜 내 마음대로 할 수 없는 거야? 도대체 그는 무슨 권리로 우리의 이 아름다운 공간에 침입해 날 괴롭히는 걸까?

나는 어디서나 그의 시선을 느꼈다. 빨랫줄에서 빨래를 걷을 때도, 달리기를 하며 안쪽 허벅지 살이 쓸리는 걸 느낄 때도 나는 그를 생각했다. 산책하다가 근처 도로변에 차가 멈춰 서면 혹시 새뮤얼일까 싶어 극도의 공포를 느꼈다. 어쩌다 그가 내 마음에 침입한 것일까? 어떻게 내쫓을 수 있을까?

한번은 혼자 술을 마시다가 혹시 새뮤얼이 지금껏 착취한 여자들 가운데 내가 가장 못생긴 애는 아닐까 하는 생각에 이르렀다. 내가 조금만 더 예뻤더라면 그가 죄를 시인했을지도 모른다는 생각까지 들었다. 심지어는 만약 정말 그랬다면 사람들이 나를 보자마자 '그가 도무지 참지 못했던 이유'를 이해할지 모른다고도 생각했다. 가끔씩 속을 게워내곤 했던 그해 여름의 나는 내 얼굴이 못생겨서 새뮤얼이 자신의 죄를 부인하는 것이라고, 내게 그런 짓을 했다고 인정하기가 쪽팔리는 것일 수도 있다고 의심했다. '그래도 어릴 때는 지금보다 나았잖아.' 심지어 나는 어렸을 적 사진을 보며 나도 한때는 꽤 괜찮았다고 스스로를 위로하기까지 했다. 금발을 양 갈래로 땋고 푸른 체크무늬 교복을 입고 있는 깜찍한 어린애를 본다면, 배심원단도 새뮤얼을 유죄로 보지 않을까? '보세요! 거짓말하는 게 아니라니까요! 지금은 이렇게 살찌고 별로지만, 그때는 진짜 괜찮았다고요. 당시에 저는 사랑스러운 존재, 마음속 깊은 곳에 공포와 혐오를 떠안고 살지 않는 존재였답니다.'

몇 차례의 상담 세션 동안 상담사는 대부분 가만히 듣기만 했고 나는 말들을 마구 쏟아냈다. 상담사가 질문을 하나 던지면 나는 20분간 쉬지 않고 말했다. 상담사의 얼굴은 충격으로, 가끔은 슬픔으로 구겨졌다. 내가 말하다가 말고 손을 불안하게 꼼지락거리며 적당한 표현을 고민할 때도 상담사는 날 기다려주었다. 처음에 나는 애써 괜찮은 척, 별일 아닌 척 굴며 평정심을 유지했다. 그러던 어느 날 오후, 상담사가 빈센트에 대해 이야기해보자고 했다.

"아, 네. 안 그래도 그 얘기를 하고 싶었어요. 소송 중인 사건은 과거의 일이지만, 앞으로 함께할 사람은 빈센트이니까요."

"상담 기록을 보면, 처음에 상담을 희망한 이유가 소송 사건에 대해 이야기할 상대가 필요해서라고 하셨더군요. 남자친구에게는 자세하게 말하고 싶지 않다고, 남자친구가 자기를 그런 식으로 보길 원하지 않는다고 하셨고요. 지금도 같은 마음인가요?"

"네, 아마도요. 남자친구가 계속 저를 원했으면 좋겠어요. 아마 다들 그럴 거라고 생각해요."

"앞서 '그런 식으로' 보이길 원치 않는다고 말했던 부분에 대해 말씀해보시겠어요?" 상담사가 침착하게 물었다. 순간 말문이 막혔다.

"그러니까, 피해자처럼 보이고 싶지 않달까요? 그가 과거의 내가 아니라 지금의 나를 봐줬으면 해요. 어딘가 망가진 존재처럼 대하지 않았으면 좋겠어요."

"브리 씨의 경우가 꼭 그렇다는 건 아니지만, 학대당한 과거 때문에 자신을 불결하거나 수치스러운 존재로 여기는 피해자들이 꽤 많아요. 그래서 그 경험을 남한테 말하려 하지 않고요." 나는 아무 말도 할 수가 없었다. "혹시 남자친구에게 이야기하고 싶지 않은 이유가 그 일로 무언가가 잘못되었다고 생각해서인가요? 자신이 누구에게도 매력적일 수 없는 사람이 되어버렸다는 생각 때문에?"

숨을 깊게 들이마신 다음 내쉬려는 찰나, 내 안에선 대답 대신 울음이 터져 나왔다. 아주 오랫동안 울었다. 상담사는 자기 앞에 잔뜩 웅크린 못생긴 존재를 가만히 살폈다.

"제가 그런 일을 당해도 싸다거나 그럴 만한 짓을 했다고는 생각지 않아요. 하지만 여기에 계속 뭔가가 걸려 있어요." 나는 손으로 가슴을 쳤다.

상담사는 자존감을 회복하는 작업에 집중하자고 제안했다. 다른 사람을 통해 내 가치를 인정받으려고 할 필요 없이, 나 자신을 스스로 긍정할 수 있어야 한다고 했다.

다음 날, 빈센트와 함께 점심을 만들어 먹었다. 그는 내 파스타 양을 보고는 무심코 꽤 많다고 말했고, 그 말을 들은 나는 별안간 공포에 질렸다. 지금 생각하면 우습지만 그 자리에서 엉엉 울었다. 뚱뚱해지는 몸이 혐오스럽다는 내 말에 그는 적잖이 당황하더니 잠시 자리를 비웠다.

몇 분이 흐르고, 내가 아직도 울고 있는 것을 본 그가 다가와 날 안아주었다.

"갑자기 왜 이러는 거야? 조금 전까지만 해도 신나 있었잖아."

"내 안에 추한 뭔가가 있어. 내가 뭘 하든 계속 그 자리에 있어. 아무리 살을 빼봤자 나는 평생 추할 수밖에 없을 거야." 그는 내게 입을 맞추며 아니라고 말해주었지만, 내 마음은 풀리지 않았다. "길거리에서 사람들이 날 쳐다보면 그걸 들키는 기분이야." 나는 이성을 잃고 있었다.

"들키다니?"

"내 안에 있는 못생긴 것."

"그런 건 없어. 넌 못생기지 않았어. 얼마나 아름다운데."

나는 그의 시선을 외면했다. 수치심이 몰려왔다.

그는 내 고개를 돌려 내가 그를 똑바로 볼 수 있게 했다.

나는 말했다. "나한테 일어날 일. 그게 계속 내 안에 있어. 너한테는 말하고 싶지 않아. 말했다가는 너도 그 추한 모습을 보게 될 테니까."

"네 안에 그런 건 존재하지 않아. 아무것도 없어. 원하고 싶을 때 언제든 내게 전부 다 말해도 좋아."

우리는 그렇게 한참을 부엌에서 서로를 껴안은 채 서 있었다.

°°

밤 10시에 추가 진술을 하러 빈센트와 함께 차를 타고 경찰서로 향했다. 엄마가 추가로 기억해낸 사실이 있었는데, 초등학교 친구였던 딜런이 우리 집 트램펄린에서 놀다가 코가 부러진 이후 건물 외벽에서 조금 더 떨어져 수풀이 우거진 쪽으로 트램펄린을 옮겼다는 것이었다. 그 일이 일어난 연도는 2000년이었다. 이 말이 사실이라면 범행 당시 새뮤얼의 나이는 적어도 열다섯 살이었다. 그는 범행 당시 자신이 몇 살이었는지 똑똑히 기억하고 있을 테지만, 고소당한 지 몇 주가 지나도록 변호사들을 통해 내놓는 변론이라고는 그때 자신은 어린애에 불과했다는 것뿐이었다. 나는 분노했다.

약속 시간보다 10분 일찍 도착한 우리는 한구석에서 담배를 피우며 이곳에서는 담뱃재도 함부로 털어선 안 된다는 농담을 주고받았다. 이후 시멘트로 포장된 경사로를 지나 네모난 콘크리트 건물로 들어섰다. 지난번에 이곳을 방문했을 때의 일이 생각났다. 나는 위장 전화를 끝낸 후 주체할 수 없이 몸을 떨었고 엄마의 부축을 받으며 겨우 집으로 돌아갔었다.

다시 만난 숀은 피곤에 절어 있었다. 몇 시간씩 두 번이나 만났는데도 그의 얼굴을 단번에 알아보지 못한 나 자신에게 조금 놀랐다. 첫 번째 만남이 어땠는지 기억을 더듬다 보니 다시 긴장되기 시작했다.

"시간 내주셔서 감사해요." 내가 숀에게 감사 인사를 전했다.

"아닙니다. 이렇게 늦은 시간에 와주셔서 제가 감사하죠." 그는 요즘 계속 야근 중이라고 했다.

빈센트는 접수대 근처에 자리를 잡고 앉아 휴대폰을 꺼내 들었다. 숀과 나는 위층으로 올라갔다. 작은 컴퓨터가 놓인 작은 방에서, 증언을 녹취하는 고된 작업을 다시 시작했다. 차마 봐줄 수 없을 만큼 느린 독수리 타법으로 숀이 타자를 치는 동안, 나는 똑같은 말을 네 번이나 반복해야 했다. 처음 이곳에 왔을 때 얼마나 열불이 났었는지 새삼 떠올랐다. 그래도 이번에는 한결 차분하게 증언을 이어갔다. 더 이상 강제로 옛 기억을 되살리지 않아도 되었다. 내게 있어 이제 그 기억은 어차피 모두가 알고 있으나 말하기

꺼려하는 불편한 문제 정도로 느껴졌다.

다음 절차에 대해 이야기하던 중 숀이 정말로 재판까지 갈 생각인지 조심스레 물었다. "충분히 만족할 수 있는 합의 방법들도 있다는 건 알고 계시죠?"

"예를 들면요?"

"예를 들면 사과 편지라거나, 대면 조정이라거나, 그런 것들이요."

새뮤얼이 책상 앞에 앉아 10분 만에 말 같지도 않은 허접한 사과문을 휘갈긴 다음 술을 마시러 나가는 모습을 상상했다.

"아뇨. 일단 새뮤얼은 유선상으로 자기 혐의를 시인했고요. 그걸 빠져나가려고 변호사를 두 명이나 고용했어요. 반성하는 사람이 할 만한 행동이 아니죠. 그리고 저한테만 그런 짓을 한 게 아니라고 했어요. 제가 그를 법정에 세우면, 나중에 다른 여자들이 그를 고소할 때 최소한의 전례가 생기는 셈이죠. 그가 제게 한 짓을 그의 범죄 경력으로 꼭 남기고 싶어요."

"좋습니다." 숀은 고개를 끄덕였다. 그는 이런 일을 많이 겪어본 전문가답게 표정을 드러내지 않았다. 어쩌면 너무 피곤해 웃을 힘조차 없는 것인지도 몰랐다.

"저는 이 일을 진행시켜야 해요." 나는 차분히 말했지만 무릎 위에 올려놓은 두 손은 미세하게 떨리고 있었다.

"그런데 문제가 있어요. 그쪽 변호사 사무실에서 서신을 보내왔는데, 저희 쪽에서 이 사건을 조사하는 이유가 이 지역 경찰 출신인 브리 씨 부친과의 인맥 때문이라고 주장하더군요."

"뭐라고요?"

"물론 말도 안 되는 얘기죠. 어쨌든 그쪽 주장은, 이 사건에 공익적 가치가 없지 않으냐, 시간과 인력을 투입해 이렇게 오래전에 벌어진 사소한 사건을 진행시키는 데에는 뭔가 꿍꿍이가 있지 않으냐는 겁니다."

집으로 돌아가는 길에 빈센트에게 이 이야기를 들려주었다.

"재수 없는 것들이 멍청하기까지 하다니까." 나는 이렇게 말하며 노란불이 바뀌기 전에 차 속도를 높였다. 내 몸은 여전히 떨리고 있었다.

"그러게. 그렇게 나오면 오히려 경찰이 이 사건에 더 주목하고 모든 걸 '똑바로' 하는지 더욱 신경 쓰게 될 텐데." 그가 동조했다.

"그 변호사들이 끝까지 이렇게 멍청했으면 좋겠어."

"그래서 그 인간 돈도 다 거덜 났으면 좋겠다." 빈센트가 웃으며 말했다.

"두고 봐. 다 조져버릴 테니까." 우리가 탄 차는 스토리 브릿지를 빠르게 내달렸다.

나는 제한속도를 넘길 때까지 액셀을 밟아 질주했다. 전경에 펼쳐진 도심 불빛을 바라보며 나는 내 안의 불꽃이 되살아나는 것을 느꼈다.

그들은 정말 그런 주장을 법정에서도 제기할 생각인 걸까. 경찰이 구체적 근거가 부실한 혐의를 계속 진행시킨 이유가 '경찰 출신인 고소인의 부친이 입김을 불어넣었기 때문'이라고 주장하려는 것일까. 원치 않는 상황에 몰리자 음모론을 제기하다니, 찌질하기 그지없었다. 만약 새뮤얼이 정말로 그렇게 믿는 거라면, 또는 무슨 수를 써서라도 빠져나가기만 하면 된다고 생각하는 거라면,

그건 더욱 심각했다.

나는 속도를 늦추지 않은 채 계속 차를 몰았다. 바퀴가 철골 구조의 스토리 브릿지를 지나며 요란한 소리를 냈다. 마치 전쟁을 알리는 북소리 같았다.

어쩌면 계란껍질 두개골 원칙은 반대로 적용할 수 있는 것인지도 몰랐다. '가해자는 피해자가 아주 강한 사람이더라도 책임을 져야 한다.' 딱하게도 새뮤얼은 물러서는 법을 잊은 멋진 경찰관의 딸을 건드렸다. 과거의 나는 약했지만, 지금은 훨씬 강한 사람이 되어 있었다.

18

2016년 1월, 크리스마스 연휴를 마치고 법원으로 복귀했다. 기분 좋게 마무리하길 바랐지만, 내가 재판연구원으로서 판사님과 진행한 마지막 재판은 찝찝함을 남겼다. 배심원단의 무죄 평결을 받은 후 엘리베이터를 타고 사무실로 올라가는 길에 판사님에게 말했다.

"판사님, 지난 1년 동안 이런 생각을 몇 번 했었는데요. 아까 그 남자는 정말로 유죄가 아닐지도 몰라요. 하지만 머저리 혐의에 대해서만큼은 확실히 유죄예요." 판사님은 너털웃음을 지었다.

이날 판사님은 나를 데리고 밖으로 나가 점심을 사주었다. 개미 튀김이 토핑으로 올라간 고급 요리였다. 나는 말로 하면 울 것이 틀림없는 이야기들을 편지로 적어 판사님에게 건넸다. 판사님과 나는 앞으로도 계속 연락하기로 했다. 또 나는 어떻게든 실무수습 과정을 무사히 마쳐서 변호사 자격을 얻겠노라고 약속했다.

사무실에 걸어둔 법복을 마지막으로 바라보며 지금껏 누려온 특권에 안녕을 고했다. 내게 딱 맞는 옷은 아니었다는 점에서 무언가와 비슷하다는 느낌이 들었지만 그게 무엇인지는 정확히 떠오르지 않아 곧장 사무실 불을 끄고 메건과 술을 마시러 나섰다. 메건과 그녀의 남자친구는 메건의 계약 기간이 끝나면 시드니로 함께 이사해 살기로 이미 지난여름부터 정해둔 터였다.

"그럼 이게 마지막인 건가?" 나는 일부러 과장한 말투로 말했지만 그 안엔 아쉬움이 고스란히 묻어났다.

"무슨 소리야. 나중에 시드니로 놀러 와. 그리고 나도 가족들 보러 브리즈번에 종종 들를 거야."

"두고 보겠어." 나는 비장한 표정으로 고개를 끄덕이며 맥주잔을 들었다. 우리의 잔이 다시 한번 짠 부딪쳤다. "참, 리지는 이제 뭐 한대?"

"일자리 알아보고 다니더니 월요일부터 공공 기관에서 일한다더라."

"잘됐다!"

"그러게. 그쪽에서는 좋은 사람들 만나서 잘 풀릴 수 있을 거야. 괜찮을 거야."

"맞아, 괜찮을 거야. 너도 잘될 거고. 그리고 나는……." 그 순간 나는 아무 말도 생각나지 않았다.

　　　　　　　　　　°°

추가 진술을 한 지 한 달이 넘도록 경찰서에서 아무 연락이 없어 숀에게 먼저 전화를 걸었다.

"걱정 마세요. 기소될 겁니다. 그쪽 사무 변호사가 하는 말을 들어보면, 사건 당시 새뮤얼의 나이를 열네 살이라고 주장할 수 있으면 재판까지 가고, 열다섯 살이라는 확실한 증거가 나오면 유죄를 인정하려는 것 같습니다. 그러니까 일단 우리 쪽에서는 딜런의 코가 부러진 시점을 증명해줄 병원 기록을 기다리는 게 우선입니다."

"아, 그렇군요. 당연히 그래야죠."

"그쪽이 자충수를 둔 겁니다. 곧 변호사가 그에게 혐의 인정을 권할 텐데, 그때 그가 받아들이길 기대해야겠지요."

"네, 그렇겠네요." 나는 고개를 끄덕이며 수긍했다. 모든 게 괜찮을 것이다. 하지만 속으로는 자꾸만 다른 생각이 피어올랐다.

∘∘

나는 외갓집 뒤뜰에서 외할머니를 위한 추도사를 낭독하며 힐스 호이스트 건조대를 바라보았다. 가을 물기를 머금은 뒤뜰의 풀은 무성했다. 추도 연설에서 나는 연속적인 행위들과 그에 비례한 힘을 가진 반동으로 이뤄진 자연의 세계에 관해 이야기했다. 이를테면 우리는 각자 할머니를 깊이 사랑한 만큼 애도했다. 할머니가 돌아가셔서 느끼는 슬픔은 그분을 통해 얻은 행복이 얼마나 컸는지를 증명했고, 할머니를 향한 그리움은 그분과 함께 있었던 시간이 얼마나 좋았는지를 일깨웠다. 우리 모두 인간이기에, 살아가면서 누군가를 사랑한다는 것은 이와 같은 최후의 위험을 감수한다는 뜻이었다.

엄마와 나는 서로를 꼭 껴안았다. 지난 보름간 외할머니가 마지막 사투를 벌이다 끝내 숨을 거두고 나자 뭔가가 변해 있었다. 누군가의 딸이자 손녀였던 나는 이제 누군가의 딸로만 존재했다.

어느새 나는 내 탄생이 근래 가장 큰 경사였던 집안을 대표해 추도사를 낭독할 만큼 훌쩍 자라 있었다. 이제 다음으로는 아이를 낳아 가족들을 기쁘게 하거나, 아이를 낳지 않겠노라고 선언함으로써 그들을 실망시킬 차례였다.

힐스 호이스트 건조대를 물끄러미 바라보던 내 안에서 온갖 감정들이 커다란 파도를 일으키며 충돌하고 있었다. 누가 이런 세상에서 아이를 낳으려 할까?

∘°∘

한 주 뒤, 우리 가족은 애들레이드°에서 렌터카를 타고 바로사 밸리°°로 향했다. 가족장을 치르러 사우스오스트레일리아 주를 방문했을 때 엄마는 바로사 밸리 와이너리로 잠깐 여행을 다녀오자고 제안했었다. 장례식을 치르며 한층 더 끈끈해진 가족과 함께 느긋한 여행을 다녀온다는 것은 괜찮은 계획이었다. 날이 저물면 각자 침대가 따로 있는 모텔 방 하나를 빌릴 생각이었다. 마침 날씨도 완벽했다. 눈 부신 햇살이 따사로웠고, 살랑이는 바람은 산뜻했다.

오빠와 나는 뒷자리에 앉아 공연히 서로 시비를 걸며 장난을 쳤다. 그때 갑자기 옆에 놓아둔 휴대폰의 진동이 울렸다. 발신 번호가 찍히지 않은 전화였다. 위험 신호였다. 나는 받지 않았다. 음

° Adelaide. 사우스오스트레일리아 주의 주도.
°° Barossa Valley. 애들레이드 북동부에 있는 세계적인 와인 산지.

성 메시지가 도착했다. 두 번째 위험 신호였다. 발신 번호를 숨긴 채 전화를 걸어 음성 메시지를 남길 사람은 단 한 명뿐이었으니까. 몇 분 후, 숀에게서 문자 메시지가 왔다. '전화 바랍니다.'

나쁜 소식임을 직감했다. 지금껏 숀이 보낸 문자에서 새로운 정보를, 하다못해 짜증이나 실망이나 혹은 일말의 희망이라도 읽어내려고 한 글자 한 글자 뜯어 살피다 보니 어느새 그가 쓰는 단어만으로 분위기를 짐작할 수 있게 된 참이었다. 이번 문자에 담긴 뜻은 분명했다. 무언가 안 좋은 일이 벌어졌다는 것. 나는 잠잠히 있었다. 몇 분이 흘렀을 때 오빠가 내 안색을 살피며 괜찮으냐고 물었다.

"응. 멀미가 조금 나서." 나는 괜찮은 척하며 속으로는 도착하기까지 얼마나 더 가야 하는지를 계산했다. 숀이 내게 급하게 할 말이 있는 것일 수도 있었다. 일단 차에서 내려 가족이 들을 수 없는 곳으로 가 숀에게 전화를 걸어야 했다. 평소였으면 날 속속들이 알고 있는 엄마가 내 기분이 미묘하게 달라졌다는 걸 모를 리 없었지만, 불행 중 다행으로 엄마는 깊은 상심에 빠져 내 상태를 살필 겨를이 없었다.

30분이 더 흘렀을 때부터는 일부러 연기하지 않아도 멀미가 났다. 구불구불한 언덕길을 지나 매끈하게 뻗은 고속도로를 달리는 동안 최악의 시나리오에 대한 상상이 꼬리에 꼬리를 물며 이어졌다. 내가 뭔가를 잘못 말해서 위장 전화가 증거 능력을 잃었으면 어쩌지? 딜런이 증인 자격으로 진술했는데 코가 부러진 시점이 내 주장과 어긋났다면? 혹은 숀이 내 사건을 더는 진행하지 않기로 판단했을까?

"할아버지는 좀 어떠시디? 어때 보였어?" 엄마가 물었다.

나는 대답 대신 오빠를 쳐다보았다. 오빠도 잘 모르겠다는 눈치였다.

"슬퍼하시지만 괜찮아 보였어요. 사실 잘 모르겠어요. 아마 엄마가 생각하는 대로 아닐까요? 괜찮진 않지만 심각하게 걱정할 정도는 아닌?" 엄마가 어떤 대답을 바라는지 알 수 없었다. 외할아버지와 외할머니는 각각 열일곱 살, 열여섯 살 때부터 쭉 함께였다. 어느새 외할아버지는 80대가 되어 있었다. 10년을 함께한다는 것조차 어떤 의미일지 가늠할 수 없는 나였기에, 60년이라는 세월에 대해서는 말할 것도 없었다. 나는 외할머니의 죽음에 대해 생각할 때마다 외할아버지를 생각했다. 그러면 마음이 아려왔다.

곧 오른편에 주유소가 나온다는 아빠의 말에 나는 또 언제 다시 나타날지 모르니 이쯤에서 한번 들렀다 가자고 제안했다. 급유기 옆에 정차하자마자 나는 차에서 내려 나무들로 막힌 콘크리트 길 끄트머리까지 20미터쯤을 걸어갔다.

"안녕하세요. 문자 확인하고 전화 드려요." 옆의 차도로 빠르게 달리는 트럭의 소리가 들리지 않도록 휴대폰을 한쪽 손으로 덮으며 말했다.

"아, 네. 연락 감사합니다." 예상한 대로 나쁜 소식이었다. 새 뮤얼의 변호사들이 위장 전화 녹취록을 재검토한 결과, 혐의점이 그리 '강력'하지 않다고 판단해 범행 시점과 무관하게 혐의를 부인하기로 결정했다는 것이었다. 손이 내게 전화한 이유는 계속 고소를 진행할 것인지, 아니면 합의나 사과문으로 대신할 의향이 있는지를 묻기 위해서였다.

"브리 씨의 선택에 달렸습니다. 저희는 브리 씨가 원하는 대로 일을 진행할 계획이니까요. 고소의 동기나 목적을 확실히 말씀해 주시면 좋겠습니다. 이 고소를 통해 무엇을 얻어내고 싶으신가요?"

나는 '그녀'를 생각했다. 이 세상 어딘가에 있을 그녀를, 멀쩡한 척하지만 실은 자기 안에 있는 못생긴 것을 받아들이려 애쓰고 있을 그녀를. 그리하여 결국 무엇을 얻어내고 싶으냐고 묻는다면, 그것은 정의였다.

"꺼지라고 그래요. 아, 죄송해요. 그러니까 제 말은, 할 수 있는 데까지 해보고 싶어요. 그 사람이 자기 행동에 책임을 졌으면 좋겠어요."

"아, 물론 그래야죠."

"게다가 배심원단은 위장 전화 증거에는 호의적인 편이에요. 저는 이런 상황이 어떻게 돌아가는지 대충은 알아요. 물러서지 않을 거예요. 그 사람은 이제야 제 앞에서 자기 죄를 시인했어요. 지금까지는 어영부영 넘어갔을지 몰라도 이제는 아니에요. 사람을 잘못 골랐다고요."

"네, 알겠습니다. 참고로 말씀드리자면, 저도 그쪽 변호사에게 브리 씨의 진술이 꽤 구체적이라고 말해뒀습니다. 증언의 신빙성도 높고 범행을 시인한 통화 기록도 확보했으니 고소인에게 유리한 사건이라고 말예요." 손이 내 말에 맞장구를 치며 덧붙였다.

순간 울컥했다. 칭찬이라고 한 말은 아니었겠지만 왠지 날 인정해주는 말처럼 들렸다. 손이 내게 신뢰를 표현한 것은 내가 강하다는, 적어도 이 사건에 있어서만큼은 충분히 강하다는 의미였다. 나는 그에게 고맙다고 말한 뒤 전화를 끊었다. 딜런의 진술에 심각한 문제가 있었더라면 틀림없이 내게 말했을 테지만, 그는 그 부분에 대해서는 별말이 없었다.

나는 차에 앉은 엄마가 볼 수 없게끔 커다란 고무나무 뒤로 몸을 숨긴 채 호흡을 고르며 눈물을 멈췄다. 몇 달 만에 가족끼리 행복하게 시간을 보내기로 한 날이었다. 게다가 우리 모두가 사랑하던 사람이 막 세상을 떠난 터였다. '주인공은 내가 아냐.' 재판이 확정되기 전까지는 이 문제를 굳이 가족 앞에서 끄집어낼 필요도 없었다.

다시 차에 올라타 도로를 달리기 시작했을 때, 처음 10분 동안은 잘 참았지만 딱 거기까지였다. 어느새 나는 눈물을 뚝뚝 흘리고 있었다. 아닌 척해보려 했으나 도무지 멈추질 않았다. 나는 소리가 새어 나가지 않게 입을 꾹 다물고 창밖을 응시했다.

엄마가 가장 먼저 알아채고 아빠에게 잠시 차를 멈추라는 신호를 보냈다. "애야, 무슨 일이니?" 엄마가 날 향해 손을 뻗었다. 엄마의 얼굴에는 사랑과 걱정이 가득했다.

"범행 시점에 새뮤얼이 열다섯 살 이상이었다는 걸 입증하면 유죄를 인정할 줄 알았어요. 그런데 숀 말로는 그쪽에서 그것과 무관하게 재판까지 갈 생각이래요!" 엄마가 입을 떡 벌리며 어이가 없다는 듯 탄식했다. 나는 주먹을 쥐고 허벅지를 내리쳤다.

내 손을 묵묵히 잡아주는 아빠를 쳐다볼 수 없었다. 누구와도 눈을 마주칠 수 없었다. 내 안에 있는 못생긴 것이 새뮤얼에 의해 되살아나고 있었다. 도무지 통제할 수 없는 그것이 무례하게 우리 가족을 흔들어대고 있었다.

"제발 남의 인생 좀 그만 망치라고……." 나는 계속해서 허벅지를 내리치며 중얼거릴 뿐이었다.

그러나 가족이 내게 보여준 반응은 완벽했다. 계속 여행하고 싶은지 내 의견을 물어봐주었고, 함께 새뮤얼을 욕해주었고, 날 사랑한다고 말해주었으며, 이 이야기를 더는 하고 싶지 않다는 내 뜻을 따라주었다. 그 덕분에 나는 조금 더 울고 난 후 나머지 이틀 동안은 온갖 와인을 맛보며 가족과 즐거운 시간을 보낼 수 있었다. 그사이 새뮤얼에 대한 이야기는 한 번도 꺼내지 않았다.

°°

애들레이드로 돌아온 후 오빠와 나는 잠시 단둘이 시간을 보내기로 했다. 나는 오빠에게 내 친구 애나 또한 어린 시절 성적 학대를 당한 경험이 있으며 새뮤얼에게도 정서적으로 지배당했었다고 말했다. 그러자 오빠는 새뮤얼이 요즘 만나는 여자도 과거에 다른 남자에게 성폭행당한 피해자였다고 말했다.

"어릴 때였는지 성인일 때였는지는 잘 모르지만, 그런 일이 있었다고 들었어."

만약 새뮤얼이 내게 한 짓을 그녀가 알게 된다면 어떤 기분일까. "있잖아, 새뮤얼이 이 정도로 쓰레기여서 참 다행이야." 내가 말했다.

"그게 무슨 말이야?" 오빠는 의아하다는 표정이었다.

"사람들이 내 말을 믿어주니까. 원래부터 이기적이고, 남을 속이고, 형편없는 사람이었으니까 그런 짓을 했다고 해도 아무도 놀라지 않잖아. 새뮤얼이 좋은 평판을 받는 사람이었다면 어땠을

378

까? 아마 내가 그 사람 인생을 망치려 든다고들 했을걸?"

"그런다 한들 걔가 혐의를 시인하거나 배심원단이 유죄 평결을 내리면 얘기는 달라지겠지."

"그렇다 하더라도, 만약 새뮤얼이 살뜰한 아들이자 다정한 남자친구 노릇을 해왔다면, 또는 누군가의 좋은 아빠였다면 배심원단의 평결조차 그다지 중요하지 않은 게 돼버릴 거야. 어쨌거나 사람들은 내가 그 사람 인생을 망쳤다고 생각할 테니까."

"정말 그렇게 생각해?" 오빠가 물었다.

"생각하는 게 아니라 아는 거야. 사람들 눈에 나는 10년도 더 지난 일을 들춰내 고소한 여자일 뿐이야. 그 사람들이 보기에 난 멀쩡히 사는 것처럼 보일 테고. 그러니까 나는 드라마퀸이거나, 아니면 관종인 거지. 만약 한 여자 때문에 한 가족의 가장이 망신을 당한다거나, 블루카드°를 소지한 사람의 앞길이 막혀버린다? 그런 경우에 배심원단의 평결은 중요하지 않아. 어쨌거나 사람들은 그 여자가 그에게 피해를 끼쳤다고 생각할 거야."

"사람들은 참 이상해." 오빠가 한숨을 내쉬었다.

"웃긴 얘기지만, 새뮤얼이 원래 그렇게 야비한 놈이라 차라리 다행이라니까."

오빠와 나는 바닷가에 사는 친척 어른 집 바깥에 차를 대고 있었다. 둘 다 잠시 말이 없었다. 나는 파도가 부서지는 소리를 들으며 내 주변의 성폭행 피해 경험을 가진 여자들의 수를 어림짐작

° Blue Card. 호주 퀸즐랜드 주에서 아동 및 청소년과 관련한 일에 종사하거나 봉사하는 사람에게 발급하는 자격증. 아동 학대나 안전사고를 예방하기 위해 해당 성인이 아동 및 청소년에게 접근하는 것이 안전한지를 심사한 후 발급한다.

해보았다. 어디에든 그런 여성이 몇몇씩은 있었는데, 피해 사실을 경찰에 신고한 사람은 드물었지만 내가 새뮤얼을 고소했다고 얘기하면 다들 날 응원해주었다.

나는 그들에게서 힘을 얻었다. 침묵하고 있는 거대한 피해자 무리가 매번 날 일으켜 세웠다. 동시에 그들에 대해 책임감도 느꼈다. 내가 강인하게 버텨야만 2차 가해를 이겨내는 모습을 그들에게 보여줄 수 있었다. 물론 걱정도 되었다. 사람들과의 관계가 흐트러지거나 내가 점점 술에 의존하게 되더라도 그들이 계속 날 응원해줄까? 만일 새뮤얼이 법정에서 무죄를 선고받는다면, 그 여파는 호수 위로 퍼져나가는 파문처럼 내 주변의 모든 여자들에게 일종의 메시지를 전달할 것이다. 그 여자들은 세상이 자신의 말을 믿어줄 리 없음을 직감할 것이다. 정의는 그들의 편이 아니었음을 알게 될 것이다.

반대로 내가 이긴다면? 얼마나 많은 여자들에게 이 소식을 알릴 수 있을까? 내가 거둔 승리를 얼마나 당당하게 외칠 수 있을까? 호주에서는 경찰에 신고하는 성폭행 피해 여성의 비율이 세 명 중 한 명도 되지 않는다고 한다. 만약에 모든 피해 여성이 진실을 말한다면 무슨 일이 벌어질까?

외할머니 가족장을 하루 앞두고 사우스오스트레일리아의 바다를 내다보던 이날 밤, 나는 재판에서 승소하면 모두에게 그 소식을 알리겠다고 다짐했다. 페이스북에 글을 올리고, 여러 행사에 참여할 것이다. 성대한 파티를 열어야 할는지도 모르겠다. 승소한다면 이루 말할 수 없이 행복할 것이다. 지금껏 수없이 꿈꿔왔던 것이니 말이다. 법정 밖을 나설 때 흘릴 기쁨의 눈물과 얼굴에 쏟아질 햇살의 찬란함을 나는 익히 알고 있었다. 자나 깨나 그것을 상상했기 때문이다. 과거를 매듭짓는 일이 얼마나 가치 있는지는 워릭의 재판정에서 조지를 보며 이미 깨달은 바가 있었다.

°°

이날 오빠와 대화하기 전까지는 새뮤얼이 혐의를 시인하거나 유죄 판결을 받아 내가 복수에 성공하게 되는 상상에만 주로 빠져 있었다. 일종의 인과응보 판타지 같은 것이 일하다가 잠시 짬이 날 때, 샤워할 때, 또는 잠들기 전에 불쑥 튀어나왔다. 과거의 일을 비로소 마주하게 되었지만 깔끔하게 떨쳐낼 준비는 되어 있지 않은 셈이었는데, 한동안은 이런 게 슬픔을 극복하는 당연한 과정이라고 생각했다. 한편으로는 내 삶에 지대한 영향을 미치고 있는 이야기의 주도권을 상상 속에서라도 되찾고 싶었다.

어쩌면 암에 걸린 외할머니도 이와 같은 심정이 아니었을까 싶다. 당신에게 주어진 시간과 사랑과 미래가 스스로 어찌할 수 없는 불공평함에 좌우되었으니 말이다. 때로 어떤 것들은 제멋대로 자라고 변화해서 종잡을 수 없는 궤적을 그리며 나아가다 결국 우리 삶에 큰 상처를 남긴다. 우리는 그것을 받아들이는 수밖에 없다. 적어도 내가 맞닥뜨린 암 덩어리는 이름을 갖고 있었으며, 상상 속에서라도 한 대 때릴 수 있는 얼굴을 가졌다는 사실이 다행이었다.

그런데 차 안에서 오빠와 대화를 나눈 이후로는, 내 말과 행동으로 새뮤얼에게 복수하는 것이 실제로 가능하다는 것을 깨달왔다. 물론 아직은 섣부른 희망이라고 할 수 있었다. 그가 법정에 서게 될지 불분명했고, 그가 무죄 판결을 받을 수도, 거꾸로 내가 명예훼손으로 고소당할 수도 있었다. 하지만 나는 계속해서 그 섣부른 희망을 상상했다. 내가 어떤 사람인지, 법정에서 내 차례가 왔을 때 무엇을 할 수 있는지 스스로 확인하고 싶었으니까.

새뮤얼을 아는 모든 이들에게 상황을 알리고 싶었다. 이미 새뮤얼의 지인들은 오빠와 그의 사이가 심하게 틀어졌으며 그 이유가 법적 문제와 관련 있다는 것을 눈치챈 터였다. 오빠가 그들에게 더는 새뮤얼을 집에 초대할 일은 없다고 말했을 때 놀란 사람은 아무도 없었다.

나는 새뮤얼이 만나고 있다는 여자에게도 이 문제를 알리고 싶었다. 그녀는 그에게 성적 학대 경험을 솔직하게 털어놓았겠지만, 그는 현재 상황을 그녀에게 솔직하게 말하지 않았을 가능성이 컸다.

다만 그녀에게 진실을 알리고 싶다는 내 바람이 실은 순전히 새뮤얼의 인생을 망치고 싶다는 욕심 때문은 아닌가 하는 의구심도 들었다. 솔직히 말해 그들의 관계가 나와 무슨 상관일까? 그러나 그녀에게 진실을 알리는 것이 치사하고 이기적일지 모른다는 마음이 들 때면 애나를 떠올렸다. 애나는 새뮤얼과 섹스할 생각이 없었으나 그의 심리적 조종에 넘어간 것이라고 했다. 그는 그녀의 약점을 발견하고 착취한 것이었다. 게다가 그의 현재 여자친구 또한 애나와 같이 학대 피해자라는 사실은 우연이 아니었다. 우리 중 꽤 많은 여자들이 그런 남자를 만나게 된다. 그 남자가 자신의 과거와 맞서고자 애쓰는 여자에게 진심으로 애정을 주고 힘이 되어

주는 연인일 확률은 얼마나 될까? 다만 내가 만약 그 여자에게 진실을 말해준다면, 내게도 익숙한 고통을 느끼고 있을 그녀에게 또 다른 상처를 주게 되는 것은 아닐까 하는 우려도 들었다.

하지만 마음속으로는 말해주는 것이 옳은 일이라는 걸 알고 있었다. 새뮤얼과 통화했을 때 그가 내게 했던 말이 다시금 귓가에 들려왔다. "너한테만 그런 게 아니었어."

사건이 마무리되면 오빠와 오빠 여자친구에게 부탁해 여동생을 둔 주변인들에게 새뮤얼의 이야기를 전하라고 당부해야 할지도 몰랐다. 궁금한 게 있으면 누구든 물어볼 수 있도록 내 휴대폰 번호를 함께 전달하는 게 나을 수도 있었다. 소문은 빠르게 퍼질 테고 아마 다들 새뮤얼의 천박한 농담을, 파티에서 멋대로 굴던 행동을 함께 떠올릴 것이다. 평범한 남자처럼 보이는 그의 얼굴과 평범한 여자처럼 보이는 내 얼굴을 번갈아 떠올리며, 이러한 일이 누구에게나 일어날 수 있음을 알게 될 것이다. 자신들의 말과 행동에도 책임이 따른다는 것을 깨닫게 될 수도 있었다.

한편 새뮤얼이 어린 시절 친척 어른에게 성적 학대를 당했었다는 것을 생각하면, 그의 부모님도 이 문제를 알아야 할 것 같았다. 아마 그들은 아들에게 끔찍한 짓을 저지른 자와 지금껏 한 테이블에 둘러앉아 저녁을 먹었는지도 몰랐다. 그들이 이 문제를 알게 된다면, 학대의 악순환 고리 속에서 아들의 행동을 이해하지 않고서는 쉽게 비난만 할 순 없음을, 학대 피해 사실을 참작해 형량이 줄어들 수 있듯이 아들을 향한 그들의 실망과 분노도 조금은 가라앉을 여지가 있음을 깨닫게 될지도 몰랐다.

돌이켜보면, 나는 결과를 받아들일 마음의 준비를 스스로 끝

마쳤을 때에야 비로소 부모님께 피해 사실을 털어놓을 수 있었다. 그보다 하루라도 일찍, 아니, 한 시간이라도 일찍 말하는 일은 불가능했다. 누군가 내게 더 빨리 털어놓기를 강요했더라면, 아마도 평생 지우지 못할 상처를 입었을 것이다. 나는 내 과거를 구실로 가족에게 상처를 주고 싶지 않았다. 그런 점에서 나는 가해자로서의 새뮤얼을 결코 동정하지 않을 뿐, 같은 피해자로서 그를 어느 정도 이해할 순 있었다.

무엇을 할지는 전적으로 내게 달려 있었다. 우선은 물속의 악어처럼 호시탐탐 여자들을 노리는 그의 존재를 까발려 나와 같은 여자들에게 조심하라고 경고할 책임을 느꼈다. 새뮤얼이 지금이라도 자신의 혐의를 인정해 내가 재판의 공포를 비껴갈 수 있다면 조금은 더 아량을 베풀지도 모르겠지만, 그는 법의 허점을 이용해 얍삽하게 혐의를 빠져나가려 함으로써 이미 날 모욕했다. 그와 그의 변호사들이 경찰 측에 보낸 서신의 내용은 용납할 수 없었다. 그는 잘못을 진지하게 뉘우치고 있지 않았다. 비싸게 고용한 변호사들에게서 혐의 인정이 그에게 가장 유리하다는 말을 들은 후에야 자기 죄를 인정할 게 뻔했다.

숀은 만일 내가 승소하더라도 새뮤얼이 받을 형량이 성에 차지 않을 수 있다고 주의를 주었다.

"네, 그 부분도 받아들일 준비가 되었어요."

"이미 그렇게 생각하고 있을 줄은 알았습니다만, 마음을 단단히 먹는 게 좋을 겁니다. 그를 처벌받게 하려고 여기까지 왔는데 그런 일이 일어나지 않을 수도 있으니까요."

숀은 이번에도 내가 법의 도움을 받아 고소를 끝까지 진행하려고 하는 이유에 대해 물었다. 하지만 그 질문은 법무부 소속으로서 국민을 보호하겠다고 서약한 사람답지 않은 언행이었다.

성폭행 가해자의 범죄를 세상에 폭로해 정의를 구현하려는 내 욕망을 결국엔 나 스스로 알아서 해결해야 한다는 의미일까? 사법 제도로는 가해자를 제대로 처벌할 수 없으니까? 사법 제도가 정의를 구현하리라는 믿음은 아예 사라져버린 걸까?

아니, 나는 그 믿음을 잃지 않았다.

○
○

2016년 4월, 숀과 내가 통화를 하고 한 달이 더 지난 후에야 새뮤얼 측 변호사들이 피의자 면담을 위해 새뮤얼과 함께 경찰서에 출석할 수 있다는 의사를 밝혔다. 면담 결과에 따라 기소 여부가 결정될 것이었다.° 아직 정해진 것은 없었다. 언제든 이 모든 게 없던 일로 돌아갈 수도 있었다. 숀에게 수차례 연락해보았으나 그는 그때마다 은근히 말을 바꿔가며 기대를 한껏 높였다가 그만큼 실망시키기를 반복했고 새뮤얼 측 변호사들을 상대하기 어려운 이유를 매번 제시했다. 예컨대 새뮤얼의 법정 변호사는 수십 년간 경찰 쪽에 몸담았던 관료 출신이라고 했다.

"솔직히 말해 그쪽 법정 변호사가 저보다 더 많은 걸 알고 있

° 호주에서는 주 경찰이 약식 명령을 염두에 둔 수사, 기소 및 공소 유지를 담당하는 것이 보통이며, 배심원이 있는 법원에 회부되어 재판받아야 하는 범죄 사건의 경우도 일단 경찰이 치안법원에 기소할 수 있고 이후 사전 심리 절차를 걸쳐 검사가 공소 유지 여부를 판단하게 된다.

더군요." 도대체 나보고 어쩌라고 숀은 이런 말까지 하는 건지 이해할 수 없었다. 대개 숀은 깊이 고민하지 않고 생각나는 대로 툭툭 말을 내뱉는 편이었다. 그래도 나는 그를 믿어보기로 했다. 적어도 내가 상대적으로 불리한 상황에 있다는 것만큼은 분명해 보였으니까.

°°

판사님과 함께 점심을 먹기로 약속한 날이었다. 근사한 레스토랑에 갈 예정이어서 점잖은 옷을 차려입고 시내로 가던 길에 판사님을 모시는 후임 재판연구원에게서 연락이 왔다. 어느 법정 변호사가 최종 변론 도중에 부적절한 발언을 해 혼란이 생겼으며, 재판이 미결정 심리로 끝나지 않게 판사님이 조금 일찍 배심원단을 소집해 오해를 바로잡아야 하는 상황에 처했다는 것이었다. 내가 판사님과 만날 수 있는 시간은 15분에서 20분 남짓이었다.

"시간을 많이 내지 못해 미안합니다." 판사님과 나는 오랜만에 만난 친구처럼 만갑게 포옹했다.

"괜찮아요!" 환히 웃으며 말했지만 실은 괜찮지 않았다. 나는 판사님에게 내 재판 이야기를 꺼낼 생각이었다. 하지만 누군가에게 이 이야기를 스스럼없이 꺼내는 데에는 아직 익숙하지 않았다. 판사님과 나는 점심시간 인파로 북적이는 법원 건너편 카페로 가서 긴 줄을 따라 섰다. 이런저런 안부를 나누고 내 글쓰기 작업이 어떻게 진행되고 있는지 잠시 이야기를 나눴다. 시계를 힐끔 보니 벌써 5분이 지나 있었다. 이제는 말할 차례였다. 여기까지 와서 물러설 수는 없었다.

"사실 드릴 말씀이 있어요." 말을 꺼낸 순간 주문할 차례가 되었다. "롱블랙 한 잔이요. 고맙습니다." 계산대의 점원이 주문 내역을 입력하는 동안 나는 판사님에게 조심히 이야기를 꺼냈다. "어릴 때 성폭력 피해를 당한 적이 있어요. 그래서 고소를 진행하고 있다는 걸 말씀드리고 싶었어요."

"거스름돈입니다, 손님." 점원이 내민 동전을 받으러 손을 뻗은 판사님은 내 말에 잠시 멈칫하다가 천천히 손을 내렸다.

"아, 그런 일이 있었는지 몰랐네요. 일단 앉아서 얘기합시다." 판사님은 안경을 고쳐 썼다.

우리는 한쪽에 자리를 잡고 앉았다. "사실 아무도 몰랐는걸요. 뭐, 그게 문제 아니겠어요? 아무도 이런 얘기를 하지는 않으니까요."

"그동안 마음고생이 심했겠군요."

"옛날 일인걸요. 작년에 판사님과 일하면서 그 사람과 같은 가해자들을 실물로든 문서상으로든 많이 봤어요. 저와 같은 피해자들도요. 그 시간 동안 제 가해자의 범죄 기록이 깨끗하게 남아서는 안 된다는 생각을 하게 됐어요. 위장 전화를 했을 때 그자는 저말고 피해자들이 더 있다고도 했거든요. 아직까지 아무도 그를 고소하진 않았고요. 그래서 제가 포기하지 않는 것이 더욱 중요하다고 생각해요."

"참 용기 있는 행동이군요. 그 과정이 얼마나 힘들지 누구보다 잘 알고 있을 텐데요."

"네, 안타깝게도 아는 게 많아 힘든 점도 있네요."

"그래서, 위장 전화를 했고 증거도 확보했는데 그가 혐의를 인정하지 않은 건가요?"

"네."

"대부분 그렇게 처벌을 피할 수 있다고들 생각하더군요."

"아마 제가 포기할 때까지 질질 끌려는 것 같아요."

"안타깝게도 많은 피해자들이 그 과정에서 포기하게 되지요."

"네, 어쨌든 미리 이 말씀을 드린 이유는 곧 제가 법정에 출석하게 될지도 모르고, 또 아무래도 이런 문제가 있다 보니……" 나는 잠시 뜸을 들이며 테이블 밑에서 애꿎은 손을 비틀었다. "판사님 밑에서 1년이나 있어 놓고도 법조계 일을 곧바로 하기가 힘들다는 생각이 들었어요. 그래서 이쪽 일을 하지 않기로 결심했고, 이런 제 선택이 판사님을 실망시킬 것 같아 죄송할 따름이에요. 하지만 이 문제부터 먼저 해결하지 않으면 도무지 안 되겠더라고요."

내 이야기를 다 들은 판사님은 잠시 놀란 표정을 지었으나, 이내 입가에 부드러운 미소를 띠었다. "브리 씨는 나를 실망시킨 적이 한 번도 없답니다."

웨이터가 샌드위치를 가져왔고 나는 재빨리 냅킨으로 눈물을 훔쳤다.

"심각한 얘기는 여기까지예요. 그래도 5분이나 남았네요. 요즘 법원은 어떤가요? 소식이 궁금해요!"

o
o

새뮤얼이 피의자 면담에 응하기 전까지 나는 하루도 빼놓지 않고 그가 순에게 죄를 인정하는 상상을 했다. 이 상상이 가져다주는 안도감은 어마어마했다. 상상에 빠져들 때면 내가 그 사람 때문에 법정에 설 리 없다는 확신이 생겼다. 그가 고용한 잘나가는 변호사들이 죄를 인정하라고 새뮤얼을 회유한다면, 그는 틀림없이 그 조언을 따를 것이다. 아빠 말로는 새뮤얼이 기소된다면 3주 안에 치안법원에 출석해야 했다. 나는 치안법정 방청석 뒤편에 앉아 새뮤얼 몰래 그를 지켜보는 내 모습을 그려보았다.

"유죄를 인정합니다, 재판장님." 그는 서서 자기 죄를 시인하고 울음을 터뜨릴 것이다. 상상 속 이 장면에서는 나도 매번 울음을 터뜨렸다. 처음에는 안도감 때문에, 그다음에는 생생한 절망감 때문에. 아무것도 할 수 없다는 무력함 때문에.

실제로 새뮤얼이 기소되어 치안법원에 출석하기까지는 꼬박 반년이 걸렸다. 그동안 나는 울기도 많이 울었다. 상담사는 분노를 느낄 때마다 익숙한 자기혐오에 어김없이 빠져들던 나에게 새로운 대처법을 알려주었다.

나는 셰어하우스에 아무도 없을 때 홀로 집 앞 테라스에 앉아 부모님과 함께 하교하는 동네 어린이들을 바라보았다. 아이들은 그날 내가 입고 있었던, 파란색과 흰색이 섞인 체크무늬 교복 차림이었다. "나는 지금 불안해." 상담사가 일러준 대로 내가 느끼는 감정에 이름을 붙여 그것을 소리 내어 말했다. 그다음에는 감정과 나를 분리했다. "나는 불안하다는 감정을 느껴." 그리고 날 사로잡은 부정적 생각을 그 감정과 결부시켰다. "불안하다는 감정 때문에 죽고 싶다는 생각이 들어." 이 방법은 때로 효과를 발휘했고, 그럴 때면 이렇게 마무리 짓고 넘어갈 수도 있었다. "내게 일어난 이 일은 끔찍하지. 그러니까 그것을 극복하는 데 시간이 걸리는 것은 전혀 이상한 일이 아니야."

이 반년의 시간 동안 주변 사람들이 보기에 내 모습은 평소와 그리 다르지 않았을 것이다. 작가 프로그램에 참석하러 한번은 퀸즐랜드 주 밖으로, 또 한번은 호주 밖으로도 다녀왔고, 가족과 집에서 많은 시간을 보냈으며, 빈센트와 밥을 해 먹고 시원한 맥주를 마셨다. 평소처럼 친구들을 만났고 빨래를 돌렸다. 손에게 전화하거나 문자를 보내 사건이 어디까지 진행되었는지 확인했고, 그럴 때마다 조금 더 기다려야 한다는 답변을 들었다. 새뮤얼의 변호사들은 상황을 어렵게 만들고 있었다. 나는 인내심을 갖고 기다려야 했다. 그동안 내 삶은 계속해서 흘러갔고, 나 또한 그 흐름을 따라 하루하루를 살았다.

지금 생각하면 잘한 일이었다. 새뮤얼이 자기 행동에 책임을 질 때까지 내가 기다리지 못해 도중에 포기하고 말았다면, 그래서 이 사건이 해결되지 못했더라면, 내 삶에서 2년이라는 시간은 통째로 지워지고 말았을 테니까.

19

2016년 11월 둘째 주는 여러모로 힘든 시간이었다. 세계는 수요일에 있을 미국 대선 결과에 촉각을 곤두세웠고, 나는 금요일에 일어날 일까지 걱정하느라 진이 빠져 있었다. 그날 새뮤얼과 그의 변호사들은 경찰서에 출석해 유죄 인정 여부를 놓고 손과 면담할 예정이었다.

수요일 아침에 나는 힐러리 클린턴의 당선 가능성이 여전히 존재한다는 분석 기사를 찾아 빈센트에게 보여주었다. 빈센트의 반응은 시큰둥했다.

빈센트와 나는 ABC 뉴스 채널을 틀어놓고 텔레비전 앞을 종일 지켰다. "여성을 함부로 대하는 남자들에게 이게 어떤 의미일 것 같아?"

"러스트 벨트° 사람들은 일자리를 되찾고 싶어 하고 트럼프가

° Rust Belt. 미국 북동부와 중서부의 공업 지대를 일컫는 지명으로, 직역하면 '녹슨 지대'가 된다. 한때 철강 산업의 호황으로 가파른 경제 성장을 경험했으나 1980년대 이후로 쇠락했다. 러스트 벨트에 밀집한 저소득·저학력 백인 블루칼라 노동자들은 2016년 트럼프 대통령의 당선에 결정적인 역할을 했다.

그걸 이뤄줄 수 있다고 믿고 있어."

"지금 내가 무슨 말 하려는지 알잖아."

"알아." 빈센트는 어깨를 한 번 으쓱하고는 나와 함께 소파에 몸을 파묻었다. "하지만 가난한 사람들에게 이 선거는 젠더 평등이나 인종 문제와는 관련이 없어. 그저 자기들 일자리와만 연관이 있다고."

"하지만 사람답게 사는 건 선택의 문제가 아닌걸. 물론 경제정책은 아주 중요하지. 하지만 평등에 대한 신념은 '그 무엇과도' 바꿀 수 없어. 어느 후보의 신념이 더 나은지 비교할 문제도 아냐. 이건 당연한 전제 조건이어야 한다고. 모르겠어. 왠지 금요일에 있을 내 일과 무관하지 않게 느껴져."

히스테리를 부리는 것처럼 들리지 않을까 하는 걱정도 잠시, 어느새 나는 끼어들려는 빈센트의 말도 자르고 혼자 열을 내고 있었다. "나도 알 건 알아. 실제 트럼프의 당선과 내 사건 사이에 '인과관계'가 있지는 않겠지. 하지만 서로 이어져 있다고 느껴. 아니, 이어져 있다는 걸 알아. 성희롱과 성추행을 일삼은 트럼프를 대통령으로 뽑은 사람들의 사고방식은 여자들에게 몹쓸 짓을 해놓고도 처벌을 면할 수 있다고 생각하는 새뮤얼의 사고방식과 똑같다고." 나는 자리에서 일어나 텔레비전을 가리키며 목소리를 높였다. "저 사람을 봐. 아마 지금 새뮤얼도 어디선가 저 모습을 보고 있겠지. 그러면서 이렇게 생각할 거야. '여자들에게 하고 싶은 대로 하고 살아도 아무 문제가 없구나. 그렇게 살아도 한 나라의 수장이 될 수 있겠구나.' 내가 뭘 해야 하는 걸까? 도대체 내가 뭘 해야 해?"

나는 소파에 주저앉았고, 빈센트는 내 이마에 입을 맞추며 위로했다. "이미 충분히 많을 걸 하고 있어. 그 사람과 맞서 싸우고 있잖아."

내가 두려움을 느끼는 이유가 단순히 예민해진 신경 때문인지, 아니면 불길한 직감 때문인지는 알 수 없었지만 나는 그렇게 한동안 가만히 앉은 채로 함박웃음을 머금은 트럼프의 불콰한 얼굴이 텔레비전 화면을 도배하는 모습을 지켜보았다. 그가 주름진 손을 흔들어 지지자들에게 화답하는 모습을 보며, 그 손이 겁에 질린 여자들의 'X지를 움켜잡는°' 모습을, 그 두툼한 손가락이 얼어붙은 여자들의 팬티 안으로 들어가는 모습을 상상했다. ABC 뉴스의 앵커들은 애써 실망감을 감추려 했으나, 중립을 취하는 방법을 까먹은 사람들처럼 시종일관 심각한 목소리로 트럼프의 당선 소식을 전했다.

이날 오후에는 시내에 볼일이 있었다. 유독 후텁지근한 날이어서 버스 정류장까지 걸어가기도 전에 이미 집에서부터 땀이 났다. 길거리에서 본 사람들도 왠지 다들 침울해 보였다. 얼떨떨한 표정으로 걸어가는 그들을 보며 인간의 추악함에 대해 생각했다. 마치 보더콜리 한 마리가 차에 치여 싸늘하게 죽어가고 있는데 다들 못 본 척 지나가는 것만 같았다.

법원에서 재판을 마무리할 때마다 느꼈던 감정이기도 했다.

° 'X지를 움켜잡는다'는 표현은 2005년 트럼프가 미국의 방송인 빌리 부시Billy Bush와 사적으로 나눈 음담패설에 등장한다. 이 대화에서 트럼프는 "예쁜 여자를 보면 바로 키스를 하게 된다."라든가 "스타가 되면 예쁜 여자들과 무엇이든 할 수 있다. X지를 움켜잡을 수도 있다."와 같은 발언을 했다. 이 대화가 녹음된 파일은 2016년 미국 대선 때 폭로되어 큰 논란을 일으켰으나, 그의 당선을 좌절시키는 변수가 되지는 못했다.

에어컨 바람에 섞인 소아성애자의 각질을 어쩔 수 없이 들이마시고 맛봐야 하는 기분이랄까. 11월의 어느 날이던 이날 오후, 서구 사회의 이른바 진보주의자들은 조금 전 벌어진 결과에 아무 책임이 없다고 스스로를 합리화하고 있었다. 참을 수 없는 열기에도 아무렇지 않은 척, 자신이 피해자도 가해자도 아닌 척 행동했다.

평소였으면 산뜻했을 오후의 장대비도 이날따라 습했다. 습기가 거리를 가득 메운 것도 모자라 내 머릿속까지 꾸역꾸역 밀려들었다. 그러는 와중에 타야 할 199번 버스가 앞을 지나쳤고, 손을 들어 버스를 세워야 했지만 그럴 힘조차 나지 않았다. 다른 사람이 다음 버스를 멈춰 세우지 않았더라면 아마 나는 장대비가 열기를 잠재우기를 부질없이 기다리며 몇 시간이고 정류장에 우두커니 앉아 있었을 것이다.

°°

수요일부터 금요일까지는 시간이 더디게 흘러갔다. 처음에는 예고 없이 찾아오는 불안의 파동에 맞서며 일부러 바쁘게 움직였지만, 목요일 오후부터는 집 앞 테라스에 멍하게 앉아 연거푸 담배만 피워댔다. 몸은 땀으로 축축했고, 몸속에는 니코틴과 열사병의 기운이 천천히 뒤섞이며 메스꺼움을 일으켰다.

몸을 마비시키는 듯한 악몽 때문에 이틀째 잠을 설쳤고, 텔레비전을 틀기만 하면 트럼프 소식에 시달렸다. 이 모든 일들이 바로 '나를 겨냥해' 일어나고 있다는 부담감이 날 짓눌렀다. 내가 감각하던 주도권 또는 자립심, 심지어 내 몸을 온전히 소유했다는 당연한 느낌마저 모두 허상이었다는 불안감이 싹텄다. 내 몸과 마음과 목소리가 영영 더럽혀졌다고, 설령 지금은 멀쩡하더라도 언제든 망가질 수 있다는 생각에 몹시 불안했다.

나는 평소처럼 친구들을 만났고, 단기 계약직으로 진행했던 카피라이팅 작업에 대한 송장도 처리했다. 하루는 슈퍼마켓에 가서 별 목적 없이 카트를 끌며 신선한 식재료를 골라 담았다. 뭘 먹든 대부분 토해버릴 것이었으므로 너무 비싼 물건들은 도로 내려놓았다. 엄마에게 전화를 걸어 이런저런 이야기를 나누기도 했다. 금요일에 있을 일의 중대함에 대해서는 굳이 말하지 않았다.

앞으로 내 삶이 어디로 흘러갈지 결판나는 날이 오기까지 할 수 있는 것은 아무것도 없었다. 내가 겪는 트라우마가 과연 진중하게 다룰 만한 가치가 있는지, 그리고 내게 트라우마를 주었던 그 일이 실제로 일어났는지 아닌지가 다른 사람들에 의해 결정되기까지 내가 할 수 있는 일은 정말 아무것도 없었다.

°°

애들레이드 스트리트 한복판에 서서 집으로 가는 버스를 기다리고 있던 참에 전화가 걸려왔다. 안전 재킷을 입은 남자들이 건너편 킹 조지 광장에 크리스마스트리를 심고 있었고, 버스 정류장에서는 한 여인이 행복한 표정으로 어린 딸아이와 방학 계획을 이야기하고 있었다. 땀에 젖어 미끈거리는 휴대폰이 진동했을 땐 당황해서 하마터면 손에서 놓칠 뻔했다. 정류장에 있는 다른 사람들과 멀찍이 거리를 두고 서서 화면을 보니 '발신자 정보 없음'이 떠

있었다.

"여보세요." 한쪽 귀를 막으며 후미진 구석으로 가 전화를 받았다.

"숀 톰슨입니다."

"안녕하세요. 새로운 소식이 좀 있나요?"

"아, 그게 말입니다." 가슴이 쿵 내려앉았다. 길을 가다가 지갑이 없어졌다는 것을 알았을 때나 집 현관문을 열려고 하는데 자물쇠가 망가져버렸을 때와 같은 황망함이 밀려왔다. "방금 새뮤얼과 면담을 끝냈습니다. 사건을 법정까지 끌고 가려는 의지가 확고해 보이네요."

나는 다리에 힘이 풀려 시청 건물 외벽에 몸을 기댔다. "네, 그렇군요."

"그쪽 사무 변호사와 법정 변호사도 함께 왔는데, 우리 쪽에서 사건을 계속 진행시킬 계획이라고 하니 꽤 놀라더군요."

"왜죠?"

"새뮤얼이 범행 시점에 어린아이였다는 주장을 여전히 고수하고 있어요. 사건을 계속 진행시키기에는 공익적 가치가 충분치 않다는 입장도 여전하고요."

"딜런이 증언했는데도 여전히 범행 당시에 열 살이었다고 주장한다는 말인가요?"

"정확히는 열두 살이라고 주장하고 있어요. 딜런이 다치기 전까지 트램펄린이 계속 한 자리에만 있었다는 증거가 없지 않으냐는 것이 그들의 반박 논리고요."

"그렇군요."

"그런데 그 사람," 숀이 잠시 망설였다. "그러니까 새뮤얼이⋯⋯." 적당한 말을 고민하는 듯했다. "꽤 동요하더군요. 저희가 성추행 혐의를 두 가지로 적용할 계획이라고 언질을 주면서 특히 심각한 두 번째 혐의 내용을 말해주었더니 말입니다."

"제 진술은 처음부터 바뀐 적이 없는걸요!" 나도 모르게 이런 말이 튀어나왔다.

"네, 압니다. 그런데 그들은 의외라는 반응을 보였습니다. 두 가지 혐의에 대해 이야기했더니 그쪽 법정 변호사가 새뮤얼과 상의할 부분이 있으니 잠시 자리를 비워달라고 하더군요."

"다시 돌아가니 뭐라고 하던가요?"

"그쪽 입장은 확고합니다." 숀의 목소리는 심각했다. "긴 싸움이 될 테니 단단히 각오하셔야겠습니다." 고개를 숙여 깊이 숨을 들이쉬려 해봤으나 오히려 구역질이 치밀었다. 숀은 이번에도 새뮤얼의 변호사가 얼마나 유능한지를 강조했고, 트램펄린의 위치와 관련해 엄마나 다른 사람에게서 추가 증언을 확보할 필요가 있다고 조언했다. 또한 내가 성질을 부릴까 봐 미리 손써두려는 듯 뜬금없이 일이 지연되어 미안하다고 사과했다.

"무슨 문제라도 있나요?" 내가 말을 자르고 물었다.

"일단 11월 21일 월요일에 치안법원에서 다룰 사건으로 등록되긴 했습니다만, 이후로도 몇 차례 더 사전 심리가 있을 예정입니다. 일단 저희 쪽에서 모든 증거 자료를 취합해 검찰에 넘겨야 하고요. 그러면 그쪽에서 증거를 검토하게 됩니다. 그 과정이 꽤 걸릴 겁니다."

'아니, 왜?' 나는 그에게 따져 묻고 싶었다. 왜 다들 내게 기다리라고만 하지? 이보다 더 손쉬운 사건은 없었다. 나는 하라는 대로 다 했고, 고소를 철회할 뜻을 내비친 적도 없으며, 위장 전화 증거까지 확보해둔 상태였다. 심지어 새뮤얼은 나 말고도 피해자가 더 있다는 말까지 했는데! 사람들은 새뮤얼을 전과자로 만들고 싶지 않은 걸까?

"사전 심리에서 무슨 말이 오갔는지 나중에 알려주실 수 있을까요?" 내가 차분히 요구했다.

"물론 그래야죠. 그날 오후에 바로 연락하겠습니다. 그 전에 새로운 소식이 있으면 당연히 알려드릴 거고요."

"알겠습니다. 감사해요."

"너무 걱정 말아요. 곧 다시 연락합시다."

전화를 끊고 가방 안으로 휴대폰을 힘없이 떨군 채 바닥에 주저앉아 벽에 몸을 기댔다. 머리 위에 있는 종탑에서 정오를 알리는 종소리가 울려 퍼졌다. 묵직한 종소리가 길게 이어지며 내가 있는 건물 아래까지 진동을 내려보냈다. 진동은 서서히 내 몸속까지 들어왔다. 나는 귀를 막고 눈을 감은 채 무릎 사이로 얼굴을 처박고 몸을 앞뒤로 흔들었다.

환한 대낮이었다. 내가 나고 자란 이 도시에는 크리스마스 연휴를 앞두고 기쁜 마음으로 쇼핑하러 나온 사람들로 가득했다. 나는 그들 속에서 새뮤얼의 집요한 시선을 느꼈다. 당장 고개를 들면 내게 성큼성큼 다가오는 그와 마주칠 것만 같았다.

한동안 몸을 흔들다가 문득 종소리가 한참 전에 끝났다는 것을 깨달았다. 가방에서 노트를 꺼내 조금 전 손이 한 말들을 까먹기 전에 서둘러 옮겨 적었다. 폭풍 같은 무언가가 내 머릿속으로 굴러 들어왔다. 나는 무릎을 꿇고 손으로 바닥을 짚어 자리에서 일어난 뒤 선글라스를 끼고 버스 정류장으로 되돌아갔다. 조금 전 보았던 모녀는 여전히 즐겁게 대화 중이었다. 엄마가 보고 싶어졌다.

버스에 올라타 뒤쪽에 자리를 잡고 앉자 이번에는 두려움이 되살아났다. 내가 틀렸는지도 모른다는 두려움이었다. 실은 그가 아니라 '내가' 멍청한 계집애였다는 것. 범행 당시 새뮤얼은 정말로 어린아이였으며 내가 내 인생은 물론 그의 인생까지 망치려 했다는 것. 내가 이 문제를 스스로 알아서 해결하지 않고 세상에 알림으로써 모두의 인생을 망치려 했다는 것.

버스는 두려움에 휩싸인 나를 태우고서 정해진 경로를 따라 덜컹거리며 움직였다. 내가 받게 될 반대신문을 상상했다. 말도 안 되게 똑똑한 변호사가 숨 쉴 틈도 없이 내게 질문을 퍼부을 것이고, 날 남자에 환장한 여자애로 매도할 것이다. 숨이 가빠왔다. 나는 청바지를 입은 허벅지를 꼬집으며 아득해지려고 하는 정신을 애써 붙들었다.

집 근처 정류장에서 하차하는데, 버스 계단 높이가 생각보다 높아 발을 살짝 삐끗했다. 순간 겨우 붙들고 있던 침착함의 끈이 끊어지고 말았다. 나는 순식간에 공황 상태에 빠졌다. 내 안의 어떤 스위치가 꺼지면서 정상적인 기능이 일시에 작동을 멈췄다. 정류장에서 집까지의 거리는 세 블록밖에 되지 않았지만 걸어서 다다르기까지는 20분이 넘게 걸렸다. 모든 감각이 물속에 잠긴 것처럼 멍했다. 근육이 제대로 반응하지 않았고, 헤엄치듯 힘겹게 걸음을 내디뎌야 했다. 소리가 들리지 않았고 눈앞이 흐려졌으며 햇살에 눈을 제대로 뜰 수도 없었다. 숨이 턱턱 막혀왔다. 사람들의 시선이 느껴졌지만 먼저 말을 건네는 사람은 없었다. 그들의 집 앞을 더듬더듬 지나가는 날 보고도 아무 말이 없었다. 나는 튀어나온 나무뿌리와 마당 진입로에 번번이 걸려 휘청거리는 걸음을 주체하지 못해 도로변에 심긴 나무와 주차된 차를 하나하나 짚으며 그것에 의존해 걸었다. 사람들은 내가 분명 마약에 취했다고 생각했을 것이다.

눈을 반쯤 감은 채 길을 건너 집이 있는 거리 모퉁이에 도착했다. 옆집 담벼락에 잠시 몸을 기댔다가 무거운 발을 질질 끌며 집까지 남은 마지막 몇 미터를 걸어가는 동안에는 나도 모르게 울음 섞인 신음이 새어 나왔다. 대문을 열고 들어서자마자 바닥에 쓰러져 엉엉 울었다. 마침내 집에 도착했다는 안도감은커녕 더는 도망칠 곳이 없다는 절망감이 온몸을 덮쳤다.

이 집에서조차 실은 안전하지 못하며 다가올 재판을 피할 도리가 없다는 사실 앞에서, 그렇게 나는 무너지고 말았다. 열에 달궈진 콘크리트 바닥에 닿은 손과 얼굴이 화끈거렸지만, 그건 중요하지 않았다. 이 문제를 결국 나 홀로 떠안고 살아야 한다는 것을 얼마나 더 뼈저리게 깨달아야 하는 걸까? 아무리 긴 세월을 기다리고 여기저기를 다녀보아도, 결국 그날 그가 내 몸에 손을 댔을 때의 감각과 그로 인해 내 안에서 곪아온 수치심으로부터 날 구해낼 수 있는 것은 없었다. 얼마나 더 많은 무력감을 견뎌내야 하는 걸까? 땅에 닿은 볼과 턱과 손가락이 화끈거렸다. 내면 어디선가부터 솟구치는 울음이 입 밖으로 마구 쏟아져 나왔다. 시멘트 바닥에 흘러내린 콧물이 뜨거운 태양 빛을 받아 말라갔다. 내 몸은 마비되어 있었지만 나는 그런 내 모습을 마치 다른 사람의 눈으로 보듯 관찰할 수 있었다. 악몽을 꾸는 기분이었지만 깨어나기보다 차라리 계속 잠을 자고 싶은 심정이었다. 지금껏 내 몸이 이토록 낯선 적은 없었다.

그때 한 형체가 태양 빛을 가리고 나타나 내 이름을 불렀다. 그는 팔을 뻗어 날 들어 올렸고 집 안으로 들어가 계단을 올랐다. 그가 내 가방을 챙겨 날 소파에 앉히는 동안에도 나는 계속 울기만 했다. 그는 내 이마에 입을 맞췄고 날 안아주었다. 나는 울음을 멈추지 않았다. 그가 이런저런 말을 건넸지만 나는 "너무 무서웠어."라는 말만 반복했다. 얼마 후 그가 물 한 잔을 건넸다. 시간이 좀 더 흐르자 내 옆에 앉은 그의 목소리가 조금씩 들리기 시작했다. 필요한 게 있느냐고 묻는 그에게 나는 "죽고 싶어."라는 말만 되풀이했다. 그는 다시 한번 나를 꼭 껴안아주었다. 만약 이날 내가 아무도 없는 집에 도착했더라면 나 자신에게 무슨 일을 저질렀을지 결코 장담할 수 없었다.

°°

이날 오후, 차츰 마음의 안정을 되찾은 나는 빈센트에게 내가 전해 들은 것들을 말해주었다. 버스에서도 끄적여 조금 더 채워 넣은 노트를 꺼냈다. 휘갈긴 글씨는 엉망이었다. '이제는 열두 살이라고 주장함. 처음에는 열 살이었음. 내가 교복을 입고 있었다는 진술에 맞춰 나이를 바꾼 것……'

"지금 그 사람은 자기한테 유리한 대로 날짜와 변호 내용을 바꾸고 있어."

"그가 동요한다니 그건 다행이네." 빈센트가 말했다.

"맞아. '꽤 동요한다'고 했는데 그것도 절제한 표현이겠지. 머리에 든 게 없으니까 지금 뭐가 뭔지도 모를 거야. 그런데 고소 항목이 두 개라는 말에 놀랐다는 건 이해하기 힘들어. 손이 그 얘기를 미리 하지 않았다는 얘기잖아. 분명 나는 손에게 진술할 때 새뮤얼이 내게 두 가지의 행위를 했고 두 번째 행위가 특히 심했다고 말했었는데."

"그래, 좀 이상하다."

"손에게 물었더니 자기는 '분명히' 그 내용을 전달했대. 하지만 전달하지 않은 거겠지? 그쪽 변호사들도 들었다면 당연히 기억하고 있을 테니까. 정말 어이없어."

"그래도 이제는 사법 제도가 어느 정도 네 편이라고 볼 수도 있지 않을까. 화살이 그 사람을 향하고 있으니까."

"하지만 그쪽 법정 변호사는 경찰 출신이라고. 그 사람 때문에 불안해. 그래도 조만간 손이 증거를 검찰에 넘긴다고 하니까, 괜찮은 검사가 걸릴지도 모르지."

"그랬으면 좋겠다."

"그리고 사건이 법원에서 다뤄질 테니 적어도 손처럼 질질 끄는 짓은 할 수 없을 거야. 일을 지연시키려면 판사에게 연기 요청을 해야 하고 마땅한 이유를 근거로 대야 해. 무작정 내 전화를 무시할 수는 없다는 말이지."

잠시 침묵이 감돌았다. "기분이 어때?" 빈센트가 그 침묵을 깨며 물었다.

"모르겠어. 그쪽에서 날 반대신문할 때 내가 온라인에 쓴 글들을 모아서 페미니스트란 사실로 공격할까 봐 그 점도 걱정돼.
새뮤얼이 죄를 인정하지 않는다는 사실도 믿기지 않고. 정말로 안
믿겨. 웃기다 생각하겠지만 트럼프가 당선됐을 때와 비슷한 기분
이야. 아무도 그런 악몽이 현실로 일어나리라고 생각하지 않았잖
아. 갑자기 차에 들이받힌 것 같달까. 너무 놀라 제자리에서 굳어
버린 사슴, 뭐 그런 얼빠진 존재가 된 것 같아. 그 사람들은 내 삶
과 고통이 중요하지 않다고 말하고 있어. 오히려 새뮤얼이 억울한
일을 당했다는 거야." 나는 잠시 말을 멈추었다가, 무겁게 입을 뗐
다. "그래서 아직 겁이 나."

다음 날 아침, 커피를 마시러 빈센트와 집을 나섰다.

"있잖아. 〈반지의 제왕〉을 보면, 회색 간달프가 죽고 흰색 간
달프로 돌아오잖아. 그것도 과거와는 비교도 안 되게 아주 강해져
서. 알지?" 나는 웃음 띤 얼굴로 그에게 말했다.

"응."

"나도 그렇게 될 거야."

"맞는 말씀." 그가 고개를 끄덕였다.

"이 일을 해내고 나면 나도 훨씬 세질 거야. 이 재판을 끝내고
나면, 결과와 상관없이 아무도 날 건드리지 못할 거라고. 이보다
나쁜 일은 있을 수 없으니까. 농담이 아니야. 나도 흰색 간달프처
럼 엄청 큰 독수리를 타고 법원을 빠져나갈 테니 지켜봐줘."

404

엄마와 아빠에게 소식을 전하러 약속 장소인 카페로 나갔다. 소송 절차에 대해 설명한 다음 트램펄린 위치에 관해 추가 증언을 해달라고 부탁할 생각이었다. 카페에 엄마와 아빠가 도착했고 우리는 평소처럼 반갑게 인사했다. 음료가 나오기 전까지는 본론에 들어가지 말자고 암묵적으로 합의라도 한 듯이 한동안은 시시콜콜한 이야기를 주고받았다. 문득 이렇게 고상하고 경우 있게 행동하고 있다는 것이 참 이상하다는 생각이 들었다. 오늘 아침만 해도 나는 이렇지 않았는데.

내가 일을 지연시키고 있는 담당 경찰관 숀을 험담하자 아빠는 오히려 그를 두둔했다. 그러자 엄마는 아빠를 나무라며 내 말을 진지하게 들으라고 충고했다. 그러다 아빠와 내가 법률상의 문제를 의논하기 시작하면서 이번에는 대화에 끼지 못해 갑갑해진 엄마가 단순한 질문들을 던지며 참견했다.

"도대체 왜 걔를 당장 감옥에 보내지 않는 거니?" 엄마가 필요 이상으로 큰 목소리를 냈다. "이미 자기가 했다고 인정했잖아. 안 그래?"

"엄마, 제가 말했잖아요. 지금 새뮤얼은 행위 자체가 아니라 행위가 일어난 시점을 문제 삼고 있어요. 그 행위를 했을 때는 너무 어려서 자기가 뭘 하는지도 몰랐다는 거죠."

"하지만 너보다 나이가 훨씬 더 많잖니." 엄마의 말에 나는 한숨을 쉬었다. 아빠가 나를 대신해 엄마에게 차근차근 설명하기 시작했다. 문득 엄마 아빠에게 모든 것을 일일이 알려야 한다는 사실에 조금은 짜증이 나기도 했다. 진행되는 상황을 전할 때마다 조용히 넘어가는 법이 없었으니까.

한편으로는 모든 것을 털어놓을 수 없다는 사실에도 짜증이 났다. 내가 말할 수 있는 것은 지금껏 경찰서를 드나들고 문자와 전화 통화를 주고받으며 알게 된 내용의 일부에 불과했다. 애초에 나는 엄마 아빠에게서 무슨 반응을 기대했던 걸까. 잠자코 기다려야 하는 내 입장이 얼마나 힘든지 아빠를 설득시키는 데에는 성공했으나, 내가 생각하는 진짜 문제는 경찰관 숀의 무능함이었다. 새뮤얼과 그의 변호사들이 고소 항목이 두 개라는 말에 '놀랐다'는 대목은 생각할수록 찝찝했다. 내가 그의 악랄한 행동을 빠짐없이 기억하고 있다는 것을 그가 알았더라면, 아마 그렇게 일찍부터 맞서려 하지 않았을지도 모른다. 숀은 새뮤얼에게 구체적으로 어떤 혐의를 받고 있는지 일찌감치 확실하게 전했어야 했다.

아빠가 내게 말했다. "또 준비해둘 게 있어. 사건이 검찰로 넘어가면 그쪽에서 선택을 하게 될 거야."

"알아요. 사건을 더 진행시키지 않을 수도 있겠죠."

"그리고 진행시키기로 했더라도, 일단 변호사가 검찰 쪽에 연락해서 협상을 시도할 거다."

"젠장." 얼마 안 되는 희망마저 빼앗긴 기분이었다.

"마음의 준비를 해두거라."

그때 엄마가 끼어들었다. "그게 무슨 말이야?"

"혐의를 축소시키거나 새뮤얼 쪽에서 주장하는 범행 당시 연령을 인정하거나, 뭐 그런 식으로 양쪽이 합의할 수 있다는 얘기예요. 제 동의 없이도요."

내가 이 부분을 간과하고 있었다니, 스스로도 어처구니가 없었다. 법학을 전공했고 법원에서 일했으니 내 사건은 어딘가 더 특별하다는 근거 없는 생각을 마음 한구석에 품고 있었던 것인지도 몰랐다. 하지만 결국 나 또한 여느 고소인과 다를 바 없이 사법 제도 앞에선 별다른 힘이 없는, 평범한 사람일 뿐이었다.

"그들이 무슨 자격으로?"

"이제 이건 저와 새뮤얼의 싸움이 아니니까요. 그를 법정에 세우는 건 제가 아니라 검찰이에요. 그러니까 검찰이 그와 싸우는 거죠."

아빠가 말했다. "내가 봐온 검사들 중에는 꾸준히 피해자와 연락하면서 피해자 입장을 대변하려는 사람들도 분명 있었어. 반대로 어떤 검사들은 법정에서 변호인과 계속 접촉하면서 변호인이 협상을 제안하면 피해자에게 연락도 하지 않고 그 자리에서 제안을 받아들이기도 했었지."

엄마는 몹시 당황한 기색이었다. "아니, 도대체 왜?"

"그러면 자기들 할 일이 줄어드니까요." 나는 씁쓸한 미소를 지으며 엄마의 물음에 답했다. 다시 한번 내 무력함을 실감했다. "재판을 진행하는 것보다 유죄 인정을 받아들이는 편이 수월하거든요."

"이젠 뭘 해야 하니?" 엄마의 물음에 나는 엄마가 직접 경찰서에 가서 트램펄린을 옮긴 시점에 관해 추가 증언을 해준다면 도움이 될 것이라고 부탁했다.

"엄마, 뭘 말해야 내게 유리할지, 아니면 엄마의 증언이 내게 어떤 영향을 미칠지에 대해선 생각하지 마세요. 트램펄린을 어디에서 어디로 옮겼는지 정확히 기억할 수 있겠어요?"

"뒤뜰 저 뒤편이었지." 엄마의 목소리는 확신에 차 있었다. "딜런의 코가 부러지고 나서 풀이 난 쪽으로 옮겼어. 그쪽이 조금 더 안전하니까." 엄마는 단호하게 고개를 끄덕였다. 그때 종업원이 다 마신 잔을 가지러 우리 테이블 쪽으로 왔다. 엄마는 생긋 웃으며 잔을 건넨 뒤 말을 이었다. "내가 기억하기로 트램펄린을 그쪽으로 옮기느라 원래 있던 힐스 호이스트 건조대를 다른 데로 치워야 했어."

나는 마시던 커피 잔을 꽉 쥔 채, 방금 엄마의 말에 의해 되살아난 기억과 그로 인한 불안을 애써 잠재우며 엄마를 쳐다보았다. 하찮고 하찮은, 나 말고는 아무도 신경 쓰지 않을 정보였다. '도대체 이게 다 뭐라고?' 너무 혼란스러웠다. '여기에 도대체 어떤 의미가 있길래?'

나중에 알게 된 것이지만, 외상 후 스트레스 장애PTSD는 이렇듯 사소한 것들에 의해 유발된다. 오한과 공황발작 같은 증상은 누군가 우물에 빠졌다고 알려주는 똑똑한 개도 아니고, 짜 맞추지 못했을 뿐 오래전부터 익히 알고 있던 단서들을 가리키는 표지판도 아니다. 우리에게 그런 특별한 힘은 없다. 증상은 그냥 불쑥 찾아올 뿐이다.

엄마와 아빠는 나와 일상적인 이야기를 조금 더 주고받다가 곧장 손에게 추가 진술을 하러 경찰서로 향했다. 손이 일을 지연시킬 어떠한 변명거리도 남겨두어서는 안 됐다.

이제 내가 해야 할 일은 모두 끝이 났다. 11월 말에 있을 사전 심리를 위한 준비를 빠짐없이 마쳤으니, 사건이 법원에 넘겨지고 나면 실제 상황이 진척되는 것을 볼 수 있었다. 이제는 정말로 내 사건이 어디론가 진행될 터였다. 일기장에 사전 심리 날짜를 표시해두었지만, 이미 그날은 내 뇌리에서 잊히지 않는 숫자가 되어 있었다.

그리고 드디어 11월의 마지막 주가 찾아왔다. 나는 월요일 아침부터 숀의 전화를 기다렸다. 정오가 되었을 때에는 극도로 초조해져 소변이 마려워 화장실에 갈 때조차 휴대폰을 손에서 놓지 못했다. 오후 2시가 되었을 무렵, 여전히 휴대폰을 바라보며 담배를 새로 꺼내 물었다. '벨소리 모드'가 켜져 있는지를 확인하고 또 확인했으나 숀에게서 전화는 오지 않았다.

오후 늦게 그에게 문자를 보내 새뮤얼의 변호사가 어떤 말을 했는지, 사전 심리의 결과가 어떻게 나왔는지를 정중하게 물었다.

'12월 19일에 2차 소집 일정이 잡혔습니다. 크리스마스 전까지 결과가 나올 것 같지는 않지만 다음번에는 그쪽의 입장을 확실히 알 수 있을 겁니다.'

나는 슬퍼졌고, 그다음에는 화가 났다. 이제 다시 12월 19일까지 한 달을 더 기다려야 했다.

브리즈번의 크리스마스 시즌은 여느 때처럼 느긋한 분위기였지만, 정작 나는 분주하고 정신없는 하루하루를 보내고 있었다. 한번은 선물 포장지와 테이프를 사러 문구점에 갔다가 10대로 보이는 계산원에게 마이클 부블레°에 관한 형편없는 농담을 던졌으나 예상대로 그는 내 유머 코드를 받아들이지 못했다. 나는 애나에게 전화를 걸었다. 요즘 애나는 쇼핑몰에서 산타 옆에 있는 엘프 분장을 하고서 쇼핑객들을 맞이하는 일을 한다고 했다. "임금 격차를 피부로 느끼고 있다니까." 애나가 분통을 터뜨렸다. "똑같이 일하는데 아이들이랑 놀아주고 촬영 장비까지 다뤄야 하는 건 다 엘프들이라고. 산타 놈은 가만히 앉아만 있는데 우리보다 돈을 세 배나 더 받는데 말이지!"

　　"야, 진짜 열 받겠다."

　　"당연하지! 그리고 우리는 계약상 풀메이크업을 해야 해. 파운데이션, 마스카라, 립스틱까지. 메이크업하는 데 얼마나 돈이 많이 드니. 그 돈은 대주지도 않으면서."

　　"메이크업하려면 돈 많이 들지. 나도 매일 그 생각 해."

　　"그리고 산타는 코스튬을 전부 다 지원받는데, 우리는 스타킹이랑 양말이랑 구두까지 각자 챙겨야 한다고."

　　"진짜 구리다. 정말 고생이 많구나."

° Michael Bublé. 캐나다 출신의 재즈팝 가수. 영미권 국가에서는 크리스마스 시즌이 되면 거리에서 마이클 부블레의 크리스마스 노래가 어김없이 흘러나온다.

"뭐, 별수 있겠어?"

"노동조합을 만드는 건 어때?"

"엘프 노동조합! 좋네. 산타클로스와 맞서 싸우는 거야. 그런데 이 산타는 정말로 문제가 많아. 애들한테 장난감 선물을 줄 때는 어찌나 젠더 차별적인지, 반지를 고르는 남자애들을 놀리고 모형 트럭을 고르는 여자애들한텐 훈계를 한다니까."

"꺼지라 그래." 나도 모르게 인상을 찌푸렸다.

"내 말이. 한 동양인 여자애한테 하는 말을 듣고선 내가 공식적으로 항의를 한 적도 있어. 일본산 장난감을 가지고 말 같지도 않은 농담을 하더라니까."

"정말로?"

"정말이야." 우리는 그렇게 산타클로스에 대해 한참 성을 내다가 내 이야기로 넘어왔다.

"이쯤에서 안 좋은 소식을 하나 전하자면, 내 사건이 어떻게 될지는 아직도 결정 나지 않았다는 거야. 손, 그러니까 내 사건을 담당하는 경찰관이 처음에는 걱정 말라고 하다가 다음에는 문제가 생겼다고 하고, 계속 그런 말을 반복하고 있어. 여태껏 그 사람 말만 믿으면서 내가 참을성이 부족한 거라고 생각했거든? 그런데 이제 와 생각해보니 그냥 그 사람이 자기 일을 못하는 것 같아. 너무 오래 걸려. 전화 통화로 새뮤얼의 자백까지 받아냈는데 말이야. 도대체 뭐가 더 필요한 거야?"

"참 힘들겠다."

"너한테 전화하기 전에 미리 안 좋은 소식이 있다고 경고해둘 걸 그랬나? 좋지 않은 소식만 전해서 미안. 왠지 너는 내 마음을 이해할 것 같아서. 내 심정을 이해해줄 사람이 별로 없다."

"언제든 전화해. 아무 때나."

"고마워."

"그래도 빈센트가 있잖아? 빈센트는 괜찮은 거지?"

"응. 잘 지내고 있어. 그런데 뭐랄까……. 이런 얘기를 남자한 테 하면 마치 내가 '칭얼거리는' 것처럼 느껴져. 실은 그냥 이야기를 하면서 이 문제를 나 스스로 받아들이고 싶은 것뿐인데도 말야."

"무슨 말인지 알아. 상대방이 아무 말도 하지 않더라도 말이지."

나는 퀸스 스트리트 몰의 야외 벤치에 앉아 지나가는 사람들을 바라보며 애나와 좀 더 통화했다. 주제를 바꿔 조금 밝은 이야기들을 잠시 나누다가, 서로에게 크리스마스 인사를 하고 전화를 끊었다. 전면 광고판의 티파니앤코° 광고가 눈에 들어왔다. 광고의 연푸른색 바탕은 퀸즐랜드의 화창한 하늘에 비하면 오히려 칙칙해 보였다. 광고 사진 속 마른 금발의 여인은 약혼반지를 보며 수줍게 웃고 있었고, 그 옆에는 그녀를 물끄러미 바라보는 한 남성이 있었다. 여름이 이대로 녹아버리고 있다는 생각이 들었다. 그러다 문득 지난 4월에도 똑같은 기분이었음을 깨달았다. 도대체 언제쯤 이 모든 게 끝날까? 도대체 언제쯤 안개가 걷히고 밝은 미래가 보일까?

° Tiffany & Co. 미국의 명품 액세서리 전문 브랜드. 이 브랜드를 대표하는 색은 연푸른색의 '티파니 블루'로, 고유한 색채 상표로 등록되었을 만큼 상징성이 크다.

"월요일에는 치안법원에 가보려고." 이날 늦게 빈센트에게 말했다.

"나도 갈까?" 그가 물었다.

법원에 빈센트를 데려가기가 꺼려져 나도 모르게 대답을 망설였고, 그도 내 속내를 바로 눈치챘다. 그래도 내가 법원에 가고 싶은 이유는 분명했다. 숀이 먼저 연락해 자초지종을 설명해주리라고 기대할 순 없었기 때문이다. 또한 나는 그들이 사용하는 언어를 이해할 수 있었다. 그쪽 변호사가 어떤 경우에 휴정을 요청하는지도 알았다. '피고인이 입장을 재고하고 있습니다'라는 말이라든가 '증거 자료를 다 받아 보지 못해 답변이 어렵습니다'라는 말을 왜 하는지, 그리고 휴정을 요청하는 이 말들이 때로는 전혀 다른 의미를 담고 있으며 엄청난 결과를 초래할 수 있다는 것도 알았다.

"저번처럼 앞마당에 쓰러지거나 하는 일은 없을 거야. 그래도 혹시 모르니 집에 있어 줬으면 좋겠어."

"알겠어." 그가 당연하다는 듯 말했다. 내가 원하는 것을 솔직하게 털어놓기는 여전히 힘들었다.

이날 밤, 샤워를 하다가 화장실 벽에 머리를 기대어 한동안 울었다. 새뮤얼이 과거에 내게 저지른 일 때문이 아니라, 그가 지금도 내게 저지르고 있는 일 때문이었다. 이른바 '재피해자화re-victimisation'는 나에게 성적 학대가 아닌 권력 남용의 형태로 일어났다. 금요일 오후에 숀이 전화를 걸어와 새뮤얼의 변호사들이 여전히 이의를 제기하며 버티고 있다는 소식을 전했을 때, 그러면서 다시 한번 내게 정말로 이 사건을 계속 진행할 생각인지, 왜 그러려고 하는지 물었을 때, 나는 이루 말할 수 없는 무력감을 느꼈다. 트램펄린 위에서 받았던 그런 기분이었다. 새뮤얼이 모든 걸 통제하고 있다는 느낌. 내 시간과 에너지와 인생 전부를 그가 잡아먹고 있다는 느낌.

손에게서 걸려오는 전화 소리는 내 아름다운 집을 수시로 침범했다. 다음번 사전 심리 날짜를 알리는 소리는 곤히 잠들었던 내 마음을 예고 없이 침범했다. 이 싸움이 계속되는 한 나는 언제나 무력한 고소인일 뿐이었다. 2주, 3주, 4주가 지날 때마다 그 사실을 실감했다. 나는 그저 힘없는 여자애였다. 몸이 뒤로 떠밀려 넘어가는데도 두려움에 몸이 굳어버려 아무것도 하지 못하는 어린아이 말이다.

20

월요일 아침, 법원으로 걸어가며 혼자 가겠다고 큰소리친 것을 후회했다. 새뮤얼이 출석할지도 모른다고 생각하니 불쑥 그와 마주칠 것만 같아 겁이 났다. 커피를 마실까 해서 일부러 15분 일찍 도착했지만 혹시 모를 위험을 피하기 위해 카페 근처에는 아예 얼씬도 하지 않았다. 괜히 노상 상점의 잡지 가판대를 기웃거리지도 않았다. 껌을 사러 온 새뮤얼과 마주칠지도 몰랐기 때문이다.

신호등이 바뀌길 기다리는 동안 지난 기억을 떠올리며 눈앞의 옛 직장 건물을 바라보았다. 정장을 빼입은 내 또래 대여섯 명이 커피를 들고 법원 건물로 들어가고 있었다. 한때는 나도 저런 모습이었겠지만, 지금이라면 도무지 상상이 가지 않았다. 그들과 나의 거리는 족히 수백 미터는 되었지만, 그냥 누구라도 뒤를 돌아봐 내게 손을 흔들어주기를 내심 바랐다. 그들이 날 아는 척해주었으면, 그래서 내가 여전히 특별하며 남들과 어딘가 다르다고 인정해주었으면. 하지만 그 마음은 순식간에 바뀌어, 작년에 알고 지내던 사람들 중 그 누구도 날 알아보지 못하기를 빌었다.

초록 불이 켜졌고 나는 성큼성큼 다른 사람들을 앞질러 곧장 치안법원 건물로 향했다. 나도 모르게 법원 직원들처럼 금속 탐지기 문을 그냥 통과하려다 가방 검사를 이유로 멈춰 서야 했다. 이제 법원에서 나는 아무런 힘이 없는 사람이 되어 있었다. 이렇게 보니 법원 사람들이 새삼 대단해 보였다. 나는 고소인이었고, 내가 고소한 남성은 무고한 사람일지도 몰랐다. 그러므로 나는 의심받아 마땅했다. 적법한 절차에 따라 이곳의 대단한 사람들은 내 주장을 의심하고 부정할 터였다.

보안 직원이 내 가방을 너무 오래 검사하는 것 같다고 생각하던 그 순간, 익숙한 무언가가 내 눈에 들어왔다. 로비에 걸린 텔레비전 화면에는 수백 명의 이름이 명시돼 있었는데, 나는 그 명단에서 내 이름만큼 눈에 익은 그의 이름을 단숨에 찾아낼 수 있었다. 새뮤얼 레빈스. 이제 내가 할 일은 물러서지 않는 것이었다.

나는 빙그르 뒤를 돌아 검사를 마치고 트레이에 담겨 나오는 가방을 집어 들고서 엘리베이터로 향했다. 엘리베이터 문이 열렸을 땐 혹시 새뮤얼이 그 안에 있다거나, 또는 뒤따라 들어와 둘만 탄 채로 엘리베이터 문이 도로 닫히는 상상을 했다. 그러자 공황 발작 증상이 서서히 도지는 것이 온몸에 느껴졌다. 나는 깊게 호흡하며 속으로 되뇌었다. '내가 할 일은 물러서지 않는 거야.' 날 홀로 태운 엘리베이터 문이 그대로 닫혔다.

판사님과 내가 일하던 법정은 언제나 엄숙하고 아주 조용했다. 사람들은 호명되거나 발언할 차례가 오지 않는 이상 입을 꾹 다물었고, 꼭 필요할 때만 자기들끼리 소리를 낮춰 대화했다. 그렇게 지방법원의 법정에 앉아 있으면, 종이를 넘기는 소리와 의자를 고쳐 앉는 소리까지 다 들렸다. 내가 키보드를 치는 소리가 낭랑하게 울려 퍼졌고, 감기에 걸린 사람이 코를 훌쩍이는 소리도 숨길 수 없었다.

반면 치안법원은 퇴근 시간의 기차역처럼 시끌벅적했다. 사람들이 쉬지 않고 들락날락거렸고 말소리가 끊임없이 오갔다. 한쪽에는 검찰 직원 네 명이 자리했고, 맞은편에는 열 명은 족히 넘는 사무 변호사와 법정 변호사 무리가 왔다 갔다 했다. 방청석에 앉은 사람들은 대부분 가족 단위였으며, 법정을 제대로 찾아온 것인지 확인하느라 앉았다가 일어나기를 반복했다. 이곳에서 새뮤얼의 이름이 호명된다면 그 소리를 제대로 들을 수나 있을지 걱정되었다.

어디선가 들리는 휴대폰 벨소리에는 성질이 뻗쳤다. 왜 다들 이런 상황에서 진지하지 않은 거야? 나는 의자 끄트머리에 걸터앉아 앞쪽에서 일어나는 일에 귀를 기울였다. 그런데 가만히 들어보니 사건을 맡은 변호사들이 하나같이 12월부터 1월 중순까지 법정에 출석하기 어렵다고 판사에게 양해를 구하고 있었다. 기분이 더러워졌다. 목 빠지게 기다리는 의뢰인들이 있는데 그렇게 오래 휴가를 떠날 생각을 하다니? 사우스포트와 워릭에서 순회재판을 하던 판사님을 떠올렸다. 판사님은 재판 연기를 쉽게 요청하는 변호사들의 말을 순순히 들어주지 않았다. 이 법정에 있는 사람들 모두가 판사님 같으면 얼마나 좋을까. 모두가 그분처럼 유능하고 신속하게 일을 처리하기를, 자신이 무엇을 하고 있는지 알고 있다는 믿음을 줄 수 있기를 나는 바랐다.

한 시간가량 방청석에 앉아 있으면서 새뮤얼이 법정에 나올 리 없겠다는 확신이 들어 마음이 한결 놓였다. 그리고 세 시간째가 되자 참을 수 없이 지루해졌다. 그의 사건, 즉 내 사건은 끝에서 두 번째로 호명되었다. 판사석 앞으로 새뮤얼의 사무 변호사가 걸어 나왔다. 다부진 어깨와 금발의 변호사는 딱 봐도 젊어 보였고, 푸른색 수트 차림에 광이 나는 R.M. 윌리엄스 부츠를 신었으며, 비싼 옷차림에 어울리는 고급 가죽 서류 가방을 들고 있었다. 전형적인 사립 남학교 출신의 남자처럼 보였다. 어렸을 때 새뮤얼은 자기가 그런 남자애들의 얼굴을 한 대 치면 이를 몇 개는 나가게 할 수 있다고 허풍을 떨곤 했다. 이제 새뮤얼은 자기가 조롱하던 부잣집 도련님 같은 남자들을 고용하기 위해 비싼 돈을 지불해야 했다. 그런 생각을 하니 왠지 고소했다. 조금 전까지 새뮤얼의 사무 변호사는 휴대폰을 만지작거리다가 자신이 찍은 사진을 옆에 앉은 동료 변호사에게 보여주며 대충 시간을 때우고 있었다.

사건이 호명되었을 때 사무 변호사는 피고인의 불참을 공식적으로 요청했으나 치안판사가 문제를 제기했다.

"피고인이 보석 서약서를 제출하지 않은 것 같은데요." 판사는 옆에 놓인 서류를 훑어보며 말했다. "오늘 법원이 문을 닫기 전까지 법정에 출석하지 않으면 구속 영장을 발부하겠습니다."

나는 마치 백만 달러짜리 복권에 당첨된 것처럼 짜릿했다. 하마터면 손뼉을 칠 뻔했다.

"잠시 퇴정해 피고인에게 연락해보아도 되겠습니까?"

"네, 물론이죠. 그래야 할 것 같군요." 판사가 말했다.

변호사가 자리를 비운 35분간 내 얼굴에선 미소가 가시지 않았다.

"존경하는 재판장님, 피고인 말로는 서명한 서약서를 우편으로 부쳤다고 합니다."

그러자 판사는 1분가량 서류 더미를 뒤적였다. "아, 네, 여기 있군요." 판사가 서류철에서 종이 한 장을 꺼냈다. "사과합니다. 엉뚱한 서류철에 들어 있었군요."

"그럼 송구하지만 다시 퇴정해 피고인에게 연락해도 되겠습니까? 벌써 이쪽으로 오고 있는 중이어서요."

"물론입니다."

나는 실망하지 않았다. 이 작은 소동만으로도 네 시간을 기다린 값어치는 충분했다.

마침내 내 사건에 대한 사전 심리가 이뤄졌고, 판사는 1월까지 경찰 측이 증거 자료를 빠짐없이 전달할 것과 2월에 다시 사전 심리에 참석해 상황을 보고할 것을 명령했다. 이 부분은 무척 실망스러웠다. 증거 자료를 전달하라는 명령은 당연히 1차 심리 때, 그러니까 손이 문자로 내게 내용을 전달했던 그날 내려졌을 거라고 생각했었다. 결국 그날에는 아무 일도 일어나지 않았던 것이다.

하지만 물러서지 않겠다는 내 다짐은 굳건했다. 법정을 나오면서는 나 자신이 예전보다 더 강해진 사람이 되어 있다는 느낌을 받았다. 법원을 빠져나와 집으로 향하며 나는 차분히 읊조렸다. 이제는 남은 평생 새뮤얼을 두려워하지 않을 것이다. 오히려 그가 날 두려워하게 될 것이다.

21

호주 대법원이 설립 113주년을 맞이하기까지 여성 대법관은 단 다섯 명뿐이었다. 그런데 2017년 1월 30일, 역사상 최초로 여성 대법원장이 탄생했다. 페이스북에서는 신이 난 법학부 동창들이 축하 이모티콘을 붙여가며 관련 기사를 부지런히 공유했다. 퀸즐랜드 주에서 여성 고등법원 판사는 스물일곱 명 가운데 일곱 명뿐이었고, 여성 지방법원 판사는 마흔한 명 가운데 아홉 명에 불과했다.

그동안 나는 이따금 라디오에 패널로 출연하고 각종 행사에 참석하면서 사람들, 대부분은 남자들에게서 똑같은 질문 하나를 받았다. 나처럼 대학을 졸업한 젊은 여성들이 출세해 꼭대기까지 오르고 싶은 마음은 이해하지만 조금만 더 인내심을 가져보는 건 어떻겠냐는, 질문을 빙자한 훈계였다. 학생 시절 변호사 사무실에서 일했던 때가 떠올랐다. 나는 보름 정도 한 변호사의 비서로 있었는데, 당시 그는 법조계의 '여초 현상'에 근심이 가득한 의견을 내비치곤 했었다. 당시 나는 큰 충격을 받았고, 그가 제안한 일자리를 거부한 것은 참으로 잘한 일이었다.

괜찮은 줄 알았는데, 사전 심리 예정일을 하루 앞둔 날 밤이 되자 불안감이 거대한 파도처럼 밀려들었다. 정확히 말하자면, 주방에서 양파를 썰다가 자극을 받은 눈물샘이 꾸역꾸역 담아뒀던 눈물을 내보낼 때가 되었다고 판단했는지 순식간에 눈물을 펑펑 쏟아냈고, 동시에 극심한 불안이 날 사로잡은 것이었다. 빈센트가 다가와 내일 법원에 함께 가기를 원하느냐고 물었고, 나는 아니라고 말해야 한다는 걸 알면서도 함께 가달라고 말했다. 고맙다는 내 말에 그는 날 안아주었고, 나는 그의 셔츠에 콧물을 묻혀가며 엉엉 울었다. 사실 지난 일주일 내내 그가 내일 일을 기억하고 함께 갈지 먼저 물어봐주기를 줄곧 기다렸지만, 이때까지 서로 아무 말도 하지 않았던 터였다.

다음 날 아침, 멀쑥하게 차려입은 우리는 읽을 책을 챙겨 버스를 타고 시내로 나갔다. 치안법원은 평소처럼 분주했다. 보안 탐지기를 통과해 모니터를 올려다보니 역시 새뮤얼의 이름이 있었다.

"새뮤얼 레빈스, 20호실. 올라가자."

이날은 교도소 수감자들의 화상 재판이 여러 건 잡혀 있었는데, 매번 실수가 발생해 엉뚱한 사람이 카메라 앞에 앉았다가 나가는 장면이 여러 번 연출되었다. 영문도 모른 채 불려 온 그 사람들은 어리둥절해하며 왜 자기가 불려 나왔는지 판사에게 따지기도 했다. 그 일련의 모습들이 왠지 우스꽝스럽게 느껴졌다.

우리는 법정에 앉아 각자 책을 꺼내 읽기 시작했다. "존경하는 재판장님, OO 사건에 대한 심리를 요청하는 바입니다."라는 말이 들릴 때마다 나는 고개를 번쩍 들었다. 그렇게 한 시간이 흘러 '레빈스'라는 이름이 귀에 들어오자 자세를 고쳐 앉았다. 빈센트도 긴장한 내 모습을 보고 책을 덮었다. 변호인석에는 새뮤얼의 법정 변호사가 앉아 있었다. 긍정적인 신호였다. 사무 변호사나 대리 변호사°가 아니라 법정 변호사가 직접 참석하게 되면 일이 진척될 가능성이 더 컸다.

"지난주에 전달받은 증거 자료는 불충분합니다." 새뮤얼의 법정 변호사 카터가 말했다. 바짝 긴장이 되었다. 카터는 큰 키에 희끗한 금발이었고 전체적으로 부드러운 인상이었다.

"담당 경찰관에 따르면 분명 모든 자료를 전달했습니다." 검사가 반박했다.

검사와 변호사는 그렇게 두어 차례 실랑이를 벌였고 마침내 치안판사가 중재에 나섰다. "일단 4주 후에 다시 뵙지요."

참을 수 없이 화가 났다. 나는 관행°°에 따라 앞을 향해 머리를 숙여 인사한 다음, 무거운 문을 벌컥 열고 나가 빠르게 엘리베이터로 향했다.

카터는 다음번에도 새뮤얼은 출두하기 어렵다는 의견을 전달했다. 이번은 물론 다음번에도 아무 일이 일어나지 않으리라는 뜻이었다. 새뮤얼이 법정에 출석하지 않으면 유무죄 여부에 대한 답

° 수임 변호사가 피치 못할 사정으로 법정에서 열리는 심리에 참석하기 어려울 경우, 대리로 법정에 출석해 업무를 보는 변호사. 로펌이나 변호사 사무소와 계약을 맺어 일하는 경우가 일반적이다.

°° 영미권에서는 법정에 입장하는 모든 사람이 법원을 상징하는 문장紋章을 향해 머리를 숙여 인사하는 관행이 남아 있다. 대부분 문장이 판사석 뒤편에 있다 보니 판사를 향해 인사하는 것처럼 보이기도 하지만 엄밀히 말하면 그렇지 않다.

변을 받아낼 방법이 없었다.

집으로 돌아온 나는 숀에게 전화를 걸었다. 도대체 무엇 때문에 일이 계속 지연되는지 알고 싶었다. 사소한 행정 문제 때문인지, 아니면 수사 과정에 문제가 생겼기 때문인지 알아야 했다. 변호인 측에 전달한 증거 복사본에서 사진을 빠트렸나? 아니면 오탈자가 너무 많았나? 핵심 증인의 진술을 누락했거나 녹취록을 엉망으로 썼나? 어쩌면 이 모든 것이 동시에 일어났을지도 몰랐다. 하지만 숀은 전화를 받지 않았고, 나는 문자를 한 통 남긴 뒤 더는 신경 쓰지 않기로 했다.

∘○
∘

빈센트와 법원에 다녀오고 나서부터 일종의 연속성을 인정하게 되었다. 소송이라는 건 딱 잘라 내 일상과 구분할 수 있는 것이 아니었다. 법원에서의 나는 집에서의 나이기도 했다. 한쪽이 다른 쪽으로 옮아가지 못하게 막아버릴 수도 없었다. 내게 존재하는 두 가지 모습은 받아들여야 할 새로운 현실이었다.

몇 주 후 빈센트와 나는 새집으로 이사했다. 이제는 우리 둘만 쓰는 집이었다. 어느 날엔 컴퓨터 앞에 앉아 있는 빈센트에게 다가가 이렇게 말했다. "지금껏 내가 살았던, 아니, 며칠이라도 머물렀던 공간 중에서 저녁을 게워내지 않은 곳은 여기가 처음이야."

이사하고 얼마 되지 않았을 때, 빈센트가 친구들을 만나기 위해 집을 비운 동안 나는 주변을 산책하다 집 뒤뜰에 들어섰다. 2월의 따스한 바람에 야자나무가 흔들렸고, 닭들이 꼬꼬댁거리며 돌아다녔다. 내가 서 있는 집과 닭 우리 사이에는 힐스 호이스트 건조대가 있었다. 나는 팔을 뻗어 기다란 건조대 살을 빙그르 돌렸다. 내가 본 힐스 호이스트 가운데 가장 커 보였다. 철사는 단단하고 묵직했지만 예상과 달리 매끄럽게 돌아갔다.

2년 전 법원에서 일했을 때 첫 번째로 교정 업무를 보았던 사건이 떠올랐다. 그 여자아이는 어떻게 되었을까. 나는 다시 한번 건조대 살을 빙그르 돌린 다음 바닥에 앉았다. 나는 지금 어떤 여자아이를 생각하고 있는 거지? 힐스 호이스트에 매달렸던 아이? 아니면 새뮤얼이 몹쓸 짓을 한 아이들? 아니면 과거의 나? 그 모든 이들의 안부가 궁금했다. 눈을 감고 텔레파시를 보내듯 그들에게 내가 하고 싶은 말이 가닿는 상상을 했다. '너희도 할 수 있어.'

⚬⚬

3월 첫째 주로 예정된 사전 심리 날이 돌아왔다. 나는 검은 민무늬 드레스를 입고 법원으로 갔다. 옷차림 때문인지 새뮤얼 레빈스 사건에 대해 문의하려고 법정 앞 테이블에 다가가자 법원 직원이 날 새뮤얼의 변호사로 착각해 서류를 건넸다. 그리고 세 번째로 법정 앞 테이블에 다가갔을 땐 아까와 다른 남자 직원이 내게 서류를 건네려다 멈칫하더니 물었다.

"아, 혹시 피해자이신가요?" 그는 약간 당황한 기색이었다.

"고소인이에요." 나는 부정확한 그의 표현을 정정해주었다.

한참이 흘러 맨 마지막 차례로 새뮤얼 레빈스 사건이 호명되었다. 새뮤얼 측 대변인이 늦게 모습을 드러냈기 때문이었다. 처음

보는 남자가 일어나 자신을 대리 변호사라고 소개했다. 많지 않은 수임료를 받고 사건 담당 변호사 대신에 출석하는 변호사였다.

검사는 사건 개요에 대한 진술을 2분 만에 마무리 지었다. 증거가 일부 보충되었지만 여전히 누락된 증거가 두어 개 있었고, 그는 담당 경찰관의 연락을 기다리는 중이라고 말했다. '혼 뒈져버려.' 나는 노트에 구멍이 뚫릴 만큼 힘주어 글씨를 끄적였다.

"2주 후에 뵙겠습니다." 치안판사가 선고했다. 대단해! 4주에서 2주로 줄어들다니, 축하 파티라도 해야 할 판이었다. "3월 20일 월요일 오전 9시에 사전 심리를 재개하도록 하지요."

나는 수첩 달력에서 날짜를 확인했다. '입회식.' 다음번 심리에는 참석할 수 없었다. 그 시간 즈음에는 고등법원에서 열리는 변호사 입회식에 참석해 잔디밭에서 기념사진을 찍고 있을 예정이었다. 이런 우연의 일치에 맥이 풀렸다.

나는 버스를 타고 집에 가는 길에 변호사 입회식을 위해 제출할 서류와 마감 일자, 그리고 저녁 메뉴에 대해 생각했다. 교통카드 잔액이 생각보다 많이 남아 있어 기분이 살짝 좋았다. 시계탑 종소리가 길게 울려 퍼지던 순간, 불과 얼마 전에 내가 똑같은 길을 벌벌 떨며 걸었던 기억이 떠올랐다. 그때보다 이만큼이나 나아졌다고 생각하니 기분이 더욱 좋았다. 오늘 나는 또 한번 실망했지만, 그래도 조금씩 희망이 보였고 확신도 점점 생기고 있었다. 재판이 연기되는 횟수가 늘어날수록 실망감과 스트레스는 덜해졌다. 인생이 4주 단위로 쪼개져 희망과 실망과 부정의 단계를 일주하는 일도 차츰 줄어들었다.

일주일 뒤, 나는 변호사 입회를 위한 서류를 처리하러 아침 일찍 고등법원 등기소를 방문했다. 그런데 법원 앞이 수많은 카메라와 인파로 어수선했다.

"무슨 일이 생겼나요?" 방송국 차량 뒤에 서 있는 남자에게 물었다.

"여자친구를 살해한 오토바이족 남성이 방금 전 판결을 받았어요."

나는 인파를 피해 건물 안으로 향했다. 싸구려 현수막 앞에 선 여자들이 무어라 계속 말하고 있었고, 뻣뻣한 수염이 나고 선글라스를 낀 남자들이 건물 밖을 서성였다. 등기소에 들어선 나는 대기 번호가 불리기를 기다리며 휴대폰으로 오토바이족 남성에 관한 기사를 검색했다.

그와 여자친구는 차를 타고 이동 중이었는데, 조수석에 앉아 있던 그가 운전대를 잡고 꺾어 도로변에 차를 세웠고 곧장 차에서 내려 운전석 쪽으로 가 여자친구를 때려 죽인 사건이었다.

사람이 어떻게 그 정도로 분노할 수 있는지 나로서는 이해하기 힘들었다. 물론 내게도 분노할 이유는 충분했다. 나는 부당한 일을 당했으며, 그 짓을 저지른 남자가 계속해서 날 괴롭혔으니까. 그러나 내가 이제껏 고성을 지르며 분노했던 때는, 가족과 여행을 가던 길에 내 허벅지를 치며 대성통곡했던 순간과, 혼자 시골길을 운전하다 주먹으로 운전대를 치며 욕지거리를 내뱉었을 때가 전부였다.

기사 밑에는 그의 범행 동기를 궁금해하는 댓글들이 달려 있었다. 사람들은 늘 이유를 알고 싶어 한다. 그리고 변호인들은 말을 빙빙 돌려가며 '도대체 피고인이 왜 그런 짓을 했을까?'라는 질문을 교묘하게 피해간다.

범행 동기라는 것은 절도나 삼각관계와 같이 단순한 경우가 드물기 때문에 검사를 종종 곤혹스럽게 만든다. 하지만 대개 멀쩡한 사람들은 자기가 원해서 끔찍한 짓을 저지른다. 그리고 자신의 행동을 책임져야 한다고 생각하지 않기 때문에, 타인의 욕망보다 자신의 욕구가 더 중요하다고 생각하기 때문에 그런 짓을 저지른다. 범행 동기에 대단한 이유랄 것은 없다.

새뮤얼은 어린 시절 자신이 추행당한 기억 때문에 날 건드린 것이 아니었다. 그의 의지로는 통제하기 어려웠던 외부적인 요인 때문도 아니었다. 트램펄린에서 날 보았던 순간, 단지 그러고 싶었기 때문에, 내 의사와 감정은 철저히 무시해도 된다고 여겼기 때문에 그런 짓을 저지른 것이었다.

왜 그러고 싶었는지는 쉽게 짐작이 갔다. 성적 호기심과 만족감을 충족하고 싶었을 것이다. 그가 날 건드리고 싶다는 욕망을 품은 데에는 성적 학대의 악순환도 어느 정도 영향을 미쳤겠지만, 그것만으로 욕망을 행동으로 옮긴다는 것은 말이 되지 않았다. 내 의사와 감정을 무시한 이유는 훨씬 더 복잡했다. 어째서 그는 내가 받을 충격을 생각하지 않았을까? 어린아이를 성추행하는 것은 그 아이의 인간성을 말살하고 인격과 신체를 짓밟는 짓이다. 아직 굳지 않아 보드랍고 여린 마음을 영구적으로 망가뜨리는 짓이다.

나는 이어서 오토바이족 남성이 선고 공판에서 진술한 내용

을 찾아 읽었다. 그는 '미안하다'고 진술했다. 새뮤얼도 '미안하다'
고 했다. 그러나 누구라도 만약 자신이 잡히지 않았더라면 사과는
없었을 것이다. 그 두 사람이 애초에 그토록 이기적인 짓을 저지른
이유는, 이들의 무의식에 똑같이 깔려 있을 우월의식 때문이었다.
동등하다고 생각하는 사람에게 그 정도로 무자비하게 행동하는
사람은 없으니까.

   우리의 법은 소유권 또는 양육권을 가졌다는 이유로 반려동
물과 자녀의 체벌을 용인한다. 동물이나 자녀가 우리의 관리를 받
는다는 이유로. 심지어 한때에는 '필요시 체벌할 수 있다'는 법전
의 문구가 여성에게 적용되던 시절도 있었다.°

   오른쪽 창문으로 고개를 돌리니 로마 스트리트 파크랜드가
보였다. 강간범을 고소했다가 원주민 공동체의 공분을 샀던 그 원
주민 여성은 지금 어디에 있을까. 이제 와서 돌아보니 그녀가 보여
준 용기는 정말이지 어마어마한 것이었다.

°°

   판사님이 내심 우려했던 것과는 달리, 나는 변호사 입회를 위
한 서류 작업을 제때 마무리했다. 어느새 입회식 날이 되었고, 떨
리는 가슴을 진정시키며 입회식이 열릴 고등법원으로 향했다. 그
동안 느꼈던 떨림과는 다른, 무서움이 아닌 설렘이 주는 떨림이었

° 19세기 영국에 관습법상 존재했던 '엄지손가락 법칙rule of thumb'은 남편의 엄지보다
굵지 않은 매로 아내를 구타하는 것을 허용했다. 1824년, 미국 미시시피 주에서 엄지
손가락 법칙에 근거해 남편의 아내 체벌을 합법화한 판례도 있다.

지만 배가 슬슬 아파 오기는 마찬가지였다. 속이 울렁거렸다. 오전 10시까지 고등법원에 가기 전에 치안법원을 들러 내 사건이 어떻게 진행되고 있는지 확인하고 싶기도 했지만, 그곳에 간다고 달라질 것은 없었다.

나는 법원 건물 앞에서 가족과 함께 판사님을 기다렸다. 곧 판사님이 도착했고, 나는 판사님에게 오빠와 할아버지를 소개했다. 부모님과 빈센트는 이미 판사님을 뵌 적이 있었다. 모두가 날 위해 이 자리에 모인 사람들이었다.

자격증은 졸업 학점 평균이 높은 순서대로 주어졌기 때문에 입회식 1부에 이름이 불리는 것은 그만큼 성적이 좋다는 뜻이었고, 1부에 내 이름이 불렸을 땐 왠지 대단한 성과를 거둔 것처럼 우쭐한 기분이 들었다. 내 이름이 호명되었고, 내가 과거 판사님의 재판연구원이었다는 이력도 함께 낭독되었다. 사람들 앞을 지나가며 판사님과 눈이 마주쳤을 때 우리는 서로 고개를 끄덕였다. 서약식이 끝난 후에는 가족과 빈센트, 판사님, 그리고 내 입회 보증인이 되어준 여성 변호사를 모시고 간단히 차를 마시러 이동했다. 새로 입회한 변호사가 그동안 자신을 응원해준 사람들을 대접하며 감사의 마음을 전하는 것은 이쪽 세계의 관행이었다.

"오늘 일에 대해서는 뭐라고 쓸지 생각해봤나요?" 마침 치안법원을 지나쳐 택시 승차장으로 함께 걸어가는 길에 판사님이 장난스럽게 물었다. 나는 괜히 필요 이상으로 크게 웃었다.

마음 같아서는 판사님에게 지금 이 상황이 얼마나 어이없는지를 모조리 털어놓고 싶었다. 어쩌면 바로 지금, 눈앞에 보이는 건물 안에서 내 사건의 사전 심리가 열리고 있을지도 모른다고 말이다. 마침 오늘 새뮤얼이 법정에 출석했을지 모르는데도 그것과 무관하게 즐겁게 지내고 있는 나 자신이 아주 뿌듯하다고 자랑도 하고 싶었다. 아무에게도 얘기하지는 않았지만, 혹시 새뮤얼이 국민의 알 권리에 따라 내 변호사 입회 사실을 알아내 이의를 제기하러 오지는 않을까 내심 불안하기도 했다.

"아주 많은 샴페인이 등장할걸요?" 내 쾌활한 답변에 판사님과 나는 함께 웃었다.

때로는 스스로를 실없는 사람으로 만드는 편이 나았다.

　　　　　　　　　　　°͡°

다음 날, 전날 심리가 어떻게 끝났는지를 물으러 숀에게 전화를 걸었다. 그에게 딱히 기대하는 것은 없었다. 그리고 그는 역시나 내 예상을 비껴가지 않았다.

"이쯤 되면 흐지부지되겠거니 생각하는 것 같습니다."

전화를 끊고 변호사 자격증을 집어 들었다. 어제 집으로 돌아오다가 빗물이 튀는 바람에 오른쪽 구석의 빨간 직인에 얼룩이 져 있었다. 어젯밤만 해도 이 얼룩진 자격증 때문에 속상했지만, 다시 보니 오히려 나와 어울리는 것 같기도 했다. 어쨌거나 나는 이쪽 세계에 완전히 맞는 사람은 아니라는 생각이 들었으니까. 항상 무언가가 들어맞지 않았으니까.

그래도 나는 자격증을 액자에 끼워 걸어두기로 했다. 이제 마음만 먹으면 괜찮은 변호사가 될 수도 있었다. 이 사실만으로도 자격증을 액자에 끼워둘 가치는 충분하다는 생각이 들었다.

다음 달이 되었을 때 정부 직인이 찍힌 우편물이 도착했다. 퀸즐랜드 주 검찰 당국이 '범죄 피해자'에게 일괄적으로 보내는 자료집이었다. 피해자 지원 담당관인 리스의 연락처도 함께 적혀 있었다. 나는 그에게 바로 전화를 걸었다. 그는 치안법원에서 오간 내용에 대해 한참을 이야기하다가, 만일 검찰이 사건을 계속 진행하기로 할 경우 사건이 지방법원에 회부되기까지 여러 달이 걸릴 것이라고 설명했다.

　　"정확히 몇 달 정도 걸릴까요?" 내가 물었다.

　　"지침상으로는 예비 심사 후로 넉 달 안에 회부되어야 하지만, 저희 쪽에서 공소장을 작성해 법원에 제출하는 과정이 길어지면 최대 6개월이 걸리기도 합니다."

　　나는 전화를 끊고 한동안 쿠션에 머리를 박은 채 비명을 내질러야만 했다.

　　다음번 사전 심리는 4월 10일이었다. 나는 버스에서 내려 법원 건물로 들어가 엘리베이터에 올라탔다. 엘리베이터에서 내려 대기실을 쓱 둘러본 후 20호실로 직행해 앞쪽 테이블로 향했다. 다행히 새뮤얼은 보이지 않았다.

　　"안녕하세요. 새뮤얼 레빈스 사건의 고소인인데요." 법원 서기에게 말을 걸었다. 나는 이제 제법 익숙해져서 내 사건이 어느 법정으로 옮겨져 다뤄질지 대강 알고 있었다. "사전 심리가 이곳에서 열리나요, 아니면 19호실에서 열리나요?"

"아……." 서기가 당황한 표정으로 나를 바라봤다.

"몇 번 와봤는데 장소가 19호실이었다가 갑자기 20호실로 바뀌고 하더라고요."

"잠시만요……." 그녀는 서류를 뒤적거렸다. "아, 여기에 별말은 없네요." 그녀가 말했다.

"그럼 여기서 기다리면 될까요? 20호실에서요?"

"아마도요."

"장소가 바뀌면 알려주실 수 있나요?"

"글쎄요." 그녀는 나와의 대화를 끝내고 싶어 하는 눈치였으나 내가 굳건히 자리를 지키고 서 있자 끝내 나를 무시하진 못했다. "죄송해요. 오늘 첫 근무여서요. 노력해볼게요."

나는 싱긋 웃으며 자리로 가 앉았다. 실은 사전 심리를 놓칠지 모른다는 초조함 때문에 신경이 곤두서 있었다. 두 시간이 흘렀지만 내 사건은 호명되지 않았다. 한번은 '레반'이라는 이름이 불려 깜짝 놀랐지만, 이후로 다시 한 시간이 흐를 때까지도 내 사건은 호명되지 않았다. 치안판사가 이제는 법률 구조° 대상 사건으로 넘어가겠다고 말했다. 이날 다뤄야 할 변호사 선임 사건을 모두 처리했다는 뜻이었다.

나는 벌떡 일어나 앞쪽 테이블로 향했다. "저, 레빈스 사건은

° 경제적 어려움 때문에 변호사 선임과 같은 법률 서비스를 받지 못하는 국민에게 국가가 그러한 서비스를 제공해주는 제도.

끝났나요?" 나는 꽤 큰 목소리로 서기에게 물었다.

그녀는 서류를 이리저리 들춰보더니 내 사건의 서류철을 찾아냈다. "아뇨. 아직 여기 있네요." 그녀도 혼란스러운 듯 중얼거렸다. "어떻게 된 건지 한번 알아볼게요."

10분 즈음 지났을 때 치안판사가 짧게 휴정을 선언했다. 나는 상사와 무언가를 말하고 있는 서기에게 다가갔다. 서기의 상사는 어두운 머리칼과 다부진 체격이 돋보이는 여성으로, 차가운 인상 때문에 선뜻 다가가기 힘든 분위기를 풍겼다.

"이 사건 관계자가 아무도 출석하지 않았네요." 서기의 상사가 내게 말했다.

"오늘 안으로 아무도 오지 않으면 어떻게 되죠?"

"일단 휴정을 하고 사전 심리 날짜를 다시 잡게 됩니다." 그녀는 어깨를 으쓱하며 내게서 몸을 돌리려 했으나, 나는 상대의 얼굴을 쳐다보며 다시 물었다. "그러니까, 예정된 출두일에 나오지 않았는데 아무 일도 일어나지 않는다는 말인가요?"

그녀는 잠시 멈칫하더니 내게 뭔가를 말하려고 입술을 달싹거렸지만 끝내 말하지 않았고, 대신 옆에 있는 서기에게 말을 건넸다. "휴대폰 가지고 있어요?"

"네." 서기가 답했다.

"그러면 전화해서 왜 오지 않았는지 물어보도록 해요."

"고맙습니다." 나는 웃으며 그녀에게 고마움을 전했고, 그녀는 고개를 끄덕였다.

10분 후 화장실에서 손을 씻다 마주친 서기가 통화 내용을 알려주었다. 여러 차례 전화를 하고 음성 메시지까지 남겨본 결과,

대리 변호사가 오늘 사전 심리가 열린다는 사실을 깜빡하고 있었으며 지금 이쪽으로 부랴부랴 오고 있다는 것이었다.

휴정이 끝나고 20분가량 법률 구조 사건에 대한 처리가 이어졌다. 20호실 법정 뒤편에서 기다림을 이어가는 동안, 나는 휴대폰을 만지작거리며 지금쯤 '그녀'는 어디에 있을까 생각했다. 그 여자아이는 지금 어떤 모습일지, 이제 그녀도 겉으로는 평범해 보이는 사람이 되었을지 궁금했다. 그러다 앞쪽 테이블에서 검은 정장 차림의 여성이 서류철 하나를 집어 돌아가는 모습이 언뜻 보였다. 나는 유난을 떨고 싶지 않았지만 그렇다고 내 사건의 사전 심리를 놓치고 싶지도 않았다.

"저기요!" 나는 속삭임이라기에는 다소 큰 목소리로 그 사람을 불렀고, 같은 줄에 앉은 사람들을 헤치고 나가 이미 문밖으로 사라진 그녀를 서둘러 따라갔다. 문을 열기 직전에야 법정에 머리를 숙여 인사해야 한다는 관행이 떠올라 대충 고개를 꾸벅였다.

대기실 복도에서 그녀를 겨우 따라잡을 수 있었다. "혹시 그거 레빈스 사건인가요?"

"네." 그녀는 걸음을 멈추지 않았다.

"19호실에서 열리나요? 법정 변호사가 도착했나요?"

"아뇨. 대리 변호사가 와 있어요."

나는 그녀를 따라 19호실로 입장했다. 앞쪽 테이블에는 휴대폰을 보고 있는 한 남자가 앉아 있었다. 치안판사를 기다리는 10분 내내 그는 계속해서 다리를 떨었다.

"정숙. 모두 자리에서 일어나주십시오."

사전 심리는 2분도 되지 않아 끝났다.

피고인의 이름은 물론 자신을 고용한 법정 변호사 사무실의 이름을 틀리게 발음한 대리 변호사는, 증인 반대신문을 원한다는 말을 전달했다.

검사는 반대신문 심사를 진행할 날짜로 두 달 후를 지목했다. 그러자 치안판사는 그 날짜는 어렵다며 더 늦은 7월에 진행하는 방안을 제안했다. 결국 모두가 7월 12일에 반대신문 심사를 여는 데 동의했다. "그러면 7월 12일에 진행하도록 하지요." 이 말을 끝으로 판사가 일어났다. "정숙. 모두 자리에서 일어나주십시오."

°°

방청석에 앉은 나는 치욕스러웠다. 혼자 초조해하던 것이 무색하게, 새뮤얼은 출석도 하지 않았고 그의 법정 변호사 역시 수고로이 자리를 지키는 대신 헐값에 대리 변호사를 고용했다. 심지어 그 대리 변호사는 오늘 심리를 깜빡하기까지 했다. 다들 방청석에 앉아 있는 나는 눈곱만큼도 신경 쓰지 않았다. 가만히 앉아서 사람들이 먼저 내게 상황을 알려주기를 기다리고 있었더라면, 나는 이 모든 것을 놓치고 말았을 것이다. 정말 그랬더라면, 나는 영문도 모른 채 석 달을 더 기다려야 하는 최악의 결과를 받아들여야 했을 것이다.

나는 내 옆을 스쳐 지나가는 대리 변호사의 얼굴을 노려보았다. 한편으로는 그가 딱하다는 생각이 들었다. 맡은 일 하나 제대로 못 하는 사람이라니.

앞쪽 테이블로 다가가 가만히 서 있으니 검사석에 있는 직원이 날 발견하고 말을 걸었다.

"무엇 때문에 그러시죠?"

"아, 네. 마지막 사건, 그러니까 반대신문 심사 일정이 잡힌 새 뮤얼 레빈스 사건의 고소인인데요. 상황을 좀 설명해주시겠어요? 무슨 일인 거죠?"

"아." 그녀가 서류를 뒤적거리기 시작했다. "여기 보면, 피고인 측이 증인 반대신문을 요청했고 저희 쪽에서 그 요청을 거부했어요. 그래서 법원이 반대신문에 대한 심사를 진행하기로 한 거예요."

"그러니까, 다음 출석일은 반대신문을 하는 날이 아니라 판사가 반대신문을 허용할지 말지를 정하는 날인 거네요."

"그렇죠." 그녀가 고개를 끄덕였다.

"혹시 어떤 증인을 신문하려는 건지 알 수 있을까요?"

그녀는 서류에 시선을 고정한 채 말했다. "나중에 연락드려도 될까요?"

°
° °

법원 밖을 나서자 열기가 후끈했다. 나는 브리즈번 검찰청으로 전화를 걸었다.

"안녕하세요. 오늘 아침에 제 사건의 사전 심리가 열렸는데 그것과 관련해 설명을 좀 들을 수 있을까요?"

전화를 받은 직원은 내 연락 담당자인 리스를 연결해주었다.

"아침에 있었던 심리 결과를 알고 싶으신가요?" 그가 물었다.

"아뇨. 직접 참석해서 무슨 일이 있었는지는 알아요. 다만 추가로 확인하고 싶은 부분이 있어서 혹시 제 사건을 담당하는 분과 얘기를 나눌 수 있을까 해서요. 제가 그럴 자격이 있다면요."

"담당자에게 연락해서 시간이 날 때 회신하라고 말해두겠습니다."

전화를 끊고서 나는 사람들 틈에 섞여 한동안 우두커니 서 있었다. 버스가 내 앞을 쌩하고 지나갔다. 순간 차창에 내 모습이 비치지 않은 것 같다는 생각이 들었다. 스스로가 작디작은 유령이 된 기분이었다. 이제 난 무엇을 해야 할까? 7월까지는 어떻게 견뎌야 할까?

22

내 사건이 정말 하찮은 것이 아닐까 하는 의심의 씨앗이 정확히 언제부터 내 안에 뿌리내렸는지는 잘 모르겠다. 그 의심의 말을 아주 많은 입과 경로를 통해 듣고 또 들었기 때문이다. 나는 긴 시간 동안 그 의심의 말과 맞서면서, 꿋꿋이 견디는 것에 대한 자긍심을 가지려 애썼고 어떻게든 힘을 내려 부단히 노력했다. 굳은 의지가 내 마음을 더욱 굳건히 해주기를 바랐다.

손이 전화를 걸어와 검찰로부터 이메일을 한 통 받았다는 말을 전했다. 몇몇 부분에 대한 추가 정보를 요구한다는 내용이었다. 용건은 단순했지만 전화 통화는 길어졌다. 나는 그에게 사건이 왜 이렇게 지연되는지를 물었고, 그는 경찰 쪽 상황에 대한 변명을 늘어놓기 시작했다. "이 정도 증거만으로 새뮤얼을 기소하는 것이 맞는지" 확신이 서지 않아 "고민했지만 '그래, 까짓것 진행해보자'라는 결론에 이르렀다"는 것이 그의 요지였다.

듣고 있기 힘든 말이었다. 그는 자신의 말이 내게 얼마나 잔인하게 들리는지 모르는 듯했다.

몇 주 후 손에게서 다시 전화가 걸려왔다. "그쪽 변호사들이 질문 목록을 보내왔습니다. 스무 개 정도 되네요."

"네? 뭘 물어보려는 거죠?"

"소송을 취하시킬 작정으로 모든 증인에 대한 반대신문을 준비하는 모양입니다. 혹은 본격적으로 재판을 준비하려는 것일 테고요. 언제 한번 서에 와서 추가 진술을 하셔야겠습니다."

나는 조용히 주먹으로 허벅지를 내려쳤다.

"과정을 최대한 어렵게 만들어서 우리가 이 사건을 포기하도록 유도하려는 것 같아요." 숀이 덧붙였다.

나는 그에게 묻고 싶었다. '당신도 포기하고 싶나요?'

○
○

전화를 끊고 욕조 끄트머리에 한참을 앉아 있었다. 빈센트는 방에서 헤드폰을 끼고 다른 일을 하고 있었다. 아무에게도 나를 전시할 필요가 없어진 이 순간에, 속상하다는 말이나 눈물을 흘리는 행위만으론 표현할 수 없는 복잡한 감정을 느꼈다. 서늘한 욕조에 걸터앉은 채로, 그동안 남들에게 보이던 모습에서 벗어나 지금 느껴지는 이 불편한 감정의 실체에 나는 조금씩 가까이 다가갔다.

내 진짜 감정은 무엇이지? 아무도 없을 때 나는 무슨 생각을 하고 무엇을 느끼지? 확신할 수는 없지만 분명하게 느껴지는 것들이 있었다. 숀은 내가 '증인으로서의 신빙성'을 갖췄다고 판단해 기소를 진행하기로 결정했다고 말했었다. 내가 고소인으로서 유리한 조건을 가졌다는 뜻이었다. 예컨대 백인이자 고학력자였고 자기 의사를 분명히 표현할 줄도 알았으니까. 한편으론 어쩌면 내 아빠가 경찰 출신이 아니었다면 새뮤얼이 기소당하는 일은 없었겠다는 의심도 피어올랐다. 내 사건이 계속 지연되는 바람에, 또 내가 어린 시절 딱 한 번 있었던 일을 괜히 문제 삼는 바람에 너무 많은 자원을 낭비하고 있다는 생각도 들었다.

분명하다고 느껴지는 것은 또 있었다. 내가 새뮤얼을 동정하고 있다는 것. 20년 전쯤 청소년 시절에 저질렀던 일이 그를 괴롭히고 있었다. 하지만 동시에 그가 얼마나 많은 돈을 쓰고 열심히 변명을 늘어놓든 간에 내가 물러서지 않을 것 또한 분명했다. 나는 앙심을 품고서 끈질기게 그를 괴롭힐 것이다. 욕조에서 일어나 세수를 한 다음 두려움을 애써 억누르며 거울 속 나를 바라보았다. 나는 왜 이런 일을 벌이고 있지? 진짜 이유가 뭘까?

사실 이 사건은 단순히 '나만의' 문제가 아니듯 '그만의' 문제도 아니었다. 나는 그와 같은 부류의 남자들을 도무지 참을 수 없었기에 이런 일을 시작한 것이었다. 그들을 직접 보았고, 그들이 얼마나 이기적인지를 알았으니까. 그들에게 본때를 보여줘야 했으니까. 그가 거세게 저항하고 변호사 선임 비용에 돈을 쏟아부을수록 자기 행동에 스스로 책임지지 못하는 그의 무능력함이 드러났으니까. 내게만 그런 일을 한 게 아니라고 자기 입으로 실토했으니. 그가 건드린 여자아이가 분노한 페미니스트로 성장했으니까. 그러니 그는 참으로 불운하다고 할 수 있었다. 딱하게도 그는, 하필 계란껍질 두개골을 부숴버린 것이었다.

추가 진술을 하러 경찰서를 방문했다. 버스에서 내렸을 때 하늘은 화창했고, 이어폰에선 좋아하는 음악이 흘러나오고 있었으며, 내 기분도 썩 괜찮았다. 하지만 경찰서 문을 열고 들어서는 순간, 이 건물을 오갔던 과거의 내 모습들이 눈앞을 스쳐 지나갔다. 처음에는 아빠와 굳은 표정으로 이곳을 찾았었고, 그다음에는 엄마의 부축을 받으며 이곳을 빠져나갔었다. 다음에는 빈센트와 씩씩한 척 연기하며 이 문을 지나쳤었다. 그리고 지금은 이렇게, 아무렇지 않은 듯 혼자 이곳에 왔다.

1차 진술서를 다시 읽어보니 엉성한 부분이 꽤 많았다. 당시 지칠 대로 지쳤던 내가 놓친 부분들이었다. 그리고 다시 보게 된 손의 독수리 타법은 여전했다.

지난번 사전 심리가 있었던 주에 검찰에게서 날아온 우편물을 뜯어보았다. 다음과 같은 설명문이 들어 있었다. '예비 심사의 목적은 해당 사건을 브리즈번 지방법원에 회부할 증거가 충분한지 치안판사가 판단하기 위함입니다.'

설명문 끄트머리에는 나를 새로 담당하게 된 피해자 지원 담당관 커스티의 서명이 있었다.

형사 소송의 일반 절차를 보여주는 흐름도도 동봉되어 있었다. 열다섯 단계의 절차가 각각 동그라미 안에 쓰여 있었고, 거의 모든 동그라미 바깥에 '기각' 또는 '중단'의 가능성을 알리는 별도의 표시선이 그어져 있었다. 도표에서 특별히 노란색으로 강조된 동그라미는 현재 내 사건의 위치였다. 내 사건은 여전히 초기 단계에 머물러 있었으며 아직 주요 단계를 열 개는 더 넘어야 했다. 재판 과정을 전혀 모르는 사람이 본다면 이 거리가 얼마나 아득한지 짐작하기란 어려워 보였다.

도표 반대편에는 '자주 쓰이는 용어' 알림표가 있었다. '중단'에 대한 설명은 '검찰 사무실에서 미리 연락해 고지할 것입니다'라는 말로 끝났다.

형사 소송의 모든 절차를 통틀어 중도 포기가 가장 많이 일어나는 지점은 경찰 수사 단계다. 성범죄 사건이 정식으로 기소되어 이후 공판으로까지 이어지는 경우는 다섯 건 중 한 건도 채 되지 않는다. 그러니 첫 번째 단계인 '고소/수사' 동그라미 다음에는 '이 단계를 지나면 무려 상위 20퍼센트에 들게 됩니다'라는 정보가 명시되어야 옳았다.

두 번째로 중도 포기가 빈번한 지점은 지금 내 사건이 위치한 단계, 즉 검찰이 언제든 사건을 진행하지 않기로 결정할 수 있는 단계였다. 그러므로 이 단계에서 내 사건의 승소 가능성을 평가할 검사에게 믿음직한 인상을 남기는 것은 아주 중요했다. 법정에 빠짐없이 출석해 번듯한 옷차림과 예의 바른 말투를 보이면 검사가 날 좋게 봐줄지도 몰랐다. 나는 신체적 상해를 입은 피해자가 아니었으며, 새뮤얼은 생판 모르는 남을 덮친 흉악한 가해자가 아니었다. 따라서 배심원단이 내 주장을 감히 의심조차 할 수 없을 정도로 '진정성 있다'고 봐줄 가능성은 낮았다.

딱히 긴장했다고 생각하지는 않았지만 나도 모르게 자꾸만 화장을 덧칠했다. 치안법원에서 치러진 사전 심리에 이미 네다섯 번 참석한 터였지만, 새뮤얼이 출두 명령을 받은 것은 7월 12일인 오늘 있을 심리가 처음이었다.

"곧 출발할 수 있는 거지?" 빈센트가 화장실 문가에 서서 물었다. 이미 10분 전에 출발해야 했다는 것을 나도, 빈센트도 알고 있었다. 나는 괜찮아 보여야 한다고 생각했다. 달라질 것은 없더라도, 이날 내가 어떻게 보이느냐는 분명 중요했다. 전 남자친구와 재회하거나 동창회에 나갈 때 잔뜩 꾸미고 나가려는 심리와 비슷한 것인지도 몰랐다. 물론 이렇게까지 신경을 쓴다는 것은 이 문제를, 다시 말해 그 사람을 완벽히 떨쳐내지 못했다는 뜻이기도 했다. 나는 드라이어로 머리까지 세팅하고 나서야 출발할 수 있었다.

버스 정류장으로 걸어가는 길에 빈센트에게 말했다. "함께 가줘서 고마워." 그의 시간을 축내고 있다는 죄책감이 들었다. 그리고 그 감정은 얼마 가지 않아 금세 알 수 없는 분노로 바뀌었다. 너무나도 갑작스레 들이닥친 이 분노를 하마터면 나는 빈센트에게 내뱉어버릴 뻔했다.

정체 모를 충동을 겨우 억누르며 길가에 나뒹구는 애꿎은 나무 열매 하나를 발로 찼다. 그 열매는 한 번 튀어 오르더니 도로변 푸른 잔디밭에 태연히 내려앉았다. 그걸 본 나는 괜히 약이 올라 고래고래 소리를 지르고 싶어졌다. 가방을 내팽개친 뒤 아무나 잡아 마구 때리고 목을 조르고도 싶었다. 피가 철철 흐르고 두개골

445

이 깨질 때까지 나무에다 그 사람의 머리를 박고 싶었다. 빠르게 달리는 자동차 앞으로 뛰어들어 내 몸이 튕겨 나가는 모습을 상상하기도 했다.

어느새 도착한 버스에 올라타 교통카드를 리더기에 찍자 운전사가 친절하게 웃으며 먼저 인사를 건넸다. 팔을 올려 손잡이를 잡는 순간 내게서 불쾌한 땀 냄새가 나고 있다는 것을 깨달았다. '침착하게 호흡하자.'

나는 그렇게 호흡에 집중하며 내 안에 쌓인 분노를 천천히 내보냈다. 그런데 분노가 조금씩 빠져나갈수록 내 안에 남아 있던 힘까지 함께 사라져가는 게 느껴졌다. 눈을 꾹 감아 눈물을 참았다. 휴대폰이 울리며 알림이 떴다. 어디쯤 오고 있는지 묻는 엄마와 아빠의 메시지였다. 두 분은 먼저 도착해 우리를 기다리고 있었다. 죄책감이 더해졌다.

버스에서 내려 법원까지 두 블록을 걸어갔다. 고층 빌딩들 사이로 살을 에는 바람이 휘몰아쳤고 머리카락이 사정없이 얼굴을 때렸다. 나는 고개를 숙인 채 힘겹게 걸음을 떼면서 이 바람을, 나아가 모든 역경을 스스로 헤쳐 나가고 있는 것이라 생각하려 했으나 도무지 힘이 나지 않았다. 분노도 더 이상 차오르지 않았다.

보안대를 통과하는데 저쪽에서 아빠가 우리를 발견했다. "아, 저기 오네." 아빠의 목소리는 밝았다. 앉아 있던 엄마도 웃으며 자리에서 일어나 두 팔을 벌려 나를 안아주었다. 결국 나는 울음을 터뜨렸다.

"왜 그러니, 우리 딸?" 엄마가 등을 토닥이며 물었다.

"무서워요." 나는 엄마 목덜미에 얼굴을 묻었다. 아빠가 두 팔로 엄마와 나를 감쌌다. 엄마와 아빠의 품에서 집 냄새가 났다.

엄마가 가방에서 티슈를 꺼내 건넸다. 엄마의 눈도 젖어 있었다. 엄마가 건넨 티슈는 빈센트와 내가 집에서 쓰는 싸구려 휴지와 달리 아주 부드러웠다. 나는 그 티슈를 얼굴 가까이에 갖다 댔다. 거기에서도 집의 냄새가 묻어났다. 빈센트와 아빠는 남자끼리 포옹하지 않는다는 이상한 관습을 따라 점잖게 악수한 뒤 인사를 주고받았다.

우리는 엘리베이터를 타고 법정으로 향했다. 나는 행여나 새뮤얼과 마주치지 않을까 연신 주변을 두리번거렸다. 가족끼리의 대화에 좀처럼 집중하지 못한 채, 혹시 어디선가 그의 목소리가 들릴까 귀를 쫑긋 세웠다. 내 기억 속에서 그의 목소리는 위장 전화 때 그가 했던 말들의 형태로 되살아났다.

"너한테만 그런 게 아니었어." 그의 목소리가 생생했다.

마침내 우리 가족은 법정 앞에 도착했다. 다들 내 신호를 기다리듯 나를 쳐다보았다. 법정 변호사들, 사무 변호사들, 경찰관들, 검사들, 자원봉사자들이 우리 주변을 바삐 움직이고 있었다. 바퀴가 달린 서류 가방이 방청석 의자에 덜컹 부딪혔고, 여기저기서 휴대폰 벨소리가 울렸다.

이제 경계선이랄 것은 없었다. 법정에서 벌어지는 일들과 내 평범한 일상을 구분하는 벽은 끝내 세워지지 못했다. 나는 소방 담요를 두른 채 불길로 뛰어든 셈이었으므로, 끔찍한 상황에서 벗어나 마음 편히 쉴 수 있는 최후의 길은 잃어버린 것이나 다름없었다.

사랑하는 가족과 연인의 얼굴을 보고 있자니 그들에게 동행을 요청한 것이 후회스러웠다. 모두의 삶을 더럽힌 기분이었다. 혼자였더라면 울지 않았을 것이다. 그 정도쯤은 알고 있었다. 내가 가장 나약해지는 순간은 사랑하는 사람들과 함께 있을 때였다. 그들의 무조건적인 사랑 앞에서 내 진짜 모습은 숨겨지지 않았다.

"그 사람은 보이지 않네요." 아빠를 힐끗 보며 말했다.

아빠도 어깨를 으쓱했다. "일단 안으로 들어가자꾸나." 우리는 양 문을 열고 법정으로 입장했다.

관계자들이 서성이며 작은 법정을 메우고 있었지만 방청석은 텅 비어 있었다. 나는 아무 줄이나 골라 오른쪽 끝으로 들어가 앉았다.

"그 사람이 안 오면 어쩌지?" 옆에 앉은 빈센트에게 귓속말로 물었다. 엄마와 아빠는 주차비를 아끼겠다며 굳이 택시를 타고 시내로 왔고, 나를 기다리느라 밖에서 커피와 아침 끼니를 사 먹어야 했다. 엄마는 당연히 그 모든 비용을 하나하나 따져보았을 것이다. "왜 안 오는 거지?" 나는 방금 전 했던 똑같은 질문을 말만 바꿔 되물었다.

"한번 기다려보자." 빈센트도 어깨를 으쓱할 뿐이었다. 몇 분이 더 흐르는 동안 나는 배에서 찌릿한 통증을 연거푸 느꼈다. 긴장감이 가시지 않았다.

"새뮤얼 레빈스 사건?" 이 소리에 고개를 들어 앞을 보니 새뮤얼의 법정 변호사 카터가 보였다. 검사는 한가득 쌓인 종이 더미에서 새뮤얼 사건의 서류를 찾고 있었다. 카터는 인자한 미소로 검사를 기다렸다. 카터의 손에는 스테이플러 심으로 고정된 종이 뭉치가 들려 있었는데, 표지에 무언가가 적혀 있었고 갓 뽑은 듯 빳빳했다. 그의 자리 뒤편에는 묵직해 보이는 가죽 서류 가방이 있었다. 그가 변론을 빈틈없이, 그것도 아주 제대로 준비해왔다는 사실에 곧바로 배가 조여오고 숨이 막혔다. 나는 자세를 고쳐 앉았다.

"저게 다 뭘까?" 나는 카터 쪽을 턱으로 가리키며 물었다. "뭘 저렇게 바리바리 챙겨 온 거야?"

그러나 사실 나는 그 이유를 알고 있었다. 법정 변호사는 의뢰인이 유죄를 인정했을 경우에는 저 정도로 많은 서류를 준비하지 않는다. 즉, 드디어 그 날이 찾아왔으며 나는 결국 싸움을 피하지 못하게 되었다는 의미였다. 그 날이 해피엔딩으로 무사히 끝나기를 스스로 간절히 바라왔음을 재차 깨달았다. 새뮤얼이 유죄를 인정하고 우리 가족이 따스한 햇볕을 받으며 부둥켜안고 있는 그 꿈의 장면을 나는 여전히 붙들고 있었다.

"정숙. 모두 자리에서 일어나주십시오." 침울한 생각에 빠져들던 나는 법정 집행관의 목소리에 정신이 들었다. 장내는 조용해졌으나 잠시뿐이었다. 사람들은 계속 법정을 들락날락했고, 다 들리게 속삭여 대화했으며, 이런저런 말과 인사를 주고받았다. 치안판사는 예정된 사건들을 차근차근 처리해나갔다. 변호인들에게 예상 시간과 주요 논점에 대해 발언할 기회를 준 다음 심리를 진행할 법정과 담당 판사를 배정했다.

나는 새뮤얼이 비싼 돈을 주고 고용했을 변호사 카터를 뚫어져라 쳐다보며 일말의 야비한 모습을 찾아보려 했으나 헛수고였다. 그는 전문가답게 행동할 뿐이었다. 나는 그 사실이 불러일으키는 공포 속에서 홀로 떨었다.

카터는 말할 기회가 왔다고 생각했는지 판사석 앞으로 나갔다. "존경하는 재판장님. 레빈스 사건에 대한 처리를 청구해도 되겠습니까?" 그가 물었다.

"레빈스, 레빈스, 레빈스라." 그녀가 서류철을 뒤적이며 새뮤얼의 이름을 되뇌었다. "아, 여기 있군요. 요점이 무엇이죠?"

"반대신문 심사를 요청합니다. 소요 시간은 약 45분으로 추정하고 있습니다."

"좋습니다." 서기에게 쪽지를 전달한 판사는 새뮤얼 레빈스 사건을 다른 법정으로 배정한다고 선언한 뒤 곧장 다음 사건으로 넘어갔다.

내가 벌떡 일어나자 빈센트와 엄마, 아빠도 뒤따라 일어났다. 짐을 챙겨 나서려다 내 쪽을 본 카터는 단번에 우리가 누구인지 알아챘고, 빠른 걸음으로 우리를 앞질러 법정을 빠져나갔다. 우리가 엘리베이터에 도착했을 때 그는 이미 사라지고 없었다.

법정이 단 두 개만 있는 위층은 무척 조용해 적막감이 감돌 정도였다. 우리는 사건이 배정된 호실의 법정 앞에 도착했다. 아래층과 마찬가지로 양쪽 문을 열고 들어가는 구조였다. 이번에는 망설이지 않고 곧바로 법정에 입장했다. 새뮤얼이 앞줄에 앉아 있었다. 그는 고개를 숙인 채 사무 변호사가 하는 말을 경청하고 있었다. 나는 몸을 오른쪽으로 틀어 검사석 뒤편에 마련된 방청석에 자리를 잡았다. 나와 빈센트, 엄마와 아빠가 일렬로 나란히 자리했다.

우리를 본 카터의 표정이 미묘하게 변했다. 그는 새뮤얼에게 다가가 우리 쪽으로 머리를 까딱해 보이며 뭔가를 물어보는 눈치였다. 그가 가리키는 쪽으로 고개를 돌려 우리를 발견한 새뮤얼은 얼른 시선을 거둬 카터를 보며 고개를 끄덕였다. 우리는 새뮤얼의 자리에서 오른쪽으로 여섯 줄 뒤에 있는 자리에 앉아 있었다. 나는 그의 뒤통수를 노려보았다.

갑자기 내 안에서 아드레날린이 솟구치는 기분이 들었다. 수치심을 느끼는 주체가 역전되는 순간이었다. 내 안에 있던 수치심이 날 떠나 그에게로 옮겨 간 것 같았다. 그 느낌은 정말로 무언가가 솟구친다는 말로밖엔 표현할 수 없다. 가슴을 두드리고 날개를 펼치며 울부짖는 승리의 함성 같은 것이 내 속에서 울컥거렸다.

그리고 법정 변호사가 얼굴을 찡그렸을 때, 나는 비로소 승자의 입가에 감도는 비릿한 피의 맛에 눈을 떴다. 강한 사람이 되었다는 감각, 아무도 날 해칠 수 없으며 누군가의 죄를 사해줄 힘이 내게 있다는 감각은 이 모든 역경을 뚫고 지나간 후에야 느끼게 될 줄 알았다. 그런데 바로 이 순간, 내 안에서 그러한 감각이 살아 꿈틀대고 있었다.

새뮤얼이 자리한 쪽의 방청석은 그가 고용한 사람들을 빼면 아무도 없었다. 그의 부모님도, 친구들도, 여자친구도 오지 않았다. 나는 사랑하는 사람들과 함께였기에 힘이 났다. 새뮤얼이 애써 숨기려 했던 것이 밝은 곳으로 질질 끌려 나와 온 세상에 까발려지고 있었다.

얼마 후 검찰 쪽에서 내 사건을 맡고 있는 세라가 법정에 들어왔다. 그녀는 바쁜 사람에게서 으레 나타나는 활달한 태도로 내게 먼저 악수를 건넸다. 나는 그녀가 마음에 들었다.

세라는 내 눈을 똑바로 마주치며 싱긋 웃었다. "두 분이 브리 씨와 브리 씨 어머니시군요?"

"네." 엄마와 내가 동시에 대답했다.

"저는 세라라고 합니다. 검찰에서 나왔고 브리 씨의 사건을 맡았어요. 그런데 안타깝게도 두 분은 잠시 나가 계셔야겠어요. 변호인과 제가 증인 진술과 관련해 이야기를 주고받을 텐데, 만일 두 분이 이 자리에서 그 내용을 들으면 나중에 피고인 측에서 두 분이 증언을 조작했다는 식으로 문제를 삼을 수 있거든요."

방금 전까지 느껴졌던 날개가 꺾이고 단단한 가슴팍에 총알이 박힌 기분이었다. 어떻게 이걸 생각 못 했을까? '당사자'가 재판의 사전 변론을 듣지 못한다는 것은 너무나 당연했다.

"아, 물론 그래서는 안 되죠." 나는 멋쩍게 웃으며 빈센트 앞을 지나 바깥쪽으로 나갔다. "그러면 밖에서 기다리면 될까요?"

"네. 그리고 혹시 브리 씨의 아버지 되시나요?" 세라가 아빠쪽을 돌아보며 말했다. "증인이 아니시니 참관하셔도 괜찮긴 합니다만, 여기서 들은 내용을 따님과 아내분에게 말해서는 안 됩니다."

아빠는 고개를 끄덕인 후 우리와 함께 나가려고 자리에서 일어났다. 나는 아빠를 가로막았다. "아빠는 빈센트와 함께 여기 남아주세요. 나중에 진행 상황을 알려주셨으면 해요. 심리 일정이 추가로 잡히거나 할 수도 있으니까요." 아빠와 빈센트는 내 부탁을 들어주었다.

○
○ ○

엄마와 나는 법정 밖으로 나왔다.

나는 이를 악물었다. "너무 짜증 나요. 내가 할 수 있는 건 정말 아무것도 없다는 게. 법정에서 오가는 말을 들을 수조차 없잖아요."

우리는 아주 오랫동안 기다려야 했다. 무려 네 시간이 훌쩍 넘어서야 모든 것이 끝났다. 도중에 잠깐 나온 빈센트는 판사가 예상 시간을 45분으로 잡은 카터를 못마땅하게 여기는 것 같다고 귀띔해주었다. 빈센트가 다시 들어간 후 이번에는 아빠가 밖으로 나와 화장실을 들렀다가 커피를 한 잔 마시고는 빈센트와 교대했다. 나는 아무런 도움이 되지 못했다. 법정 문이 열릴 때마다 숨이 멎을 것 같았다.

마침내 세라가 문밖으로 나와 엄마에게 특정 날짜에 출석할 수 있느냐고 물었다. 엄마가 가능하다고 답하자 세라는 다시 법정 안으로 들어갔다. 모든 것이 다시 잠잠해졌고, 내 귓가에는 내 심장 소리만이 울려 퍼졌다. 5분 후 세라가 다시 나와 우리를 작은 회의실로 데려갔다. 벽은 반투명 유리로 되어 있었는데 맨 아랫부분만 투명해서 지나다니는 사람들의 발을 볼 수 있었다. 오른쪽에서 새뮤얼의 발이 나타나 왼쪽으로 사라졌다.

"원래 변호인들은 배심원단이 없는 자리에서 웬만한 걸 해결하려고 해요. 그래도 전체적으로 오늘은 우리에게 유리한 쪽으로 마무리가 된 편이죠."

세라 말로는 조금 전 심리에서 카터가 내 진술의 진실성에 대해 반대신문을 하겠다고 요청했으나 치안판사가 그것을 기각시켰다고 했다. 세라는 나와 엄마에게 이런저런 질문을 했는데 우리의 대답에 만족하면서도 한편으로는 당황한 듯 보였다. 결국 쟁점은 범행이 정확히 언제 일어났느냐는 것이었다. 나는 손에게 진술했던 대로 트램펄린이 옮겨졌던 때에 관해 진술했고, 엄마는 코가 부러진 딜런이 당시 메이터 아동병원에서 치료받았다고 진술했다.

"왜 이런 내용이 진술서에 다 빠져 있죠?" 세라가 황당하다는 듯 물었다.

"손에게 다 말한 내용인걸요. 그것도 몇 번이나요." 엄마도 당황한 목소리였다.

"방금 말씀한 내용이 진술서에 모두 포함되어 전달됐더라면 오늘 법정에 출석할 필요도 없었을 거예요."

"어쨌든 제게는 잘된 일인 거네요. 그렇죠?" 내가 물었다.

"그렇긴 하죠. 공소장을 제출하기 전까지 신문에 응해야 할 증인은 어머니뿐이에요. 그것도 범행 시점에 관해서만 신문해야 한다는 판사의 지시가 있었어요."

세라와 헤어진 뒤 우리는 함께 법정을 나왔다.

"우리가 오늘 법원에 온 건 결국 손이 자기 할 일을 제대로 하지 못해서였어." 내가 빈센트에게 말했다.

"놀랍지 않은걸?" 우리는 보안대를 통과해 건물 밖으로 나섰다.

"처음에는 화가 났는데, 그러다 문득 이런 생각이 드는 거야. 오늘 법정에 출석하느라 새뮤얼이 쓴 돈은 얼마나 될까?"

"못해도 수천 달러는 될걸. 자료 준비 비용에다가 오늘 몇 시간 동안 법정에 출석한 비용까지 지불해야 할 테니까." 빈센트가 말했다.

"그 돈이 다 쓸모없게 돼버린 셈이네." 나는 한결 차분해진 마음으로 빈센트에게 웃음을 지어 보였다.

23

우리 가족은 7월 31일로 예정된 사전 심리를 앞두고 예년처럼 누사° 해변으로 주말여행을 떠났다. 빈센트와 나는 매해 그랬듯 누사 국립공원을 거닐었다. 나는 월요일에 있을 사전 심리에 대한 걱정이 우리의 여행을 망치지 않도록 각별히 노력해야 했다. 1년 전 이곳에 왔을 때에는 새뮤얼이 여태껏 유죄를 인정하지 않을 줄 은 상상도 하지 못했었다는 사실이 오히려 다행스럽게 느껴졌다. 그때 그 사실을 알았더라면 나는 아마도 포기하고 말았을 것이다.

"내일 법정에 설 생각을 하니 조금 긴장이 되네." 일요일 저녁, 나와 단둘이 있던 엄마가 말을 꺼냈다.

"엄마가 긴장된다고요?" 엄마의 말에 괜히 서운한 감정이 들어 날카롭게 물었다.

"그래도 넌 신문받을 필요는 없잖니." 엄마도 지지 않고 되받아쳤다.

"좀 걷고 올게요."

° Noosa. 퀸즐랜드 주 동부 해안의 유명 휴양지인 선샤인 코스트 인근의 해변 마을.

모두가 예민해져 있었다. 이제 이 일은 더 이상 나만의 것이 아니었다.

바다를 바라보며 생각했다. 내일이 지났을 때, 아니면 1년 후 이곳을 다시 찾았을 때는, 그때도 지금처럼 초조하고 예민한 상태일까. 작년에도 머물렀던 이곳 숙소에는 1년 사이 새로운 소파가 들어왔고 와이파이가 설치되었다. 내년에는 또 뭐가 변해 있을까? 어쩌면 내년 이맘때쯤에도 엄마가 지방법원 재판에 증인으로 출석해 또 한번 긴장된다는 얘기를 하게 될지도 모를 일이었다.

°°

다음 날 아침, 나는 엄마와 아빠, 빈센트와 함께 법원 엘리베이터를 타고 사건이 배정된 법정으로 향했다.

"창가가 보이게 저쪽에 앉을래?" 엄마가 복도 구석을 가리켰다.

"아뇨. 여기 앉을래요. 그래야 상황을 다 지켜볼 수 있으니까요." 나는 법정에 딸린 작은 면담실의 맨 앞자리에 가방을 내려놓았다. 불투명한 유리 벽 아래로 새뮤얼의 신발이 보였다. 행여 법정에 들어가지 못하더라도 어떻게든 내 존재를 그에게 알리고 싶었다.

엄마는 눈에 띄게 긴장한 모습이었다. 빈센트와 아빠가 법정으로 들어간 후 세라가 우리 쪽으로 다가와 잠시 기다리고 있으면 금방 돌아오겠다고 말했다. 금방 오겠다던 세라는 20분이 넘어서야 나타나 우리 쪽으로 걸어왔다. 엄마가 자리에서 일어났다.

"증인 선서는 어떻게 하실래요?" 세라가 엄마에게 물었다.

"네?"

"성경에 대고 선서하시겠어요, 아니면 그냥 선서만 하시겠어요?" 그녀가 다시 물었지만 당황한 엄마는 여전히 말을 알아듣지 못했다.

"누구한테……?" 엄마는 날 돌아봤다.

"들어가기 전에 진실만을 말하겠다는 선서를 해야 해요." 내가 엄마의 팔에 손을 얹으며 설명했다. "종교적인 방식이 있고, 비종교적인 방식도 있어요."

"아, 그럼 비종교적인 방식으로 하지."

나는 웃으며 고개를 끄덕였고 엄마는 세라와 함께 법정에 입장했다. 나는 의자에 털썩 앉아 다시 기다림을 이어갔다. 구석에 달린 텔레비전에서는 수염이 목덜미까지 지저분하게 덮인 백인 남자가 일본 거리를 돌아다니는 장면이 나오고 있었다. 매운 고추를 먹고선 요란스럽게 몸부림치는 그의 주변에는 아리따운 일본 여자들이 서서 열심히 그를 응원했다. 남자가 도전 과제를 완수할 때마다 커다란 효과음과 함께 '인간 VS 뜨거운 맛'이라고 쓰인 도장 모양의 그래픽이 화면에 크게 등장했다. 정말이지 한심해 보였다.

심리는 15분 만에 끝났다. 법정 문이 열리고 사람들이 한 번에 쏟아졌다. 새뮤얼은 주머니에 손을 찔러 넣은 채로 빠르게 사라졌다. 방금 본 TV 프로그램 속 남자처럼 한심스러웠다.

"잘 끝났어요." 둥그렇게 모여 선 우리 가족에게 세라가 말했다.

빈센트가 내 손을 꽉 쥐며 미소를 지었다.

"새뮤얼이 유죄를 인정했나요?" 내가 물었다. '잘' 끝났다면 새뮤얼이 유죄를 인정했을 수도 있었다.

"아뇨. 이제 사건은 지방법원으로 넘어갔어요. 공소장 제출을 마무리하려면 석 달 정도는 걸릴 거고요. 그러고 나면 공판 날짜가 잡힐 겁니다."

나는 한숨을 내뱉으며 말했다. "그렇군요."

"어쨌든 오늘은 최선의 결과가 나왔어요." 세라가 엄마를 돌아보았다. "아주 잘하셨어요."

"고마워요." 엄마가 답했다.

우리는 잠시 카페에 들렀다. 엄마와 아빠가 얼마 전 있었던 일을 들려주었다. 경찰이 본가 인근에 드론을 띄워 트램펄린이 있었던 뒤뜰의 항공사진을 촬영하려 했으나 일 처리가 미숙해 두 번이나 시도해놓고 모두 실패했다는 것이었다. 경찰들은 제때 오지 않았고 일이 제대로 진행되지도 않았다고 했다.

"숀이 담당했나요?" 내가 물었다.

"응. 한번은 그 사람이었고 또 한번은 다른 사람이었는데, 드론이 현장에 보이지도 않더구나. 두 번째 날에는 경찰관이 여섯 명이나 들러붙었는데도 실패했어. 참 어이없지." 아빠가 말했다.

"그 사진이 법정에서 증거로 쓰이긴 했어요?"

"아니."

빈센트와 나는 부모님과 헤어진 후 양말을 사러 쇼핑몰에 들렀다. 그리고 점심시간이 되어 푸드코트로 향했고, 함께 엘리베이터에서 내렸을 때 빈센트가 갑자기 내 손을 잡아끌었다. "9시 방향에 새뮤얼이 있어. 그냥 가자."

"그 사람이 우릴 봤어?" 무사히 버스에 올라탔을 때 내가 물었다.

"아니."

"뭘 먹고 있었어?"

"초밥."

"기분이 괜찮아 보였어?"

"아니."

"그럼 어때 보였어?"

"음. 아동 성추행 혐의로 고소당한 파렴치한 같아 보였고, 공판을 피할 수 없게 돼 수천 달러를 더 써야 하는 사람 같았어. 그래서 값싼 초밥 몇 개로 점심을 때워야 하는 사람 같아 보였어."

"혼자였어?"

"응."

"그렇구나. 참, 작년에 그 사람 부모님이 우리 엄마 아빠한테 크리스마스카드를 보냈었다고 얘기했었나?"

"뭐?"

"그 사람, 이 일을 아무한테도 얘기하지 않은 거야."

°
°°

3주 후, 검찰에게서 또 우편물이 왔다. 지난번에도 받았던 흐름도와 용어 알림표였는데, 이번에는 저번보다 한 단계 나아간 동그라미에 표시가 되어 있었다. 다음 단계는 '공소장 제출'이었다. 그 아래에는 '법정 출두'라고 적힌 동그라미가 있었고, 이 지점에서 흐름도는 '무죄 답변/답변 거부°'와 '유죄 답변'으로 쪼개졌다. 당황스러웠다. 정식 기소가 되고 난 후에도 피고인이 답변을 거부할 수 있다고? 재판연구원으로 일하며 목격했던 순간들이 실은 아주 기나긴 여정의 결과였음을 나는 앞으로 얼마나 더 많이, 얼마나 다양한 방식으로 되새겨야 하는 걸까?

성범죄자들을 연구하며 보았던 통계청 자료의 내용이 떠올랐다. 범죄 혐의로 기소된 사람의 약 70퍼센트가 유죄를 인정하지만, 그 범위를 성범죄자로 좁히면 인정률은 30퍼센트로 떨어진다. 그리하여 흐름도에 나와 있는 단계를 하나하나 지날 때마다 성범죄 사건의 고소인은 중대 위기를 맞이하게 된다. 이번에 도착한 흐름도에는 이런 문구가 있었다. '공소장이 제출되었다 하더라도 […] 해당 사건이 법원의 주요 재판 일정에 등재되어 있지 않을 가능성이 있으므로 […] 재판 날짜와 고소인 소환 여부가 정해지면 별도로 고소인에게 통보하게 됩니다.'

몇 주 후 8월 22일, 나는 우편물에 적힌 번호로 전화를 걸어 커스티를 찾았다. 그런데 그새 담당관이 바뀌었다는 답변이 돌아왔다. 세 번째 피해자 지원 담당관의 이름은 댄이었다. 피해자를 관리하는 담당 공무원이 세 번이나 바뀌는 건 과연 정상일까? 이해할 수 없었다. 댄은 점심을 먹으러 자리를 비웠다고 했다.

한참 뒤 댄에게서 전화가 걸려왔다. 그는 좋은 소식이라며 애초 일정보다 한 달이나 앞당겨진 9월 5일에 새뮤얼에 대한 첫 기소인부절차가 있을 예정이라고 전했다. 나는 순간 뛸 듯이 기뻤지만

° 피고인이 답변을 거부할 경우에는 무죄 답변을 한 것으로 간주된다.

이내 가슴이 쿵 하고 내려앉았다. 그 주에 빈센트와 나는 그토록 기다려온 5주년 기념 여행을 떠날 계획이었다.

기소인부절차의 결과를 알려면 누구에게 연락해야 하며 혹시 직접 법정에 출석해야 하는 것인지를 묻자, 댄은 우편을 통해 반드시 소식을 알리겠다고 답했다. 하지만 나는 나직이 실소를 터뜨렸다. 그 결과를 알기 위해 몇 주가 지나도록 '올지도 안 올지도 모르는' 우편물을 마냥 기다릴 수는 없었다.

만일 빈센트가 여행 일정을 절반으로 줄이자고 했다면 단단히 화가 났을 것이다. 그러나 그는 내게서 상황을 전해 듣자마자 여행 도중에 차를 타고 법원에 갔다 오면 되지 않느냐고 제안했다.

"아냐. 그 사람이 유죄를 인정하건 무죄를 주장하건 그날은 술이나 진탕 마시자. 내가 살게. 나쁜 일에 신경 쓰느라 우리 여행을 방해받고 싶진 않아."

"그래, 그렇게 해도 괜찮고. 네가 원하는 대로 하자."

"그 사람이 유죄를 인정하더라도 따로 날을 잡아서 선고 공판을 진행해야 하니까 그 공판에 참석하면 돼. 그러니까 이번에는 빠져도 괜찮을 것 같아."

그를 처음 고소해 이 순간을 맞이하기까지 얼마나 오래 걸렸는지가 문득 궁금해졌다. 집에 돌아온 나는 모아둔 사건 관련 문서를 뒤적거렸다. 최초 진술서는 내가 스물세 살이던 2015년 9월 22일에 작성된 것이었다. 그러니까 한 달만 지나면 이 추악한 사건은 두 돌을 맞이한 셈이었다. 사람도 두 살이 되면 간단한 낱말을 말하고 스스로 옷을 입을 줄 알았다. 하지만 새뮤얼은 2년이 지나도록 입만 다물고 있었다.

킹스클리프는 아름다웠다. 빈센트와 나는 실컷 늦잠을 자고, 넷플릭스를 보고, 맥주를 마시고, 침대에서 빈둥거리기를 반복했다. 여행 닷새째 되던 날, 댄에게서 전화가 걸려오기 전까지는 꿈처럼 행복했다.

"조금 전 아침에 기소인부절차가 끝났습니다. 새뮤얼 레빈스 씨 사건은 12월 11일 월요일 브리즈번 지방법원에서 첫 번째 공판으로 진행될 예정입니다."

전화를 끊고선 걱정이 가시지 않았다. 나는 그동안의 사전 절차가 잘 끝났으니 새뮤얼이 기소인부절차에서 정말로 유죄를 인정할지도 모른다고 믿고 있었다. 어쩌면 나는 그가 유죄를 인정하리라는 희망을 매번 놓지 못할 만큼 낙관적이었던, 아니, 순진했던 것인지도 몰랐다.

그리고 몇 주가 흘러 10월이 되었을 때 나는 손에게 확인 전화를 걸었다. 그가 공판 준비를 제대로 마쳤으리라고는 생각하지 않았지만, 어쨌든 그를 신뢰하고 있다는 뜻을 전하고 싶었다.

"문제없이 진행되고 있습니다. 새뮤얼이 답변을 거부해서 검찰 쪽에서 꽤 놀란 것 같기는 하더군요. 사건이 지방법원으로 넘어가면 '특정 조치'가 취해질 것이란 말을 변호인에게서 분명 들었을 텐데 말이죠. 뭐, 월요일 아침에 돌연 유죄를 인정할지도 모르지만요. 그렇게 된다면 크리스마스 이전에 마무리될 수도 있습니다. 그러면 브리 씨에게도 기쁜, 아니, 기쁘다기보다는 좋은 일이 되겠지요."

24

남은 4주 동안 내가 할 일은 홧김에 차도에 뛰어들기 같은 허튼짓을 하지 않는 것뿐이었다.

손이 소환장을 전달하러 집을 방문했다. "법정 소환 절차에 대해서는 설명하지 않아도 잘 아시리라 생각합니다."

좁은 우리 집 부엌에 넓게 다리를 벌리고 선 손이 서류를 건넸다. 서류가 낱장으로 흩어지지 않게 은색 클립 하나가 꽂혀 있었는데 어린 시절 군것질하려고 아빠 서랍에서 동전을 찾으며 보았던 것과 똑같았다. 나는 미소와 함께 서류를 받아들며 손에게 시원한 물 한 잔을 권했다. 나도 모르게 손톱으로 클립을 툭툭 건드리고 있었다.

"12월 11일인 것은 알고 계시지요?" 그가 물었다.

"그 날짜를 어떻게 잊겠어요."

"물론 그렇죠. 생일이 13일이지 않나요?"

"맞아요. 새로운 소식은 없었나요?"

"딱히 없어요. 이전과 똑같은 상황입니다. 왜 이 사건이 공판까지 가게 되었는지는 모르겠지만요." 그가 어깨를 으쓱했다.

손이 떠난 후 나는 서류를 대강 훑어보다 설거지를 마저 끝내러 싱크대 수도꼭지를 틀었다. 그런데 세게 틀어진 물줄기가 숟가락의 오목한 부분에 굴절되어 얼굴에까지 튀어 올랐다. 그 순간 놀란 나는 평정심을 잃고 말았다. 들고 있던 접시를 싱크대에 내던지고 침실로 들어가 수건으로 얼굴을 닦아내며 소리를 질렀다. 비명은 곧 울음으로 바뀌었다.

°°

휴대폰이 울릴 때마다 재판에 관한 소식일까 싶어 가슴이 내려앉았다. 그러나 지금껏 그랬듯 정말로 재판 소식인 경우는 드물었으며, 연락은 재판이 일주일 앞으로 다가왔을 때부터 드문드문오기 시작했다. 화요일에는 판사님에게서 연락이 왔다. 나와 일했거나 나를 알고 있는 판사가 내 사건을 맡을 일은 없을 것이라고날 안심시키기 위해서였다. 수요일에는 검찰 직원에게서 전화가걸려왔는데, 바로 다음 날인 목요일에 검사실을 방문해줄 수 있느냐고 했다. 나는 그러겠다고 했다.

이제야 날 만나겠다고 하는 검사의 태도에 몹시 불안해졌다. 어쩌면 문제가 생겨서 날 부른 것일 수도 있었다.

목요일 낮에 검사실에 갔다 오면 늦어도 밤에는 피해 영향 진술서를 작성해야 했다. 이미 몇 주 전에 초안을 만들어놓아야 했으나, 너무 힘겨운 작업이었기에 여러 차례 시도했다가 번번이 포기한 터였다. 그 진술서에는 이 사건으로 인해 내가 어떤 고통을 받았으며 내 삶이 어떻게 망가졌는지를 서술해야 했다.

그러나 현재 나는 실제 삶 속에서 그 문제를 이겨내고자 열심히 노력하는 나 자신을 기특하게 여기고 있었다. 판사를 내 편으로 만들기 위해 구토와 자해 사실을 털어놓으면서까지 내가 얼마나 슬픈 삶을 견뎌왔는지를 그 자리에서 말해야 한다는 게 왠지 궁상맞게 느껴졌다. 그리고 혹여나 새뮤얼이 유죄 판결을 받지 않는다면, 내 진술서는 결국 아무에게도 읽히지 못한 채 쓰레기통으로 직행하게 될 것이었다.

°°

목요일 아침, 시내에 있는 검찰청에서 검사 레이먼드와 검사실 직원 애덜린을 만났다. 낡아 요란한 소리를 내는 엘리베이터를 함께 타고 회의실로 올라가는 길에 우리는 날씨에 대해 잡담을 나눴다. 레이먼드와 애덜린 모두 상식적인 사람 같아 보였고, 레이먼드가 큼지막한 서류철을 팔에 끼고 있다는 점, 분류 라벨이 붙은 그 서류철이 꽤 두툼하며 여기저기에 포스트잇이 붙어 있다는 점에 마음이 조금 놓였다. '저게 바로 내 사건 기록이겠구나.' 레이먼드는 느긋하지만 살짝 권위적이었고, 애덜린은 눈치가 빠르고 야무져 보였다.

레이먼드가 회의실 문을 닫으며 입을 뗐다. "방문해주셔서 감사합니다. 재판 절차에 대해 이미 잘 알고 있으실 테니, 이제부턴 솔직하게 말하겠습니다." 그의 말에 나는 바짝 긴장했다. "장담할 수는 없겠습니다만, 최근에 보았던 사건 가운데 유죄 판결이 매우 확실해 보이는 사건 중 하나입니다. 이변은 없을 겁니다."

"아⋯⋯. 감사합니다. 다행이네요. 정말 감사합니다." 나는 형언할 수 없는 안도감에 두 손으로 얼굴을 감쌌다.

우리는 사건에 관해 잠시 이야기하다 월요일 아침에 언제 어디서 만날지를 정했다. 그리고 내가 무엇을 준비해야 하는지에 대해서도 상의했다. 조금 전까지의 여유는 온데간데없어졌다. 이제 정말로 공판이 코앞이었다.

"마지막으로 질문이 하나 있어요. 그 사람이 직접 증언할까요?"

"네." 레이먼드가 망설임 없이 답했다.

"그게 변수가 될 거라고 생각하세요?" 내가 다시 물었다.

"그러진 않을 겁니다."

"하지만 왜 그 사람이 사건을 공판까지 끌고 왔는지 이해가 가질 않아서요. 뭔가 믿을 구석이 있어서 그런 거면 어쩌죠?"

"전형적인 피고인의 행동이죠." 레이먼드는 서류철을 닫으며 차분하게 말했다. "저는 그런 사람들을 많이 봅니다. 법정에 출석해서 허튼소리로 처벌을 면할 수 있다고 믿는 사람들이요. 하지만 결국엔 대부분 실패하죠."

레이먼드의 솔직함에 나는 어안이 벙벙해져 한참을 가만히 앉아 있었다. 그러다 차츰 기분이 나아졌다. 문득 재판연구원으로 있을 때 보았던 것들 중 맨손으로 쥐를 잡으려다 그만 의붓딸의 몸을 만지게 됐다고 말한 풀먼의 변명이 떠올랐다. 그것이야말로 내가 법원에서 일하며 수차례 보았던 피고인들의 뻔한 패턴이었다.

다음 날, 점심을 사러 테이크아웃 가게에 들렀을 때 오빠에게서 전화가 왔다.

"방금 알게 된 얘긴데, 새뮤얼이 주변 애들에게 연락해서 자길 위해 증언을 해줄 수 있느냐고 묻고 다녔나 봐."

"젠장." 나는 낮게 욕을 읊조렸다. 새뮤얼이 누구에게 연락했을지 머릿속이 바쁘게 돌아가기 시작했다. 그의 오랜 친구들의 얼굴을 하나하나 떠올렸다. 그가 숨겨온 비장의 카드를 알아내기 위해 열심히 옛 기억을 헤집었다.

"갑자기 전화로 이런 말 꺼내서 미안해. 그래도 최대한 빨리 알려줘야 할 것 같았어."

"그 사람들은 뭐라고 말했대?"

"한 명은 단칼에 거절했는데, 어떤 애는 알겠다고 했대."

"제기랄!" 나는 조금 전보다 더 격양된 목소리로 욕을 내뱉으며 가게를 나섰다. 사람들의 시선이 느껴졌다. "고마워. 나도 확인해볼게."

"수고가 많다."

전화를 끊자마자 검사실 번호를 눌렀다. 나는 어깨로 휴대폰을 고정한 채 손가락 마디를 꺾으며 정처 없이 거리를 서성였다.

"아, 그리 놀라운 일은 아니네요." 레이먼드의 목소리는 여전히 차분했다. "그쪽에서 증인을 소환하면 저희 쪽에서 반대신문할 수 있다는 것까지는 생각하지 못하고 있나 보군요. 물론 저야 반대신문할 준비가 되어 있고요."

하지만 내가 가장 걱정하는 부분은 새뮤얼의 법정 변호사였다. 그는 이 사건이 어떻게 진행되고 있는지를 속속들이 알고 있었다. 공판 당일에 어떤 주장을 펼칠지도 감이 잡히지 않았다.

한편 새뮤얼이 사람들에게 전화를 걸어 날 거짓말쟁이로 매도했을 걸 생각하니 화가 나기도 했다. 그는 아직도 나와 맞서려 들고 있었다. 그것만으로도 모욕당한 기분이었다. 증언대에 올라 나에 대해 무슨 말을 떠벌릴까? 남자에게 환장한 여자애였다고 말하면 어떡하지? 증인으로 출석한 그의 친구가 내가 정말 관종이었다며 그의 편을 들면 어떡하지?

○
○ ○

공판 전날은 다시 기억하고 싶지 않을 만큼 괴로웠다. 나는 경찰 진술서를 읽고 또 읽었다. 그날 일의 기억을 아주 신중하고 꼼꼼하게, 한 치의 오차도 없이 되살려내기를 반복했다. 잠깐, 다시 뒤로, 그러니까 그 사람 손이 여기에, 내 옷은 저기에, 그가 이 말을 했고, 내가 이걸 했고. 속도를 늦춰서, 재생. 다시. 다시. 나는 진술서에 허점이나 모순이 있지는 않은지 샅샅이 살피며 내 기억에 대한 불안을 떨쳐냈다.

그러나 답변을 미리 연습하지는 않았다. 진술은 최대한 자연스러워야 했다. 증인 선서문을 미리 낭독해보기는 했지만 법정에서 일하는 동안 수없이 들었던 터라 무리 없이 외울 수 있었다. 내가 선서문을 읊는 당사자가 될 줄은 꿈에도 몰랐다.

공판 당일, 일어나 씻으려는데 낡은 싸구려 집이 대체로 그러 듯 온수가 제대로 나오지 않았다. 내가 할 수 있는 거라곤 말 없는 수도꼭지를 향해 "오늘이 무슨 날인지 알고 이러는 거야?"라고 호통을 치는 것밖엔 없었다.

택시 뒷좌석에 앉아 시내로 나가는 길에 나는 정신을 반쯤 놓고 있었다. 초연해지는 기분이 들었다. 물속에 있는 것처럼 두 귀가 먹먹해지는 느낌과 함께.

택시에서 내려 빈센트가 내 손을 잡았을 때도 그 감촉은 희미했다. 나는 그가 이끄는 대로 법원 건물 앞 잔디밭을 가로질렀다. 쿠사마 야요이의 벽화에 그려진 눈들이 부릅뜨고 날 지켜보고 있었다. 더웠고, 눈부시게 화창했다. 처음 법원에 출근하던 순간의 인상을 그날의 날씨로 기억하듯, 이날 법원으로 가는 길은 내게 영원히 덥고 화창한 느낌으로 기억될 것이었다. 새뮤얼은 아직 도착 전일까? 그도 이 눈들이 자신을 노려본다고 느낄까?

"24호실이면, 7층이네." 법정의 위치를 기억해내 빈센트에게 말하는 내 목소리는 무미건조했다.

엄마와 아빠는 법정으로 향하는 길목에서 우리를 기다리고 있었다. 숀도 함께였다. 나는 엄마 아빠와 포옹하고 숀과 악수했다. 곧이어 레이먼드와 애덜린이 도착했다. 레이먼드는 오늘도 여유가 넘쳐 보였다.

이제 할 일은 법정 앞에서 기다리는 것뿐이었다. 가만히 기다리기만 하면 되었다. 엄마는 괜히 시시한 말을 건네며 열심히 내

470

기운을 북돋아주었고, 아빠는 커피를 사 오겠다며 잠시 자리를 비웠다. 한 시간이 흘렀을 무렵, 옆문이 열리더니 50명쯤 되는 사람들이 줄줄이 24호실로 입장했다.

"배심원단이에요." 상황을 궁금해하는 엄마에게 내가 일러주었다.

"전부 다? 저 많은 사람들 앞에서 증언해야 한다고?"

"아뇨. 저 중에서 무작위로 뽑힌 열두 명만 배심원이 될 거예요. 나머지는 집으로 돌아가고요."

나는 나무통에서 배심원 후보의 이름을 뽑고 있을 재판연구원을 떠올리며 변호인이 어떤 후보를 반대할지, 그래서 결국 어떤 후보들로 배심원단이 꾸려질지 상상했다. 내 운명을 결정할 열두 명은 과연 누구일까? 아무에게도, 심지어 빈센트에게도 말하지 않았지만, 사실 나는 이날 아침에라도 새뮤얼이 유죄를 인정하길 바라고 있었다. 그러나 배심원단 선정이 시작되었다는 것은 그가 항복하기는커녕 오히려 내게 경고하고 있음을 의미했다. 마지막까지 희망을 품었던 나 자신이 한심했다.

20분 후 법정에서 빠져나온 숀이 안에서 일어나고 있는 상황을 전해주었다. "그쪽 변호인은 여자 배심원이 뽑힐 때마다 족족 배제 요청을 하더군요." 나는 씁쓸히 웃으며 머리를 내저었다. "그래도 최종 배심원단에 여성이 네 명이나 포함되었습니다."

내가 깜짝 놀라 물었다. "네 명이나요?"

"네, 참 재밌는 일이죠. 변호인의 속셈은 빤한데, 신기하게도 재판연구원이 자꾸만 여자 후보를 뽑는 거예요. 결국 변호인 쪽에서 배제 요청 권한을 먼저 다 써버리고 만 거죠."

여자가 적어도 두 명 이상이면, 배심원들끼리 평의할 때 자기들의 의견을 적극적으로 내도 괜찮겠다고 생각할 확률이 높았다.

기다림의 시간은 계속되었다.

"왜 이렇게 계속 기다려야 하는 거니?" 엄마가 물었다.

"판사가 배심원단을 맞이하고 오늘 공판 과정을 설명해주고 있어요. 배심원으로서 해야 할 일과 하지 말아야 할 일도 일러주고요. 배심원은 여기서 들은 내용을 발설해서는 안 되고, 인터넷 검색으로 사건에 관해 직접 조사하는 행위도 금지돼 있어요."

"만약 어기면 어떻게 되는데?"

"그러면 미결정 심리로 끝나요. 배심원단이 새로 꾸려지고 재판을 처음부터 다시 시작해야 해요. 다시 하라고 하면 제가 견딜 수 있을진 잘 모르겠지만요."

잠시 침묵이 이어졌다. 그러다 누군가 내 이름을 불렀다. 애덜린이 법정 문가에 서 있었다. "이제 들어오세요."

손이 떨리기 시작했고 갑자기 눈물이 쏟아질 것 같았다. '아직은 아냐. 일단 무사히 끝내자.' 반투명 유리문을 열자 법정 내부가 눈앞에 펼쳐졌다. 환한 조명과 침묵, 내 말 하나하나에 귀 기울일 준비를 한 사람들. 나는 문가에 서서 판사에게 꾸벅 고개를 숙여 인사했다. 모르는 얼굴이었다. 판사 아래에 있는 재판연구원의 얼굴도 확인했다. 그녀의 무표정에서는 어떠한 생각도 읽을 수 없었다. 나는 떨리는 두 손을 꽉 쥔 채, 집행관이 서 있는 증인석으로 최대한 반듯하게 걷기 시작했다.

"오늘 이 자리에서 오직 진실만을 말할 것을 엄숙하고 진지하게 선서합니까?" 집행관이 물었다.

"네, 선서합니다." 나는 자리에 앉으며 새뮤얼을 힐끔 보았다. '넌 어때?'

내 맞은편에는 배심원단이 여섯 명씩 두 줄로 앉아 있었다. 진실을 판단할 신성한 힘을 부여받은 평범한 사람들이 벽처럼 내 앞에 있었다.

레이먼드가 기립했다. "증인의 이름을 정확히 말해주십시오." 이 말과 함께 모든 것이 시작되었다.

그의 질문은 원하는 방향으로 정확히 내 대답을 유도했다. 그는 어릴 때 내가 살던 집의 사진을 보여주며 나의 유년기에 대해 물었고, 당시 우리 가족에게 새뮤얼이 어떤 존재였는지에 대해서도 진술을 요구했다. 여기까지는 수월했다.

"우리가 오늘 왜 이 자리에 모였는지 아시겠지요." 그의 목소리가 한층 더 심각해졌다.

"피고인과 있었던 그 일에 대해 진술해주시겠습니까?"

나는 단호하고 분명하게 그날 일을 진술하려 했지만 몸이 잘 말을 듣지 않았다. 어깨가 오므라들었고, 자꾸만 시선이 아래로 떨어졌으며, 숨이 턱턱 막혔다. 배심원단에게 새뮤얼의 행동을 표현하려 손을 들었을 때는 말문이 막히면서 몸이 뻣뻣하게 굳는 것이 느껴졌다. 귀는 다시 물속에 잠긴 것처럼 먹먹해졌고, 뱃속은 칼날이 사정없이 쑤시는 것처럼 쓰렸다.

내가 간신히 진술을 마치자 레이먼드는 사건이 일어난 장소와 새뮤얼이 손가락으로 한 행동 등에 관해 몇 가지 질문을 덧붙였다.

"존경하는 재판장님, 이제 위장 전화 녹음 파일을 청취하고자 합니다." 레이먼드가 판사에게 말했다.

"얼마나 걸릴까요?"

"약 45분입니다."

"그럼 잠시 쉬었다가 다시 시작하도록 하지요." 판사는 휴정을 선언한 후 바로 자리에서 일어났다.

"정숙. 모두 자리에서 일어나주십시오." 집행관이 서둘러 기립을 명령했고, 나는 얼떨결에 자리에서 일어났다. 어찌할 바를 몰라 레이먼드를 쳐다보았으나 그는 서류를 정리하느라 바빴다. 피고인석에 있는 새뮤얼은 사무 변호사와 이야기 중이었다.

집행관이 내게 다가왔다. "원하시면 밖에서 기다리셔도 됩니다." 그녀는 정중한 미소를 띠며 문가를 가리켰다. 나는 옷깃을 매만지며 피고인석을 지나쳐 법정 밖으로 나갔다. 모두가 날 기다리고 있었다.

"아직 덜 끝났어요. 일단 잠시 쉬는 시간이고요. 그다음에 위장 전화 녹음 파일을 듣고, 반대신문을 진행할 거예요."

빈센트가 날 안아주었다. 이제 내게는 커피를 마시거나 한가한 잡담을 나눌 여유조차 없었다. 그저 의자에 앉아 로마 스트리트 파크랜드의 야자수가 뜨거운 태양 빛 아래에서 흔들거리는 모습을 20분간 물끄러미 쳐다보았다.

"기다리는 게 제일 힘든 것 같아." 빈센트의 말에 나는 말없이 고개를 끄덕였다.

⚬⚬

공판이 재개되어 위장 전화 녹음 파일을 들을 차례가 되었는데, 검찰 쪽에서 CD에 담아 온 파일을 법정 스피커로 연결하지 못해 애를 먹었다. 결국 5분간 다시 휴정을 했다. 행여나 끝까지 방법을 찾지 못하면 어떡하나 걱정이 되었다. 녹음 파일을 듣지 못하게 된다면 이날 공판은 이대로 끝날 것이고, 그러면 나는 내일 아침에 반대신문을 받으러 다시 법원을 방문해야 했다. 나는 의자 손잡이를 꽉 부여잡은 채로 째깍째깍 흘러가는 법정 시계를 뚫어져라 바라보았다.

"준비됐습니다." 1~2분이 흘렀을 즈음, 집행관이 재판연구원에게 속닥이는 목소리가 들렸다. 안도감이 밀려왔다.

판사와 배심원단이 다시 입실한 후 녹음 파일이 재생되었다. 내 목소리가 들렸을 때는 저절로 움찔하고 말았는데, 내 쪽에서 녹음한 것이어서 내 목소리가 새뮤얼의 목소리보다 훨씬 크게 들렸기 때문이다. 게다가 내 목소리에선 평소보다 새되고 꾸며낸 티가 났다. 별일 아닌 척, 쾌활한 척하는 그때의 목소리에 비하면 잔뜩 긴장한 채로 눈물이 그렁그렁한 지금의 내 모습이 오히려 가식처럼 보였다.

"와, 잘됐네!" 내 목소리는 그의 말에 계속 밝게 반응했다. "응, 좋아. 난 잘 지내!" 나는 계속 듣고 있기가 불편해 의자에서 몸을 달싹거렸다.

범행을 시인하고 피해자가 나 말고 더 있다고 자백까지 한 새뮤얼은 통화의 마지막 15분 동안 묻지도 않은 사업 조언과 자신의 투자 계획에 대한 자랑을 늘어놓고 있었다. 대부분 그가 말했고 나는 이따금 한마디씩 반응하는 정도였다.

뒤틀린 것처럼 아프던 뱃속이 다시 뜨거워지면서, 내 마음은 경찰서 면담실에서 위장 전화를 걸었던 그날로 되돌아갔다. 혼자 불길로 걸어 들어간 한 여자가 겁에 질려 벌벌 떨고 있었다. 나는 속으로 그녀에게 '할 수 있어.'라고 말해주었다. 애써 쾌활한 척 대답한 후 숨죽여 우는 그녀를 지켜보면서, 나에게 그녀가 '할 수 있어.'라고 말을 건네는 장면도 머릿속에 그려보았다.

녹음 파일이 모두 재생되자 변호인 카터가 자리에서 일어났다. 그리고 반대신문을 시작했다.

°°

여태껏 나는 범행 시점에 관해서만 해명하면 된다고 생각했었다. 새뮤얼이 위장 전화 때 했던 말로 미루어 보아 그가 범행 자체를 부인하지는 않는다고 애나와 빈센트를 안심시키기도 했었다. 사전 심리 때 치안법원에서 만난 검사는 범행 당시의 연령이 유일한 쟁점이라고까지 말했었다. 불과 어제까지도 나는 '적어도 배심원단이 내가 거짓말을 한다고 생각할 리는 없어.'라고 스스로를 다독였다.

그러나 이날 법정에서 반대신문을 맡은 카터는 몇 가지 질문을 던지다가 대뜸 이런 말을 꺼냈다. "피고인이 증인의 신체를 처음 한 번 만진 이후로 추가적인 행위는 없었다는 점을 지적하고 싶습니다."

"뭐라고요?"

"피고인이 전화 통화에서 시인한 부분은 손가락으로 고소인의 신체를 단 한 번 만진 행위가 전부였습니다."

"아니에요!"

"증인이 제기한 두 번째 혐의는 날조라고 주장하는 바입니다."

"아녜요. 제가 똑똑히 기억해요."

내 항변에도 불구하고 카터의 신문은 계속되었다. 새뮤얼이 정말 그렇게까지 심각한 짓을 저지를 생각이었다면 더 으슥한 곳으로 가지 않았을까? 날이 어둑해질 때까지 기다리지 않았을까? 자기 친구가 집 안으로 들어가자마자 친구 여동생에게 그런 짓을 저질렀다고? 범행 날짜와 트램펄린 위치에 대한 내 기억을 의심하는 질문들까지 이어지고 또 이어졌다.

그러던 중 판사가 중재에 나섰다. "변호인, 재촉하는 것은 아니지만 곧 점심시간이니 그 전에 끝낼 수 있겠습니까?"

무언가에 끼인 듯 가슴이 답답했다. 이곳을 나갔다가 다시 돌아올 자신이 없었다.

"5분에서 10분 안에 마치겠습니다." 카터가 답했다.

"좋습니다. 증인도 지금 마무리 짓는 편이 낫겠습니까?" 판사가 날 보며 물었다.

"네."

이제 끝이 보이기 시작했다. 나는 아주 더디게 남은 시간을 헤쳐 나갔다.

법정 문을 나서는 순간, 눈물이 쏟아졌다.

"다 끝났어?" 빈센트가 물었다.

"끝났어."

몇 분 후 레이먼드도 따라 나왔다. 그가 작은 회의실을 가리키며 물었다. "잠시 둘이서 얘기를 나눌 수 있을까요?" 내 표정은 두려움으로 바뀌었다.

"아무 일 없을 거야." 빈센트가 내 어깨를 어루만졌다. 나는 레이먼드를 따라 회의실로 들어가 문을 닫고 앉았다.

"자, 역시 예상에서 크게 벗어나지는 않았습니다."

"하지만 두 번째 혐의를 부인했는걸요."

레이먼드는 크게 신경 쓰지 않는 눈치였다. "오히려 그쪽이 거짓말하는 것처럼 보일 뿐이에요. 브리 씨의 증언 내용은 쭉 일관되었으니까요. 브리 씨가 두 번째 혐의를 날조했을 거라고 배심원단이 판단할 것 같지는 않습니다. 괜찮을 겁니다. 잘하셨어요."

그와 인사를 나눈 후 나는 엄마, 아빠, 빈센트와 함께 법원을 나섰다. 새뮤얼이 쿠사마 벽화 옆에 자리한 카페 야외석에 앉아 있었다. 그의 곁에는 수천 달러를 주고 고용했을 사무 변호사뿐이었다.

　　　°o°

오후 공판에서는 엄마가 증언을 했고, 이어서 딜런이 증인으로 출석했다. 그다음에는 숀이 법정 안으로 들어갔다. 그러는 사이 나는 오전에 있었던 반대신문 장면을 머릿속으로 수없이 되새겼다.

검사 측 진술은 오후가 되어서야 끝났고 잠시 휴정이 이어졌다. 공판이 속개되었을 때 나는 밖에서 법정 문을 뚫어져라 바라보며 제발 새뮤얼이 직접 진술하지 않기를 바랐다. 하지만 그런 행운은 일어나지 않았다. 한 시간이 지났을 무렵, 나는 빈센트에게 말했다. "정말 파렴치해. 두 번째 혐의를 부인한 것도 모자라서 직접 변론까지 하다니."

4시 반이 되었을 때 판사는 휴정을 선언하고 모두를 집으로 돌려보냈다. 레이먼드, 애덜린, 숀이 동시에 법정에서 나왔다. 우리 일행은 새뮤얼과 그의 변호인단이 완전히 빠져나갈 때까지 한쪽에 서서 그들을 지켜보았다.

숀이 입을 뗐다. "아주 호전적이더군요. 질문을 하면 오히려 질문으로 되받아치질 않나. 어쨌든 그리 좋은 인상을 남기지는 못했습니다."

"정말요?" 우리 가족은 숀의 말에 귀를 기울였다.

"검사가 뭔가를 물었을 땐 '그건 사적인 질문입니다. 답하고 싶지 않습니다.'라고 말하기도 했어요."

"그런데 형사님은 검찰 쪽 증인인데도 공판을 방청할 수 있나 보네요?"

내 물음에 이번에는 레이먼드가 끼어들었다. "아, 미리 말을 안 했군요. 알고 있을 거라고 생각했습니다. 이제 저희 쪽 진술이 끝났으니 브리 씨도 공판을 방청할 수 있습니다. 제가 피고인 반대신문을 하던 도중에 오늘 공판이 끝났으니, 내일 아침 법정에 오시면 피고인 반대신문을 마저 볼 수 있을 겁니다."

"네, 그렇군요." 나는 고개를 끄덕였다.

다음 날 아침, 눈을 떴을 때 찾아온 분노 섞인 감정은 어제보다 훨씬 더 컸다. 두려움의 강도가 그만큼 더 심했기 때문이다.

"이제 힘든 부분은 다 끝났잖아." 빈센트는 이런 말들로 날 위로했지만, 내가 느끼는 두려움은 어제와는 다른 종류의 것이었다. 어제 아침에는 증언을 하고 반대신문을 받아야 했기에 두려웠다면, 오늘은 결국에 새뮤얼이 무죄를 받을까 봐 두려웠다.

우리는 조금 일찍 법원에 도착해 곧장 엘리베이터를 타고 법정에 들어가 뒤편 구석에 자리를 잡았다. 나는 곧 새뮤얼이 앉게 될 피고인석과 반대신문을 마저 받게 될 증인석이 정면에 보이는 자리에 앉았다. 몇 분 후 새뮤얼이 들어왔고, 그는 내 시선을 피해 피고인석에 앉았다.

나는 그의 뒷덜미를 노려보았다. '내가 널 거기에 앉힌 거야.' 그를 보며 나는 혹여나 그가 처벌받지 않게 되더라도 법무부의 명령에 따라 법정에 불려 나온 그의 무력한 모습을 본 것만으로도 어느 정도는 만족하리라 결심했다.

엄마와 아빠에 이어 손이 도착했고, 그다음에는 검사와 변호인단이 들어왔다. 마침내 둘째 날 공판이 시작되었다.

변호사 카터는 계속 나를 힐끔거렸다. 판사가 들어오기 직전에 카터가 레이먼드에게 다가가 이렇게 말하는 것이 들렸다. "이런 적은 처음인데요. 고소인은 밖에서 기다려야 하는 것 아닙니까?" 말투에서 당황한, 아니 살짝 긴장한 기색이 느껴졌다. 사실은 나도 그 전까지 고소인이 공판을 참관할 수 있는 줄은 몰랐다. 그런 경우를 본 적이 한 번도 없었으니까. 카터도 마찬가지였을 것이다. 레이먼드가 뭐라고 답했는지는 들리지 않았지만, 그는 카터와 달리 침착한 모습이었다. 나 또한 카터의 시선에 더는 움츠러들지 않았다.

"어제는 새뮤얼이 저기에 앉아서 자신의 변호사가 날 거짓말쟁이로 몰고 가는 걸 봤어. 이번엔 내가 저 사람을 지켜볼 차례야." 나는 옆에 앉은 빈센트에게 말했다.

°°

새뮤얼은 변호인들로부터 침착하게 행동하라는 조언을 들은 듯했으나 화를 참지 못하는 표정이었다. 나는 똑바로 앉아 최대한 차분하고 자연스러운 자세로 그를 쳐다보았다. 그는 내 쪽을 바라보지 않았다. 레이먼드는 '잘못된 행동인 줄 몰랐다'고 주장한 새뮤얼의 진술을 파고들었다.

"잘못된 행동인 줄 몰랐다면, 왜 고소인의 오빠가 자리를 비워 단둘이 남을 때까지 기다렸습니까?"

"모르겠습니다."

"고소인과 통화했을 때 피고인은 또래 여자아이들의 아랫도리를 만져서 문제가 생긴 적이 있었다고 발언했지요. 그런 일이 있어서 학교 교장실에 불려간 적이 있었는데도 어린 여자아이의 그곳을 만지는 것이 잘못된 줄 몰랐다고 주장하는 겁니까?"

"아닙니다."

"잘못인 줄 몰랐다고 하지 않았습니까?"

"아뇨. 부적절할지도 모른다는 뜻이었습니다."

"부적절할지도 모른다고요?"

레이먼드는 새뮤얼을 최대한 오래 증인석에 앉혀두려 하고 있었다. 그래야 배심원단이 그를 오래 관찰할 수 있기 때문이었다. 또한 검사가 피고인에게 변론 기회를 충분히 줄 만큼 자신감을 보인다는 것은 좋은 신호였다.

반대신문이 끝난 뒤 영국에 거주한다는 새뮤얼의 여동생이 전화 증언에 응했다. 그녀는 자신의 이름을 밝힌 뒤 예롱가에서 부모님, 새뮤얼과 함께 살았던 예전 집 주소를 진술했다.

변호인 카터가 그녀에게 던진 질문은 단 하나였다. "피고인이 성적으로 부적절하게 증인을 대한 적이 있습니까?"

"아니요."

"네, 감사합니다. 레빈스 씨." 카터가 말했다.

레이먼드가 일어났다. "존경하는 재판장님, 저희 쪽에서는 질문하지 않겠습니다."

전화 증언은 이렇게 끝이 났다.

이어서 카터가 말했다. "존경하는 재판장님, 마지막 증인으로 조슈아 포브스를 소환하겠습니다." 나는 자세를 고쳐 앉았다. 조슈아는 새뮤얼과 내 오빠의 친구로, 우리 집에도 몇 번 온 적이 있었다. 하지만 그때는 오빠와 오빠 친구들이 사건 당시보다 '훨씬 더' 컸을 때였다. 내 기억으론 이미 내가 고등학교에 입학한 이후였을 것이다.

조슈아는 트램펄린에 관해 증언했다. 트램펄린의 위치가 '자주 바뀌었다'는 그의 진술을 듣자 식은땀이 흘렀다. 조슈아의 증언은 범행 시점을 특정해 새뮤얼과 내 나이를 증명할 수 있는 유일한 증거의 신빙성을 뒤흔들고 있었다.

레이먼드는 반대신문으로 조슈아에게 질문을 하나 던졌다. "2000년이 훨씬 지나서 트램펄린의 위치가 바뀌었을 가능성도 있다고 보십니까?"

"네, 그렇습니다."

이제는 최종 의견 진술을 할 차례였다.

°°

새뮤얼이 앞서 변론을 마친 터였으므로 마지막으로 배심원단에게 발언할 기회는 검사인 레이먼드에게 주어질 예정이었다. 변호인 카터는 이 점을 마치 심각한 문제인 것처럼 부풀려, 검사가 최후 논고에서 어떠한 주장을 하더라도 새뮤얼에게는 더 이상 반박할 기회가 없음을 미리 강조했다. 또 카터는 위장 전화에 대해서도 의견을 피력했다. "허세를 조금 부리는 것이 범죄는 아닙니다. 한편 친애하는 검사님께서 피고인이 자신의 학대 피해 사실을 거짓으로 꾸며냈다고 주장할는지도 모르겠습니다."

나는 고개를 내저었다. 그럴 일은 없었다. 그들이 비열해질수록 우리는 품위를 지킬 것이다.

오히려 걱정되는 부분은, 범행이 일어난 지 한참 후에야 소송이 시작된 점을 카터가 자꾸만 꼬투리 잡는다는 것이었다. '왜 이제 와서?', '왜 이 여자만?' 같은 빤한 말들이었다. 또한 그는 트램펄린의 위치가 자주 바뀌었다는 조슈아의 주장을 배심원단에게 환기시키며 '합리적 의심'의 정황이 아주 분명하다는 말을 반복했다. 피고인이 첫 번째 혐의를 시인한 것은 사실이나, 그 행위를 저질렀을 때는 아직 어렸으며 그리 심각한 행위가 아니었다고도 변론했다. 그리고 심각하다고 볼 수 있는 두 번째 혐의는 어린아이가 할 수 있는 행위가 전혀 아니었으므로 고소인인 내가 거짓말을 한다는 논리를 펼쳤다.

최후 논고에서 레이먼드는 새뮤얼의 유죄를 주장하는 이유를 세 가지로 요약했는데, 그중 첫 번째는 다음과 같았다. "무엇보다 브리 씨가 정직하고 신뢰할 만하며 설득력 있는 고소인이라는 것입니다. 사건에 대한 고소인의 진술은 지금껏 한 번도 변한 적이 없었습니다. 소송이 진행된 지난 2년간 단 한 번도요. 진술의 신빙성을 의심할 여지를 전혀 주지 않았습니다."

그의 이 말에 나는 스스로 뿌듯함을 느끼며 눈물을 삼켰다. 배심원들 중 내 쪽을 바라보는 한 명의 시선이 느껴졌고, 나는 서둘러 재판연구원 때처럼 차분하고 속을 알 수 없는 표정을 지었다.

20분간의 휴정 후 돌아온 판사는 배심원단에게 재판 내용을 요약해 전달했다. 요약은 비교적 짧게 끝났는데, 공평한 설명이었음에도 내게는 불공평하게 느껴졌다. 동성 결혼에 관한 텔레비전 토론회에 동성애 혐오자가 토론자로 등장한 장면을 보는 기분이었다. 새뮤얼의 변론을 내 진술의 대안으로 제시한다는 것 자체가 그의 주장에 말도 안 되는 타당성을 부여하고 있었다. 거짓말과 회피로 가득한 그의 변론을 '그의 주장'이라고 인정하는 것은 곧, 내 진술 또한 진실이라기보다 '내 주장'에 불과하다고 말하는 것 같았다.

"이제 평의를 진행하시기 바랍니다." 판사의 말에 나도 모르게 몸이 떨렸다.

배심원단 열두 명이 자리에서 일어나 이동하기 시작했다. 나는 한 명 한 명을 빠짐없이 바라보며, 그들이 회의실에서 주고받을 말을 내가 들을 수 있기를 어느 때보다 간절하게 바랐다.

°°

우리 가족은 법정 밖에서 다시 모였다. 판사는 1시부터 2시 15분 사이에는 평결을 받지 않을 것이라고 말해둔 터였다. 지금은 12시 45분이었다.

"한 시간도 안 돼서 유죄 평결을 받아낸 적이 딱 한 번 있었어. 글래드스톤에서 내가 너한테 전화했을 때였을 거야. 당시 판사님 말로는, 평결이 너무 일찍 나오면 대부분 무죄라고 했었거든. 일단 1시까지는 기다려봐야 할 것 같아."

빈센트와 나는 법정에서 나온 레이먼드에게 다가갔다.

"최후 논고가 정말 좋았어요." 내가 그에게 말을 걸었다.

"고맙습니다. 이제 결정권은 배심원단에게 넘어갔군요. 느낌이 좋습니다."

"맞아요. 그 사람은 증인석에서 형편없었어요." 빈센트가 말했다.

"어제 반대신문에서 그가 한다는 사업에 대해 질문했었습니다. 실제로 어떻게 돈을 벌고 있는지 답하게 하려고요. 처음에는 어느 투자 회사와 관련이 있다고 했는데, 알고 보니 딱히 그 회사의 지분을 가진 것은 아니더군요. 그러면 그 회사에 어떤 식으로 기여하고 있느냐고 물으니 그 사람 말이, '내가 가진 에너지'로 회사에 보탬이 된다고 하지 뭡니까."

빈센트와 나는 어이가 없어 동시에 웃음이 터져 나왔다.

"점심 먹으러 갈까?" 아빠가 다가와 물었다.

그 순간, 당당하게 내 곁을 지나치는 새뮤얼과 마주쳤다. 나는 나도 모르게 시선을 피했다. 셔츠가 움직이는 게 느껴질 정도로 심장이 빠르게 뛰었다.

°○°

오후 2시 즈음이 되자 다들 법정 앞 로비로 모여들었다.

"평결을 기다릴 때 가장 힘든 점은 얼마나 오래 기다려야 하는지 모른다는 것이죠." 숀이 말했다.

나는 잠시 서성이다가, 자리에 앉았다가, 화장실에 갔다가, 물을 마셨다가를 두서없이 반복했다. 조금 전까지만 해도 희망적인 이야기를 서로 주고받았음에도, 시간이 흐를수록 나는 절망적인 결과에 대한 상상 속으로 점점 가라앉고 있었다.

"사람들은 어떻게 이걸 견디는 거지? 미결정 심리로 끝나느니 차라리 무죄 평결이 낫겠어. 만약 첫 번째 혐의만 유죄고 두 번째 혐의가 무죄라면 새뮤얼은 첫 번째 유죄 판결에 대해 항소할 수도 있어. 그렇게 되면 나는 이 과정을 또 겪어야 할 테고. 그렇게는 못 해. 더는 못 견디겠어."

빈센트가 말없이 날 안아주었다.

"평의가 아직 안 끝난 것에 대해선 어떻게 생각해?" 그가 물었다.

"그래도 한 시간을 넘겼다는 건 좋은 신호 같아. 하지만 4시 이후에도 평결에 도달하지 못한다면 문제겠지. 누군가가 반대 의견을 내고 있다는 뜻일 테니까."

나는 주변을 계속 서성거리며 분노, 슬픔, 공포의 감정을 차례로 오갔다. 창밖의 로마 스트리트 파크랜드를 내려다보는 동안에는 누군가 내 위벽을 칼로 얇게 저미는 것 같은 통증을 느꼈다.

기다린 지 세 시간이 조금 안 됐을 때, 애덜린에게서 전화가 왔다. 혹여나 배심원단에게서 쪽지가 도착했다는 전화일까 봐 덜컥 겁이 났다. 쪽지를 보냈다는 것은 뭔가 의문점이나 문제가 있다는 뜻이었다. 그러나 애덜린의 입 밖으로는 매우 다행스런 말이 나왔다. "평결이 나왔어요."

25

5분도 채 되지 않아 거의 모든 관계자가 법정에 입장했다. 다만 카터가 사무 변호사를 기다려야 하니 3분만 더 시간을 달라고 요청했다. 이제 내 몸은 제멋대로 떨리고 있었다. 빈센트가 내 몸을 붙들어주었지만, 그 역시 식은땀을 흘리며 긴장하고 있었다. 3분이 흐르고, 5분이 흘렀다. 그제야 사무 변호사가 법정에 입장했고 동시에 집행관이 일어났다.

"정숙. 모두 자리에서 일어나주십시오."

판사가 들어와 착석했고, 그의 뒤로 재판연구원이 여전히 아무것도 읽을 수 없는 표정으로 따라 들어왔다.

"평결에 도달했습니다. 집행관은 배심원단을 입장시키기 바랍니다."

법정은 쥐죽은 듯 고요했다. 빨라진 심장 박동이 내 귓가를 울렸다. 입장하는 배심원단을 보자 갑자기 뜨거운 분노가 치밀었다. '당신들이 뭔데 내가 거짓말쟁이인지 아닌지를 판단해?' 배심원단은 내 맞은편을 향해 서 있었기 때문에 내 자리에서 그들의 얼굴은 보이지 않았다.

재판연구원이 일어났다. 그녀가 무슨 말을 할지는 익히 알고 있었다. "배심원단은 평결에 도달하였습니까?"

"네." 배심원단 대표가 답했다.

나는 조금씩 눈물을 흘리기 시작했다. 참을 수가 없었다.

"피고인이 1번 항목, 아동 성추행 혐의에 있어 유죄라고 보십니까, 무죄라고 보십니까?"

"유죄입니다."

"대표를 포함해 배심원단 모두의 의견입니까?"

"네." 배심원들이 일제히 대답했다.

"피고인이 2번 항목, 아동 성추행 혐의에 있어 유죄라고 보십니까, 무죄라고 보십니까?"

나는 숨을 참으며 천장을 바라보았다. 눈물이 팔뚝 위로 떨어졌다.

"유죄입니다."

"대표를 포함해 배심원단 모두의 의견입니까?"

"네."

이렇게, 내 삶의 제2막이 시작되었다.

재판을 마무리하는 동안 나는 파도처럼 밀려오는 감정을 숨기지 않았다. 슬픔, 분노, 떳떳함, 모든 것이 봇물 터지듯 쏟아져 그간의 걱정과 두려움을 씻겨냈다. 그렇게 날 괴롭히던 개미 떼와 가시들을 몰아냈다. 그리고 말로 다 할 수 없는 안도감에 나는 완전히 무장 해제가 되고 말았다.

"우리가 해냈어." 나는 빈센트와 힘껏 포옹했다. 내 눈물이 그의 얼굴까지 적셨다.

"네가 해냈어."

°°

곧바로 판결 선고 절차가 시작되었다. 판사는 레이먼드에게서 내가 작성한 피해 영향 진술서를 전달받아 몇 분간 검토했다. 배심원 네다섯 명이 방청석 뒤편에 자리를 잡았다. 그들의 시선이 느껴졌지만 눈을 마주치진 않았다.

"존경하는 재판장님, 양형에 관한 제 의견 진술은 피해자의 피해 영향 진술서 마지막 단락으로 대신하겠습니다." 레이먼드가 말했다. 나는 내가 썼던 마지막 단락을 떠올렸다.

사실 저는 이 진술서를 법정에서 낭독하고 싶지 않습니다. 새뮤얼 레빈스 때문에 제가 받은 고통을 그가 알게 되길 원치 않기 때문입니다. 지난 2년간 그가 보인 태도를 생각하면, 그는 제 고통을 재밌는 이야깃거리로 여기고도 남을 사람입니다. 저는 지방법원을 거치는 사건들의 심각성에 대해 잘 알고 있습니다. 하지만 새뮤얼 레빈스가 제게 저지른 일이 그 정도로 심각하지는 않을지언정, 그것이 제 삶에 심각한 영향을 미쳤다는 사실은 분명합니다. 범죄 행위의 심각성을 결정하는 기준은, 가해자인 새뮤얼 레빈스일 수 없습니다. 우리의 사법 제도는 원칙적으로 '피고인은 피해자에게 일어난 결과에 책임을 져야 한다'고 명시하고 있기 때문입니다.

재판연구원의 표정에서 감정이 엿보였던 순간은 카터가 피고인의 양형에 관해 변론을 하던 때가 유일했다. 카터는 집행유예 대신 보호관찰명령을 내려달라고 호소했는데, 그래야 전과가 남지 않아 새뮤얼이 향후 아동이나 노인과 관련한 일에 종사할 수 있는 블루카드를 발급받을 수 있다는 것이었다. 나는 경악한 얼굴로 앞을 바라보았고, 재판연구원과 잠시 눈이 마주쳤다. 잠깐이었지만 그녀의 눈빛은 분명 흔들리고 있었다.

판사는 카터의 요청을 '부적절하다'며 기각했다. 지난 이틀 동안 카터가 '부적절하다'는 말로 날 공격했던 것을 생각하면 판사의 표현은 무척 반갑게 들렸다.

"판결을 숙고하기 위해 잠시 휴정하도록 하겠습니다. 그사이 피고인은 구금 조치하겠습니다." 판사가 선언했다.

피고인석 양 끝을 지키고 있던 보안관 두 명이 지하 구치소로 이어지는 옆문으로 그를 연행했다. 우리는 자리에서 일어나 서로 포옹했다. 손과도 악수했다. 엄마는 티슈를 내게 건넸다. 나는 결과를 기다리고 있을 판사님에게도 문자를 보냈다. '두 개 혐의 모두 유죄 평결을 받았어요. 저희가 해냈어요.' 판사님에게서 곧바로 답장이 왔다. '용기 있는 행동이 제값을 해냈군요.' 문자에는 다음 날인 내 생일을 축하한다는 말도 함께 적혀 있었다.

이윽고 공판이 재개되었고 새뮤얼은 보안 요원들과 함께 다시 법정에 입장했다. 판사가 선고문을 낭독하는 동안 그는 제자리에서 서 있어야 했다.

"피고인은 범행에 대한 후회를 일절 보이지 않았고, 위장 전화에서 스스로 불리한 자백을 했음에도 불구하고 이후 자신의 행위에 대한 책임을 거부하였으며, 결국 이 문제를 재판까지 끌고 옴으로써 고소인에게 커다란 고통을 야기했다. 또한," 이 지점에서 판사는 잠시 새뮤얼을 쳐다보았다. "피고인은 재판 시작부터 정당화할 수 없는 변론과, 자백한 내용과 상충되는 허위 진술을 일관되게 주장하였다."

결국 새뮤얼은 징역 9개월 판결을 받았지만 모두 집행유예 처분을 받았다. 다만 이 판결 내용은 그의 범죄 경력으로 고스란히 남을 것이다. 실제 징역살이를 하진 않더라도 영원히 전과자가 된 것이었다. 내가 바라던 결과였다.

°°

법정을 나와 레이먼드, 애덜린, 숀에게 감사 인사를 전한 뒤 그들과 작별했다. 엄마는 방금 전 판결 선고가 정확히 무슨 의미인지를 물었고, 나는 새뮤얼이 어떤 상황에 처한 것인지 설명해주었다.

"그는 오히려 너무 열심히, 너무 오래 싸우는 바람에 유죄 선고를 받게 됐어요. 그 사람이 저항할수록 제가 더 완강하게 버텼으니까요. 결국에는 제 꾀에 스스로 넘어간 셈이죠."

그리고 나는 속으로 되뇌었다. '바로 이게 계란껍질 두개골 원칙이야.'

°°

금요일에는 가까운 친구들과 우리 집 뒤뜰에서 조촐한 파티를 열었다. 이른바 '브리의 생일과 정의 구현을 축하하는' 모임이었다. 모두가 모인 자리에서 나는 샴페인을 따서 술잔을 채운 다음 지난 2년간 있었던 일에 대해 말했다.

"아는 사람도 있고 모르는 사람도 있었겠지만, 어쨌든 여러분이 없었으면 해내지 못했을 거예요." 나는 아주 조금 울먹였다. "그리고 빈센트는 사람들 앞에서 감정 표현하기를 싫어하지만, 프랑스산 샴페인에는 환장한답니다." 모두들 웃음을 터뜨렸다. 나는 빈센트를 앞으로 불러내 그에게 고맙다는 말과 사랑한다는 말을 전했다.

"이런 일이 일어나는 이유는 모두가 쉬쉬하기 때문이에요. 그래서 저는 이런 일을 말해도 괜찮다는 것을 꼭 이야기하고 싶었어요. 이 자리에 있는 사람 누구라도, 아니면 여러분이 아는 사람 중 누구라도 이런 일을 털어놓고 싶거나 구체적인 과정 혹은 감정에 대해 이야기하고 싶다면, 제가 도움이 되고 싶어요. 언제든 연락 주세요."

뒤뜰에 있는 힐스 호이스트 건조대에는 꼬마전구를 주렁주렁 매달았다. 해가 저물어 반짝거리는 전구 불빛 아래에서, 우리는 밤 늦게까지 웃고 떠들며 술을 마셨다. 모기향이 조금씩 타들어가고 적당한 온기가 남아 있던 이날 밤, 친구들은 나를 꼭 안아주었다.

검찰 서기로 일했던 친구와는 재판 이야기를 주고받다가 사법 제도가 여성 피해자들을 어떻게 다루는지에 관해 대화를 나누었다. 그 친구는 지쳐 나가떨어지는 고소인들을 지켜보면서 결국엔 자신까지 법조계를 떠나게 되었다고 했다. 이어 친구는 자신이 들은 가장 끔찍한 사건에 대해서도 이야기를 꺼냈다. "그때 공판준비기일에 들었던 것보다 끔찍한 사건은 여태껏 한 번도 없었어."

나 역시 재판연구원 시절 처음 교정을 보았던 바로 그 판결문의 내용을 떠올리며 말했다. "내가 다뤘던 사건이 더 최악일걸. 그래도 일단 먼저 말해봐."

　　"여자아이를 힐스 호이스트 건조대에 묶어놓은 사건이었는데……."

　　"말도 안 돼! 방금 내가 얘기하려던 사건도 그건데!"

　　"뭐라고?"

　　"당시 우리 판사님이 맡았던 사건이었어! 유사 성범죄 전력을 증거로 허용한 게 바로 우리 판사님이었다고. 그래서 나중에 결국 어떻게 됐어? 재판 결과는……?"

　　"……잡았지!"

　　"잡았구나!" 내 탄성을 들은 주변 친구들도 따라 소리쳤다. "잡았네!" 모두가 환호성을 질렀다.

　　얼음을 가지러 잠시 집에 올라갔다가 2층 창문 아래로 파티가 열리고 있는 뒤뜰을 내려다보았다. 아름다웠다. 나는 가만히 서서 손가락으로 카메라 모양을 만들어 그 장면을 마음에 담았다. 좋은 사람들에게 둘러싸여 행복해하고 축하받고 있는 지금만큼은 아무것도 두렵지 않았다.

에필로그

앞으로 며칠이 지나고 또 몇 주가 흐른 뒤에는, 그때는 어떻게 해야 할까? 녹슨 빨래 건조대에 빨래를 널다가 갑자기 팔이 뻣뻣해지고 뙤약볕에 정신이 아득해진다면. 갑자기 다리에 힘이 풀려 뜨거운 콘크리트 바닥에 쓰러진 채로 힘겹게 숨을 내뱉게 된다면. 길거리에서 큰소리치는 남자들을 볼 때마다 몸이 움츠러들고, 사람 많은 곳에서 누군가 내 몸에 손을 댈 때 반쯤 죽은 사람처럼 몸이 얼어붙는다면.

그리고 또다시 몇 달이 흐르고 또 몇 년이 흘렀을 땐 어찌해야 좋을까? 싸움에서 이기고 난 뒤, 실은 곳곳에서 그보다 심각한 전쟁들이 지천으로 벌어지고 있음을 깨닫는다면.

그럼 울어야지. 울고 또 울고, 그렇게 울고 싶은 만큼 실컷 울고 나서는 눈물을 닦고 다시 정신을 차려야지. 그러곤 내 안에서 자연스럽게 피어난 분노를 고스란히 간직한 채, 해야 할 일을 시작해야지. 그래야지.

감사의 글

이러한 회고록을 세상에 내놓으려면 많은 사람에게 빚질 수밖에 없다. 어른이 되자마자 3년간 겪은 일들을 책으로 써내기까지, 유달리 암울했던 그 시절 동안 너그러운 마음으로 나와 내 작업을 지켜봐준 모든 이에게 진심으로 감사의 말을 전한다. 이 글을 그들에게 바친다.

먼저 엄마에게. 엄마의 사랑이 얼마나 나를 든든하게 지탱해주었는지, 이 책을 읽기 전까지는 엄마도 결코 알지 못할 것이다. 날 향한 엄마의 사랑을 믿었기에 힘든 시기를 버텨낼 수 있었다. 그리고 아빠. 책에선 아빠의 절제심을 다소 안 좋게 묘사한 것 같아 약간은 마음에 걸리지만, 사실 우리 가족 모두 아빠가 가르쳐준 그 가치에 많은 빚을 졌다. 내게 정의가 무엇인지 가르쳐주셔서 진심으로 감사하다. 오빠 애런에게도 고맙다. 지금껏 그랬지만 앞으로도 내게 완벽한 오빠이길.

이 책을 쓰도록 허락해주고 고된 재판연구원 시절에 변함없이 희망의 보루가 되어준 판사님에게도 감사하다. 법조계에 판사님 같은 사람들이 더 많이 있었더라면 아마 이런 책이 쓰일 일도 없었을 것이다. 판사님은 앞으로도 내가 존경해 마다 않을 분이다.

여기에 다 적을 순 없지만 친구들에게도 정말 고맙다. 얼마나 큰 힘이 되어주었는지는 이미 내게서 들어 알고 있겠지만, 앞으로 더 많이 마음을 표현하도록 노력할 것이다.

에이전트 그레이스에게도 고맙다. 나조차도 이 책이 어떻게 완성될지 확신하지 못하던 때부터 변함없이 날 응원하며 자신감을 불어넣어주었다. 덕분에 즐겁게 작업할 수 있었다. 앞으로도 오래 샴페인 잔을 함께 기울일 수 있는 인연으로 남길. 그리고 세계 최고의 출판인 제인에게도 감사의 말을 전한다. 처음 제인을 만났을 때 나는 그레이스에게 이렇게 말했었다. "저분에게 책을 맡기고 싶어요. 딱 저분 같은 여자가 되고 싶거든요." 그레이스와 제인이 내 뒤를 지켜주었기에 그들을 믿고 뭐든 할 수 있었다.

제너비브, 케이트, 줄리아에게도 고맙다. 미흡한 원고를 멋지게 다듬으며 발견한 내 실수들은 부디 비밀로 간직해주기를. 홍보 담당자 루이즈에게도 고맙다. 더불어 처음부터 끝까지 유쾌하게 함께해준 앨런&언윈 직원들에게도 고맙다는 말을 전한다.

내게 캣 머스캣 펠로십을 제공해준 머스캣 유가족분들에게도 감사드린다. 덕분에 글쓰기에 집중할 수 있었고 교류를 통해 많은 자극을 받기도 했다. 부디 이 책을 통해 캣의 삶이 보여준 저항 정신도 함께 전달될 수 있기를 희망한다. 이 책을 쓰며 그녀를 자주 떠올렸다.

펠로십의 일환으로 알게 된 멘토, 리엄 피퍼와 크리시 닌에게도 감사하다. 이 책의 원고를 구상하는 단계마다 중요한 도움을 주었다. 여러 해가 흐른 지금까지도 멘토로 남아주어 더욱 감사하다. 더불어 2017년에 날 펠로로 선정하고 이 책의 일부를 발췌해 소개해준 〈그리피스 리뷰Griffith Review〉 측에도 감사의 말을 전하고 싶다.

마지막으로 빈센트에게. 이 세상에서 가장 아끼는 그가 없었더라면, 이 모든 일을 겪으며 결국 나는 빈껍데기처럼 텅 빈 사람이 되고 말았을 것이다. 그날 법정을 나섰을 때, 우리는 거대한 독수리를 타고 함께 세상 밖으로 나아갔다. 그리고 다음 날 함께했던 내 스물여섯 번째 생일은 인생 최고의 날이었다. 앞으로도 우리가 계속 함께할 수 있기를.

계란껍질 두개골 원칙
EGGSHELL SKULL

지은이	브리 리
옮긴이	송예슬

초판 1쇄	2020년 4월 20일
초판 2쇄	2021년 7월 2일

편집	김리슨
디자인	정세이

발행처	카라칼
출판 등록	제2019-000004호
등록 일자	2019년 1월 2일

이메일	listen@caracalpress.com
웹사이트	caracalpress.com

Printed in Seoul, South Korea.
ISBN 979-11-965913-4-2 03300

이 도서의 국립중앙도서관
출판예정도서목록(CIP)은
서지정보유통지원시스템
홈페이지(http://seoji.nl.go.kr)와
국가자료종합목록 구축시스템
(http://kolis-net.nl.go.kr)에서
이용하실 수 있습니다.

CIP제어번호 : CIP2020014885